权威·前沿·原创

皮书系列为
"十二五""十三五"国家重点图书出版规划项目

YELLOW BOOK

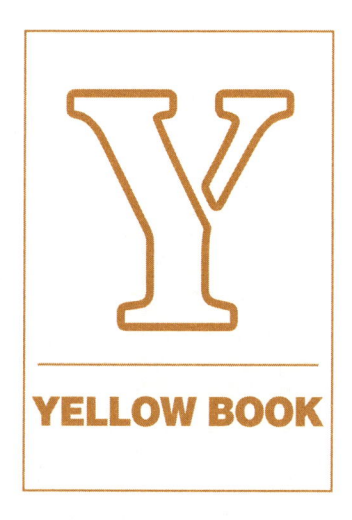

智库成果出版与传播平台

中国社会科学院创新工程学术出版资助项目

世界经济黄皮书
YELLOW BOOK OF WORLD ECONOMY

2022年世界经济形势分析与预测
WORLD ECONOMY ANALYSIS AND FORECAST (2022)

中国社会科学院世界经济与政治研究所
主　编/张宇燕
副主编/孙　杰　姚枝仲

社会科学文献出版社
SOCIAL SCIENCES ACADEMIC PRESS (CHINA)

图书在版编目(CIP)数据

2022年世界经济形势分析与预测 / 张宇燕主编. --
北京：社会科学文献出版社，2022.1
（世界经济黄皮书）
ISBN 978-7-5201-9439-6

Ⅰ.①2… Ⅱ.①张… Ⅲ.①世界经济形势-经济分析-2022②世界经济形势-经济预测-2022 Ⅳ.
①F113.4

中国版本图书馆CIP数据核字（2021）第249369号

世界经济黄皮书
2022年世界经济形势分析与预测

主　　编 / 张宇燕
副 主 编 / 孙　杰　姚枝仲

出 版 人 / 王利民
组稿编辑 / 邓泳红
责任编辑 / 吴　敏
责任印制 / 王京美

出　　版 / 社会科学文献出版社·皮书出版分社（010）59367127
　　　　　 地址：北京市北三环中路甲29号院华龙大厦　邮编：100029
　　　　　 网址：www.ssap.com.cn
发　　行 / 市场营销中心（010）59367081　59367083
印　　装 / 三河市东方印刷有限公司

规　　格 / 开　本：787mm×1092mm　1/16
　　　　　 印　张：29.5　字　数：441千字
版　　次 / 2022年1月第1版　2022年1月第1次印刷
书　　号 / ISBN 978-7-5201-9439-6
定　　价 / 128.00元

本书如有印装质量问题，请与读者服务中心（010-59367028）联系

▲ 版权所有　翻印必究

世界经济黄皮书编委会

主　编　张宇燕
副主编　孙　杰　姚枝仲
编审组　张宇燕　孙　杰　姚枝仲　张　斌　冯维江
　　　　　徐奇渊　高海红　王永中　东　艳　高凌云
　　　　　肖立晟　郗艳菊

主要编撰者简介

张宇燕 中国社会科学院世界经济与政治研究所所长、研究员，中国社会科学院学部委员，中国社会科学院国家全球战略智库理事长、首席专家，中国社会科学院大学国际关系学院院长、博士生导师，中国世界经济学会会长。主要研究领域包括国际政治经济学、制度经济学等。著有《经济发展与制度选择》(1992)、《国际经济政治学》(2008)、《美国行为的根源》(2015)、《中国和平发展道路》(2017)等。

孙 杰 中国社会科学院世界经济与政治研究所研究员，中国社会科学院大学国际关系学院特聘教授，中国世界经济学会常务理事。主要研究领域包括国际金融、公司融资和货币经济学。著有《汇率与国际收支》(1999)、《资本结构、治理结构和代理成本：理论、经验和启示》(2006)、《合作与不对称合作：理解国际经济与国际关系》(2016)、《宏观经济政策国际协调导论：理论发展与现实挑战》(2021)等。

姚枝仲 中国社会科学院世界经济与政治研究所党委书记、研究员，中国社会科学院国家全球战略智库秘书长，中国社会科学院大学国际关系学院副院长、博士生导师，中国世界经济学会副会长，新兴经济体研究会会长。主要研究领域为宏观经济学和国际经济学。

摘　要

2021年是全球经济经历第二次世界大战后最大幅度衰退以来进入快速复苏的一年。随着疫苗研发与接种人数增长以及各国不同防疫政策的实施，新冠肺炎疫情第二波冲击对世界经济的损害明显减弱，各国尤其是主要经济体为应对疫情而推出的财政与货币政策也在不同程度上助推了经济复苏。疫情的不确定性和应对政策带来的一些副作用，再加上疫情前便存在的各种问题和各主要经济体未来政策调整的方向与力度，共同构成了影响2022年世界经济走势的基本因素。

本书倾向于认为2021年全球经济增长率为5.5%左右，2022年增长4.5%的可能性较大。

短期看世界经济面临的最大风险是政策风险：主要发达经济体应对通胀、维持经济复苏的货币与财政政策如果调整失当，则会引发资产价格动荡暴跌，同时扼杀脆弱的经济复苏并可能将经济推入滞胀通道。中长期影响因素则包括攀升至历史最高水平的债务、主要经济体人口老龄化趋势加剧、劳动生产率增速迟缓、多边贸易体系改革谈判达成共识困难重重、金融监管持久性存在漏洞、能源转型过程中的非平衡性、经济民族主义特别是资源民族主义抬头等。

我们认为全球经济仍处在中低速增长轨道，未来3~5年世界经济增长率将维持在3%~3.5%，当然各国或地区增速会存在显著差异。

目 录

Ⅰ 总 论

Y.1 2021~2022年世界经济形势分析与展望 ……………张宇燕 / 001

Ⅱ 国别与地区

Y.2 美国经济：疫情后的反弹………………………… 孙　杰 / 025

Y.3 欧洲经济：复苏进程加快………………… 陆　婷　东　艳 / 053

Y.4 日本经济：疫情持续干扰之下曲折恢复 ……………周学智 / 075

Y.5 亚太经济：经济复苏曲折前进 ………………………杨盼盼 / 093

Y.6 印度经济：步入复苏轨道………………………………冯维江 / 111

Y.7 俄罗斯经济：复苏和通胀………………… 林　屾　王永中 / 130

Y.8 拉美经济：复苏进程面临多重挑战 …………………熊爱宗 / 156

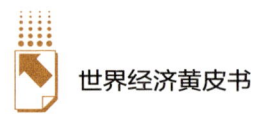

Y.9 西亚非洲经济：不平衡复苏 ………………………… 孙靓莹 / 171

Y.10 中国经济：内需偏弱之下如何应对外需变数
　　　　　　　　　　　　　　　　　　　张　斌　徐奇渊 / 185

Ⅲ 专题篇

Y.11 国际贸易形势回顾与展望：复苏强劲　增速回落 …… 苏庆义 / 201

Y.12 国际金融形势回顾与展望 …………………… 高海红　杨子荣 / 219

Y.13 国际直接投资形势回顾与展望 ……………………… 王碧珺 / 237

Y.14 国际大宗商品市场形势回顾与展望：普涨和调整
　　　　　　　　　　　　　　　　　　　王永中　周伊敏 / 253

Ⅳ 热点篇

Y.15 国际碳中和的发展现状、实施路径及前景 ………… 田慧芳 / 276

Y.16 中欧全面投资协定：进展、内容与前景
　　　　　　　　　　　　　　　　韩　冰　潘圆圆　高凌云 / 296

Y.17 全球通胀形势分析与展望：短期波动加剧与长期中枢上行
　　　　　　　　　　　　　　　　崔晓敏　肖立晟　栾　稀 / 313

Y.18 拜登经济政策：内容、进展及影响 …… 栾　稀　肖立晟 / 334

Y.19 疫情后的全球债务概况、风险识别与治理挑战 …… 熊婉婷 / 347

Y.20 疫情防控常态化下的全球经济展望
　　　　　　　　　　　　　　　　熊婉婷　徐奇渊　栾　稀 / 363

Y.21 全球智库重点关注的经济议题 ………… 吴立元　常殊昱 / 380

Ⅴ 世界经济统计与预测

Y.22 世界经济统计资料 ················· 熊婉婷 / 398

Abstract ················· / 433
Contents ················· / 435

皮书数据库阅读**使用指南**

总 论
Overview

Y.1
2021~2022年世界经济形势分析与展望

张宇燕*

摘　要： 随着疫苗研发与接种人数增长，第二波疫情对世界经济的冲击减弱，各国为应对疫情而推出的财政与货币政策也在不同程度上助推了经济复苏。疫情的不确定性和应对政策带来的一些副作用，再加上疫情前便存在的各种问题和各主要经济体未来政策调整的方向与力度，共同构成了影响2022年世界经济走势的短期因素。中长期影响因素包括攀升至历史最高水平的债务、主要经济体人

---

* 张宇燕，中国社会科学院学部委员、世界经济与政治研究所所长、国家全球战略智库首席专家。感谢徐秀军、熊爱宗、夏广涛、赵海和李君伟在本报告写作过程中给予的帮助。文中的错误或疏漏则由笔者负责。本报告完成日期为2021年11月初。

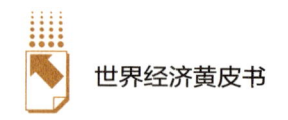

口老龄化趋势加剧、劳动生产率增速迟缓、多边贸易体系改革谈判达成共识困难重重、金融监管持久性存在漏洞、能源转型过程曲折波动、经济民族主义特别是资源民族主义抬头等。本报告倾向于认为2021年全球经济增长率为5.5%左右，2022年增长4.5%的可能性较大。

关键词： 世界经济　经济增长　资本市场　贸易

2021年是全球经济经历第二次世界大战后最大幅度衰退以来进入快速复苏的一年。随着疫苗研发与接种人数增长，新冠肺炎疫情第二波冲击对世界经济的损害明显减弱，各国尤其是主要经济体为应对疫情而推出的财政与货币政策也在不同程度上助推了经济复苏。疫情的不确定性和应对政策带来的一些副作用，再加上疫情前便存在的各种问题和各主要经济体未来政策调整的方向与力度，共同构成了影响2022年世界经济走势的基本因素。本报告将从观察全球经济的十项指标入手，讨论当今和未来世界经济中的八个问题，并给出对2022年全球经济增长的预测和世界经济中期走势的判断。

一　从统计数据中看过去一年多世界经济的表现

反映世界经济的数字指标众多，其中最有代表性的大致有以下10类，分别为经济增长、就业（失业）、通货膨胀、债务、资本市场、利率、汇率、贸易、全球对外直接投资（FDI）、大宗商品价格。

（一）经济增长

据国际货币基金组织（IMF）的《世界经济展望》，2020年全球经济增长-3.1%（2019年为2.8%），GDP为84.7万亿美元；发达经济体经济增速为-4.5%，其中，美国为-3.4%，欧元区为-6.3%，日本为-4.6%；新兴市场和发展中经济体经济增速为-2.1%，其中，印度为-7.3%，中国为2.3%。IMF预测2021年全球经济增长5.9%；发达经济体经济增长5.2%，其中，美国为6.0%，欧元区为5.0%，日本为2.4%；新兴市场和发展中经济体经济增长6.4%，其中，印度为9.5%，中国为8.0%。IMF预测2022年全球经济增长4.9%；发达经济体经济增长4.5%，其中，美国为5.2%，欧元区为4.3%，日本为3.2%；新兴市场和发展中经济体经济增长5.1%，其中，印度为8.5%，中国为5.6%。① 需要指出的是，不同机构的估计值是有差异的。美联储2021年9月22日宣布下调美国2021年经济增长率：从7.0%降至5.9%，长期增长率为1.8%。亚洲开发银行（ADB）在《2021年亚洲发展展望》中预测2021年印度经济增长10.0%，2022年为7.5%。② 中国社会科学院经济学家预测中国2021年经济增长8.0%。③

（二）就业（失业）④

据国际劳工组织（ILO）的《世界就业与社会展望》，2020年全球失业率为6.5%（2019年为5.4%），其中，低收入、中低收入、中高收入和高收入国家的失业率分别为5.3%、6.3%、6.7%和6.8%。美国1月为3.5%，4月为14.8%；欧盟3月为6.3%，8月为7.7%；中国1月为5.3%，2月为6.2%，8月为5.6%。2021年全球失业率为6.3%，其中，低收入、中低收入、中高收入和高收入国家的失业率分别为5.3%、5.9%、7.0%和5.8%。美国1月为6.3%，10月为4.6%；欧盟4月为7.4%，9月为6.7%；中国2月为5.5%，10月为4.9%。2022年全球失业率预计为5.7%，其中，低收入、中低收入、中高收入和高收入国家的失业率分别为5.2%、5.5%、6.4%和5.0%。

---

① IMF, "World Economic Outlook," October 2021.
② ADB, "Asian Development Outlook 2021 Update," September 2021.
③ 详见《中国社会科学院2021年第三季度宏观经济形势分析》。
④ 全球失业率数据引自ILO, "World Employment and Social Outlook 2021"。国别失业率数据来自Wind。2020年经合组织18~24岁人群中不工作不学习者占同龄人的14.1%，其中，以色列为21.7%，西班牙为22.0%，意大利为25.5%（最高），德国为9.4%，瑞士为8.7%，荷兰为7.6%（最低）。OECD, "Education at a Glance 2021"。

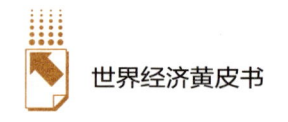

（三）通货膨胀[①]

2020年发达经济体消费者物价指数（CPI）为0.7%，新兴市场和发展中经济体为5.1%。其中，美国1月为2.5%，6月为0.6%，12月为1.4%；欧元区1月为1.4%，11月为0.2%；印度1月为8.8%，12月为4.6%；中国1月为5.4%，11月为-0.5%。2021年发达经济体CPI预计为2.8%，新兴市场和发展中经济体为5.5%。其中，美国1月为1.4%，7月为5.4%，10月为6.2%；欧元区2月为0.9%，10月为4.1%；印度1月为4.1%，6月为4.5%；中国1月为-0.3%，10月为1.5%，全年预计为0.8%。[②] 2022年发达经济体CPI预计为2.3%，新兴市场和发展中经济体为4.9%。与全球通胀有关的指标是美国货币供应量。美国2020年3月M2为16.01万亿美元，2021年10月M2为21.19万亿美元，19个月间增长32.3%。[③]

（四）债务

2020年第一季度末全球债务规模259.7万亿美元，为全球GDP的332.4%；2021年第一季度末全球债务规模288.7万亿美元，为全球GDP的360.4%。2020年发达国家政府赤字平均占GDP的比重达11.7%，新兴市场经济体为9.8%，低收入发展中国家为5.5%。一年间成熟经济体增长17.3万亿美元至202.5万亿美元，新兴市场经济体增长11.6万亿美元至86.2万亿美元。2021年第一季度末成熟经济体政府债务为63.3万亿美元，一年间占GDP的比重从111.8%升至134.4%，增加10.2万亿美元；同期新兴市场经济体政府债务占GDP的比重从54.5%升至59.9%，增加3.3万亿美元。2021年8月底美国国债总额为28.7万亿美元，占GDP的比重为128.6%，日本为15万亿美元左右，占GDP的比重约为275%。中国政府债务占GDP的比重2019年和

[①] 发达经济体与新兴市场和发展中经济体数据来自IMF, "World Economic Outlook," October 2021。国别数据来自Wind。美联储2021年9月23日数据显示，2021年美国个人消费支出指数（PCE）增长4.2%，核心PCE增长3.7%。
[②] 详见《中国社会科学院2021年第三季度宏观经济形势分析》。
[③] 详见http://www.federalreserve.gov/releases/h6。

2020年分别为57.1%和66.8%，同期印度分别为73.9%和89.6%。2020年中低收入国家外债存量上升5.3%，达到8.7万亿美元，中低收入国家（不包括中国）2020年债务与国民总收入（GNI）之比从2019年的37%升至42%，同期债务与出口之比从126%升至154%。①

（五）资本市场

美国纳斯达克股票指数2019年年末为8972.6，2020年年中为10058.3，2020年年末为12888.28，全年最高值为12973.33，最低值为6631.42。欧洲斯托克50（EUSTX50）股票指数2019年年末为3745.15，2020年年中为3232.02，2020年年末为3552.64，全年最高值为3867.28，最低值为2302.84。纳斯达克股票指数2021年年中为14503.95，10月29日涨至15498.39，截至2021年10月底，最高值为15504.12，最低值为12397.05。欧洲斯托克50股票指数2021年年中为4064.3，10月29日为4250.56，截至2021年10月底，最高值为4252.78，最低值为3473.76。2020年美国股票总市值几度突破42万亿美元，超过其GDP的2倍。截至2021年10月29日，摩根士丹利资本国际（MSCI）全球指数上涨17.04%，MSCI发达国家指数上涨19.73%，MSCI新兴市场经济体指数微跌0.23%。②

（六）利率

短期利率可用伦敦银行拆借利率（LIBOR）作为代表。2020年美元6个月期存款利率为0.7%，预计2021年为0.2%，2022年为0.4%。2020年欧元3个月期存款利率为-0.4%，预计2021年和2022年均为-0.5%。2020年日元6个月期存款利率为0，预计2021年为-0.1%，2022年为0。2020年人民币6个月期存款利率（SHIBOR）为2.5077%，2021年10月29日为2.5360%。长

---

① 据国际金融协会（IIF）数据；US Debt Clock；IMF，"Fiscal Monitor"；World Bank，"International Debt Statistics 2022"。
② 据Wind数据库。中国相应数字约为70%。2021年9月6日全球股票市值创下97万亿美元的历史新高，9月19日抛售蒸发2.2万亿美元。

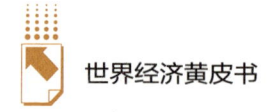

期利率一般用主要经济体10年期国债收益率作为代表。美国2020年10年期国债平均收益率为0.889%，最高值为1.946%，最低值为0.318%；截至2021年10月末平均为1.4342%，10月29日为1.55%。德国2020年为-0.5158%，2021年10月29日为-0.14%。日本2020年为-0.003%，2021年10月29日为0.101%（2021年8月再次出现负值）。中国2020年为2.944%，截至2021年10月末平均收益率升至3.1%。①

（七）汇率

鉴于美元在国际货币体系中所处的关键地位，美元指数大致能够反映全球汇率波动状况。美元指数2020年1月为97.392，4月为99.891，8月为93.071；美元指数2021年1月为90.189，4月为91.721，8月为92.799。从美元指数看，2021年1月比2020年1月美元贬值9.72%，美元兑日元贬值5.7%，兑欧元贬值10.1%。2021年1月至10月底人民币兑美元汇率总体稳定，1月4日为6.4628∶1；10月29日为6.409∶1，最低为4月1日6.5739∶1，最高为5月31日6.3607∶1。②

（八）贸易

2020年商品贸易量（剔除价格和汇率变动）增长-5.3%，商品贸易额增长-8.0%至15.58万亿美元，服务贸易额增长-20%至4.91万亿美元，中国进出口总额增长1.9%。2021年商品贸易量预计增长8.0%，其中，第一季度同比增长5.7%，为2011年第三季度增长5.8%以来的最大增幅；中国上半年进出口总额增长27.1%。2022年商品贸易量预计增长4.0%。③ WTO 2021年8月18日发布的《货物贸易晴雨表》中读数为110.4，是2016年该表创立以来最高纪录，同比上涨20多点，高于趋势水平（基数为100）、具有前瞻性的新出口订单指数109.3，显示增速可能见顶。2021年1~10月以美元计中国出

---

① IMF, "World Economic Outlook," October 2021; SHIBOR, 美国财政部网站和Wind数据库。
② 据Wind数据库。
③ 据WTO《世界贸易统计评论》，2021年8月。

口同比增长32.3%，进口增长31.4%，贸易顺差5106.4亿美元；对美国出口增长31.5%，进口增长39.2%，顺差3206.7亿美元，占顺差总量的62.8%。[1]

（九）全球对外直接投资（FDI）

2020年全球对外直接投资（FDI）流量增长-35%，从2019年的1.5万亿美元降至2020年的1万亿美元，其中，发达经济体和转型经济体为-58%，发展中经济体为-8%。2020年中国吸引外资逆势增长5.75%，达1493亿美元。预计2021年全球FDI增长率为10%~15%，其中，发达经济体为15%~20%，发展中经济体为5%~10%。中国2021年1~7月实际使用外资6722亿元人民币，同比增长25.5%。预计2022年全球FDI增长15%~20%，金额将达到1.4万亿美元。与跨国投资密切相关的跨国并购额2020年为4748.6亿美元，较2019年下降6.4%，并且已是连续两年下降。[2]

（十）大宗商品价格

以美元计大宗商品价格指数（2016年=100）2020年1月为114.22，4月为73.47，8月为100.38。其中，粮食1月为102.19，4月为90.06（低点），8月为99.04；矿产品1月为131.72，3月为126.58（低点），8月为159.11；燃料1月为111.69，4月为49.08（低点），8月为80.82。2021年大宗商品价格指数1月为120.95，9月为157.9。其中，粮食1月为118.28，9月为132.42，高点比低点高44.7%；矿产品1月为171.37，5月为188.78（高点），高点比低点高49.1%；燃料1月为105，9月为163.35，2020年以来高点比低点高出232.8%，2021年预计上涨59.1%。2022年预计原油价格增长-1.8%，非能源类商品价格增长-0.9%。2008~2009年全球大宗商品出口依赖国（占出口60%以上）有93个，2018~2019年增至101个，出口额4.38万亿美元。[3]

---

[1] 参见Wind数据库。
[2] 参见UNCTAD,"2021 World Investment Report," June 2021。
[3] 参见UNCTAD, "The State of Commodity Dependence Report," September 2021; IMF, "World Economic Outlook," July 2021。

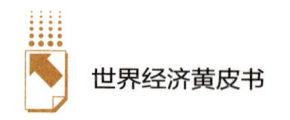

二 当前及未来世界经济值得关注的八个问题

虽说眼下与往后围绕全球经济需要讨论的议题甚多，但从重要性和紧迫性上看，以下问题值得特别关注：通胀还是通缩、发达经济体宏观政策何去何从、货币政策转向或将殃及新兴市场和发展中国家、供应链受损风险与部分发达国家"脱钩"政策、美元霸权时代是否进入衰微期、与气候变化有关的全球问题快速恶化及其应对、人口结构变迁加速影响深远、大国关系越发体现为规锁与反规锁的博弈。

（一）通胀还是通缩

虽说在多数经济体内通胀压力加大已是不争的事实，但对未来物价上涨趋势的判断和政策把握众说纷纭。如果不断然采取措施则通胀便使势不可当者提出的论据的说服力甚强。一是天文数字的流动性注入后导致货币供应量急剧增加。根据货币公式不难推导得出，在产出水平和流通速度大致不变的情况下，货币数量的大幅增长势必引发价格显著上升。2020年2月到2021年5月发达国家十国集团央行资产负债表扩大了11万亿美元，而2008年国际金融危机后花了八年才达到这一增幅。目前美联储每月实施1200亿美元购债计划，欧央行1.85万亿欧元紧急抗疫购债计划（PEPP）至少执行到2022年3月（2021年7月购债870亿欧元）。美欧日三家央行目前总资产负债表规模为25万亿美元。[1] 二是主要央行均奉行超级宽松的低利率甚至负利率政策。这一点前文已经提到。三是大规模纾困政策导致家庭财富上升并在转化为消费后推动价格上涨。四是疫情等因素冲击供应链所导致的劳动力及供给短缺，在推升工资水平的同时助长价格水平。五是屡创新高的资产价格催生的财富效应。六是一些国家的央行为防范通胀采取了行动，如巴西、俄罗斯、墨西

---

[1] 其中2021年10月美联储资产负债表规模为8.4万亿美元，欧央行为8.3万亿欧元（9.6万亿美元），日本央行为6.5万亿美元。Yardeni Research, Inc., " Central Banks: Fed, ECB & BOJ Weekly Balance Sheets," October 14, 2021。

哥、韩国、匈牙利和捷克等国央行已经升息。

认为目前通胀远超央行政策目标仅仅是暂时现象的观点支持者给出的理由同样充分。其一，货币流通量剧增但流通速度却大幅放慢，后者抵消了流通量增加对物价上涨的推动力。其二，疫情冲击导致家庭恐惧感上升而消费趋于保守，这一点可以从美国居民储蓄率在相对高位水平上波动上升得到反映。其三，失业率升高或劳动市场宽松和设备利用率处于较低水平为扩大供给创造了条件。其四，财政纾困政策和央行支持政策已经或正在"见顶"，美国连续三个月个人收入下降反映消费需求下降。其五，市场对未来经济走势的悲观预期依然存在，而证据之一就是全球负利率债券规模 2021 年 10 月 19 日为 11.6 万亿美元，尽管在减少，但仍占全球可投资债券的近 1/5。[①] 其六，近期通胀率飙升推动因素许多都具有短期性质，如能源价格和运费上涨等。需要注意的是，上一次金融危机后的量化宽松政策并未引起人们普遍预期的通胀。

正反两方的意见应该说都有道理。在谈论主要发达经济体通胀态势时，还有一个必须考虑的变量，那就是央行政策工具箱里的政策工具。一个显而易见的事实是，它们治理通胀的工具数量多、空间大，远超对付通缩的工具。IMF 预计，大多数国家面临的价格压力将在 2022 年消退，但一些新兴市场和发展中国家的价格压力将持续存在。在 11 月初美联储公开市场委员会会议结束后举行的新闻发布会上，美联储主席鲍威尔指出，虽然价格强劲上升，但没有证据表明存在"工资—物价"螺旋上涨局面，预计 2022 年第二季度或第三季度通胀回落，相信随着经济结构不断调整，通胀将下降至接近 2% 的目标。总体而言，本研究对主要发达经济体通胀走势的判断基调是短期压力不小但中长期会缓解，同时不排除出现某种程度滞胀的可能性。

（二）发达经济体宏观政策何去何从

2008 年金融危机爆发后，由于货币政策很快掉入流动性陷阱，美欧日

---

① 参见 Bloomberg 数据库。随着通胀预期增强，2021 年下半年负利率债券规模开始进入下行阶段，从 8 月 5 日的高点 16.9 万亿美元降至此水平。

央行开启了非常规货币政策时代，即实施超低利率甚至负利率政策，同时伴以量化宽松政策。疫情暴发以来，美联储一直抵制负利率，理由是欧洲和日本的负利率实际上未起到促进增长或防通缩的作用，并自认为手中还有政策工具可用，其中之一便是宣布实行无限量、无限期的量化宽松政策。控制国债收益率曲线，准确来说是将10年期国债收益率控制在0附近，是各发达经济体央行采取的一项具有货币和财政双重意义的政策。接下来的政策为调整通胀目标。2020年8月在美国堪萨斯城全球央行年会上，美联储宣布对长期目标和货币政策声明进行更新，表示将寻求实现2%的平均通胀率长期目标。这意味着美联储可以用未来通胀的"余额"补偿过去的"差额"，在有限的降息空间里通过提高通货膨胀的容忍度为货币政策提供额外的空间，以应对逐渐增大的通缩风险。随后，欧央行2021年7月将中期通胀目标从"低于但接近2%"改为2%。美联储用高质量债券置换市场投资者手中的低质量债券与财政部直接向家庭和企业提供优惠融资条件甚至派发现金（即"直升机撒钱"），也被视为传统经济学教科书中未曾提及的宏观政策。

在此值得一提的是所谓现代货币理论（MMT）的走红。该理论力求提供一个涵盖积极财政政策目标、政策执行规则以及与货币政策协调机制的新的宏观经济框架，要义是只要低通胀低利率能让借贷成本保持低位，政府就该在医疗、教育和基础设施等方面放手支出。该理论认为，在低利率时代下，债务占GDP比重指标在衡量国家财政状况时具有误导性，因为它忽略了债务可以随着时间推移而被偿还的事实，没有考虑到对于一个经济增长率超过利率或很可能在未来继续超过利率的经济体而言，当前的债务和赤字问题在未来可能不再严峻，也没有考虑到未来通过增税或削减支出来应对债务负担变化的能力。[①] 不难看出，MMT的软肋在于通胀加剧以及应对通胀的货币紧缩政策。

对目前出现的通胀严重程度和持续时间能否做出正确判断，业已成为美

[①] 参见Jason Furman & Lawrence Summers, "A Reconsideration of Fiscal Policy in the Era of Low Interest Rates," http://www.piie.com/system/files/documents/furman-summers2020-12-01paper.pdf, November 30, 2020。

国宏观政策风险的主要源泉。总体而言，目前主要经济体中央银行治理通胀的手段远比治理通缩的多且空间大。2021年11月3日，美联储宣布当月中旬开始减少购债（taper）规模150亿美元，12月开始加倍，预计2022年年中终止购债。此举可以被视为美国货币政策转向的标志。除了taper外，美联储还可以加息，预计最快2022年一次，2023年和2024年或许各3次。在此之后，美联储还可以缩小资产负债表规模即所谓"缩表"。鉴于资产价格位于历史高位且脆弱敏感，目前推高物价的供给冲击将于2021年得到缓解，故一旦退出政策的实施速度、力度与时机拿捏不准，便极可能导致资产价格振荡与投资者预期逆转，出现破产海啸的风险上升，甚至滞胀降临。这也恰恰是9月欧央行行长拉加德强调"必须提防对由短暂效应引发的通胀反应过度"的原因之一。

（三）货币政策转向或将殃及新兴市场和发展中国家

美联储退出政策的负面溢出效应主要表现为其可能在新兴市场引发外资逃离、债务危机及由汇率波动引起的并发症，尤其是对那些严重依赖外资流入的国家将造成沉重打击。此种风险可谓殷鉴不远。2008年国际金融危机后，"脆弱五国"（南非、巴西、印度、印度尼西亚和土耳其）因享受美国超级宽松政策的溢出效应而形成对流入外资的高度依赖，在经常项目赤字不断攀升的同时，投资者为寻求更高收益率而大规模进入新兴市场。结果，当美联储主席伯南克于2013年6月暗示美联储可能很快开始放慢购债步伐时，"缩减恐慌"迅速蔓延并导致新兴市场出现资本外逃浪潮和美元升值，迫使各央行不得不升息从而抑制了经济增长。当2018年5月美联储开始减持资产（缩表）时，阿根廷和土耳其便因经常项目赤字和外债规模巨大而受到冲击。2021年2~3月市场波动导致流向新兴市场的非居民投资组合大幅减少。尽管减少的部分在接下来的三个月内得到了一定补充，但缩减恐慌情绪依旧。好消息是2021年不再像2013年那样：2013年"脆弱五国"经常项目赤字平均为GDP的4.4%，而2021年仅为0.4%；近年来流入新兴市场的资金规模远非当年可比；除土耳其外的"脆弱五国"外部融资与GDP之比亦显著下降。尽管哥伦比亚和智利等国的外债水平较高，但整体来看新兴市场风险来自内部。①

美国货币政策是全球金融周期的一个重要驱动力，其传导机制先是影响全球高风险资产价格和信用创造，然后影响国际资本流动和投资者避险情绪，接下来影响全球金融中介机构杠杆率，进而波及他国货币形势，挑战他国尤其是开放程度较高国家的货币政策主权。② 美欧等发达经济体货币政策紧缩开始后新兴市场经济体将面临如下重大风险：其一，许多国家已经将所谓的"现代货币理论"付诸实践，一旦升息则该理论的基础便会迅速崩塌；其二，面对疫情造成的供给冲击，各发展中经济体应对措施各异，而政策差异性本身往往会成为风险源之一；其三，进口能源或出口能源的新兴市场和发展中国家面对政策转向时损益情况大相径庭，由货币政策趋紧导致的价格波动无疑会增加这两类经济体之间的分化。以上风险的存在，便是印度储备银行（即印度中央银行）前行长专门撰文提醒以美联储为首的系统性中央银行决策者的主要动机。③

目前中低收入国家外债余额已达8.7万亿美元，过去10年，其外债增速超过了GNI和出口增速。一旦发达经济体货币政策进入升息轨道，其债务负担势必加重，很可能出现企业甚至国家违约，而政策转向还极有可能使美元升值，进而引发货币错配风险，最终导致货币危机与金融危机。2021年10月世界银行行长戴维·马尔帕斯指出④，中低收入经济体债务脆弱性急剧增加，全球有一半的最贫困国家面临外债危机或很高的外债危机风险，故需要对债务问题采取全方位行动，包括减免债务、加快重组和提高透明度。尽管2020年G20和由官方债权人组成的巴黎俱乐部启动了处置债务问题的共同框架，以解决中低收入国家不可持续的债务状况和有资格参与债务暂缓偿还倡议的国家长期存在的融资缺口问题，但成效甚微，且该框架将于2021年底到期。

---

① Otaviano Canuto, "Will Another Taper Tantrum Hit Emerging Markets?" Brookings Institution, July 15, 2021.
② Miranda-Agrippino, Silvia and Helene Rey, "U.S. Monetary Policy and the Global Financial Cycle," *Review of Economic Studies*, 2020, 87(6).
③ Urjit Patel, "Beware Rolling Back Fiscal and Monetary Stimulus," August 19, 2021, OMFIF.
④ 参见路透社华盛顿2021年10月11日电。

（四）供应链受损风险与部分发达国家"脱钩"政策

过去一年多全球目睹并感受到了供应链受阻之痛，芯片短缺、能源供应不足、航运不畅和运费暴涨成为全球供应链之痛的主要痛点。国际金融协会发出警告，美国生产系统中供应链中断的可能性上升，目前制造业交货期延迟情况与2011年福岛核灾难后的日本的情况一样严重，并开始扩散至全球。这也迫使企业押注效率低但抵抗力强的供应链，最终推高价格。① 衡量集装箱费用的德鲁里航运指数2021年9月比一年前上涨291%，诸如从东亚到欧洲最大港鹿特丹港繁忙航线的运费更是达到了一年前的6倍。② 煤价过去一年间上涨2倍、天然气价格上涨4倍，德国电价自2021年2月以来上涨1倍多。能源价格出现暴涨的原因便和供应链受阻有关，而源头除了疫情反复和经济复苏速度超越预期外，还是世界无法承受石油领域投资不足的后果：2020年石油和天然气投资下降20%。③

近两年来供应链韧性成为热议话题。对企业而言，主要经济体之间贸易紧张和多边贸易体系几近瘫痪、气候与自然灾害多发、网络攻击频繁等，在不同维度增加了供应链断裂的可能性。由于技术进步与扩散，特别是生产数字化呈现不可阻挡之势，劳动力成本套利的空间逐渐变得狭小。随着网上购物的普及，消费者对快速配送的需求上升，能否快速送达已成为企业竞争力的重要组成部分。疫情冲击更是让企业意识到，彻底重新评估价值链、缩短供应链、稀释或多元化供应链、投资更有韧性的供应链将有利可图。④

从国家层面看，经济相互依存度不断提升一直被认为是地缘政治稳定的

---

① 国际金融协会（IIF）于2021年5月13日在一份报告中发出警告，呼吁各国央行注意通胀和全球供应链中断。
② 引自英国《卫报》2021年2月10日报道。
③ 2021年9月28日欧佩克年度报告。在接受记者采访时欧佩克秘书长巴尔金多表示，能源转型是当下能源短缺的诱因，气候变化问题和能源短缺问题都必须得到解决。
④ 参见 Mckinsey Global Institute, "Risk, Resilience, and Rebalancing in Global Value Chains," August 2020。报告指出，全球企业可能在未来五年内将其全球产品的1/4转移到新的国家，其中超过一半的制药和服装生产会转移到新的国家，受影响的商品总价值为2.9万亿~4.6万亿美元，约为2018年全球商品出口的16%~26%；在大约180种关键贸易品中，70%的出口集中在一个国家。

源泉，现在则被认为是致命弱点，因为供应的高集中度在有些人眼里就意味着高依赖度，涉及"国家安全"，事关大国博弈。基于此，美国等国家陆续出台了或计划出台一系列旨在提高自给率或本土化率的政策，鼓励制造业回流或使供应链多样化，甚至有人公开鼓吹所谓"脱钩"，矛头主要针对中国。典型事例是美国总统拜登2021年2月24日签署了"美国供应链"第14017号行政命令，指示政府对美国关键供应链进行全面审查，以识别风险、解决脆弱性并制定战略，提高恢复力。为此，美国政府成立了涵盖十多个联邦部门和机构的工作组，与商业、学界、国会以及美国盟友和合作伙伴的数百名利益相关者进行磋商，以确定漏洞并制定解决方案，其中涉及的关键产品包括半导体制造和先进包装、大容量电池、关键矿物和材料、药品和原料药。初步审查结果显示，民主共和两党报告都引发了人们对国防工业依赖有限的国内供应商、易受干扰的全球供应链以及竞争对手国家的供应商的担忧。[1]

尽管从企业层面和大国博弈层面上看，全球供应链有理由也有迹象朝着逆全球化方向迈进，但至少2021年的现实并不支持上述判断，特别是和中国有关的数据提供的更是反例。个中原因主要在于中国持续且坚定的开放政策和市场规模。上海美国商会和普华永道中国2021年9月的调查显示，在338家受访公司中，78%表示对本公司未来五年的业务展望感到"乐观或略微乐观"，比上年同期高近20个百分点，而感到"悲观"的企业占10%，一年前该占比为18%。[2]

（五）美元霸权时代是否进入衰微期

美元长期以来占据国际货币体系的中心地位，美国国债作为全球唯一的源本抵押品（fundamental collateral），反映了全球对强大、流动、安全的货币或安全资产之需求。然而，当美国影响经济稳定、金融信誉和文化开放性等

---

[1] 美国白宫2021年6月《建立弹性供应链、振兴美国制造业、促进全面增长》。从存量上看，2020年七国集团和中国名义GDP分别占全球的45.7%和17.4%；从增量上看，2010~2020年七国集团和中国累计实际GDP增长量分别为5.6万亿美元和8.6万亿美元。
[2] 引自路透社上海9月23日电。

体制功能缺陷暴露时，当世界知晓美国政府完全缺乏战略方向或有说服力的领导能力时，当替代"安全资产"（包括非政府数字支付系统）出现时，美元难以撼动的地位便会晃动。2020年3~9月疫情肆虐最严重期间，外国央行持有美债总额净减1552亿美元，国债购买者是美联储而非国际投资者和美国基金，以致美国债券价格在2020年3月暴跌后一直低迷，美元指数如前所述出现了大幅下降。2020年底全球外汇储备总额为12.7万亿美元，以美元计的世界外汇储备资产比例连续五年下降，跌至59%，创下25年来最低，而2001年底美元储备占比超过70%；与此同时，欧元占全球外汇储备资产的21%，恢复到2014年的水平；日元资产占比20年来首次升至6%，人民币占比2%。[①] 以美元计价的加密货币在2021年出现巨幅涨落，亦足以引人深思。

这些变化究竟是偶然异常还是预示着美元走向衰落的信号？经济学家对上述现象做出如下解释：近20年美国国债占全球GDP的比重持续上升，同时美国产出占全球GDP的比重却在下降。笔者将其命名为"罗格夫升降"。在罗格夫看来，目前国际货币体系显露的迹象类似于1960年代布雷顿森林体系面临的"特里芬两难"，即一方面美国需要通过贸易逆差为全球提供美元流动性，另一方面为使美元与黄金比价稳定美国需要维持贸易平衡或顺差，但两者难以兼得。众所周知，"特里芬两难"在1970年代初最终引发了布雷顿森林体系的崩溃。这或许就是未来美元走势的一个隐喻。[②] 罗格夫进一步指出，当今亚洲与美元的关系和1960~1970年代的欧洲情况有着惊人的相似之处。布雷顿森林体系的崩溃使大多数欧洲国家认识到，欧洲内部的贸易比与美国的贸易更重要，结果是马克集团出现了，几十年后演变为单一货币。如果中国有朝一日停止人民币一篮子货币挂钩，转而实行现代的通胀目标制，允许汇率更自由地浮动，尤其是对美元更自由地浮动，那么亚洲大部分国家将会追随中国。此外，中国人民银行的数字货币也为中国政府提供了一个了解人

---

① 引自2021年4月IMF对149个国家和地区的统计数据。
② Kenneth Rogoff, "The Calm before the Exchange Rate Storm?" Project Syndicate, November 10, 2020.

民币用户交易的窗口，正如目前的系统为美国提供了大量类似信息一样。[①]

欧洲财政一体化迈出坚实步伐或许预示着美元一家独大局面的式微。2020年夏秋之际，欧盟推出约7500亿欧元的欧洲复苏计划，从而使欧洲经济与货币联盟这条板凳的三条腿终于齐全：统一的货币、一个中央银行、对统一财政政策的可信承诺。该计划的关键在于所涉资金的绝大部分将由欧盟通过发行以欧元计价的欧盟债券来筹集。[②] 欧盟财政一体化的实质进展，不仅意味着欧盟紧急财政转移安排能力的提升，更意味着欧盟债券将成为美国国债之外一种新的无风险或低风险资产，意味着作为世界唯一源本抵押品的美国国债在第二次世界大战后第一次遇到真正的潜在竞争者。如果"支持贸易往来工具"（INSTEX）结算系统将来能够不断成长壮大乃至成为以欧元为中心的全球结算系统，那么法国前总统吉斯卡尔·德斯坦在财政部长任上提出的美元享受的"过分的特权"便会遭到加速削弱。

在此谈论美元全球地位走下坡路，并不是说美元体系将迅速瓦解，而是说在美元继续主导全球市场的过程中其主导地位很可能比看上去脆弱，同时国际货币体系多元化的轮廓正在显露。

（六）与气候变化有关的全球问题快速恶化及其应对

2021年8月联合国政府间气候变化专门委员会（IPCC）指出，地球正在向人类发出气候红色警报：2021年夏天的严酷热浪导致美国和加拿大数百人死亡，洪水给中国和德国等带来严重破坏性灾难，野火在西伯利亚、土耳其等地肆虐并失控。即使各国马上开始大幅度减少碳排放，全球变暖的总升温也很可能在未来30年内达到1.5℃，一个更加炎热的未来基本上已不可避免。该报告的基本结论是，随着全球变暖，2021年的残酷经历将成为新气候常态。2021年5月国际能源署发布报告指出，如果世界打算在2050年前将净碳排放降至零，那就必须立即停止对矿物燃料项目的投资。2021年7月1.4万名科

[①] Kenneth Rogoff, "The Dollar's Fragile Hegemony," Project Syndicate, March 30, 2021.
[②] European Commission, "The EU's 2021-2027 Long-term EU Budget and Next Generation EU: Facts and Figures," April 2021.

学家共同撰写文章指出，各国政府一直没能解决"地球过度开发问题"。他们用31项"生命体征"（包括砍伐森林、温室气体排放、冰川厚度和海水范围等）指标衡量地球健康状况，发现其中18项达到了创纪录水平，并强烈建议禁用化石燃料、减少污染物、恢复生态系统、选择植物性饮食、改变无限增长模式、稳定人口数量。[1]

通过减少碳排放来应对气候变化已成为当今世界的主流认知，但对于如何处理好减排与发展或能源转型与经济正常运转之间的衔接问题，人类仍面临挑战。英国和欧洲在过去10年关闭了数以百计的燃煤电厂，西班牙仅2020年就关闭一半的煤电厂。荷兰正在关闭欧洲最大的天然气田。欧洲已花费数万亿美元用以补贴可再生能源开发和利用，2020年可再生能源在电力生产中所占份额首次超过化石燃料。美国的减排政策为严控矿物燃料开采投资，如美国内政部颁发的在联邦土地上的钻探许可证从2021年4月的671份降至8月的171份。2020年中国承诺在2030年前和2060年前分别实现碳达峰与碳中和目标之后，2021年又进一步承诺不在国外兴建煤电厂。然而由于多种原因，包括疫情冲击、极端气候、社会舆论压力、政策导向转化、投资者预期改变、对能源转型困难低估、全球需求激增、供应链阻塞、不对称经济复苏以及经济民族主义抬头等，2021年下半年多国出现了能源价格尤其是电价飙升或拉闸限电现象。

2021年11月1日第26届联合国气候变化缔约方会议（COP26）在格拉斯哥召开。世界前三大温室气体排放国就如何在减少对化石燃料依赖的同时不过度损害自身经济问题上远未达成共识。各国争论的焦点是"碳泄漏"，即高碳品进口在不加征碳税的情况下将抢走本国支付了碳排放费企业的市场。这既让减排努力落空也让本国企业受损，因而需征收碳调节税，但后者又可能因共识难达而阻碍全球碳排放合作，甚至有人担心主要排放国不同的气候变化政策有可能引发贸易战。目前，欧盟委员会已推出碳边境调节机制

---

[1] IPCC, "AR6 Climate Change 2021: The Physical Science Basis," Aug. 9, 2021; 联合国际能源署：《全球能源部门2050年净零排放路线图》，国际能源署中国门户网站；BioScience, "World Scientists' Warning of a Climate Emergency," Volume 71, Issue 9, September 2021。

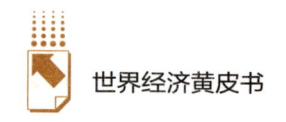

（CBAM）以防止碳泄漏，2023~2025年为过渡期，从2026年开始进口商需为所覆盖商品购买CBAM证（付进口费）。美国民主党议员提出了于2024年1月1日起生效的碳关税调节建议，覆盖面临贸易竞争的碳密集型商品，由财政部决定成本计算和付费标准，但没有碳交易系统。中国2021年7月开放了全国碳交易市场，政府发放配额，覆盖2225家电厂，将来逐步覆盖其他高污染行业，但减排政策未涉及碳关税。此外，据巴黎气候协定，2015~2020年富国应每年向穷国提供1000亿美元，但承诺并未被兑现。[①]

除了必须合理有序降低对化石燃料的依赖外，我们还要关注全球温室气体排放的其他来源或渠道，其中10%来自剩余食物，这和备受指责的汽车排放相差无几。为了实现减排目标并应对气候变化造成的后果，世界还要努力积极利用已有的并开创全新的制度设计，比如大力推广债务自然互换（DNS）安排，即鼓励发达国家通过让中低收入国家实行减排和环保措施来对其债务进行重组，优化私营和社会保险系统以处理极端气候带来的损害，创立一个类似IMF的国际保险机构，甚至有人提出建立一个新的气候俱乐部，让美欧中共享气候治理目标，协同推进清洁技术创新，以走出由公共产品与成本分摊引发的治理困境。[②]

（七）人口结构变迁加速影响深远

人口属于中长期变量，累积到一定程度后会在短期内产生重大效应。人口变化主要体现在人口数量、年龄结构、族群比例以及人口跨境流动等方面。人口预测是政府、企业、非政府组织和个人的重要计划和风险管理工具。政府需要通过短期和中期方案来估计人们对学校、医院和其他公共服务的需求，帮助基础设施建设长期融资，为未来劳动力规划必要的技能和知识，明智地投资健康研究和开发资源，了解潜在的环境、军事、地缘政治和其他风险，

[①] Gary C. Hufbauer, "Divergent Climate Change Policies among Countries Could Spark a Trade War," PIIE, August 2021.

[②] Tagliapietra, Simone and Guntram B. Wolff, "Conditions are Ideal for a New Climate Club," Bruegel, Sept. 9, 2021.

并实施预防或缓解策略。对于从事具有长期回报投资的企业而言，人口预测同样重要。个人也会关注下述问题：是否会有足够的工人缴税以支持退休人员的养老金和医疗福利。此外，人口变化还会涉及国际和国家安全与稳定。[1]

据联合国经济和社会事务部（UNDESA）预测，全球人口将从目前的77亿增至2030年的85亿、2050年的97亿，2100年达到110亿峰值。[2]

从年龄结构看，工业化国家或经济体普遍进入老龄化社会，2020年日本65岁以上老人占总人口的28%，欧盟27国为20.3%，美国为16%，俄罗斯为15%。新兴经济体和发展中国家中，中国65岁以上老人占11%，已迈出走向老龄化社会的步伐，中位年龄比27岁的印度高出11岁，比撒哈拉以南非洲高出近20岁。人口老龄化还可以从生育率的持续降低来加以印证。2020年欧盟的生育率为1.3~1.4，日本生育率为1.1（以致约有13%的住宅被废弃），韩国为0.9。新兴经济体和发展中国家中，中国同期的生育率降至1.3[3]，显著低于印度的2.2和印尼的2.3。与快速老龄化社会形成鲜明对照的是部分发展中国家的人口爆炸。目前人口增速最快的是非洲，总数为13亿，预计到2050年增至26亿。年轻人口占比高可以产生人口红利，但收获人口红利必须与人力资本不断积累、储蓄率与投资率提升、能够大幅降低交易成本和不确定性的体制机制改革、社会稳定、生态环境可持续发展等相结合方能实现。

发达经济体人口老龄化的影响巨大，主要体现在以下几个方面。一是劳动力供给减少，由此可能降低潜在增长率；二是与社保和医保相关的财政支出增加，因此形成的赤字压力可能拖累经济长期增长；三是老年人创新能力与意愿下降，从而波及劳动生产率提升；四是消费需求减少，投资增长与结构均会有所改变；五是移民政策可能被迫调整，国内社会因此出现分裂；六

---

[1] Stein Emil Vollset, etc., "Fertility, Mortality, Migration, and Population Scenarios for 195 Countries and Territories from 2017 to 2100: A Forecasting Analysis for the Global Burden of Disease Study," Lancet, July 2020.

[2] UNDESA, "World Population Report 2019". 不同主体对全球人口的预测差异甚大。据Stein Emil Vollset等估计，2064年全球人口达到97.3亿的峰值，2100年降到87.9亿。亚洲、中欧和东欧将是人口缩减速度最快的地区，2100年预计中国、日本、韩国、意大利等23个国家和地区的人口数量将减少一半。

[3] 参见《第七次全国人口普查公报（第一号）》。

是为数众多的老年人政治参与程度上升,各国内部政治博弈的过程与结果正在发生改变;七是自动化导致非熟练劳动力大量失业,通过让更多知识密集型任务(如分析消费者信用评级和提供金融建议)实现自动化,降低人类参与工作的必要性。从某种意义上讲,未来 20 年最确定的趋势将是人口结构的重大转变。有学者将这种转变用三种"颜色"形象地加以表述:更多的灰色(老龄化)、更多的绿色(随技术进步而来的每公顷产出增加)、更少的白色(美国和欧洲人口总数中白人的比重快速下降)。[1] 还有学者将人口转变或"拐点",理解为有史以来最大规模且高质量劳动力大幅增长的终结。[2]

(八)大国关系越发体现为规锁与反规锁的博弈

拜登政府重回"多边主义",以更加积极的姿态联合盟国与伙伴国,希望凭借占全球一半 GDP 的实力塑造从环境、劳动到贸易投资、技术及透明度等规则,阻止中国主导未来技术和产业,最终将竞争对手锁定在全球供应链或价值链的中低端。这一规锁政策亦会贯穿美中利益交汇领域——如气候变化、防止核扩散、全球卫生安全——的合作全过程。在 WTO 框架内推动制定限制中国的经贸规则是美国实施规锁的重点之一。2021 年 10 月美国贸易代表戴琪先后参加经合组织理事会部长级会议和 G20 贸易部长会议,并在战略与国际问题研究中心(CSIS)发表演讲,明确提出,美国将尝试所有的政策选项以探索对华经贸关系最有效的前进路径,与盟国一道制定 21 世纪公平贸易

---

[1] 参见〔英〕保罗·莫兰《人口浪潮:人口变迁如何塑造现代世界》,李果译,中信出版社,2019。本书没有讨论人口族群结构变化主要是受篇幅所限。2021 年 8 月美国人口普查局数据显示,2020 年美国白人占总人口的比重为 57.8%,2010 年为 63.7%,10 年间下降 5.9 个百分点。这一变化速度大大快于 UNDESA 在 "The State of World Population 2021" 中关于美国白人占比将于 2050 年低于 50% 的预测。此趋势的加速对美国乃至世界而言绝非无足轻重。

[2] 古德哈特等认为,1989 年柏林墙倒塌以来,仅中国和东欧就为世界经济发展分别提供了 2.4 亿和 2 亿劳动适龄人口,再加上婴儿潮一代和女性就业人数的增长,使劳动力价格被压低,经济稳步增长,通缩压力一直挥之不去。然而这一切正在发生逆转,中国出生率开始下降同时劳动成本上升,婴儿潮一代正步入退休阶段,由民粹主义及疫情引发的供应链脆弱担忧使生产转向国内,因阿尔茨海默综合征发病率日益上升而需要更多护理人员,所有这些均会推升工资并终结通缩与低利率。参见 Charles Goodhart and Manoj Pradhan, "The Great Demographic Reversal: Ageing Societies, Wanting Inequalities, and an Inflation Revival," 2020。

规则，解决中国和其他非市场经济体扭曲市场的做法所带来的共同挑战，促进市场经济和"民主国家"在国际竞争中取胜。在拜登政府的主导下，西方七国集团已就WTO改革形成较为一致或相近的立场，预计美国可能在争端解决机制、"特殊和差别待遇"、市场经济地位、政策透明度等问题上推动相关议题。

将气候议程与发展议程、经贸规则进行捆绑以提升自身竞争力兼而修复与盟友关系，是美国力求主导气候变化合作的一个基本动因。美国已将气候和绿色技术纳入2021年成立的美欧贸易和技术委员会的重要议题，以应对气候变化之名助力投资审查等技术标准，并形成隐性壁垒。美国在包括G20平台在内的各种场合将大力推进美国版全球减排合作，要求排放大国承担更多的责任，甚至可能在G20框架内推动"对等原则"，以取代现有的"国家自主贡献""共同但有区别责任"原则。与此相关，拜登政府进一步突出了基础设施的地缘政治价值，将基建作为气候议程的重要抓手之一，注重协调与盟友伙伴在基础设施议题上的立场，推出"重建更美好世界"（B3W）倡议以对冲"一带一路"倡议，通过有针对性地强调高标准、高质量、透明度、共享性等维度抢抓国际基础设施规则制定权，寻求形成战略竞争优势。不难想见，美国将继续与欧、日联手创立或升级所谓高质量基础设施的相关标准，强化针对发展中国家基础设施建设的政策协调。同时，拜登政府在发展中国家债务问题上高调施压，要求中国遵守巴黎俱乐部原则，增加债务透明度，并联合世界银行、国际货币基金组织等多边机构，敦促中国公布海外债务数据并提高"一带一路"项目透明度，要求继续延长G20暂停偿债计划期限，同时积极推动将暂停偿债计划扩大至中等收入国家，要求商业银行参与国际债务减免。

除了联合盟友伙伴在国际舞台上设规立制外，通过国内立法达到目的也是美国规锁策略的重要实现途径。2021年6月8日美国参议院通过了长达2376页的《2021年美国创新与竞争法案》。此法案由"芯片与5G紧急拨款方案"和《无尽前沿法案》、《确保美国未来法案》、《2021年应对中国挑战法案》、《2021年战略竞争法案》等4个法案组成，矛头直指中国，所涉内容广泛，多有突破双边关系底线之处，打压力度明显增强。一旦众议院审议通过

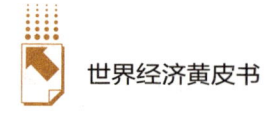

并经由总统签字成为法律，此法将在相当长的时间里对包括经贸、金融、科技在内的中美关系产生巨大且久远的影响。①

中美经贸关系是当今世界最重要的双边经贸关系，维持其健康稳定发展不仅符合中美两国利益，也符合世界各国的普遍期待。面对规锁，中国的基本策略是在坚定捍卫主权、安全和发展利益的同时，积极做全球治理变革进程的参与者、推动者和引领者，以公平正义为理念，积极参与引领全球治理体系改革，坚定维护多边主义②；全面提高对外开放水平，推进贸易和投资自由化、便利化，稳步拓展规则、规制、管理、标准等制度型开放，打造国际合作和竞争新优势。

三　世界经济走势

短期内疫情走势将直接影响全球经济未来表现。从历史上看，重大疫情持续2年左右后其毒性便开始下降。随着防范手段的进步和防范策略的不断成熟，新冠肺炎疫情逐步受到控制或演化为普通流感应该有六成以上的把握，尽管全球再次出现大流行的概率为100%。需要指出的是，如果不能消除发达经济体与贫困国家在疫苗接种率上的巨大差异，全球复苏将受阻，并导致全球GDP在未来5年的累计损失达到5.3万亿美元。到2021年第三季度，发达经济体58%的人口接种了疫苗，新兴经济体和贫穷国家的接种率分别为36%和5%。③

即便疫情冲击逐渐消退，世界经济复苏仍然面临疫情前就已经存在的

---

① 1979~2021年，美国涉华立法共258个，最近5年有33个，其中不包括涉及中国的授权法和拨款法。虽说从数量上看最近5年涉华立法数量与历史平均水平相比没有太大变化，但其在质量上变化显著，《2021年美国创新与竞争法案》这样的"大规模"（mega）法案，就是一个典型例子。

② 参见中共中央宣传部、中华人民共和国外交部《习近平外交思想学习纲要》，人民出版社、学习出版社，2021；《中华人民共和国国民经济和社会发展第十四个五年规划和2035年远景目标纲要》。

③ 参见2021年10月初IMF总裁格奥尔基耶娃在视频会议时的演讲。联合国贸发会议2021年9月15日的年度报告指出，疫情勾销了各国20年来的减贫成果，到2025年，发展中国家收入将因这场公共健康危机而损失12万亿美元。

各种掣肘，其中有些因应对疫情而变得更加严重。除了前文提及的特别值得关注的八个问题外，在今后数年间仍将掣肘全球经济的强劲、可持续和平衡增长的中长期因素，还包括攀升至历史最高水平的债务、劳动生产率增速迟缓[1]、多边贸易体系改革谈判达成共识困难重重、金融监管持久性存在漏洞[2]、经济民族主义特别是资源民族主义抬头[3]等。与经济活动关系密切的网络安全始终是一只威胁巨大的"黑天鹅"。美国的长期国债是全球金融系统的核心，几乎所有国家都有美债储备，并被用作几乎所有物品和资产的抵押品，而99.9%以上的美国国债以纯粹电子形式存在。如果有人能够侵入美债系统，信心就可能崩溃，全球货币体系与金融市场便将陷入一片混乱。[4]

风险、挑战或掣肘确实存在，但全球经济整体上行进而回归中长期发展轨道也是事实。2021年上半年主要经济体经济复苏强劲，但进入第三季度后总体放缓、增速分化，[5]呈现前快后慢的特征。从全球看，虽说不同经济体复苏步伐并不一致，鉴于绝大多数发达经济体可以收复"失地"，全年世界经济

---

[1] 2020年第一季度到2021年第二季度，美国劳动生产率快速增长，从2011~2019年的1%升至近4%，其中一半贡献来自全要素生产率（TFP），四成来自就业下降的资本深化。当然这并不必然意味着美国进入劳动生产率快速上升通道。2008~2009年金融危机期间，美国劳动生产率曾经历过短暂跃升，2005~2007年从1.3%升至3.3%。总体来看，当前劳动生产率加速主要受周期性影响，不具有可持续性。参见John Fernaid, Huiyu Li, Mitchel Ochse, "Labor Productivity in a Pandemic," FRBSF, August 2021。
[2] 游离于政府监管之外的个人资产管理公司等影子银行迅速膨胀，其中美国阿奇戈斯资产管理公司管理的资产达5.9万亿美元，并在2021年3月出现爆仓，这在一定条件下可能引起系统性风险。
[3] 比如智利议会2021年5月通过议案打算将铜矿公司的税负从40%左右提高到80%~90%，印尼将把镍矿高附加值加工环节全部留在国内。如果《巴黎协定》目标实现，全球对镍的需求将增长18倍。几内亚2021年9月5日发生军事政变，军事领导人敦布亚中校宣布，几内亚将履行铝矾土全部开采业务承诺，该国铝矾土产量占世界的25%。拉美拥有全球85%的锂储量、52%的铜储量。
[4] 孟加拉国央行在SWIFT中的美联储账号被盗取，损失达数千万美元。
[5] 美国商务部数据显示，2021年第三季度美国经济增长率折合年率为2.0%，远低于第一季度的6.7%和第二季度的6.3%。这意味着美国前三个季度折年率增长5%。如果第四季度美国经济增长率没有显著高于前三个季度的平均增长率，则美国全年经济增速将低于美联储下调后的5.9%和IMF最新预测的6.0%。与美国形成鲜明对照的是欧元区第三季度增速加快，同比增长9.1%。中国第三季度增速从第二季度的7.9%回落至4.9%。

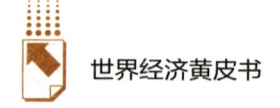

实现明显复苏可以说已成定局。2021年10月IMF预测2021年全球经济增长5.9%；9月联合国贸发会议和经合组织分别预测为5.3%和5.7%。基于前述对数据与问题的分析，本研究倾向于认为2021年全球经济增长率为5.5%左右，2022年增长4.5%的可能性较大。作为对比，IMF预测2022年全球经济增长4.9%，同时，新兴市场和发展中经济体（不包括中国）的GDP到2024年可能依然比疫情前低，经济增长速度为5.5%左右。

短期看世界经济面临的最大风险恐怕还是政策风险。主要发达经济体应对通胀、维持复苏的货币与财政政策如果失当，将会引发资产价格动荡暴跌，扼杀脆弱的经济复苏并可能将经济推入滞胀通道，并殃及新兴经济体和发展中国家。中长期看，受各种因素影响，比如对人类和地球都有利的结果究竟为何尚无定论，在过去10年寡头垄断企业形成的"经营共识"（习惯于高利润、低投资、弱竞争）能否走向终结还有待观察[1]，我们认为全球仍处在中低速增长轨道，未来3~5年世界经济增长率将维持在3.0%~3.5%，当然各国各地区增速会存在显著差异。

---

[1] The Economist, "America Inc. and the Shortage Economy," October 25, 2021.

国别与地区
Country / Region Study

Y.2
美国经济：疫情后的反弹

孙 杰[*]

摘　要： 从2020年第三季度开始，新冠肺炎疫情冲击后的经济反弹如期而至，企业经营绩效和金融市场在各项救助政策支持下呈现出较强的韧性，但是包括失业率等在内的不少宏观经济指标还没有恢复到疫情前水平，导致各种刺激政策退出速度比较迟缓。在经过10多年持续的扩张货币政策以后，市场在关注货币政策的同时也越来越关注财政政策的变化。尽管由翘尾效应和供应链瓶颈造成物价上涨，通货膨胀和货币政策的转换还是成为市场焦点。财政赤字和债务负担也会拖累经济增长。预计2021年美国经济增长将处

---

[*] 孙杰，中国社会科学院世界经济与政治研究所研究员，研究领域：国际金融、美国经济。

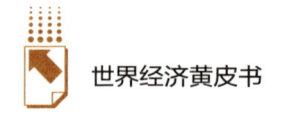

在 5.2%~5.9% 的反弹区间，但是在 2022 年可能下降到略高于正常水平的增长率。

关键词： 美国经济　宏观经济政策　货币政策

根据美国经济研究局 2021 年 8 月 26 日发布的数据，2020 年按照不变价计算的美国 GDP 为 18.38 万亿美元，年度实际经济增长率为 -3.4%，衰退程度超过了 2009 年金融危机时的 -2.6%，再创战后经济恢复以来的新低。从季度年化环比数据看，2020 年第三季度出现了 33.8% 的反弹，甚至超过了上一个季度 31.2% 的降幅。与此相应的是，季度年化同比数据在经过一年的低迷以后出现反弹，相对于 2020 年第二季度 -9.1% 的低点反弹到 2021 年第二季度 12.2% 的峰值，预计在此后的三个季度中也可以维持相对较高的水平。但是由于基数原因，按照现价和不变价计算的 GDP 到 2021 年第一季度才先后超过疫情前的水平。因此美国经济在疫情冲击后的恢复大约经历了一年之久。2020 年美国的实际经济增长符合我们在 2020 年时做出的判断，接近预测区间的下限[①]。

从目前的政策和经济增长走势看，以疫情冲击为代表的外生因素依然是影响 2021 年美国经济形势的重要因素，经济走势的内生因素还不能主导实际经济增长。这种情况使各机构对 2021 年美国经济增长的预测值不断进行调整[②]。可以肯定的是，美国经济在 2021 年将实现疫情后比较明显的报复性增长，并将成为未来几年的高点，从 2022 年开始逐渐回归常态。

---

① 在《2021 年世界经济形势分析与预测》中，我们预测 2020 年美国经济增长处于 -3.6%~-2.4% 的区间。
② 2020 年 9 月美联储对 2021 年经济增长的预测中值是 4.0%，12 月调整为 4.2%，2021 年 3 月调整为 6.5%，6 月调整为 7.0%，明显越来越乐观。而 IMF 对 2021 年美国经济增长的预测也大体类似，2020 年 10 月到 2021 年 7 月的四次预测值分别是 3.1%、5.1%、6.4% 和 7.0%，也呈现出越来越乐观的趋势。但是 2021 年 9 月又大幅度调降到 5.9%。

一　疫情冲击后的反弹

从2020年第三季度到2021年第二季度，季度年化同比实际经济增长率分别为-2.9%、-2.3%、0.5%和12.2%，经过季节调整后的季度年化环比实际增长率则分别为33.8%、4.5%、6.3%和6.7%。同比增长率和环比增长率的走势不断呈现出明显差异的主要原因就是基数大幅变动。在2020年下半年环比增长率呈现反弹的同时，同比增长率却依然是负值。而在2021年第一季度环比增长率依然维持在较高水平上时，同比增长率却停留在非常低的水平上。只是到第二季度同比增长率却又反过来明显高于环比增长率。从GDP的规模来看，不论是以名义美元计算还是以不变美元计价，直到2021年第一季度才勉强超过疫情前的水平。

（一）季度增长背后的隐忧

2020年下半年，尽管环比增长率出现了预期中的反弹，但同比增长率并没有由负转正，就业状况也远没有恢复到危机前的水平，低油价和总需求的下降使通货膨胀维持在低位。2021年以来，随着疫苗接种，加之拜登政府执政以后各项救济和刺激政策不断出台，经济开始重启，但是疫情的变异和波动依然对经济反弹构成了明显的压力，就业依旧低迷，而且一些产业出现了由投入品短缺和人手短缺造成的瓶颈，通货膨胀率开始上升。在历经10多年的货币宽松和债务膨胀以后，不论是核心PCE还是核心CPI都超出警戒水平，通胀问题引起了市场广泛的关注，给未来经济走势和政策决策带来了挑战。

从经济增长季度数据看，2020年第三季度的环比增长率出现预期反弹，从上个季度的-31.2%一举反转为33.8%，显示疫情的冲击性影响和强力政策的效果。正如上个季度的衰退主要是由个人消费支出下降造成的，本季度的反弹也同样是由个人消费支出回升推动的，在33.8%的环比增长中占了25.51个百分点，并且货物消费支出占四成、服务消费支出占六成。此外，私人国内投资推动了 11.71 个百分点。其中为了补充疫情冲击造成的库存消耗，库存贡献又占一半以上。不过由抗疫造成的进口增长导致净出口拖累了 3.25 个百分点，政府消费和投资也呈现微弱的拖累。

  显然，靠消费反弹带动的环比增长肯定是不能持久的。到 2020 年第四季度，环比增长减速到 4.5%，其中个人消费支出对经济增长的拉动回归到 2.26 个百分点，恢复到正常水平。由于存货补充完成，私人国内投资的贡献也下降到 4.01 个百分点，固定投资在其中的贡献相应上升到七成。随着经济重启，进口抗疫物资造成净出口对经济增长的拖累也有所下降，从上个季度 3.25 个百分点下降到拖累 1.65 个百分点。可以说 2020 年第四季度的增长主要是依靠固定投资实现的。但是在疫情依然持续的环境下，固定投资的增长也是很难维持的。

  2021 年以来出现了两个利好，一是疫苗接种，二是拜登政府执政以后，国会连续通过了几个救济法案，消费者信心指数开始攀升。在财政救济的背景下，个人消费支出的回升与就业状况出现脱节，而在就业和产出未能完全恢复的情况下总需求的上升也推动了物价上升。

  2021 年第一季度，美国经济环比增长达到了 6.3%，而个人消费支出一项的贡献就高达 7.44 个百分点，政府消费和投资的贡献也扭转了此前拖累增长的局面，拉动了 0.77 个百分点。与此相对应的是，私人国内投资在连续两个季度大幅增长后出现正常回调，拖累了 0.37 个百分点。值得注意的是，这次回调主要是由存货投资下降造成的，对经济增长的拖累达到 2.62 个百分点。固定投资虽然增速放缓，但依然拉动了 2.25 个百分点的增长，说明企业对后疫情市场的乐观判断。在疫情形势依然严峻和供应链受到冲击的情形下，净出口受到拖累也是正常的，保持在 1.56 个百分点。唯一有些出乎意料的就是个人消费支出的超速增长，这主要是由于拜登执政以后救济法案顺利通过，按照现价计算的人均收入从 2020 年第四季度的 59398 美元跃升至 2021 年第一季度的 66770 美元。而且此次消费反弹是在此前服务消费反弹之后转移到了货物消费。政府消费和投资的拉动也体现了拜登执政以后的财政扩张，其中联邦政府的非防务支出一项对增长的拉动就达到了 0.87 个百分点。

  2021 年第二季度，环比实际增长速度维持在 6.7%。在这当中，依靠持续的财政救济，个人消费支出的拉动作用得以维持，达到 7.9 个百分点，只是重点从货物消费转移到服务消费，反映了疫情得到缓解。私人国内投资继续拖累经济增长 0.65 个百分点，处于正常的回调范围。伴随经济的重启，净出口对经济增长的拖累程度明显下降，而由于 2021 财政年度即将结束，在巨大的财政赤字压力下，本季度政府消费和投资对经济增长略有拖累。

表 1 总需求中各部分对 GDP 增长率的贡献

单位：%

指标	2020 年第一季度	2020 年第二季度	2020 年第三季度	2020 年第四季度	2021 年第一季度	2021 年第二季度
GDP 同比增长率	0.60	-9.10	-2.90	-2.30	0.50	12.20
GDP 环比增长率	-5.10	-31.20	33.80	4.50	6.30	6.70
个人消费支出	-4.79	-24.10	25.51	2.26	7.44	7.90
货物	0.04	-1.89	9.92	-0.07	5.69	2.99
耐用品	-0.89	0.01	5.49	0.10	3.50	1.01
非耐用品	0.93	-1.90	4.43	-0.17	2.19	1.98
服务	-4.83	-22.21	15.59	2.34	1.75	4.93
私人国内投资	-0.92	-9.64	11.71	4.01	-0.37	-0.65
固定投资	-0.41	-5.63	4.88	2.92	2.25	0.61
非住宅	-1.14	-4.28	2.72	1.57	1.65	1.21
住宅	0.73	-1.36	2.16	1.34	0.60	-0.60
存货变化	-0.51	-4.01	6.84	1.10	-2.62	-1.26
净出口	-0.05	1.53	-3.25	-1.65	-1.56	-0.18
出口	-1.95	-8.34	4.64	2.07	-0.30	0.80
进口	1.90	9.87	-7.89	-3.73	-1.26	-0.99
政府消费和投资	0.63	0.97	-0.19	-0.09	0.77	-0.36
联邦政府	0.16	1.42	-0.32	-0.22	0.78	-0.38
国防	-0.03	0.16	0.11	0.22	-0.25	-0.04
非国防	0.20	1.26	-0.43	-0.44	1.02	-0.34
州和地方政府	0.47	-0.45	0.13	0.14	-0.01	0.02

注：除特别说明外，其余都是经过季节调整的年化环比季度数据，2021 年 9 月 30 日的修正值。

资料来源：美国经济研究局。

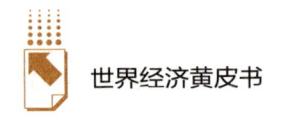

（二）对美国经济近期走势的判断

受疫情冲击，美国的主要经济指标出现明显的分化，环比经济增长率呈现"V"形反弹，但是同比经济增长率的反弹则滞后了两个季度。失业率的修复也是缓慢的，而伴随着救济法案的出台，人均收入水平却出现明显提升。收入的上升带来需求增加，而在供给受到疫情的影响面临瓶颈时，通货膨胀就在所难免了。

尽管不能否认当前美国的通货膨胀可能受到了货币超发等因素的影响，不过主流观点还是认为其是由供应链因素造成的短期上扬，因此直到2021年秋美联储货币政策才做出即将缩减量宽的明确表态。① 但是不论是美联储还是IMF，对2022年的美国经济判断都是向正常的潜在增长率回归。这其中的原因主要是疫情冲击以后货币刺激和财政救济带来的政策性反弹，不是经济内生的可持续增长。政策本身是有成本的，因而是不可持续的。值得注意的是，受到通货膨胀率不断攀升的威胁，从2021年8月开始，消费者信心指数大幅度下滑到疫情暴发时的水平。2022年美国经济增长的回落就是一个大概率事件。

尽管在2021年秋美联储已经表明削减量宽政策逐渐纳入决策者的视野，但是在采取无限量宽和主街贷款等极端的措施之后，美联储的资产负债表已经扩大到8万亿美元，货币政策的扩张效力应该已经接近极限。2020年秋季鲍威尔在讲话中就开始罕见地、公开而直率地鼓励国会出台更多的财政刺激措施，② 指出刺激经济应该更多地依赖财政政策，而那时美联储的资产负债表也的确在从3月的4.2万亿美元扩张到5月的7万亿美元后维持了一段时间。

---

① 2021年9月的议息会公告指出，"Since then, the economy has made progress toward these goals. If progress continues broadly as expected, the Committee judges that a moderation in the pace of asset purchases may soon be warranted"。结合前文来看，这些目标就是充分就业和物价稳定。

② 2020年5月13日鲍威尔在彼德森国际经济研究所的讲话明确指出，"Additional fiscal support could be costly, but worth it if it helps avoid long-term economic damage and leaves us with a stronger recovery"。显然，他了解财政政策的成本，但是依然鼓励财政政策的态度是否意味着他已经意识到货币政策的成本可能更高？这显然是一个值得关注的问题。

与此形成鲜明对比的是，美国 2020 年度的财政赤字从预算中的 1 万亿美元迅速增加到 3.1 万亿美元以后，2021 年的财政预算也保持了接近 3.7 万亿美元。也就是说，剔除原来预算中 1 万亿美元的基数，在疫情暴发后的两年间，美国的财政开支预计将增加近 5 万亿美元。与此同时，货币也增发了 4 万亿美元。[1]显然，这个刺激和救济力度是空前的，更是无法持续的。

从 OMB 公布的预测数据看，2022 年的财政赤字就要回落 50%，并且到 2024 年就要回到正常的赤字水平。从美联储公布的点阵图来看，也将从 2022 年开始小幅加息，到 2024 年联邦基金利率将达到 2.5% 的正常水平。事实上，美联储已经在 2021 年 11 月开始缩减量宽。

如果没有新的外部冲击，我们预计 2021 年美国的经济增长将处于 5.2%~5.9% 的反弹区间内[2]，2022 年将逐渐回落，直到 2024 年前后达到 2% 左右的潜在增长水平。

二 货币扩张的效能在逐渐下降

2020 年疫情暴发之初，美联储的政策变化成为市场的绝对关注点，计划日程外紧急出台的以无限量宽和主街贷款为代表的极端货币政策给市场带来了强烈的刺激。尽管美联储官员在讲话中总强调还有备用的工具选项，但不论是由于此后疫情形势逐渐转好还是疫苗接种带来了正面影响，美联储的政策变化始终不大。相反，财政刺激和救济逐渐取代了货币政策成为市场关注的焦点。事实上，除了每次议息会以后的新闻发布会以及每半年发布货币政策报告后在国会的证词之外，2021 年上半年鲍威尔就没有在公开场合发表过关于美国经济和货币政策的讲演。这种情况在以前是不多见的。

---

[1] 从 2020 年 3 月初疫情暴发到 2021 年 7 月底，美联储的资产负债表扩张了 3.98 万亿美元，其中，美联储持有的国债就增加了 2.76 万亿美元。也就是说，美联储资产负债表的扩张大约有 70% 是靠购买国债实现的。

[2] 和对 2020 年的预测一样，由于疫情作为外部冲击且具有不断反复的不确定性，我们的预测区间也不得不随之扩大一些。

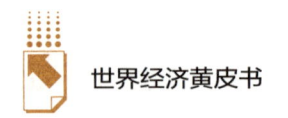

（一）疫情暴发以来美联储货币政策的评估

美国疫情暴发以来，美联储立即采取了最极端的货币宽松政策，主要表现为无限量宽（但是每月依然有购债的额度）、主街贷款（继美联储直接援救贝尔斯登以后不仅开始购买企业债券，而且直接对企业发放贷款）和零法定准备（这个在2008年量宽以后美国商业银行在美联储超额准备金高企的情况下实际意义不大）。

从2020年3月初到2021年7月底，美联储持有的资产从4.29万亿美元暴增到8.27万亿美元，几乎翻了一倍。也就是说，疫情以来美联储增发的货币相当于历史上美联储的货币发行总额。从美联储资产的结构变化看，无限量宽主要体现在购买美国国债和抵押贷款支持债券上，在美联储资产负债表扩张总额中的占比分别达到了69%和25%。

同期，国债在美联储总资产中的占比从48%上升到64%，购买国债的总额达到了2.76万亿美元，超过了此前美联储持有国债的总额。而美联储在2020年3月以后的8周内，持有的国债就从2.5万亿美元上升到了4.02万亿美元，到2021年7月底又持续上升到5.26万亿美元。换言之，最初两个月购买的国债力度超过了此后16个月的。尽管这些国债都是从二级市场上购买的，但是如此大的购买量无疑为财政赤字的扩张提供了极大的空间。相比之下，美联储持有的抵押贷款支持债券也从1.37万亿美元上升到2.38万亿美元，尽管对美联储资产扩张的贡献仅次于国债，不过由于总额较小，在美联储资产中的份额反而略有下降。

美联储的正向回购、贷款和中央银行流动性互换对美联储资产负债表的扩张贡献较少，而且呈现明显的波动特征。在2021年的"世界经济黄皮书"中我们曾经提到，2019年秋季美联储再度降息以来，就开始在市场上进行正向回购操作以释放流动性，维持在1000亿~2000亿美元的水平，在疫情冲击最严重的2020年3月，一度达到4000亿美元，但是此后逐渐下降，到7月中旬就已经清零。中央银行流动性互换则是从2020年3月底开始，到4~5月维持在4500亿美元左右的峰值，此后逐渐下降，到2021年3月降到1000亿美元以下的水平，显示美元的外汇市场也逐渐趋稳。2020年3月，随着主街贷款的发放，美联储的其他贷款一直维持在1000亿美元左右的水平上，到2020年6月降到1000亿美元以下，但是直到2021年7月底，依然维持在800亿美元的水平上。正向回购和货币互换的波动体现了疫情给市场带来的冲击是短暂的，而美联储的其他贷款则意味着疫情给企业财务带来的影响却远没有消退。

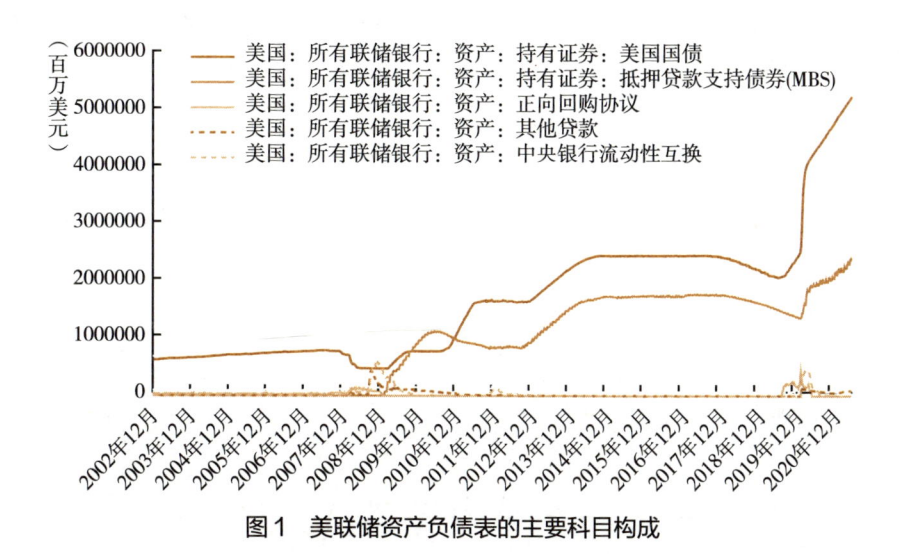

图1 美联储资产负债表的主要科目构成

美联储的大规模资产购买带来了强力的货币扩张。从2019年秋天开始，伴随着连续三次的预防性降息，到2020年2月，基础货币的增长速度开始由负转正，达到2.9%，M1和M2的增长速度也开始从此前长期徘徊的3%~4%提高到5%~6%，显示美国经济的好转。而在2020年3月美联储开启无限量宽以后，货币增长速度开始迅速提升，4月基础货币的增长速度就达到30%以上。这个力度虽然略小于2008年第一次量宽的50%，但是高于此后两个量宽的扩张速度。

此次真正的不同在于 M1 和 M2 的增长速度。在 2008 年以后的三次量宽中，M2 的增长速度始终没有超过 10%，但是这次一度达到了 20%。而 M2 的高速增长显然又是由 M1 的超高速增长带动的。在 2008 年以后的三次量宽中 M1 的增长速度最高达到了 15%，而这一次却达到了 78%。这种令人吃惊的 M1 增长速度远远超过了基础货币的增长速度，显然不是单纯受到货币政策的影响，而是体现了财政政策，特别是普遍性财政救济的结果。财政救济意味着美联储间接支持的国债资金直接进入了居民的活期存款，因而造成了 M1 大幅超过基础货币的超常增长。受到救济的群体普遍具有较高的边际消费倾向，因此就不可避免地造成了 M1 的增长远远高于 M2 的增长。

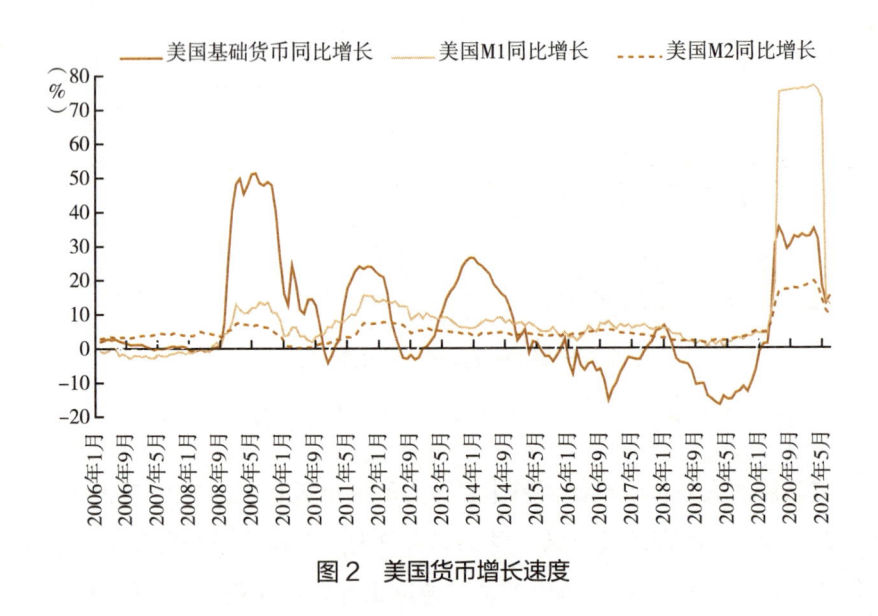

图 2　美国货币增长速度

M1 和 M2 之间增长速度的巨大差距还是让我们对美联储货币扩张的实际效果产生一些怀疑。事实上，从 2015 年以来，随着美国经济的不断好转，内生增长动力的恢复，M2 的货币乘数开始明显回升，从不到 3 倍增长到接近 5 倍。

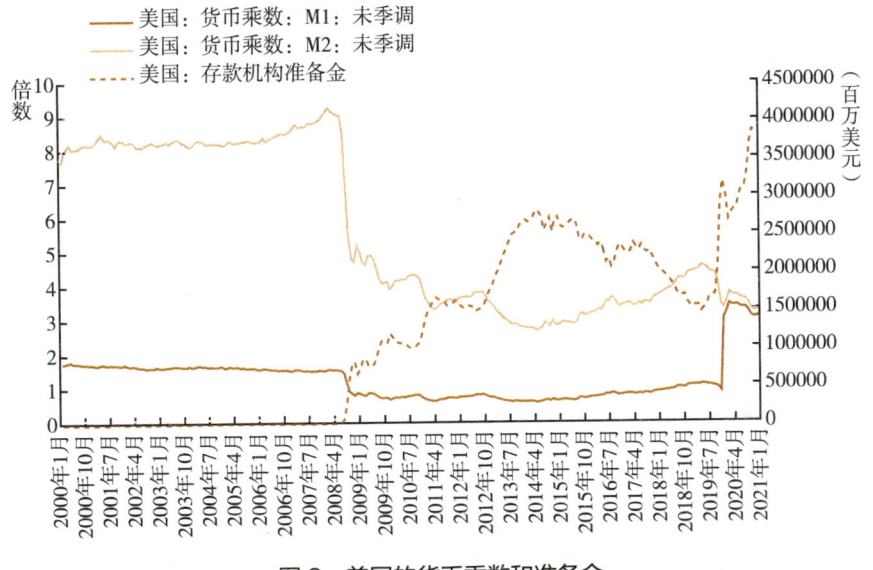

图3 美国的货币乘数和准备金

伴随着加息进程，美国商业银行此前存放在美联储的准备金也逐渐下降，到疫情之前，已经下降到第二次量化宽松时的水平。[①] 美联储在疫情暴发后再度实行大幅地货币宽松以后，M1 的货币乘数出现跃升，[②] 但是 M2 的货币乘数在出现微小而短暂的波动后维持了 2019 年降息以来的下降趋势。而且更重要的是伴随无限量宽松，特别是 2020 年 3 月美联储将商业银行在美联储的存款准备金率调整到零，商业银行在美联储的存款准备金就随之出现了急剧的上升。[③] 由于这次货币扩张几乎等于美联储历史上发行的全部货币，商业银行存在美联储的存款准备金也毫无悬念地一举创造了历史最高水平。尽管财政救济直接发到居民手中，而且这些居民的边际消费倾向又很高，但是超额准备金的急剧增加还是意味着美联储增发的天量货币又有很大一部分还是以存款

[①] 这意味着美国在第三次量化宽松中释放出来的流动性到 2019 年秋天已经基本被经济增长带来的货币需求所吸收。

[②] 这是伴随此次量宽，实行强力的财政政策和各种救济直接发放到个人账户，使得 M1 的乘数出现跃升，因而呈现出与 2008 年量宽不同的效应。

[③] 应该说此前由于法定存款准备金要求很低，法定准备金总额只相当于超额准备金总额的 8.7%，实行零准备金率后对超额准备金的影响不大。

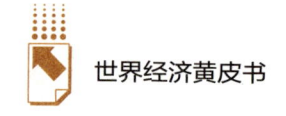

准备金的形式回流美联储。这种情况与2008年金融危机以后的情况类似，疫情期间无限量宽松对经济刺激的实际效果再次大打折扣。在2021年9月议息会后的发布会上鲍威尔也罕见地明确指出资产购买现在仍有用，但没疫情暴发初期那么有用了。①

（二）美联储对当前经济形势的判断：愈加明确的表述和一直明确的操作

以上分析都是我们基于美联储的公开数据进行的简单推理，美联储对疫情以来货币政策对实体经济的实际效果肯定更加了然，只不过其更关注在面临外部冲击时金融市场的稳定。② 这其中的原因可能有两点，其一是货币政策对金融市场的稳定作用要远比对实体经济的刺激作用来得更快更显著，其二是在经济活动已经高度金融化的条件下，金融市场一旦出现动荡，则实体经济必然受到影响。所以，即使货币政策对实体经济的直接影响有所下降，也绝不意味着货币政策对实体经济没有作用，至少可以给实体经济提供一个有利的环境。事实上，在面临外部冲击时，财政政策对实体经济的影响也比货币政策更直接一些。这次疫情冲击就充分说明了这一点。因此，货币政策的关键是如何把握金融市场稳定与实体经济环境之间的平衡。如果货币政策对实体经济的影响没有得到充分显示却造成了通货膨胀或金融市场的动荡，则货币政策就必须有所调整了。

毫无疑问，疫情暴发后相比金融危机时更极端的货币政策显然是应急之策，而通货膨胀压力也成了市场预期货币政策调整的重要因素。2021年以来，以5年期TIPS国债和同期普通国债收益率之差变现的通货膨胀预期就开始突破2%的门槛，并且在3月攀升到2.5%的水平，并一直持续下来。

---

① 原文为"Now we are in a situation where they still have a use, but it's time for us to begin to taper them. Their usefulness is much less as a tool than it was at the very beginning"。
② 从代表市场对金融机构经营风险评估的TED利差看，2020年3月疫情冲击最严重的时候其出现明显波动，日度数据达到1.4%，但是依然明显低于贝尔斯登危机时的水平。而从美国三大股指的波动率指数（VIX）来看，在2020年3月4次熔断中达到了2008年金融危机时的水平，但是到2021年6月就已经恢复到正常水平。

与此同时，PCE 和 CPI 的标题水平也均达到 2.5%，并且在 6 月进一步分别提高到 4% 和 5% 的水平，核心 PCE 与核心 CPI 更是分别达到 3.5% 和 4.5%，都远远超过了美联储在《货币政策策略和长期目标声明》中反复确认的标准。鲍威尔在 2021 年 8 月杰克逊霍尔会议讲话中也承认，通货膨胀水平明显偏高了。① 当然，如果考虑到疫情期间通胀大幅下降的基期因素，2021 年通胀的上升也有正常的一面。事实上，相对同比的价格指数变动率，环比的价格指数变动率都在下降。而这可能正是美联储不断进行缩减量宽市场沟通的深层原因。不过，鲍威尔在 10 月的一次讲话中也强调目前的通胀主要是由疫情造成的，因此随着供给恢复，通胀也会缓和。但是亚特兰大联储主席博斯蒂克（Raphael Bostic）却认为引发价格压力的严重而广泛的供应链中断并不是暂时的。

尽管在本报告的分析期②中，鲍威尔很少在公开场合分析美国经济形势和货币政策走向，但是他在 2021 年 7 月对国会的证词和 7 月议息会后的记者问答这两次讲话可以让我们更加准确地了解美联储对经济形势的判断以及政策走向。我们还需要关注美联储在分析中一直坚持的两个特点：预期指标而非即期指标在货币政策决策中的重要性、不拘泥于具体数据门槛的政策艺术。③

鲍威尔在这两次讲话中的主要观点可以归纳为如下。一是宽松宏观政策对美国经济产生积极影响，预计 2021 年将实现近年来最强劲的增长。这一方面是由于疫苗接种，另一方面则是宽松货币和财政政策带来家庭支出快速增

---

① 原文为"Over the 12 months through July, measures of headline and core personal consumption expenditures inflation have run at 4.2 percent and 3.6 percent, respectively——well above our 2 percent longer-run objective"。

② 由于数据可得性的原因，每年"世界经济黄皮书"的分析区间实际是前年下半年到上年上半年。例如，2021 年黄皮书分析所依据的数据主要是 2019 年第三、第四季度和 2020 年第一、第二季度，书稿完成时间是在 2020 年 9 月底。尽管如此，皮书的分析和预测还是比较准确的。

③ 在耶伦时代，美联储就非常强调预期的未来指标对货币政策的影响，而到了鲍威尔时代又增加了不再严格拘泥于指标门槛的说法。这一点在鲍威尔就任以后就明确表达了，而且后来他也一直是这样做的。因此，市场对货币政策沟通的理解一般更聚集于美联储主席讲话中的用词，这甚至可以追溯到格林斯潘时代。

037

长，住房需求强劲，商业投资也稳步增长。二是劳动力市场恢复还需要假以时日。劳动力需求强劲，职位空缺处于历史新高。许多人离职而寻求更好的工作。由于劳动参与率低迷，目前的失业率低估了就业不足的情况，低收入群体和有色人种的就业受到的实际影响更大。不过鲍威尔判断，随着疫情形势好转，就业应该会强劲增长，而且不会耗时太久。三是通胀率走高则主要是由基数效应与供应链瓶颈所致，受供应限制影响最明显的是汽车行业，因而是暂时的。① 随着供应链瓶颈缓解，情况会有所缓和。四是不担心资产价格与金融体系脆弱性。可持续地实现就业最大化和价格稳定取决于一个稳定的金融体系。尽管目前各类资产估值普遍上升，但美国家庭资产负债表稳健，企业杠杆水平下降，核心金融机构保持韧性。

在议息会后的记者提问环节，鲍威尔又提供了如下信息。一是在判断经济是否取得进一步的实质进展问题上，由于涉及失业率、劳动参与率和工资等多种指标的综合评价，很难给出明确定义和具体的数字。美国经济正朝着这个目标迈进，不过仍然有距离。二是加息前仍会先削减QE，而且由于MBS和国债大体类似，所以会同时削减。三是强调如果通胀指标真的持续走高，美联储将会使用政策工具应对。

有意思的是，这两个讲话背后的逻辑应该是美联储认为经济复苏还不够好、疫情风险仍存在，特别是Delta病毒可能引发新一轮全球疫情，所以按兵不动。从经济数据看当时也的确出现了一些偏负面的变化，比如失业率在6月反弹0.1个百分点、CPI继续超预期、居民对通胀的担忧可能正在抑制消费信心、拜登宣布支持的基建规模比最初计划缩水约40%、长端美债收益率出人意料地降至2月以来的低位等。甚至从第三季度美联储发布的SEP看，也调高了2021年的失业率和通货膨胀率预测值，同时将经济增长预测值从第二季度的7%下调到5.9%。但是鲍威尔依然保持乐观。

---

① 2021年8月，美国的标题CPI和核心CPI分别比7月下降0.1个和0.3个百分点，似乎印证了美联储的判断，不过到了9月又出现微升。按照Shapiro（2020）的分析，在核心PCE篮子中，"新冠敏感型"商品或服务支出的权重高达2/3，因此只要疫情形势好转，通胀问题就会缓解。

他在 9 月议息会结束后的记者会上明确表示已达到触发缩减量宽的实质性进一步进展，①通胀目标也已达到。值得注意的是，他还颇有意味地透露到 2022 年年中时完成 Taper 是适当的。②这样倒推来看，如果到 2022 年 7 月完成 Taper，就需要从 2021 年 12 月起每个月削减 150 亿美元的资产购买量，从而给市场发出了明确的政策沟通信号。结果，美联储 11 月议息会也如期宣布开始缩减量宽。

应该说，美联储的一系列沟通可能反映了对疫情后经济增长稳健性的担心，因而在通货膨胀上升以后并不急于缩减量宽和加息的政策意图。尽管美联储最看重的失业率从 6 月的 5.9% 下降到 10 月的 4.6%，鲍威尔在 11 月议息会后的发布会上也承认此前低估了通胀，供应链瓶颈对通胀造成的压力可能会持续到 2022 年，货币政策对此无能为力。从他答记者问时的冗长和闪烁的言辞中不难看出一些窘迫，③不过他依然认为通胀是暂时的，只是持续时间难以预测。

其实，从实际反映美联储政策变化的数据看，2021 年 4 月开始，货币发行速度已出现明显的下降，并且在经过一个月的时滞以后，M1 和 M2 的增速也随之下降。另外，7 月的议息会明确新增了隔夜回购操作规则，以 0.25% 的最低投标利率，进行总额上限为 5000 亿美元的隔夜回购操作，同时维持此前 0.15% 准备金利率和 0.05% 隔夜逆回购利率（限额为 800 亿美元）不变的决定等。显然，货币政策事实上已开始偏紧了。相比 2021 年第二季度的 SEP 而言，第三季度点阵图显示 2022 年加息的可能性也进一步上升。④

---

① 原话为 "I guess my own view would be the substantial furthered progress test for employment is all but met"。
② 原文为 "It will put us completed our taper somewhere around the middle of next year which seems appropriate"。
③ 参见美联储发布的 "Transcript of Chair Powell's Press Conference," November 3, 2021，第 18~19 页。由于原文较长，这里不再引述。
④ 第二季度有 11 名票委预测 2022 年维持零利率，5 名票委预测加息 25 个基点，2 名票委预测加息 50 个基点。到第三季度预测维持零利率的票委减少到 9 名，而预测加息 25 个基点和 50 个基点的票委各增加 1 名。

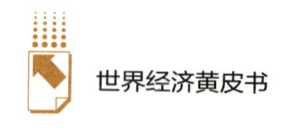

三 持续的巨额财政赤字进一步恶化政府债务

疫情造成了货币政策和美联储的资产负债表巨变，而由于增加了抗疫的财政支出，美国的财政状况更直接地受到了严重影响。2008年金融危机以来，美联储极度宽松的货币政策一直没有带来严重的通货膨胀，因而美联储在政策决策中所受到的忌惮越来越小，不断突破传统的政策空间。相比之下，财政政策的直接后遗症就来得更加直接和迅速。虽然我们还不能确定这次突然跃升的通货膨胀究竟是由极度宽松的货币政策常年累积造成的，还是由财政支出突然扩张所致的，但财政赤字的压力却是现实。早在2011年金融危机以后不久，财政赤字压力就给当时的奥巴马政府带来了极大的困扰，当时白宫与国会签署的减赤协议将于2021年到期。当然，与货币政策决策主要依赖于对经济形势的判断相似，尽管我们从新闻中看到的更多的是白宫和国会在财政政策问题上的政治博弈，而实际上白宫与国会在预算问题上的分歧更多的是因为前者主要是依据现实需要规划财政开支，而后者是依据对未来经济增长的预测，从而是从对当前赤字承受能力的角度来评估赤字的可持续性。

（一）2021财年的执行情况和2022财年的预算

2020财年受到突发疫情冲击，在短短7个月中，一系列的财政救助计划就使财政支出从2019年预算时的4.79万亿美元跃升到6.55万亿美元，增加了36%以上，而且不论是强制性支出类还是自主性支出类，主要开支科目都与失业救济或商业/住房贷款有关。与此同时，财政收入却从3.71万亿美元下降到3.42万亿美元，实际财政收入的下降幅度达到经济衰退幅度的两倍以上。结果，财政赤字从预算的1.08万亿美元飙升到3.13万亿美元，将近原来预算的3倍，占GDP的比重高达14.9%。这种情况在战后美国的财政史上是绝无仅有的。如果剔除二战中特殊时期的财政支出，即使在1934年美国新政的高潮时期，财政赤字率也不过是5.8%，而在2009年全球金融危机中也不过是9.8%。

美国经济在 2020 年第二季度出现了强力的反弹。在美联储看来，虽然经济还没有取得实质性的进展，不过正在朝着这个方向发展，并且预计 2021 年将实现近年来最强劲的增长。但是在 OMB 提出的 2021 财年预算中，支出却进一步上升到 7.25 万亿美元，其中在收入保障和商业与住房贷款方面保持着不同寻常的高支出，甚至与 2020 年相比也有过之而无不及。财政收入虽然预计增加到 3.58 万亿美元，增幅为 4.7%，但是远低于普遍预测的 7% 的增长率，而财政赤字也相应上升到 3.67 万亿美元，占 GDP 的比例进一步提高到 16.7%，财政刺激的绝对水平和相对力度都再次创下战后和平时期的新纪录。当经济增长数据相对平平而美联储做出乐观经济增长展望时，财政支出却依然在坚定地大幅度扩张。

当然，随着疫情的冲击逐渐减弱，防疫常态化下这种严重的财政赤字状况是无法持续的。在白宫提交给国会的 2022 财年的预算中，财政开支就压缩到 6.01 万亿美元，财政赤字也相比 2021 年的预算减半，但是依然高达 1.84 万亿美元，占 GDP 的 7.8%。

（二）白宫和国会对财政状况的评估

在白宫提交给国会的 2022 财年的预算案中，应对疫情的支出大幅度下降，因而使拜登政府得以摆脱短期冲击，逐步体现出他的执政理念。2022 财年预算案也正好是拜登执政以后给国会提交的第一个预算案。按照惯例，他在预算案中首先对制定预算指导思想进行了说明，以便简明扼要地说明这个预算案的支出如何体现他的执政理念。拜登的第一句话就是：我们选择什么样的投资体现了我们对国家价值的评估。这个预算关系到美国经济将变成什么样，让我们的经济能够服务什么人。通过将美国人民的需要、目标、创造力和力量置于中心和首位，可以重新制定出更好的预算（build it back better）。而在 OMB 发布的资料单中，更是直接使用了重回正轨（back on track）的说法，在字里行间流露出他对特朗普政府的拨乱反正。

拜登的自我标榜主要体现在两个计划中：美国就业计划和美国家庭计划。前者包括维修高速公路和大桥，升级港口、机场和交通系统；为所有美国人提供清洁饮用水、更新电网和高速宽带；修建和维护超过200万个家庭和商业建筑（特别是学校、儿童医疗），升级退伍兵医院和联邦建筑；通过增加家庭护工的工资和就业机会，强化家庭护理经济的基础；通过振兴制造业、维护美国供应链安全、投资研发和劳动培训来保证未来的工作岗位。后者则包括增加至少4年的免费教育、为儿童提供直接帮助、加大对有孩子和工人的家庭减税力度以及强化医疗服务。尽管拜登努力表明他与特朗普的区别，但是他们所标榜的财政理念并没有本质差别，而从要做的事情来看，也大同小异。

相比拜登执政前的疫情冲击，特朗普接手时的奥巴马政府的财政约束要小得多，但是最后，冠冕堂皇和雄心勃勃的一系列福利计划和基建计划大多停留在纸面上，财政状况却每况愈下。显然拜登面对的约束比特朗普更大。

从国会的角度来看，总统任期的视野就不那么明显，因而对预算的考虑主要不是从短期需要出发。在财政赤字已经成为常态的情况下，更多考虑的是财政赤字的可持续性，因而主要是从对未来经济增长和财政收入增长可允许的角度进行评估。在这个意义上，CBO对未来十年预算状况和经济展望的报告可能比对某一个财政年度预算的评估和每月给出的预算执行评估报告更重要。

尽管疫情暴发以来美国的财政赤字出现大幅上升，但是这些造成赤字的主要开支所依据的法案都是事先经过国会审核通过的，因此2020年和2021年的预算和决算审批并不是重点。白宫和国会在预算问题上的分歧集中在2022年的预算上。

CBO在2021年7月发布的《对2021~2031年预算和经济展望更新的补充信息》中对美国经济的未来作出了如下几点判断。一是随着疫情的缓和，2021年的财政赤字应该是GDP的13.4%，不仅低于2020年的14.9%，更低于白宫给出的2021年16.7%的水平，预示着国会与白宫之间的分歧再起。而国会之所以要压低2021年的赤字水平就在于其对未来不乐观的预期：未来十年财政收入占GDP的比重大体会保持稳定，但是由于债务的迅速累积，利息开支会大幅度增加。由于财政支出的刚性，在未来10年中，联邦债务占GDP的比重也会从103%缓慢上升到106%。也就是说，联邦债务不会减少。随着或早或晚到来的加息，财政支出中利息支出一定会增加。二是在2021年，救助法案造成的赤字还是会比较明显，但是在此后几年会被技术进步带来的经济增长效应抵消掉一部分。三是在2021年疫情后需求的增加会推动GDP增长高达7.4%（比一般的机构要乐观不少），并且在2021~2025年平均增长率将达到2.8%，超过2.0%的潜在增长水平，但是在2026~2031年平均增长率将下降到1.6%。与此同时，就业从2021年下半年快速增长，到2022年年中将超过疫情前的水平；通货膨胀在2021年将达到2008年以来的最高点，到2022年随着供给调整将快速下降，但是直到2025年前都将维持在高于疫情前的水平上；随着经济复苏和加息进程的推进，10年期的长期国债收益率将在2025年上升到2.7%，到2031年进一步上升到3.5%。但是按照历史平均水平来看，依然处于低位。

从CBO对远期经济增长的基线预测来看，对未来经济形势有限看好，而这就决定了其对最近几年财政预算案的态度，即压缩白宫赤字倾向的主基调。

表2 白宫/国会对未来财政收支的不同判断

单位：十亿美元，%

项目	2020年（实际值）	2021年	2022年	2023年	2024年
财政收入	3421/3421（16.3/16.3）	3581/3842（16.3/17.2）	4174/4390（17.8/18.1）	4641/4597（18.9/18.1）	4828/4671（18.9/17.8）
财政支出	6550/6550（31.2/31.2）	7249/6845（32.9/30.6）	6011/5544（25.6/22.8）	6013/5386（24.5/21.2）	6187/5423（24.2/20.7）
财政赤字	3129/3129（14.9/14.9）	3669/3003（16.7/13.4）	1836/1153（7.8/4.7）	1372/789（5.6/3.1）	1359/753（5.3/2.9）
GDP	21000/21000	22030.0/22401	23499.7/24323	24563.3/25365	25536.5/26191
联邦债务	21017/21017（100/100）	24167/23012（109/103）	26265/24392（112/100）	27683/25156（113/99）	29062/25959（114/99）

注：括号中为对GDP的占比。联邦债务仅为公共持有的联邦债务，不包括联邦政府账户的持有量，但包括美联储的持有量。斜杠前为OMB预测数据，斜杠后为CBO预测数据。

资料来源：OMB和CBO网站。

我们可以清楚地看出，两者之间存在明显的差距。至少从年度赤字占GDP的比例来说，国会要求在2023年就基本达到正常水平，而白宫则遥遥无期，OMB预测即使到2026年财政赤字占GDP的比重依然高达5.1%。具体来说，两者在对经济增长的预测以及财政收入占GDP的比例上的差距不是主要的，减赤的主要分歧在于财政支出。CBO努力控制财政赤字的目的是在2021年联邦债务总水平达到高峰后逐渐下降。这种要求与白宫预测联邦债务总水平在2022年以后从急升变为缓慢上升形成了鲜明对照。考虑到2022年以后开始加息使财政支出中付息的压力迅速上升，国会对白宫减赤力度的要求更高。

当然，这种差距在现实中的表现可能就是白宫的开支会不断突破国会设定的债务上限。不出意外，未来几年白宫和国会之间的博弈会不断出现，政府关门的风险越来越高。事实上，在2021年拜登政府就已面临这样的挑战了。为了解决这个问题，特朗普政府就曾经考虑过发行超长期的50年甚至100年的国债。而耶伦也警告说财政危机可能造成历史性违约并使美国经济全面崩盘。① 而鲍威尔在2021年9月议息会后的发布会上，面对记者的提问甚至也罕见地说，必须调整债务上限，否则将给美国经济和金融市场造成严重后果，那时美联储将别无选择，只能义无反顾地出手相救。② 到本报告截稿时，参议院两党在2021年10月初就紧急债务上限延长至12月初的协议达成一致意见，防止了美国政府在10月中旬出现债务违约。

四 实体经济部门受到严重冲击

与疫情冲击以后宏观经济形势的走势类似，大部分微观经济指标也经历

---

① 在民主党控制了参议院的情况下，拜登政府有可能使用"国会预算和解程序"来避免债务上限危机，但是这样做也使拜登大规模的基建投资财政刺激计划受到一定的影响。
② 原文为"It's just very important that the debt ceiling be raised in a timely fashion so the United States can pay its bills when it comes due. The failure of that can result in severe damage to the economy and to the financial markets and it's just not something we can contemplate or we should contemplate"。

了一个明显的修复过程，但是不少都没有达到疫情前的水平。这意味着疫情的冲击虽然过去了，但是疫情的影响却远没有消除。造成这种情况的原因是复杂的，既有疫情依然延续的因素，也有经济调整的迟滞，还有一些结构性变化的影响。

（一）疫情对实体经济运行的影响："V"形反弹后供给和需求的不对称造成物价上涨和利润提升

从美联储的货币政策目标可以看出，就业是反映实体经济运行状况的重要指标。疫情冲击以来，失业率迅速上升到战后最高水平以后又随即下降，表现出非常明显的冲击特征。但是，直到2021年6月，在冲击过去一年多以后，失业率依然高于疫情前3.5%的水平，美联储预测可能要到2023年才能恢复到疫情前的水平。与此同时，劳动参与率一改疫情前在波动中缓慢上升的趋势。疫情暴发时迅速下降了3.2个百分点，从63.4%下降到60.2%。此后，随着失业率的下降，劳动参与率却一直维持在61.6%附近，与疫情前的水平还有明显的距离。尽管造成劳动参与率下降的原因可以有不同的解释，但是都说明实际就业状况可能不如失业率表现出来的改善程度。这种情况也可以从失业人数的变化得到反映。疫情暴发前、疫情冲击中、截至2021年6月美国的失业人数分别是269万、2066万、579万。失业人数的变化过程也与失业率的变化相似，只是恢复更慢，说明实际的失业状况也比失业率反映的更严峻一些，不同劳动力分组下的失业率差距也很明显。从非农企业职位空缺数和空缺率来看，2020年4月到2021年7月职位空缺数从463万个上升到1110万个，空缺率从3.4%上升到7.0%。这种劳动供给明显制约了经济复苏。从制造业来看，这种情况也十分明显：尽管出货量增长，但是未完成订单和新增订单增长得更快。

不论是从单位劳动成本还是从单位小时产量来看，疫情以后劳动生产率都有所提高，因此工业总体产出指数和产能利用率在疫情冲击以后也出现了反弹。但是，与失业率一样，这种反弹也没有达到疫情前的水平，但是差距比就业指标的差距要小一些。

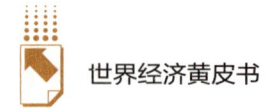

由于财政救助补贴使得劳动参与率下降，在私人部门非农企业全部员工平均工作时间没有很大变化，但是平均时薪略有上升的情况下，由于供给受到限制，尽管PPI的增速明显高于CPI的增速，经过季调折年数并且经过存货计价和资本消耗调整的企业利润却出现了明显回升，并且在2020年年底就恢复到了疫情前的水平。2019年第四季度为2.41万亿美元，2020年第二季度为1.94万亿美元，第四季度就恢复到2.43万亿美元，2021年第一季度更达到2.55万亿美元，超过了疫情前的水平，第二季度更高达2.79万亿美元。2020年1月、4月、12月和2021年6月的采购经理人指数分别是50.9、41.5、60.5和60.6，呈现出与失业率类似的波动，即出现了"V"形反弹。同期，消费者信心指数分别是99.8、71.8、80.7和85.5。显然，疫情之后在强力的救助措施刺激下，消费意愿却超过了疫情前的水平。也许，这种供给和需求之间的反差可以在很大程度上解释物价水平的上升和企业利润的提高。

从市场订单的情况看，全部制造业的新增订单在疫情冲击最严重的2020年3月出现了明显的下降，但是很快出现了"V"形反弹，企业手中握着的未完成订单和出货量也呈现类似的反弹。不过，企业订单和出货量的变化与失业率和市场景气调查的变化相比略好一点的是，在"V"形反弹后基本回到了疫情前的水平。

（二）疫情后的企业融资环境

在疫情冲击后的2020年4月，得益于强力的救助措施，商业银行的信贷总额经过季调的同比增长率逆势从5%左右翻番达到10%，其中的不动产抵押贷款和消费贷款的增速都出现了明显的下降，工商业贷款就成了信贷总额增长呈现逆转趋势的主要因素，2020年4~5月同比增长一度达到30%，并且直到2021年3月都一直保持在10%以上，而在疫情前则处在0~10%的波动区间，因此体现了当时救助政策的重点。在分析无限量宽的货币政策对M1和M2增长率的带动作用时我们已经看到M2的增长明显低于M1的增长，但是在这里我们还是可以看到造成M2增长的原因就在于工商业贷款增长的直接推动。① 在不动产抵押贷款特别是消费贷款增速下降的情况下，M1 增长率的大幅度上升应该主要就是财政救济的结果。值得注意的是，从 2021 年第二季度开始，不论是 M0、M1 还是 M2 的增长率都出现了断崖式的下降，显示出救济政策已经开始退出。这一点我们也可以从商业银行贷款增长率的变化中看出端倪：工商贷款的增长率从 10% 迅速下降到 -15%，② 成为商业银行信贷总量增速下降的主要原因。③ 从银行信贷的角度看，在工商信贷大幅度下降的同时，不动产抵押贷款基本保持平稳，而消费信贷出现了明显的反弹，同比增长率从 -5% 回升到接近 5% 的水平。考虑到个人消费在美国经济中的作用，商业银行消费信贷的回升对美国经济增长无疑是一个正面的信号。因此，救济政策的退出和工商贷款的减少并没有迟滞于经济复苏。

从穆迪 Aaa 和 Baa 的变动看，尽管在 2020 年 3 月出现了比较明显的跃升，但是伴随着强力宏观政策的推出，利率迅速回到了原来的趋势上，在 2021 年第二季度的疫情反复中虽然又有波动，但是并没有破坏原有的下降趋势，大体维持在疫情前的水平上，企业债务压力和融资成本并没有明显变化。

从标普 500 上市公司的经营数据变化看，疫情对美国公司部门的影响具有比较长的时滞。销售增长率和收入增长率都是到 2020 年第四季度才达到低点，而股息增长率到 2021 年第一季度才达到低点。可能是受供求因素造成的物价上涨的影响，2021 年第一季度标普 500 上市公司的收入增长率从上一个季度 -32.5% 的最低点一下子反弹到了 10.2%，反弹速度远远快于销售增长率。

---

① 当然在这其中很可能也有主街贷款的直接作用。
② 由于财政救济和主街贷款是这次针对疫情冲击的主要政策渠道，工商贷款增速下降实际意味着美联储已经开始收紧无限量宽。但此时无论是基于鲍威尔的讲话还是从联邦基金利率都看不出美联储货币政策的转向。
③ 此时商业银行信贷总额的增长率大体稳定在疫情前的水平上。

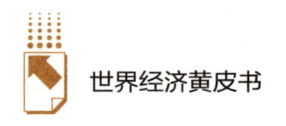

五　外部经济部门的形势和政策变化

拜登执政以后，对外经济政策有所调整，与发达国家做出了一些缓和的举动，不再那么咄咄逼人、四处出击，但是总体而言在短时间内还没有做出大幅调整，至少到2021年年中还基本沿袭了特朗普政府既有的对外经济政策。随着疫情的反复，以及对原有供应链的依赖，美国经常项目进一步恶化，而资本项目的净流入也有所增加，国际收支的不利局面进一步加剧，美元币值在波动中保持稳定。

（一）主要外部经济指标的变化

与2020年第一季度疫情暴发前相比，2021年第二季度美国的经常项目逆差进一步扩大，从1148亿美元增加到1903亿美元。其中货物贸易逆差从2003亿美元增加到2697亿美元，是造成经常项目逆差的主要因素。在货物贸易逆差中，进口的增长远远快于出口的增长，[1] 原因应该是美国国内疫情控制不利，经济活动受到抑制，[2] 制约了国内供给，又使得进口需求增加。在服务贸易方面，美国的出口下降，而进口也出现了一定程度的下降，加之服务贸易总量不大，对经常项目的影响相对较小。经常项目中的初级收入顺差和次级收入逆差变化都不大。因此，疫情暴发以来美国经常项目的恶化主要就是由货物贸易逆差造成的。

在金融项目的余额方面，虽然季度数据与疫情前类似，都呈现比较明显的波动，但是从疫情以来总体数据看则出现比较大的流入。这种情况也是与每一次出现市场动荡，美联储实行宽松货币政策的情况相类似。尽管美国的疫情防控不力，但是美国的金融市场还是在全球动荡中成为避险天堂。如果以2020年第二季度作为疫情冲击的分界点，那么在疫情后4个季度中美国金融项目的资本净流入（9029亿美元）明显大于疫情前4个季度中美国金融项

---

[1] 在这段时间内，货物出口仅增长了105亿美元而货物进口却增加了786亿美元。
[2] 这其中也应该有过度的财政救助导致劳动参与率降低的原因。

目的资本净流入（4998亿美元），而且在金融项目顺差中又是以证券投资流入为主。

从美元的有效汇率看，2020年2月上旬到3月上旬出现了短暂的急升走势，但是从美联储开始量宽以后就转为缓慢下行，到2020年11月再度转入小幅波动，在2021年2月和6月两次疫情反复中呈现出微弱的上扬，力度已经远不如发生第一次疫情冲击时那么强烈。也就是说，相比经常项目和金融项目的波动，对市场反应更加灵敏的美元汇率的波动已经显示出企稳的迹象。

（二）货物贸易的结构变化

一个无可争辩的事实是，在面对疫情冲击时美国采取的实质性抗疫措施不多，导致美国在确诊病例和累计死亡人数方面都高居各国前列。尽管采取了强有力的货币扩张和财政救济，经济复苏和重启还是相当缓慢，加之疫情期间全球供应链出现问题，美国的经济增长在相当一段时间内受到了制约。这种情况反映在对外贸易上，就是进口增长快于出口增长，国际收支逆差进一步恶化。

2020年7月到2021年6月是疫情冲击后经济开始重启的阶段，与此前一年间（2019年7月到2020年6月）疫情前和疫情冲击的阶段相比，美国的货物贸易逆差进一步增加。其实在此期间美国的出口实现了增长，但是进口增长得更快。具体来看，美国的出口增长了5.4%，而进口则增长了10.9%，最终贸易逆差增长高达20.8%。

表2列出了美国前十大贸易伙伴的具体情况。美国与这十大贸易伙伴的贸易量占贸易总量的75%，具有绝对的代表性。可以看到，美国进口来源地中增长较快的是中国大陆、墨西哥、加拿大和越南，分别增长了17.1%、14.3%、8.8%和36.4%。越南成为疫情后对美国出口增长最快的国家。而在美国的出口目的地中，增长较快的还是前三大贸易伙伴，即加拿大、墨西哥和中国大陆，分别增长了8.4%、9.8%和40.6%。中国成为疫情后美国增长最快的出口市场。与此同时，美国对越南的出口规模保持不变。结果越南成为仅次于墨西哥的对美第三大贸易顺差国。因此，疫情后美国货物贸易的三大

表3 美国前十大贸易伙伴和逆差来源地的排序、进出口额与贸易余额变化情况

单位：亿美元

											总计
进口来源地	中国大陆	墨西哥	加拿大	日本	德国	越南	韩国	爱尔兰	中国台湾	瑞士	总计
进出口额	4837	3677	3126	1294	1260	944	846	678	675	653	25942
贸易余额	706	461	254	15	62	252	97	27	116	11	2555
出口目的地	加拿大	墨西哥	中国大陆	日本	德国	英国	韩国	荷兰	巴西	中国台湾	总计
进出口额	2852	2469	1462	674	620	595	582	483	383	332	15824
贸易余额	221	219	422	-34	48	-49	36	7	-8	25	814
逆差来源地	中国大陆	墨西哥	越南	德国	日本	爱尔兰	瑞士	马来西亚	意大利	中国台湾	总计
进出口额	-3376	-1208	-837	-639	-619	-569	-431	-383	-349	-343	10118
贸易余额	-284	-242	-253	-14	-50	-9	54	-94	-48	-91	-1741

注：进出口额和贸易余额均为2020年下半年到2021年上半年的货物贸易数据，变化额为2019年下半年到2020年上半年对2020年下半年到2021年上半年各12个月的数据总和。总计数分别是同期美国对全球总进口、总出口和贸易余额及其变化额。贸易余额正值意味着逆差减少，负值则意味着逆差增加。

逆差国分别是中国大陆、墨西哥和越南。而美国对这三个国家的货物贸易逆差的增长速度则正好反过来，越南达到了 43.3%，墨西哥和中国大陆分别是 25% 和 9.2%。美国的全球贸易格局正在悄然发生改变。

六 结论和展望

美国经济在 2020 年下半年如期出现反弹，此后这种反弹势头大体保持稳定，疫情反复的影响并不明显。得益于政策救助，加之经济重启和价格水平上涨的刺激，企业经营绩效的反转比较明显，表现出一定的韧性，金融市场在经过短暂波动后也恢复了稳定。当时，包括失业率在内的宏观经济指标并没有完全恢复到疫情前的水平。由于美联储对于不断上升的通货膨胀压力采取了审慎的态度，维持了货币政策的力度，通货膨胀就成为市场关注的重点。在疫情防控常态化时代，日益严峻的财政和债务问题将给经济稳定带来长期的潜在威胁，并且可能随时被激化。2021 年美国经济的反弹可能使实际增长率处在 5.2%~5.9% 的区间，到 2022 年将逐渐向正常水平回归，到 2024 年前后达到 2% 左右的潜在增长水平。

参考文献

Adam Hale Shapiro, "Monitoring the Inflationary Effects of COVID-19," FRBSF Economic Letter, Federal Reserve Bank of San Francisco, Vol. 2020(24), August.

Board of Governors of the Federal Reserve System, "Monetary Policy Report," July 9, 2021.

Board of Governors of the Federal Reserve System, "Summary of Economic Projections," September 16, 2021.

Board of Governors of the Federal Reserve System, "Transcript of Chair Powell's Press Conference," July 28, 2021.

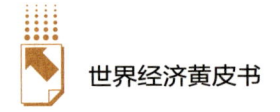

Bostic, Raphael, "The Current Inflation Episode: Have We Met Our FAIT? Speech at Peterson Institute for International Economics," October 12, 2021.

Congressional Budget Office, "Additional Information about the Updated Budget and Economic Outlook: 2021-2031," July 2021.

Congressional Budget Office, "Monthly Budget Review: June 2021," July 9, 2021.

Congressional Budget Office, "The 2021 Long-term Budget Outlook," March 2021.

Office of Management and Budget, "Budget of the U.S. Government," Fiscal Year 2022.

Office of Management and Budget, "Mid-Session Review: Analytical Perspectives: Budget of the U.S. Government," Fiscal Year 2022.

Powell Jerome H., "Monetary Policy in the Time of COVID," Remarks at Jackson Hole, Wyoming.

Powell Jerome H., "Video at the BIS-SARB Centenary Conference Panel Discussion," October 22, 2021.

Powell Jerome H., "Statement before the Committee on Financial Services," July 14, 2021.

Y.3
欧洲经济：复苏进程加快

陆 婷 东 艳[*]

摘　要： 历经新冠肺炎疫情数轮袭扰之后，欧洲经济复苏自2021年春季开始显著提速，服务业和制造业双双以疫情暴发以来最快速度发展，失业率震荡下行，经济景气指数和消费者信心大涨。疫苗接种率提高和疫情限制解除是欧洲此次复苏步伐加快的关键，始终保持宽松的货币政策以及"下一代欧盟"复兴计划的落地也提供了不小的助力。不过，持续走高的通胀压力促使欧央行决定放缓购债节奏，货币供给增速或将有所下降。新冠肺炎疫情形势的变化、供应链瓶颈问题、通胀走势以及外部经济体复苏进度将决定着欧洲经济下一阶段的复苏表现。若全球疫情形势不出现明显恶化，预计欧盟和欧元区经济最早在2022年初能够恢复至疫情前水平。

关键词： 欧洲经济　经济复苏　下一代欧盟

2020年第三季度至2021年第一季度，欧洲经济在新冠肺炎疫情的反复袭扰中艰难前行，缓慢从2020年第二季度经济活动的冰点中走出。及至2021年第二季度，随着疫苗普及率的大幅提升和限制隔离措施的逐步解除，欧盟

---

[*] 陆婷，经济学博士，中国社会科学院世界经济与政治研究所副研究员，主要研究领域为国际金融；东艳，经济学博士，中国社会科学院世界经济与政治研究所研究员，主要研究领域为国际贸易。

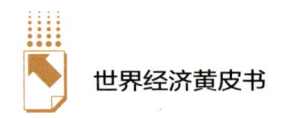

和欧元区经济最终在积极财政政策和宽松货币政策的支持下出现强势反弹，经济复苏进程明显加快。这与我们在2021年度"世界经济黄皮书"中所给出的判断——欧洲经济将在2021年春季后回暖——基本一致。

一 宏观经济增长趋势

（一）经济复苏逐步加速

2020年下半年，欧盟27国（不含英国，下同）与欧元区经济从2020年第二季度受新冠肺炎疫情正面冲击时的低点中走出，欧盟和欧元区实际GDP环比增长率在2020年第三季度分别达到11.8%和12.6%，实现了"V"形反弹。但由于大部分成员国疫情仍存在反复，第四季度欧盟和欧元区经济再度出现了小幅收缩，实际GDP环比增长率分别为-0.2%和-0.4%。从同比角度来看，2020年下半年欧洲经济的恢复速度也不算理想，第三、第四季度欧盟和欧元区实际GDP同比增长率分别为-3.9%、-4.1%（欧盟）和-4.0%、-4.4%（欧元区）。

进入2021年，随着疫苗接种率提升和各国对疫情的适应，欧洲经济复苏开始提速，欧盟和欧元区在2021年第一季度的实际GDP同比增速均为-1.2%，收缩幅度有所改善。2021年第二季度，欧盟和欧元区实际GDP更进一步大幅上行，环比分别增长2.1%和2.2%，亦在基数效应的作用下使得同比增长率分别飙升至13.8%和14.3%。与之相类似地，英国经济增长也在经历了缓慢的挣扎后，于2021年第二季度迎来大幅上扬。2020年下半年至2021年上半年，英国四个季度的实际GDP同比增速分别为-8.5%、-7.3%、-6.1%和22.2%，经季节调整后的环比增速分别为16.9%、1.3%、-1.6%和4.8%。

从支出法分解来看，欧盟和欧元区的家庭消费显示出较强的波动性，表明其对新冠肺炎疫情发展形势最为敏感。同时由于消费支出在欧洲经济中的重要地位，家庭消费的快速复苏往往伴随着欧盟和欧元区较高的实际GDP环比增速。总资本形成对欧盟和欧元区GDP环比增长的贡献度在这四个季度中始终保持正向，相比之下，净出口对欧盟和欧元区实际GDP环比增长贡献则较低甚至为负。导致净出口难以为欧洲经济增长提供支撑的原因可能有两个：

一是在 2020 年第三季度至 2021 年第二季度这段时间内，全球疫情尚未完全平息，局部地区偶尔会出现确诊案例的集中暴发，并由此引发小范围的隔离和管制，这对欧盟和欧元区国家参与国际贸易仍构成一定负面影响；二是进入 2021 年第二季度，旺盛的商品和服务需求以及恢复相对缓慢的制造业产能使欧盟和欧元区内出现严重的供给短缺，出口增速显著低于进口增速，削弱了净出口对经济增长的贡献。

表1 欧盟和欧元区实际 GDP 增长率及各组成部分的贡献

单位：%，个百分点

项目	2020年第一季度	2020年第二季度	2020年第三季度	2020年第四季度	2021年第一季度	2021年第二季度
欧盟（27 国，不含英国）						
同比增长率	-2.5	-13.7	-3.9	-4.1	-1.2	13.8
环比增长率	-3.1	-11.3	11.8	-0.2	-0.1	2.1
最终消费	-2.10	-7.10	8.21	-1.27	-0.97	2.01
家庭与 NPISH 消费	-2.08	-6.49	7.07	-1.49	-0.87	1.73
政府消费	-0.02	-0.53	1.14	0.21	-0.10	0.27
总资本形成	-0.65	-4.37	1.34	1.07	0.81	0.22
固定资本形成	-0.93	-4.07	2.59	0.55	0.06	0.22
存货变动	0.28	-0.30	-1.25	0.52	0.75	0.00
净出口	-0.32	0.07	2.23	-0.03	0.06	-0.09
出口	-1.50	-9.19	7.68	2.00	0.29	0.87
进口	1.18	9.26	-5.45	-2.03	-0.22	-0.96
欧元区（19 国）						
同比增长率	-3.0	-14.5	-4.0	-4.4	-1.2	14.3
环比增长率	-3.5	-11.7	12.6	-0.4	-0.3	2.2
最终消费	-2.28	-7.38	8.84	-1.49	-1.18	2.15
家庭与 NPISH 消费	-2.26	-6.80	7.53	-1.64	-1.07	1.87
政府消费	-0.02	-0.58	1.33	0.15	-0.11	0.28
总资本形成	-0.74	-4.75	1.37	1.19	0.79	0.01
固定资本形成	-1.05	-4.56	2.92	0.59	-0.05	0.25

续表

项目	2020年第一季度	2020年第二季度	2020年第三季度	2020年第四季度	2021年第一季度	2021年第二季度
存货变动	0.31	-0.20	-1.55	0.60	0.83	-0.24
净出口	-0.45	0.46	2.42	-0.12	0.10	0.07
出口	-1.76	-8.95	7.36	1.88	0.28	1.03
进口	1.31	9.40	-4.94	-2.00	-0.18	-0.96

注：表中数据均是基于以不变价格计算的实际值，环比增长率为经季节与工作日调整后的值。GDP同/环比增长率的单位为"%"，其他各单项为对GDP增长的环比贡献，单位为"个百分点"。NPISH（Non-Profit Institutions Serving Households）是为家庭服务的非营利性机构。存货变动中含有价品的收购减处置。

资料来源：Eurostat。

分季度来看，2020年第三季度欧洲经济较第二季度的低点大幅回升，欧盟和欧元区季调后的GDP实际环比增长率在基数效应的作用下分别达到11.8%和12.6%。但受到二次疫情等因素的影响，从同比角度来看，欧洲经济动能尚未全面恢复，欧盟和欧元区实际GDP同比增长率仍然处于低位，分别为-3.9%和-4.0%。居民消费的恢复支撑了该季度的经济增长，但相较于2019年同期，居民消费支出表现出明显的收缩，消费者信心亦低于长期平均水平，表明疫情所带来的不确定性依旧笼罩着欧洲，给当地的家庭消费带来一定压力。例如，欧元区2020年第三季度居民季调后的最终消费支出环比增长了14.4%，同比下降了4.4%。固定资本形成与净出口在该季度亦有类似表现，较2020年第二季度有显著改善，但同比收缩严重，表明欧盟和欧元区经济在第三季度恢复得不甚理想。

2020年第四季度，欧洲当地新冠肺炎疫情反弹趋势再现，各国管制措施收紧，经济复苏继续受挫。不过，此轮疫情的冲击相对温和，欧盟和欧元区实际GDP增长环比仅分别小幅下滑0.2%和0.4%。但由于疫情多番反复，当地消费者储蓄倾向显著上升，季调后的欧盟和欧元区居民消费支出环比分别下滑2.8%和3.1%，成为该季度经济增长的最大拖累。相反，在外部需求快速修复的支撑下，欧盟和欧元区出口表现良好，季调后的货物和服务贸易分别环比增长 4.2% 和 4.1%，这一良好表现同时也激励了企业的投资信心，总资本形成成为该季度经济增长的主要推动因素，欧盟和欧元区季调后的固定资本投资分别环比增长 2.8% 和 2.5%，显现出较强的韧性。

2021 年第一季度，欧洲经济开始展现复苏加速的势头，欧元区制造业采购经理人指数（PMI）一度创下自 1997 年该调查启动以来的最高读数，显示出制造业强劲的改善势头。不过，该季度欧洲疫情管控措施总体依旧严格，导致服务业仍处于萎缩状态，消费支出和企业投资亦保持在较低水平，欧盟和欧元区该季度的居民消费支出环比分别下降 1.7% 和 2.1%，固定资本形成总额环比分别增长 0.3% 和 -0.2%。随着疫苗接种率的提高，欧盟和欧元区的消费者信心、企业投资信心双双上行，表明居民消费支出和私人投资即将在第二季度开始增长。该季度欧洲货物和服务贸易的进口和出口表现均较为疲弱。以欧盟为例，2021 年第一季度，欧盟货物和服务贸易季调后的出口规模环比仅增长 0.68%，较前一个季度减少了 3.53 个百分点，进口规模环比增长 0.57%，较前一个季度下降了 4.12 个百分点。究其原因，除了欧盟内部需求与供给不足外，还有一部分是受到英国脱欧进程的拖累。根据欧盟统计局数据，与 2020 年 12 月相比，2021 年 1 月欧盟对英国的进出口规模双双大幅下降，季调后环比分别下降了 57.5% 和 31.9%。不过，从同比来看，欧盟和欧元区货物和服务贸易的进出口规模还是较 2020 年同期出现了正向增长。

2021 年第二季度，欧洲经济复苏大幅提速，服务业和制造业活动双双实现疫情暴发以来最快扩张速度。随着感染率下降和防疫限制措施的解除，居民消费支出和固定资本形成规模都一改颓势，继 2020 年第三季度后首次出现了环比正向增长。与此同时，区内工业产出跳升，工业信心创历史新高，库存紧张程度空前，未完成订单的积压数量上升到自 2002 年 11 月以来的最高水平，供应商供货延迟指数恶化。这意味着在未来几个月，欧洲企业有望加快重启步伐，增加投资，为欧洲经济进一步加速复苏奠定了基础。

（二）失业率震荡下行

2020 年 7 月至 2021 年 7 月，欧盟与欧元区就业市场表现震荡，失业率整体波动下行。从图1所显示的月度失业率数据来看，欧盟和欧元区的失业率分别从2020年7月的7.6%和8.4%下降到2021年7月的6.9%和7.6%，欧盟和欧元区的青年（25岁以下）失业率也同样呈现出震荡下行的态势，分别从2020年7月的18.7%和19.4%下降到2021年7月的16.2%和16.5%。不过，尽管整体呈下降态势，欧盟和欧元区的失业率仍未恢复到疫情前的水平。2020年3月，欧盟和欧元区失业率分别为6.3%和7.1%，青年失业率分别为15.2%和15.8%，均低于2021年7月的水平。值得注意的是，自2021年4月以来，欧盟和欧元区失业率有加速下降的趋势，平均每个月下降0.2个百分点，青年失业率下降速度更快，平均每个月下降约0.7个百分点。

分国别看，2021年7月，捷克（2.8%）和荷兰（3.1%）失业率为欧盟成员国内较低，希腊（14.2%）、西班牙（14.5%）、意大利（9.3%）的失业率则处于较高水平。与2020年同期相比，大部分欧盟成员国的失业率都出现了下降。其中下降幅度最大的是塞浦路斯，从7.9%下降至5.2%，下降了2.7个百分点；其次是希腊和丹麦，分别从16.7%和6.5%下降至14.2%和4.4%，下降了2.5个和2.1个百分点。比利时和保加利亚是在报告期内失业率上行的欧盟成员国，分别从2020年7月的6.0%和5.2%上升了0.2个和0.4个百分点至6.2%和5.6%。英国失业率亦同样较2020年同期出现了小幅增加，从4.3%增加至4.6%，增加了0.3个百分点。波兰的失业率则与2020年同期保持一致，为3.4%。

（三）物价水平触底反弹

2020年下半年，受能源价格和非能源工业制品价格低位震荡的影响，欧盟的消费价格调和指数（HICP）表现疲软，2020年8月至2020年12月，欧盟HICP同比增长率始终徘徊在0.2%~0.4%区间，欧元区HICP同比增长率更连续五个月处于负值区间。及至2021年，欧盟和欧元区通胀率在能源和原材料价格上涨、疫情导致零部件短缺等因素的推动下出现大幅度跳升，欧盟和欧元区HICP同比增长率分别从2020年12月的0.3%和-0.3%一跃升至2021年1月的1.2%和0.9%，随后逐月攀升，2021年7月欧盟HICP同比增长率

欧洲经济：复苏进程加快

图1 欧盟和欧元区失业率

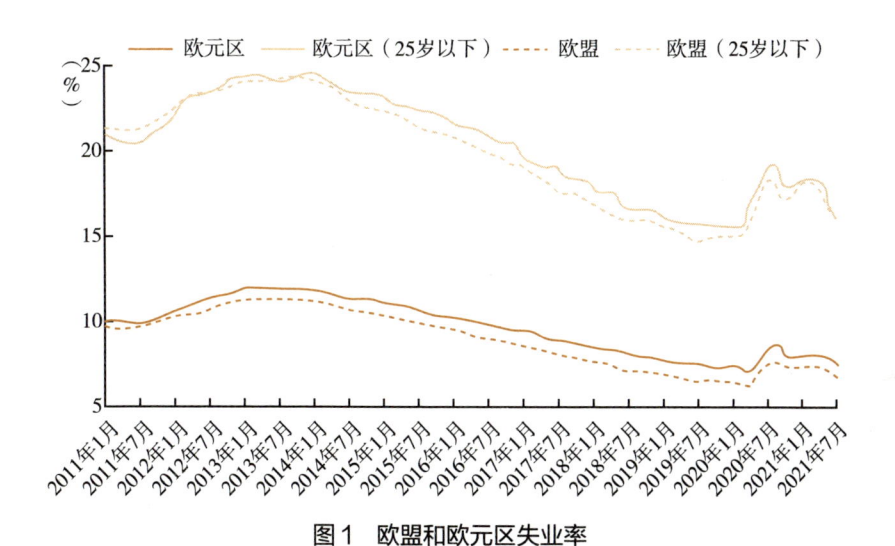

资料来源：Eurostat。

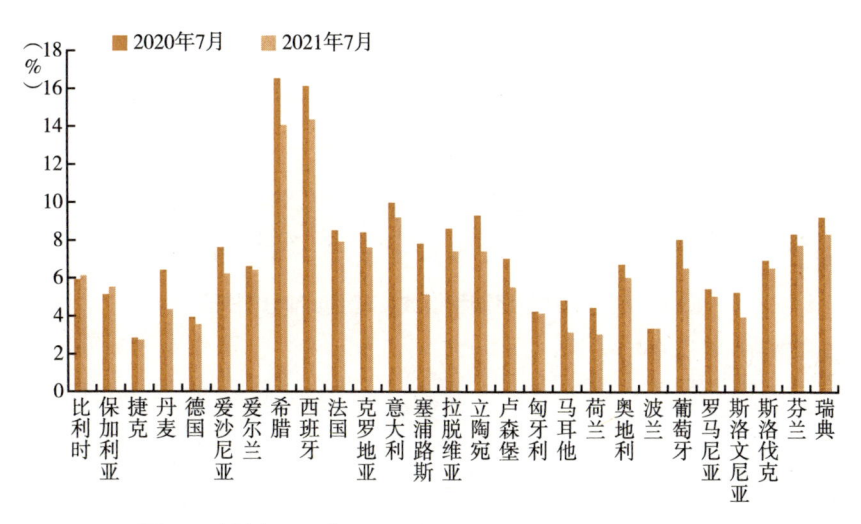

图2 欧洲主要国家2020年7月和2021年7月失业率

资料来源：Eurostat, Office for National Statistics。

059

达到 2.5%，欧元区 HICP 同比增长率达到 2.2%，双双创下自 2012 年 11 月以来的最高纪录。从分项来看，随着服务业的复苏，服务价格亦在 2021 年上半年略有上涨。2021 年前 7 个月，欧盟服务价格平均同比增长率为 1.53%，高于 2020 年下半年的平均值 1.20%，食品（含烟草酒精）价格增速则有所下滑，平均同比增长率由 2020 年下半年的 2.26% 下滑至 2021 年上半年的 1.19%。

剔除能源和非加工食品后，欧盟和欧元区的核心 HICP 在 2021 年前 7 个月的平均水平分别为 1.31% 和 0.96%，较上年同期分别下滑了 0.15 个百分点和 0.05 个百分点。欧盟和欧元区走势较为疲弱的核心通胀水平在很大程度上支持了现阶段物价快速上涨主要是由暂时性因素导致的判断，因此欧洲央行有必要避免采取不当的刺激政策退出方式，防止给欧洲经济复苏带来负面影响。

图 3　欧盟消费价格调和指数及其组成部分相关数据

注：数据为当月同比增长率。
资料来源：Eurostat。

（四）欧洲主要国家经济走势

2020 年第三季度至 2021 年第二季度，欧洲几大经济体如德国、英国、法国、意大利等都在政府较为有效的疫情应对措施和经济刺激方案的帮助下，逐渐摆脱几轮疫情所造成的负面影响，经济增长稳步向新冠肺炎疫情前的水平迈进。其中，意大利的经济表现最为令人惊喜，2021年第二季度，经季节与工作日调整后意大利实际GDP年化季度环比增长率为11.2%，同比增长17.3%，其家庭最终消费支出、固定资本形成总额、商品和服务的出口和进口规模等多项指标均表现强劲，创下近数十年来的最高增速。根据国际货币基金组织（IMF）的预计，意大利经济将在2021年增长4.9%，2022年增长4.2%。换言之，意大利2021~2022年经济增速都会超过德国（分别为3.6%和4.1%）。意大利优越的经济表现在一定程度上得益于欧盟1.8万亿欧元的经济刺激方案，它不仅是该方案中获批资金最多的欧盟成员国，也是首批获得欧盟预融资的国家之一，能够及时有效地利用该资金实施本国基础投资和改革计划。

英国经济在2021年第二季度表现同样亮眼。英国第二季度实际GDP同比增长22.2%，创有记录以来最大增幅，季调后的年化季度环比增长率亦高达20.7%。面对德尔塔病毒依旧选择逐步解封是此次英国经济反弹的重要动力，但这一举措也使英国疫情再度出现恶化的倾向，威胁着后续英国经济的增长。与此同时，供应链瓶颈和员工短缺、脱欧中北爱尔兰相关问题的悬而未决也将给英国经济复苏带来考验。同样受疫情和供应链问题困扰的是德国。第二季度德国经济同比增长9.8%，主要支撑来源为家庭消费和政府财政支出，制造业订单充足但由于供应链中断和原材料价格上涨，企业负担沉重，84.4%的电气设备制造商和83.4%的汽车制造商表示缺少芯片和电子元件，这将在未来几个月限制德国经济的复苏势头。

表2 欧洲部分国家实际GDP年化季度环比增长率

单位：%

区域	2020年第一季度	2020年第二季度	2020年第三季度	2020年第四季度	2021年第一季度	2021年第二季度
德国	-6.9	-34.4	41.4	3.0	-7.8	6.7
法国	-20.9	-44.0	97.8	-4.3	0.2	4.5
意大利	-20.7	-42.9	81.2	-6.9	0.9	11.2
西班牙	-19.8	-54.3	97.7	0.1	-1.7	11.5
荷兰	-6.4	-29.5	33.6	0.0	-3.1	13.1

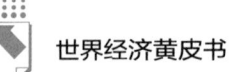

续表

区域	2020年第一季度	2020年第二季度	2020年第三季度	2020年第四季度	2021年第一季度	2021年第二季度
比利时	-12.7	-39.8	56.1	-0.3	4.5	7.0
奥地利	-8.5	-36.9	51.8	-9.7	-0.7	15.2
爱尔兰	11.0	-11.2	45.6	-17.1	39.8	27.6
芬兰	-1.8	-22.4	19.5	2.0	0.4	8.6
希腊	-1.7	-42.7	16.5	14.8	19.1	14.5
葡萄牙	-14.9	-45.2	65.5	0.8	-12.1	21.2
卢森堡	-6.2	-25.6	42.3	7.9	5.9	—
斯洛文尼亚	-17.5	-32.9	57.9	-0.8	6.2	7.7
立陶宛	-1.2	-22.7	26.6	-1.1	9.1	4.2
拉脱维亚	-8.5	-24.9	30.0	3.9	-6.1	18.8
塞浦路斯	-2.5	-43.0	43.1	5.1	7.0	0.8
爱沙尼亚	-4.1	-19.6	10.1	10.8	16.4	18.3
马耳他	-17.4	-44.2	29.6	20.5	7.7	-2.1
斯洛伐克	-16.1	-25.6	40.9	2.1	-5.4	8.3
欧元区19国	-13.2	-39.1	60.9	-1.7	-1.1	9.2
波兰	-0.3	-32.1	34.4	-1.2	5.3	8.5
瑞典	-3.1	-28.7	33.6	0.6	3.3	3.6
丹麦	-2.9	-23.3	26.9	3.6	-3.5	9.3
捷克	-12.8	-31.2	29.9	3.0	-1.7	4.2
罗马尼亚	2.1	-36.6	20.6	16.9	10.3	7.2
匈牙利	-1.1	-46.3	49.5	6.5	8.3	11.3
克罗地亚	-3.1	-47.6	26.0	17.6	23.6	-0.8
保加利亚	1.8	-34.6	18.3	8.9	10.4	2.6
欧盟27国	-11.7	-38.1	56.1	-0.9	-0.4	8.8
英国	-10.9	-57.9	87.1	5.2	-6.2	20.7
瑞士	-6.2	-22.5	28.0	-0.2	-1.8	7.4
塞尔维亚	-3.0	-32.3	32.9	9.8	8.2	5.5
挪威	-5.8	-17.1	18.4	3.4	-2.3	4.4

注:"—"表示无法获取。
资料来源:Eurostat, Office for National Statistics。

本身受疫情冲击程度较小的北欧国家进入 2021 年第二季度后经济恢复状况也较为理想。丹麦、瑞典、挪威、芬兰第二季度实际 GDP 年化季度环比增长率分别为 9.3%、3.6%、4.4%、8.6%。强大的公共财政和社会福利体系、较高的疫苗接种率和数字化程度，帮助北欧国家比较平稳地应对了近一年内的几次疫情冲击。欧盟和经合组织（OECD）等机构普遍对北欧国家经济预期较为乐观，认为随着服务业限制的取消，北欧国家经济有可能率先在 2021 年底或 2022 年初恢复到疫情前水平。

相比之下，OECD 预计葡萄牙和西班牙可能要到 2022~2023 年才能完全恢复，理由是它们的经济相对更为依赖旅游业。不过，目前两国经济已经展现出向好的势头，2021 年第二季度，葡萄牙和西班牙实际 GDP 的年化季度环比增长率分别为 21.2% 和 11.5%，旅游市场更是持续回暖，西班牙国家统计局数据显示，西班牙 7 月共有 440 万外国游客到访，创 2020 年 2 月以来新高，同比增长 78.3%。西班牙旅游业就业人数也连续两个月实现增长，新增就业 24.4 万人，同比增长 10.5%。不仅如此，两国未来经济发展还获得了欧盟强有力的支持。作为首个向欧盟提交经济复苏计划以获取援助金的国家，葡萄牙已于 8 月收到欧盟先期拨付的 22 亿欧元，随后西班牙亦收到 90 亿欧元的首笔欧盟复苏资金，这将有助于两国增加基础设施投资并加强创新，为经济复苏注入更多动能。

二 货币与金融状况

（一）货币政策维持宽松

2020 年下半年，为应对二次疫情的暴发，推动欧元区经济复苏，欧洲央行于 12 月增加 5000 亿欧元的紧急抗疫购债计划（PEPP）并将其实施时间延长至 2022 年 3 月。加码后的 PEPP 总规模为 1.85 万亿欧元，这意味着欧洲央行每月通过该计划购买的资产额将超过 700 亿欧元。不仅如此，欧洲央行还将第三轮定向长期再融资操作（TLTRO-Ⅲ）的利率优惠期延长 12 个月至 2022 年 6 月，同时在 2021 年 6~12 月增加三次操作以满足银行的资金需求，

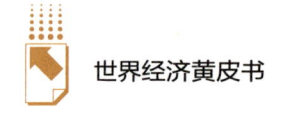

并将银行的最大可借上限由合格贷款的 50% 上修至 55%。这些修改都有利于发挥 TLTRO-III 支持欧元区银行信贷扩张的作用。

进入 2021 年，受经济复苏较预期脆弱、美国大规模财政刺激计划提升全球通胀预期等因素的影响，欧元区各国国债收益率持续攀升。为防止债券收益率大幅走高给欧元区带来较高的借贷成本和风险，欧洲央行于 3 月决定加快 PEPP 购债速度以维持有利的融资条件。7 月，随着欧元区通胀水平持续走高，欧洲央行调整了货币政策框架，将中期通胀目标由此前的"接近但低于 2%"调整为对称性的 2% 的通胀目标。采取对称性通胀目标，意味着欧洲央行将允许通胀率在一段时间内温和高于 2% 的目标水平，这增强了欧洲央行货币政策的灵活性，使其能够持续地以宽松货币政策支持经济复苏。

9 月，面对欧元区通胀的飙升，欧洲央行宣布适度降低第四季度 PEPP 购债速度，但维持 PEPP 潜在规模在 1.85 万亿欧元不变。欧洲央行行长拉加德强调，目前距离结束购债、加息还有很长的路要走，未来将根据市场情况灵活购买，以防止融资环境收紧。这表明即便是面对通胀水平超预期的压力，欧洲央行对于退出宽松政策、收紧流动性仍持谨慎态度。

（二）货币供给扩张速度放缓

受欧央行宽松货币政策驱动，欧元区货币供应量（M3）在 2020 年第三、第四季度和 2021 年第一季度快速增长，增速分别为 10.4%、12.3% 和 10.0%。2021 年第二季度，通胀压力持续走高，欧央行开始对货币政策进行微调，M3 增速下降至 8.3%。从各分支项目看，2021 年第二季度增速下降最快的是其他短期存款，由第一季度的 0.9% 下降至 -1.4%，下降了 2.3 个百分点，可交易有价证券是唯一扩张速度上升的分项，由第一季度 6.3% 的扩张速度上升至第二季度的 8.6%，体现出通胀压力给欧元区货币供给构成带来的变化。

2020 年第三季度至 2021 年第二季度，欧元区政府部门信贷规模始终保持在一个较高的水平，2020 年末政府部门信贷余额同比增长 22.3%。即便到 2021 年第二季度，政府部门信贷余额的同比增长率也达到 13.1%，远远高出疫情暴发前的水平。私人部门信贷也同样呈现出先升后降的趋势，在 2020 年末达到最高点，同比增长了 5.3%，随后逐步下降。到 2021 年第二季度末，欧元区私人部门信贷余额同比增长率为 3.6%。其中，对非金融企业信贷收缩得最为显著，同比增速从 2020 年末的 6.5% 下降至 2021 年第二季度末的 1.4%。与此同时，家庭信贷规模同比增速则持续上升，由 2020 年末的 3.5% 上行至 2021 年第二季度末的 4.5%。这种变化在一定程度上是由基数效应所导致的。2020 年上半年，受疫情影响，企业对短期贷款需求激增，而家庭信贷规模则在消费需求放缓的影响下有所下降，导致非金融企业信贷规模基数较高而家庭信贷规模基数较低。

表 3　欧元区货币与信贷的同比增长率

单位：%

项目	2020 年第三季度	2020 年第四季度	2021 年第一季度	2021 年第二季度
欧元区货币供给总量				
M1	13.8	15.6	13.7	11.8
其中：流通中现金	10.5	11.3	10.0	9.0
隔夜存款	14.4	16.3	14.2	12.2
M2-M1（其他短期存款）	1.4	1.7	0.9	-1.4
其中：2 年期以下定期存款	-2.1	-2.5	-8.0	-13.0
通知期在 3 个月以下的可赎回存款	3.0	3.6	5.0	3.8
M2	10.3	11.7	10.2	8.3
M3-M2（可交易有价证券）	11.9	24.2	6.3	8.6
M3	10.4	12.3	10.0	8.3
欧元区信贷规模				
对政府部门信贷	19.0	22.3	21.9	13.1
对私人部门信贷	4.9	5.3	4.6	3.6
其中：对非金融企业信贷	6.5	6.5	4.6	1.4
对家庭信贷	3.5	3.5	3.8	4.5

注：表中数据为年增长率，经过季度调整。
资料来源：European Central Bank (2021), *Economic Bulletin*, Issue 6/2021。

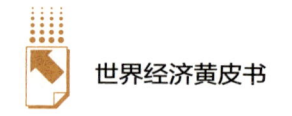

（三）欧元币值先升后降

2020年7月至2020年12月，欧元汇率整体在震荡中呈上升趋势。欧元对42个最主要贸易伙伴货币的名义有效汇率（EER-42）指数在2020年12月达到122.9，为2009年11月以来的最高值，较2019年12月上升了7.2%。然而，进入2021年，受疫苗接种进度显著落后、欧央行维持宽松货币政策、美国经济复苏强劲且美联储货币政策率先转向等诸多因素的叠加影响，欧元汇率震荡下行，欧元名义有效汇率在2021年8月基本收回2020年下半年的涨幅，达到120.4的位置。

图4 欧元名义与实际有效汇率（EER-42）

注：月度平均数据，1999年第一季度为100。
资料来源：ECB。

从双边汇率来看，2020年7月至2021年8月，欧元兑美元从1.12升至1.18，累计上升5.4%，其中在1月初欧元兑美元曾一度触及1.23的高位。同期，欧元兑英镑从0.90下跌至0.86，经济前景改善、英国央行更为鹰派的立场以及对此前低估的小幅回调是英镑兑欧元小幅走强的原因。就亚洲主要货币而言，2020年7月至2021年8月，欧元兑人民币累计贬值3.5%，兑日元累计升值7.8%。

未来一段时间，欧元汇率的走势将主要取决于欧洲经济复苏的进展、通胀水平的变化以及欧央行货币政策调整的节奏。

三 财政状况

（一）欧盟投资计划发力

2020年7月，欧盟各国领导人就"下一代欧盟"复苏计划达成协议。根据协议，欧盟将设立规模为7500亿欧元的新冠肺炎疫情复苏基金，其中3900亿欧元作为直接拨款，另外3600亿欧元以贷款形式用于各成员国的恢复经济。[①] 各成员国需向欧委会提交具体的经济复苏计划，经欧洲理事会批准后即可获得相关资金。经过与各成员国政府近一年时间的协商和沟通，欧盟于2021年6月和7月共发行了450亿欧元的长期债券为"下一代欧盟"筹措资金，并于8月开始向复苏计划通过批准的国家提供预融资。率先获得资金的国家包括葡萄牙（22亿欧元）、卢森堡（1210万欧元）、比利时（7.7亿欧元）、希腊（40亿欧元）、意大利（249亿欧元）和西班牙（90亿欧元）。欧盟计划在2021年底前再发行350亿欧元的欧盟债券为复苏计划融资，并继续向成员国分发资金。欧盟委员会强调，"下一代欧盟"计划的专项基金主要有三方面的用途，即支持成员国的经济复苏、刺激私营部门投资以及加强欧盟卫生医疗体系建设。通过该计划，欧盟将致力于打造绿色经济和数字化转型，加强欧洲面对危机时的韧性。

（二）财政赤字率飙升

除欧盟外，为应对新冠肺炎疫情给经济带来的负面影响，欧洲各国政府均在2020年维系着高额的财政支出，使欧盟和欧元区国家财政状况在该时间段内显著恶化，财政赤字率飙升。2020年欧盟和欧元区的财政赤字率分别为6.9%和7.2%，创历史新高。就欧盟主要国家而言，2020年一般政府财政赤

---

① 该规模以2018年价格计算，以当前价格计算约8000亿欧元。

字率最高的是西班牙，赤字率为11%；其次是马耳他，赤字率为10.1%；希腊、意大利和比利时紧随其后，赤字率分别为9.7%、9.5%和9.4%。财政赤字率最低的欧盟成员国是丹麦，为1.1%。法国财政赤字率由2019年的3.1%上升至9.2%，德国财政赤字率亦达到4.2%，是该国自2012年实现财政平衡以来首次出现财政赤字。欧盟外的英国一般政府财政赤字在2020年达到了GDP的12.2%，高出全球金融危机全盛期（2009年）2.2个百分点。

广义政府债务负担占GDP比重方面，欧盟和欧元区政府债务负担在2020年均有所增加，政府债务杠杆率分别由2019年的77.5%和83.9%上升至90.7%和98.0%。希腊、意大利、葡萄牙、西班牙等国政府部门的杠杆率都大幅上升，分别为205.6%、155.8%、133.6%和120%。德国和法国政府杠杆率也分别上升了10.1个和18.1个百分点到69.8%和115.7%。英国政府债务也迅速扩张，2020年末债务杠杆率为104.5%，高出2019年末的85.3%约19.2个百分点。

图5　2008~2020年欧盟及欧元区财政赤字率与政府债务杠杆率情况

资料来源：根据Eurostat相关数据整理。

2021年第一季度欧洲各国财政扩张势头不改。季调后欧盟和欧元区在该季度的财政赤字与GDP之比分别为9.0%和8.2%，分别较上一季度环比上升了2.1个和1.3个百分点。与此同时，欧元区政府负债率首次超过100%，达到100.5%。欧盟委员会表示，2021年大多数欧盟成员国的预算赤字都将会进一步增加。除丹麦和卢森堡之外，其他所有成员国的预算赤字都将超过欧盟规定的国内生产总值 3% 的上限。欧盟委员会表示，过早撤销财政支持将阻碍经济复苏，因此 2022 年将没有削减赤字的目标。这表明 2021 年和 2022 年广泛的财政支持仍将持续，为欧洲经济增长提供动能。

四 对外贸易状况

随着新冠肺炎疫情的形势好转，全球经济增长恢复，欧洲货物贸易增速在报告期内由负转正，基本恢复至疫情前的水平。根据世界贸易组织的相关数据，2020 年第三季度至 2021 年第二季度，欧盟对外货物贸易出口额为 24577.21 亿美元，进口额为 21888.26 亿美元，同比增速分别为 10.94% 和 8.91%。[①] 从季度同比增速看，欧盟 2020 年第三季度的降幅显著收窄，从上一季度的增速 -24.39%，调整为 -4.96%，而在 2020 年第四季度至 2021 年第二季度，对外货物贸易出口额增速由负转正，增速分别为 3.85%、8.38% 和 44.54%。与同期美国和中国的情况对比来看，各主要经济体的出口均处于回升状态，美国在 2021 年第二季度的出口额同比增长 50.63%，而中国出口恢复明显早于欧盟和美国，在 2020 年第三季度恢复了正增长后，2021 年前两个季度均实现了高速增长。进口方面的情况和出口基本相同，欧盟在 2021 年前两个季度进口恢复正增长，其中 2021 年第二季度出现高速增长。引发欧盟 2021 年第二季度以来的高速增长的因素包括：全球经济普遍复苏使需求增加、欧盟生产能力逐步恢复以及基期效应的作用。

疫情对欧洲服务贸易产生显著负面影响，但具体各行业所受的冲击方向有所不同。欧洲服务贸易出口在经历了 2020 年第二季度的显著下滑后，逐步恢复，而服务贸易进口的恢复相对较慢。2020 年第三季度至 2021 年第二季度，欧盟对外服务贸易出口总额为 9011.04 亿欧元（10631.32 亿美元），服务贸易进口总额为 7902.68 亿欧元（9323.66 亿美元），同比增速分别为 -6.40%

[①] 根据 https://data.wto.org/ 相关数据计算得出。

和 -11.60%。从各行业的表现来看，旅行业进出口继续呈现低迷，而运输服务进口和出口占总进口和出口的比重有所回升，电信、计算机和信息服务贸易占欧盟服务贸易的比重也显著增加。

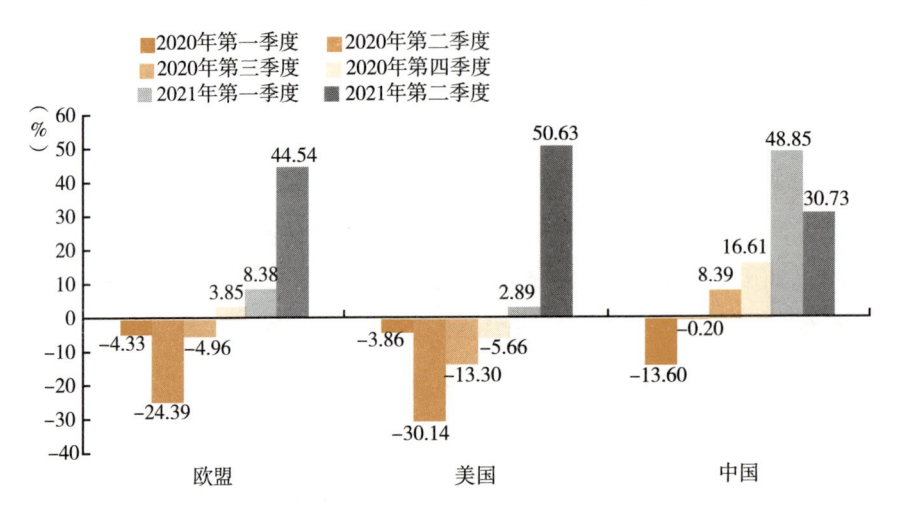

图6 欧盟、美国及中国货物贸易出口额的季度同比增速

注：欧盟的数据为欧盟对外货物贸易出口额增速，不包括欧盟内贸易部分。
资料来源：根据WTO相关数据整理。

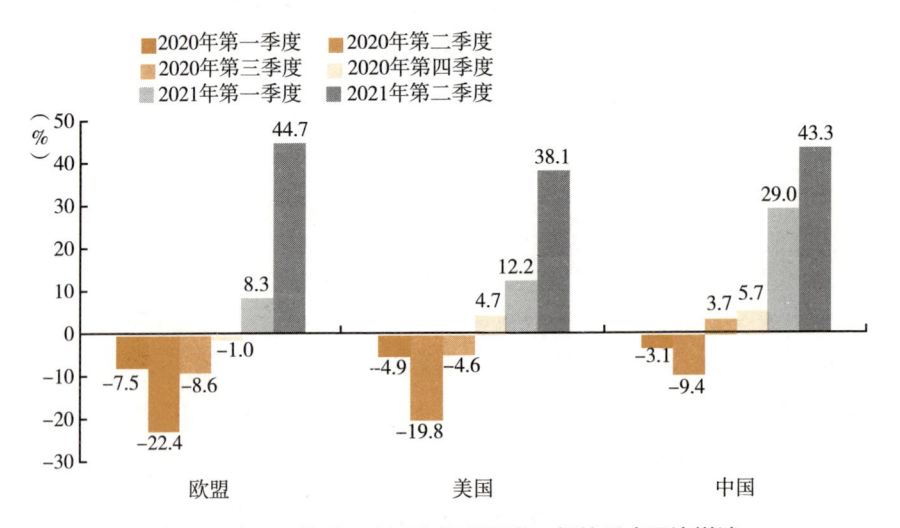

图7 欧盟、美国及中国货物贸易进口额的季度同比增速

注：欧盟的数据为欧盟对外货物贸易进口额增速，不包括欧盟内贸易部分。
资料来源：根据WTO相关数据整理。

表4 欧盟服务贸易出口

单位：十亿欧元

项目	2020年第一季度	2020年第二季度	2020年第三季度	2020年第四季度	2021年第一季度	2021年第二季度
服务	230.91	202.62	212.50	239.41	212.68	236.52
加工服务	6.52	6.48	5.94	6.97	6.66	6.94
维护和维修服务	5.12	4.24	4.03	4.92	4.06	4.43
运输	41.11	34.09	36.02	38.13	39.23	46.76
旅行	23.17	5.98	15.44	8.70	6.31	10.08
建设	2.43	2.63	3.02	2.23	2.05	2.29
保险和养老金服务	6.23	5.12	6.05	4.83	6.80	6.14
金融服务	19.09	19.43	19.76	21.60	21.43	21.75
知识产权使用费	20.16	21.33	17.71	21.59	18.53	20.60
电信、计算机和信息服务	41.10	40.42	41.47	53.35	45.41	49.34
其他商业服务	59.64	56.06	55.58	67.76	54.98	60.49
个人、文化和娱乐服务	3.21	2.90	3.23	3.60	3.11	3.32
政府服务	1.61	1.56	2.12	1.52	1.40	1.49
其他	1.52	2.38	2.14	4.21	2.72	2.90

注：数据为未经季节和工作日调整的数据。
资料来源：根据Eurostat相关数据整理。

表5 欧盟服务贸易进口

单位：十亿欧元

项目	2020年第一季度	2020年第二季度	2020年第三季度	2020年第四季度	2021年第一季度	2021年第二季度
服务	271.29	181.73	179.39	218.44	188.12	204.32
加工服务	3.82	4.00	3.95	5.42	4.45	4.21
维护和维修服务	4.14	3.28	3.28	3.57	3.18	3.30
运输	33.27	28.13	28.34	29.85	30.18	34.58
旅行	22.01	4.92	8.41	6.54	6.47	8.68
建设	1.22	1.23	1.29	1.24	1.05	1.28
保险和养老金服务	5.93	5.10	4.78	5.29	7.00	5.70

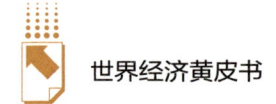

续表

项目	2020年第一季度	2020年第二季度	2020年第三季度	2020年第四季度	2021年第一季度	2021年第二季度
金融服务	15.11	16.06	16.63	18.49	18.14	19.45
知识产权使用费	34.47	31.72	28.06	41.35	34.35	37.49
电信、计算机和信息服务	17.61	17.53	17.90	20.38	18.45	18.93
其他商业服务	60.62	105.51	64.66	113.06	93.77	61.95
个人、文化和娱乐服务	3.13	3.32	3.48	3.37	3.05	2.67
政府服务	1.01	0.79	1.12	1.24	0.97	0.85
其他	0.10	0.11	0.28	0.12	0.02	0.11

注：数据为未经季节和工作日调整的数据。
资料来源：根据 Eurostat 相关数据整理。

在疫情冲击、气候变化、技术变革及世界格局调整的进程中，欧盟认为应该重新定位其贸易政策。欧盟在2021年2月发布《欧盟贸易政策审议——开放、可持续和更加坚定自信的贸易政策》，提出建设"开放的战略自主"，认为欧盟的贸易政策必须适应和反映时代的挑战和欧盟人民的期望，确保欧盟利益，维护欧盟在全球的地位。欧盟希望依据自身实力做出选择，并通过领导力和合作来塑造周边世界，体现其战略利益和价值观。欧盟通过加强供应链管理的法规、推进"碳边界调整机制"、与美国就数字服务税进行谈判等行动，支持欧盟经济绿色和数字化转型，提升欧盟的竞争力。欧盟继续加强区域贸易协定谈判，2021年5月1日，《欧盟—英国贸易与合作协定》正式实施，2020年12月30日，欧盟和中国原则上完成了中欧《全面投资协定》（Comprehensive Agreement on Investment，CAI）的谈判。区域经贸合作有助于欧盟稳定与伙伴国的经贸关系。

五 2022年欧洲经济展望

历经数次新冠肺炎疫情反复后，在疫苗接种率提升、限制措施逐步解除、政府财政和货币政策支持等因素的共同作用下，欧洲经济开始步入复苏的"快车道"。各国经济增长普遍在 2021 年第二季度表现不俗，失业率稳步下行，经济活动的恢复从制造业扩展到服务业，企业和消费者对经济前景均持较为乐观的态度，国际机构亦大都在 2021 年夏季上调了对欧盟及其成员国 2021 年和 2022 年 GDP 增速的预测值。

不过，2021 年下半年至 2022 年，欧洲经济复苏之路也面临着一定下行风险。首先，围绕疫情仍存在一定程度的不确定性。尽管国内接近三分之二的人群至少接种了一剂疫苗，但德尔塔变异病毒的扩散仍然使英国不得不延迟了最后一个阶段的经济重启。这意味着欧洲不能仰仗着既有的较高疫苗接种率而轻易放松警惕。不仅如此，欧洲以外地区疫情和疫苗接种情况的变化也将通过国际贸易和供应链渠道对欧洲经济造成影响。

其次，目前的供应链瓶颈和原材料短缺将限制欧洲制造业企业的生产能力，并与持续走高的能源价格一同推高区内的通胀水平。如果通胀上升幅度和持续时间超出预期，则很有可能对欧洲国家的家庭消费支出造成冲击，而后者恰恰是支撑欧洲经济下一阶段复苏的核心力量。因此，供应链和通胀问题能在多长时间内和多大程度上得到解决，是否会触发经济中的二次效应（second-round effect），也是左右欧盟和欧元区未来经济发展的一个关键。

最后，欧洲外部发达国家（尤其是美国）相对较快的复苏进度固然能够给欧洲经济增长带来正面效应，但同时，超预期的经济表现也有可能导致这些国家突然进行政策调整，从而产生溢出效应，冲击欧洲金融市场。根据欧盟统计局的调查，2021 年第一季度陷入财务困境和申请破产的企业显著增加，表明疫情给欧洲企业财务状况造成的负面影响还在持续，金融环境动荡将加剧企业脆弱性，抑制资本投资和就业，影响经济复苏进程。

整体来说，欧洲经济在 2021 年下半年至 2022 年上半年有望继续复苏，尽管复苏速度可能自 2021 年第四季度开始有所放缓。预计在全球疫情没有明显恶化的前提下，欧盟和欧元区经济能够在 2022 年初恢复至疫情暴发前水平。同时，随着供需缺口的弥合以及积压订单的消化，欧盟和欧元区的通胀压力在 2022 年也将得到缓解，逐渐下降到 2% 的水平以下。预计 2022 年欧盟和欧元区经济增长率保持在 4.2%~4.5% 的区间。

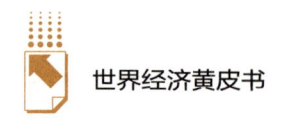

参考文献

陆婷、东艳:《欧洲经济：复苏之路崎岖》，载张宇燕主编《2021年世界经济形势分析与预测》，社会科学文献出版社，2021。

European Central Bank, "Economic Bulletin," Issue 6/2021.

European Commission, "European Economic Forecast, Spring 2021," Luxembourg: May, 2021.

European Commission, "European Economic Forecast, Summer 2021," Luxembourg: July, 2020.

IMF, "World Economic Outlook," Update, Washington: July 2021.

OECD, "Economic Outlook: No Ordinary Recovery," Volume 2021, Issue 1, May 2021.

World Bank, "Global Economic Prospects," Washington: June 2021.

Y.4
日本经济：疫情持续干扰之下曲折恢复

周学智*

摘　要： 新冠肺炎疫情给全球经济造成了重大冲击。2020年，日本实际经济增长率为-4.6%。经过一年多的修正，日本经济仍没有恢复到疫情前的绝对水平。2021年上半年，日本实际GDP仅相当于2019年上半年实际GDP的96.7%。私人部门的消费和投资水平依然不及2019年同期；公共部门的消费和投资则强于疫情前，起到了稳定器作用；对外贸易尤其是出口恢复相对较快。由于疫情不断反复，以及迎接东京奥运会的缘故，日本政府在2020年至2021年上半年多次发布"紧急事态宣言"，不过效果却较为一般。治标不治本的抗疫措施对日本经济尤其是非制造业的影响较大。疫情发展形势、日本新政府的经济政策和抗疫政策，以及相关政策部门如何应对可能发生的美国货币金融政策变化，是对日本经济走势影响较大的几个因素。

关键词： 日本　消费　投资　进出口

受新冠肺炎疫情影响，2020年日本经济增速呈现断崖式下跌。以日元计的实际国内生产总值（GDP）增长率为-4.6%，这一增速高于主流预测值，也高于我们在《2021年世界经济形势分析与预测》中-6.0%的预测值。但相较

---

* 周学智，中国社会科学院世界经济与政治研究所助理研究员，主要研究领域为国际投资。

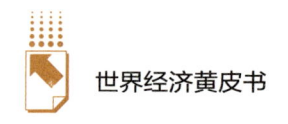

于GDP排前两位的美国和中国而言，日本这一增速仍显逊色。日本经济增速的低谷出现在第二季度，从随后几个季度的数据看，日本经济恢复也是一波三折。

进入2021年，日本经济继续呈现恢复态势，但过程十分曲折。由于疫情反复，加之东京奥运会，2021年包括东京都在内的日本各地经常进入"戒严"状态。"紧急事态宣言"对日本非制造业冲击尤为明显。2020年8月，安倍晋三宣布辞去日本首相职务；2021年9月，日本时任首相菅义伟间接表示卸任后不再参选下任日本首相。日本政坛变动会给日本经济增长带来一定变数，不过在美国没有发生货币政策边际转向的前提下，日本新任首相或央行大幅扭转货币政策的可能性不大。受疫情影响，东京奥运会对日本经济的提振预期落空，但同时也可能意味着，日本经济出现"后奥运低谷"的可能性也不大。

2021年下半年到2022年，日本经济增长面临的不确定性因素主要有：第一，新冠肺炎疫情反复给全球经济带来冲击；第二，新一届日本政府将采取何种经济政策和抗疫政策将直接影响日本经济走势；第三，随着经济的恢复，以美国为首的发达国家在货币金融政策方面存在调整的可能性，对此日本政府如何反应，将影响日本经济走势。

综合判断，预计日本实际GDP增速在2021年和2022年将分别为3.2%和2.4%，日本经济在未来一段时期仍以恢复至疫前水平为首要目标。从目前的情况看，日本经济有望在2023年达到疫情前水平。

一 2020年至2021年上半年日本经济恢复一波三折

受新冠肺炎疫情影响，2020年日本实际经济增长率为-4.6%。对于日本经济在2020年第二季度的暴跌，很难用传统分析框架去评判。但从恢复的角度看，仍有可分析的价值。疫情在全球范围暴发前，日本经济增长就已显出乏力的态势。2020年第一季度，日本经济受2019年第三季度消费税提高以及疫情的影响，实际GDP同比增长率下跌2.1%。在疫情最为肆虐的第二季度，日本经济遭受重创：GDP 季度同比增长率为 -10.1%，其中私人部门的消费、投资和进出口全面大幅下跌，政府部门消费和投资相对坚挺，对经济起到一定的支撑作用。2020 年第三和第四季度，日本实际 GDP 的同比增速仍未回正，分别为 -5.5% 和 -0.9%。不过在 2020 年，政府部门消费和投资的季度同比增速始终为正，可见日本政府部门的消费和投资对经济下滑起到一定的缓冲作用。

进入 2021 年，日本实际 GDP 在前两个季度的同比增速分别为 -1.3% 和 7.6%，表现较为一般。这表明，日本经济仍未完全从疫情的阴影之中走出。在基数较低的前提下，2021 年第一季度日本经济依旧同比负增长。第二季度经济增速虽然高达 7.6%，但结合 2020 年第二季度 -10.1% 的经济同比增速，表明日本经济的绝对金额仍未恢复到 2019 年的同期水平。2019 年上半年，日本实际 GDP 为 2762658 亿日元（2015 年价格）；2021 年上半年，日本实际 GDP 则为 2670925 亿日元（2015 年价格），较疫前仍有 3.3% 的缺口。2021 年前两个季度，出口表现较好，均为同比正增长，且第二季度同比增速达到 26.2%。日本出口不仅增速高，且绝对金额也基本回到了疫情前水平，并借此实现了贸易顺差。这表明，日本的外部需求尤其是中美两国经济恢复较好，对日本出口乃至整个经济都起到带动作用。

表 1 日本实际 GDP 同比增长率与疫情前差距

单位：%

项目	2020 年第一季度	2020 年第二季度	2020 年第三季度	2020 年第四季度	2021 年第一季度	2021 年第二季度	2021 年（第一季度+第二季度）/2019 年（第一季度+第二季度）
GDP	-2.1	-10.1	-5.5	-0.9	-1.3	7.6	96.7
私人部门消费	-2.8	-11.2	-7.2	-2.2	-2.6	7.2	95.0
私人住宅投资	-4.0	-5.0	-10.4	-8.6	-4.2	-2.8	92.2
私人企业投资	-2.1	-8.4	-10.9	-3.1	-5.1	3.1	93.6
政府消费	1.3	1.3	3.4	5.1	3.5	4.3	105.3

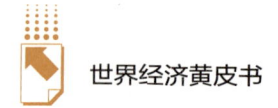

续表

项目	2020年第一季度	2020年第二季度	2020年第三季度	2020年第四季度	2021年第一季度	2021年第二季度	2021年（第一季度+第二季度）/2019年（第一季度+第二季度）
公共投资	1.3	1.3	3.4	5.1	3.5	4.3	104.1
出口	-4.8	-21.7	-15.2	-5.6	1.0	26.2	97.5
进口	-2.8	-4.9	-14	-7.2	-0.8	5.1	98.2

注：数据为实际同比增长率。
资料来源：日本内阁府。

一方面新冠肺炎疫情对日本经济产生直接影响，另一方面日本政府的防疫政策同样会影响经济的恢复。2020年到2021年第三季度，日本政府部门先后进行了四轮较为集中的"戒严"，抗疫政策治标不治本，日本经济在疫情反复和"紧急事态宣言"中曲折恢复。

表2 2020年以来日本"紧急事态宣言"总览

项目	一回	二回	三回	四回
时间	2020年4月7日至5月6日	2021年1月8日至2月7日	2021年4月25日至5月11日	2021年6月21日至7月11日
延长	5月6~25日	2月7日至3月7日	5月11~31日	7月12日后仍有地区未解除
总计日数	49天	至少60天	至少37天	至少42天
地域	东京、神奈川、埼玉、千叶、大阪、兵库、福冈、北海道、茨城、石川、岐阜、爱知、京都	东京、神奈川、千叶、埼玉、大阪、兵库、京都、爱知、岐阜、福冈、栃木	东京、爱知、大阪、京都、兵库、冈山、广岛、福冈、北海道、冲绳	东京、大阪、京都、爱知、兵库、冈山、广岛、福冈、北海道、冲绳

资料来源：根据新闻整理。

相较于制造业，服务业对疫情以及"戒严"更加敏感。疫情暴发后，日本制造业PMI在2021年初基本恢复到50荣枯线之上，服务业PMI指数则一直在50荣枯线下方。

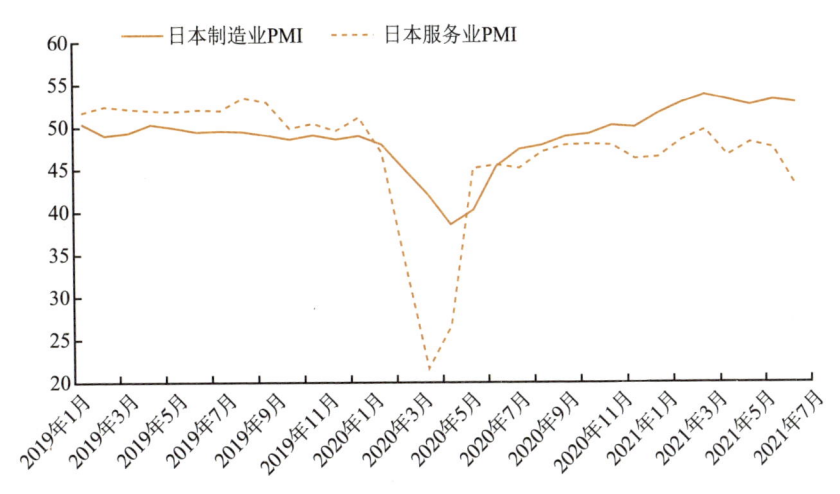

图1 日本制造业和服务业PMI走势

资料来源：Wind数据库。

综上所述，日本经济在2020年和2021年上半年的恢复力度较为一般。除了政府部门的消费和投资外，所有的GDP分项指标均未回到疫情前水平。2020年8月安倍晋三辞去日本首相职务，2021年9月菅义伟间接表示卸任后不再参选下任日本首相。不过，2020年和2021年日本政坛变化对日本经济的影响应比较有限，原因在于：本已处在扩张区间的金融货币政策和财政政策很难再进一步放松。同时，因日本经济恢复状况一般，通胀率距目标值仍较远，若不考虑外部货币金融环境，日本政府部门也没有对金融货币政策和财政政策边际收紧的动力。当然，不排除新一届政府在经济政策方面再度发力的可能，进而又会对日本经济产生新的提振。

此外，2021年7月开幕的东京奥运会没有给日本经济带来更多惊喜。受疫情影响，包括东京都政府在内的日本政府部门在2021年7月再次发布"紧急事态宣言"。此次宣言对体育场馆人数、餐饮场所的营业内容和营业时间、群体活动等都有严格的要求。加之疫情在全球范围的肆虐，此次东京奥运会对服务业的拉动作用实为有限。

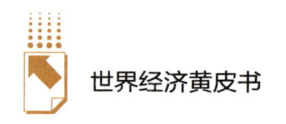

二 金融状况

（一）疫情暴发后金融政策扩张力度加大，但不及政策宣示力度

疫情暴发后，日本央行采取了更为扩张的货币金融政策。利率方面，经过"安倍经济学"时期，日本央行已经没有更多的政策空间，短期政策利率和长期利率的目标一直分别设定为 -0.1% 和 0。日本央行的政策调节更多表现在资产购买方面。在交易型开放式指数开放基金（ETF）和不动产投资信托（J-REIT）方面，日本央行在 2020 年 3 月将年保有量分别提高至 12 万亿日元和 1800 亿日元；4 月将商业票据、短融债（CP）和公司债的保有量上限设定为 20 万亿日元。若以上限计算，则较早前的目标提高了 15 万亿日元。2020 年第四季度到 2021 年上半年，日本央行又出台一系列补充措施，进行不断表态，以维持宽松的货币金融环境。

日本央行虽对购买资产设定了金额上限、截止时间等指标，但仍需要具体分析日本央行的实际动作。表 4 是日本央行资产负债表中部分资产项目的存量金额。从实际金额看，日本央行的资产购买力度与其提出的目标存在一定差距，似有雷声大雨点小之嫌。2021 年 1 月末、4 月末和 6 月末，日本央行分别持有价值约 537 万亿日元、536 万亿日元和 530 万亿日元的国债，分别同比增加了 51 万亿日元、43 万亿日元和 21 万亿日元，相较于最早提出的 80 万亿日元的目标存在明显差距。日本央行保有的 CP 和公司债总额在 2021 年 1 月末、4 月末和 6 月末分别为 11.44 万亿日元、10.48 万亿日元和 10.55 万亿日元，同比分别增加 5.97 万亿日元、3.82 万亿日元和 2.01 万亿日元。CP 和公司债保有总额较 20 万亿日元的天花板仍有明显差距，其中日本央行购买 CP 的力度不大。在 ETF 和 J-REIT 方面，日本央行保有的 ETF 余额在 2021 年 1 月末、4 月末和 6 月末分别同比增加了 7.06 万亿日元、4.86 万亿日元和 3.38 万亿日元，保有金额环比也出现下降；日本央行保有的 J-REITS 余额在 2021 年 1 月末、4 月末和 6 月末分别同比增加了约 1000 亿日元、640 亿日元和 420 亿日元，同样距 1800 亿日元的年购买目标存在差距。

日本经济：疫情持续干扰之下曲折恢复

表3 2020年至2021年上半年日本银行金融政策决定事项（部分）

项目	对象	2020年 1月	2020年 6月	2020年 12月	2021年 3月	2021年 6月
短期利率	日银账户政策利率（%）	-0.1	-0.1	-0.1	-0.1	-0.1
长期利率	10年期国债（%）	0	0	0	0	0
资产买入	ETF（年增，万亿日元）	6	12	12	12	12
	J-REIT（年增，亿日元）	900	1800	1800	1800	1800
	商业票据、短融债（A）保有金额	维持在2.2万亿日元	维持在2万亿日元左右	维持在2万亿日元左右	仍有15万亿日元的购买空间	（未提）
	公司债（B）保有金额	维持在3.2万亿日元	维持在3万亿日元左右	维持在3万亿日元左右		（未提）
	A+B	—	计划到2021年3月末的保有上限为20万亿日元。其中，A的上限为9.5万亿日元，B的上限为11.5万亿日元	计划到2021年9月末的保有上限为20万亿日元。其中，A的上限为9.5万亿日元，B的上限为11.5万亿日元	计划到2021年9月末的保有上限为20万亿日元。其中，A的上限为9.5万亿日元，B的上限为11.5万亿日元	计划到2022年3月末的保有上限为20万亿日元。其中，A的上限为9.5万亿日元，B的上限为11.5万亿日元
	国债（年增，万亿日元）	80	无上限	无上限	无上限	无上限
通胀目标	通货膨胀率（%）	2	2	2	2	2
其他政策				Ⅰ	Ⅱ	Ⅲ

注：ETF为交易型开放式指数开放基金；J-REIT为不动产投资信托。"Ⅰ"，新冠肺炎金融支援特别用途（因疫情）1000亿日元的贷款上限。"Ⅱ"，提出"促进贷款的付利制度"，减轻金融机构压力，长期利率变动幅度设为±0.25%，即使疫情缓解，也仍有必要在上限之下继续购买资产。"Ⅲ"，若疫情严重，存在追加宽松的可能性。

资料来源：根据日本银行相关月份公布的《金融市場調節方針に関する公表文》整理。

081

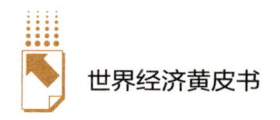

综上，可以从日本央行在资产购买动作上得出以下结论。第一，日本央行资产购买力度逐步减小；第二，目前的购买进度距离日本央行提出的购买目标或上限仍存在差距；第三，以目前的购买速度，日本央行很难达成预定的购买计划，也很难触到购买上限。

由此可以推断，若日本央行在2021年下半年或2022年宣布缩减购买、保有资产规模或降低上限，其对经济或金融市场所造成的影响实际上会相对较小——因为日本央行已经在放缓购买资产的脚步。

表4　日本央行保有的部分资产

单位：万亿日元

时间	国债	CP	公司债	ETF	J-REIT
2020年1月末	486	2.207	3.258	28.511	0.555
2020年4月末	493	3.261	3.394	31.210	0.593
2020年6月末	509	4.438	4.101	32.758	0.615
2020年7月末	527	4.668	4.514	33.519	0.624
2020年10月末	536	4.485	5.741	34.772	0.638
2021年1月末	537	4.534	6.903	35.572	0.654
2021年4月末	536	2.896	7.581	36.065	0.657
2021年6月末	530	2.773	7.778	36.135	0.657

资料来源：日本银行。

（二）长期国债利率呈现上升趋势，股指不断刷新后泡沫时代的新高

2020年到2021年上半年，日本国内流动性依旧十分宽裕。截至2020年12月，广义货币M2同比增长9.2%；2021年6月，广义货币M2同比增速为5.9%。从绝对金额看，2021年6月M2平均余额为1169.55万亿日元，较2019年6月1028.97万亿日元的平均余额增加了13.7%。

国债方面，2020年日本国债利率呈现先抑后扬的态势。10年期国债利率曾一度跌至0下方。这主要是疫情导致金融市场动荡，资金避险需求增加，投资

者对日本乃至全球经济基本面表示出担忧。此后，10 年期国债利率逐步回到 0 上方。2021 年初，跟随美国国债利率，日本 10 年期国债利率大涨，5 年期国债利率同样明显上涨。而 1 年期和 2 年期偏短期国债的利率没有明显变动。此后，中长期国债利率逐步回落，到 2021 年 6 月已回到 0.05%~0.07%。

图 2　2020 年至 2021 年上半年日本国债利率走势

资料来源：日本财务省。

股市方面，日经 225 指数在 2020 年大幅震荡。因新冠肺炎疫情暴发，日经 225 指数从 2020 年 1 月 17 日的阶段高点 24116 点，最低跌至 2020 年 3 月 19 日的 16358 点，其间最大跌幅高达 32.1%。此后，日本股市逐步回升，最终上涨 16.01%。进入 2021 年，日本股市继续呈现上升态势。2021 年第一季度上涨 6.32%，第二季度下跌 1.33%。虽然上半年整体呈现涨势，但第一季度后半段及整个第二季度都处于弱势横盘整理状态。日本股市相对弱势，与日本政府不断采取戒严措施相关。事实表明，治标不治本的"紧急事态宣言"对日本经济的负面影响十分明显，不力的防疫措施也体现在股市上。投资者对日本政坛也保持谨慎态度。对菅义伟信心不足，尤其是其抗疫政策引发颇多争议。在菅义伟宣布不再竞选自民党总裁的当天（也意味着菅义伟不再参选日本首相），日经 225 指数瞬时大涨，并开启一轮升势，显示出较强的补涨意愿。

三 财政状况

（一）2020财年财政扩张后2021财年趋于收敛

2020年新冠肺炎疫情暴发后，日本财务省也在同年7月公布了调整后的收入和支出计划。从2020年7月的修正版可以看出，日本政府计划通过加大发行债券力度来缓冲疫情给经济和社会造成的冲击。在支出方面，日本政府明显加大了对中小企业的扶植力度，增加"中小企业对策费"的比重和绝对额，新设了"新冠肺炎对策费"，同时也增加了与环境卫生、生产生活设施相关的"其他费用"的支出比例和绝对金额。

在2021财年的收入安排中，日本政府减少了对发债收入的依赖，不过占比和绝对金额依然明显高于疫情前。在相较于疫情前收入总额大体不变的情况下，公债收入占比提高意味着税收收入和其他收入的减少。以消费税为例，2019年10月日本政府提高了消费税率，并在2020年4月的预算案中计划可获得217190亿日元的消费税收入。但是，日本财务省在2021年度的预算中仅计划收入202840亿日元消费税。消费税率提高，消费税收入总额却明显减少，表明日本政府对2021年度的消费前景并不乐观。在支出方面，支出结构大体与疫情前相似，但仍保留"新冠肺炎对策费"一项。

表5 日本财政收入、支出预算构成

单位：%，亿日元

项目	2020年度（4月版）	2020年度（7月修正版）	2021年度（4月版）
税收占比	61.9	39.6	53.9
其他收入占比	6.4	4.1	5.2
公债占比	31.7	56.3	40.9
以上收入合计	100.0	100.0	100.0
以上收入总额	1026580	1602607	1066097
社会保障相关费	34.9	25.3	33.6

续表

项目	2020年度（4月版）	2020年度（7月修正版）	2021年度（4月版）
文教及科学振兴	5.4	3.7	5.1
国债费	22.7	15.0	22.3
恩赐费用	0.2	0.1	0.1
地方转移支付	15.4	9.9	15.0
防卫相关费用	5.2	3.3	5.0
公共事业相关费	6.7	4.3	5.7
经济合作费	0.5	0.4	0.5
中小企业对策费	0.2	14.0	0.2
能源对策费	0.9	0.6	0.8
食品供给费	1.0	0.8	1.2
其他费用	6.5	15.1	5.4
预备费用	0.5	0.3	0.5
新冠肺炎对策费	—	7.2	4.7
以上支出合计	100	100	100
以上支出总额	1026580	1602607	1066097

注：国债费指的是国债利息及偿还费用，恩赐费用指的是公务员退休金，经济合作费指的是对发展中国家的经济援助费用。

资料来源：日本财务省：《日本の財政関係資料》2020年4月版、7月版和2021年4月版。

（二）政府债务存量续创新高

根据日本政府2020年度预算修正案，日本2020年度公债依存度将提升至56.3%，创下历史新高。2021年度，日本政府的发债力度有所减弱，但绝对金额依然很高。从存量角度看，2020财年末（2021年3月），日本中央政府负债993万亿日元，其中普通国债964万亿日元；地方政府负债189万亿

085

日元。中央政府和地方政府的长期负债共计1182万亿日元，与日本当年GDP之比达到207%。根据财务省最新的预算，预计截至2021年度末（2022年3月），日本中央政府长期债务存量将达到1019万亿日元，其中普通国债990万亿日元；地方政府负债193万亿日元，基本与上一财年持平。中央政府与地方政府负债总额与GDP之比上升到217%。根据日本财务省的计算，2020财年末，日本普通国债存量相当于日本政府15年的收入。每个国民平均负担769万日元，4人户的家庭需要负担3076万日元。同时，日本平均家庭人数为3.32人，年可支配所得为546万日元。从日本政府部门的债务情况可以看出，日本是典型的中央负债高、地方负债低的模式。此次疫情期间，日本主要是通过中央政府举债来平滑经济和稳定社会。而地方政府并未因此担负更多债务。

四 私人部门消费与投资

（一）私人部门消费需求未恢复到疫前水平

日本政府于2019年10月提高了消费税率，但由于疫情的暴发，消费税率的提升对日本消费的冲击与疫情冲击相叠加，很难单独判断消费税率提高对日本消费的影响。不过可以肯定的是在2020年和2021年上半年，影响日本私人部门消费的最重要因素是新冠肺炎疫情。

若以2019年为基期100，可以看到日本的消费总额一直未恢复到疫情前水平。2021年6月日本消费总额仅相当于2019年6月的94.0%，2021年1月和6月的消费总额甚至不如2020年1月和6月，可见日本消费恢复之乏力。从细项看，较为稳定的是食品消费和保健医疗消费，这两项具有明显的"刚需"特征，即使是居家隔离，也离不开对这两项的消费。另外，"居住"和"家居家具"消费总额较疫情前有明显的提高。[1] 2021年6月"居住"消费总额相当于2019年同期的112.0%，"家居家具"消费总额相当于2019年6月的104.6%，

---

[1] "居住"（住居）由租金支出以及与房屋硬件相关的改造维修费用构成。

2020年6月一度达到2019年同期的131.4%。衣帽鞋和交通通信类消费则大幅萎缩。日本消费数据具有明显的"疫情"特征，在"衣食住行"中，"食"和"住"几乎不受疫情影响，而"衣"和"行"则明显受到冲击。

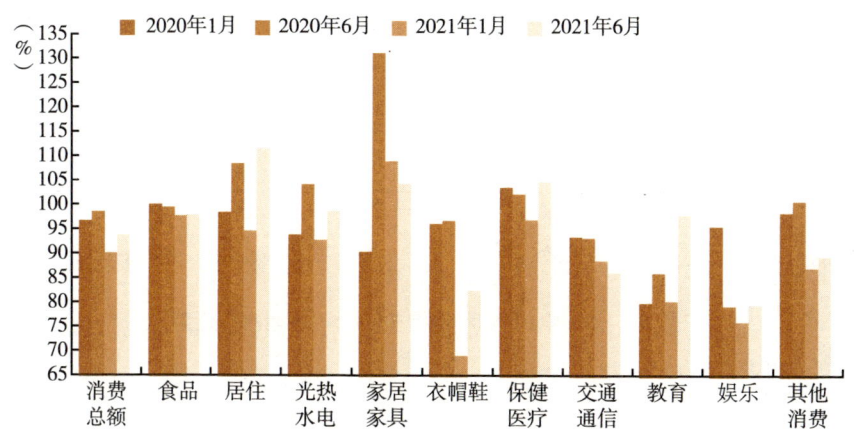

图3 日本消费总额及分项情况

注：2019年同期为100。
资料来源：日本内阁府。

日本"居住"项消费总额的增加，与房价以及租金地租（"家賃地代"）的上涨不无关系。截至2021年5月，日本的公寓价格指数是2019年同期的107.0%，不动产价格综合指数是2019年同期的105.0%。此外，"居住"也与居家"自肃"、远程办公有关，因疫情居家时，住户对房屋进行改造、修缮的支出会有所增加。

（二）私人部门投资恢复较差，上游价格高企将继续给日本企业造成压力

2020年全年，私人部门住宅投资、私人部门企业设备投资和公共部门固定资产投资三者总额较2019年下降4.2%，情况稍好于私人部门消费。但是，作为投资的最主要构成部分（约64%），私人部门企业设备投资总额2020年同比减少了6.0%。公共部门固定资产投资（约占三者总额的22%）则增长

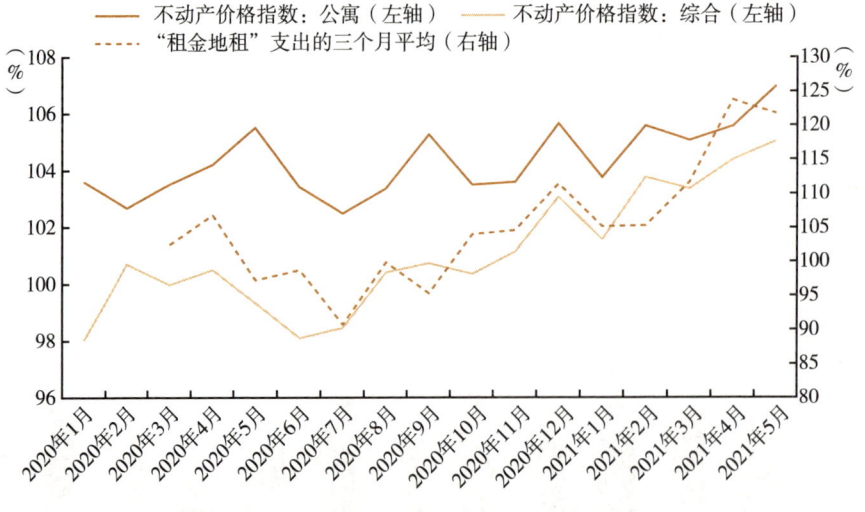

图4 日本房价指数和消费中的"租金地租"走势

注：2019年同期为100。
资料来源：国土交通省。

3.6%，对投资产生了一定托底作用。2021年上半年，上述三个主要投资项目总额相较2019年同期下降4.6%，且较2020年同期降低1.2%。其中，公共部门固定资产投资依然呈现上升趋势，但是私人部门住宅投资和私人部门企业设备投资则较2019年同期分别下降7.9%和6.4%，较2020年同期下降3.5%和1.5%。可见，如果排除公共部门投资，日本私人部门投资恢复的情况甚至不如私人部门消费。当前以及未来一段时期，日本企业除面临内需不足之外，还要应对国际大宗商品价格高企的外部环境。

2020年，日本消费者物价指数（CPI）与2019年持平。2020年日本物价呈现出先高后低态势。疫情暴发后，CPI同比增速一度由年初的0.7%降至0.1%。由于日本内需恢复状况较为一般，2020年10月CPI同比增速跌入负值区间。与此同时，全球大宗商品价格不断走高。与全球一些国家一样，日本也在2021年经历PPI上涨、CPI相对不振的状况。PPI与CPI剪刀差的扩大，无疑给日本制造业企业造成一定压力。

图 5　日本物价指数情况

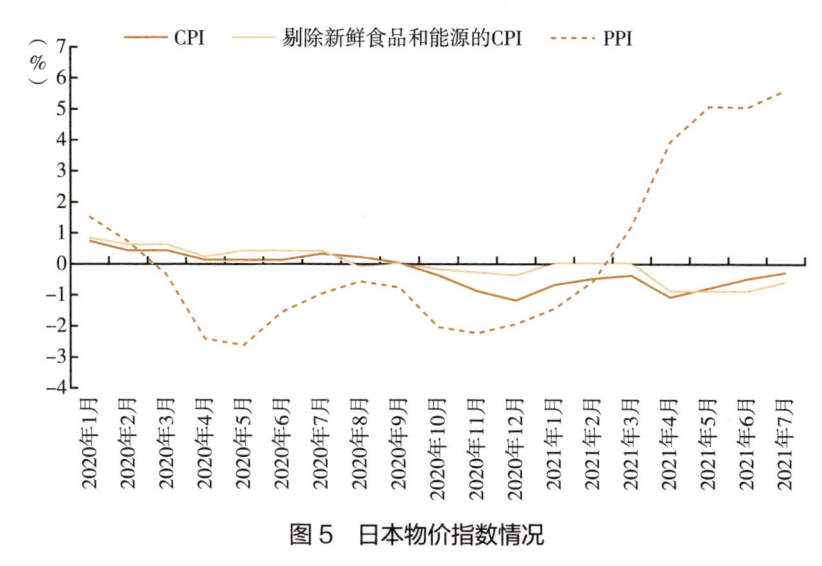

资料来源：日本总务省统计局。

五　对外经济部门

2020年受新冠肺炎疫情的影响，日本对外进出口总额在四个季度均为负增长。其中第二季度呈现悬崖式下跌，出口和进口金额分别同比减少25.3%和16.0%。此后，日本出口和进口的跌势逐渐收敛，到2020年第四季度，同比增速分别回升到-0.7%和-11.9%。2020年全年，日本对外出口较2019年减少11.08%，进口减少13.82%。

从分地区数据看，2020年日本对中国大陆的出口增长2.7%，是对主要贸易伙伴中出口增速最快的。中国台湾排名第二，为1.1%。日本对美国和韩国出口分别同比下降17.3%和5.5%。从此意义上说，中国在2020年经济的相对良好表现对日本经济的恢复起到了明显的积极作用。进口方面，日本从主要贸易伙伴进口商品总额呈现明显的下降态势。其中，从澳大利亚进口商品总额下降23.2%，从美国进口减少14.0%，从韩国进口减少12.1%。商品细项方面，不同商品的进出口呈现出不同特征（见表6）。

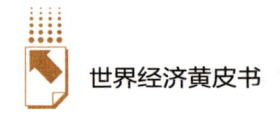

表6　2020年日本商品进出口变化情况

商品	出口	进口
食品类	8年连续增加	2年连续减少
木材	—	2年连续减少
矿物性燃料	4年来首度减少	2年连续减少
化学制品	2年连续减少	2年连续减少
钢铁	2年连续减少	2年连续减少
丝织、纤维等	2年连续减少	2年来首度增加
计算机类	3年连续减少	4年连续增加
半导体等电子部件	2年来首度增加	2年连续减少
音响、映像机器	连续8年减少	4年来首度减少
通信机器	3年连续减少	基本不变
汽车	2年连续减少	2年连续减少
科学光学机械	3年连续减少	2年连续减少

资料来源：《日本貿易の現状》。

2021年，受全球经济恢复和基期因素等影响，日本进出口总额增长明显。2021年上半年，日本出口总额同比增加23.16%，进口总额同比增加12.31%。增速依旧是出口强于进口，也从一个侧面反映出日本的外需恢复强于内需。其中，美国和中国是日本最重要的出口国，两国经济的恢复在一定程度上拉动了日本出口。从绝对金额角度看，2021年上半年，日本出口总额已经超过疫情前水平，是2019年上半年的104.21%。但是进口总额依然没有恢复到疫情前水平，相当于2019年上半年的99.3%。

2020年第三季度，日本对外贸易开始出现顺差，至2021年第二季度，日本对外贸易连续四个季度实现顺差。对外贸易顺差对日本经济的恢复起到促进作用。

六　日本经济形势展望

预计影响2021年和2022年日本经济走势的最重要因素仍是新冠肺炎疫情。

此外，日本政坛的变化和美国货币金融政策的变化也可能会给日本经济带来一定变数。不过，日本政坛变化对日本经济的影响应比较有限，原因在于：安倍晋三执政时期，日本已经采取了较为扩张的货币金融政策，疫情的暴发让日本政府在货币金融政策和财政政策方面再度发力，政权交接后，新政府与日本央行在经济政策方面加速扩张的可能性不大。在外部条件不变的前提下，预计新政府与日本央行也没有动力进行紧缩。当然，不排除日本新一届政府出台较为激进的经济政策的可能。相较而言，我们认为美国货币金融政策的变化可能对日本经济的影响更显著。若美联储收紧货币金融政策甚至加息，那么日本的金融市场和实体经济就必然会有所反应，届时日本政府部门如何应对，跟随还是按兵不动，力度如何，都将直接影响日本经济的走势。例如，若日本追随美国进行紧缩，日本的股市和实体经济则有可能受到冲击；若日本按兵不动，则日元汇率会面临大幅贬值的风险——虽有利于出口，但超过一定限度则易引起资本外流，导致金融市场动荡等。

日本经济2021年实际增长率预计为3.2%，这一预测值在表7中属于偏乐观。东京奥运会的结束反而有利于日本经济的恢复，因日本政府在2021年上半年为举办东京奥运会牺牲了部分经济利益。此外，新政府刚刚执政，政策会起到一定的短期振奋效果。2022年日本实际经济增速预测为2.4%，经济总量有望勉强恢复到2019年的水平。2023年则会大概恢复至2019年的水平。

表7 国际和日本机构对日本实际经济增长率的预测

单位：%

机构	发布时间	报告或文献	2020年	2021年
国际货币基金组织	2021年7月	世界经济展望报告	2.8	3.0
世界银行	2021年6月	全球经济展望	2.9	2.6
日本银行	2021年7月	经济物价情势展望	3.6~4.4	2.1~2.5
日本总合研究所	2021年9月8日	2020~2021年度展望修订版	3.7	2.5
大和总研	2021年8月20日	第210回日本经济预测	3.4	3.3
日本生命保险基础研究所	2021年8月	2020~2021年度经济预测	3.1	2.0

世界经济黄皮书

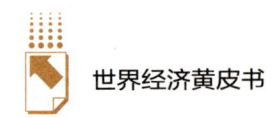

续表

机构	发布时间	报告或文献	2020年	2021年
三菱UFJ研究咨询	2021年9月9日	2021~2022年度短期经济展望	3.0	2.0
三菱总合研究所	2021年8月17日	新冠肺炎下世界·日本经济展望	3.2	2.7

注：国际机构IMF为年预测值，世界银行和表格中日本机构的预测值为财年预测值。

资料来源：IMF, "World Economic Outlook," Update; World Bank, "Global Economic Prospects"；日本银行：《経済・物価情勢の展望》，2021年7月；日本総研：《2021～2022年度改訂見通し—2021年度後半にかけて景気回復ペースが加速—》；大和総研：《第210回日本経済予測》；ニッセイ基礎研究所：《2021・2022年度経済見通し》；三菱UFJリサーチ&コンサルティング：《2021-2022年度短期経済見通し》；株式会社三菱総合研究所：《ウィズコロナ下での世界・日本経済の展望》。

参考文献

周学智：《日本经济：重创之下难以迅速反转》，载张宇燕主编《2021年世界经济形势分析与预测》，社会科学文献出版社，2021。

日本財務省：《日本の財政関係資料》，2020年4月版。

日本財務省：《日本の財政関係資料》，2020年7月版。

日本財務省：《日本の財政関係資料》，2021年4月版。

日本銀行：《金融市場調節方針に関する公表文》，2020年及2021年上半年相关月份。

日本貿易会：《日本貿易の現状》（2021版），2021年3月31日。

大和総研：《第210回日本経済予測》，2021年8月20日。

日本銀行：《経済・物価情勢の展望》，2021年7月。

日本総研：《2020～2021年度改訂見通し》，2021年9月8日。

ニッセイ基礎研究所：《2021・2022年度経済見通し》，2021年8月。

三菱UFJリサーチ&コンサルティング：《2021-2022年度短期経済見通し》，2021年9月9日。

株式会社三菱総合研究所：《ウィズコロナ下での世界・日本経済の展望》，2021年8月17日。

IMF, "World Economic Outlook,"2021年7月。

World Bank, "Global Economic Prospects,"2021年6月。

Y.5
亚太经济：经济复苏曲折前进

杨盼盼 *

摘　要： 2021年，亚太经济触底反弹，经济复苏在疫情反复之中曲折前进，亚太地区17个国家的加权平均经济增速预计为6.2%，比上年提高7.6个百分点。亚太地区在2021年的经济表现依旧好于全球，区域内多数国家经济增长由负转正，但主要动力来自中国，中国在支持亚太经济增长方面的角色愈发凸显，其他经济体的整体增长表现逊于全球。整个地区通货膨胀上行，货币相对美元多出现贬值，经常账户余额总体下降，政府债务多温和上升。展望2022年，广泛接种疫苗有助于韩国、加拿大和澳大利亚的经济复苏，但需关注政策宽松下的金融稳定问题；由于疫苗尚未普及，印度尼西亚经济的复苏则仍将受疫情影响。2022年疫情对亚太经济的负面影响将进一步递减，而美联储缩减量化宽松政策将是2022年亚太经济体在金融领域面临的最大不确定性，但是亚太地区作为全球经济增长引擎的作用有望再度加强。

关键词： 亚太地区　经济复苏　金融稳定

在《2021年世界经济形势分析与预测》中，我们预计亚太地区主要经

---

* 杨盼盼，中国社会科学院世界经济与政治研究所副研究员，国际金融研究室副主任，研究领域：国际金融、亚太经济。感谢王永中研究员、孙杰研究员的审定，感谢刘航帆同学所做的研究助理工作。

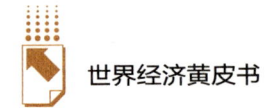

济体[①]2020年的加权实际经济增速为-2.4%，略低于2020年最终实现的增速-1.4%，反映亚太经济在疫情之中的韧性高于预期。正如上年在展望中指出的一样，疫情对2021年的亚太经济产生了持续的影响。受变异毒株的影响，疫情在亚太地区扩散影响了各国的复苏进程，这一影响将持续至2021年末，但已经在逐步消退。预计2021年亚太地区经济增速为6.2%，2022年的复苏有望更为稳固。

一 亚太经济形势回顾：2020~2021年

2020~2021年，亚太经济在疫情冲击之下触底反弹，经济复苏在疫情反复之中曲折前进。受到疫情冲击的影响，亚太经济在2020年出现负增长。2021年，亚太地区17个国家的加权平均经济增速预计为6.2%（见表1），比2020年提高7.6个百分点。受到疫情冲击带来的低基数效应影响，2021年亚太经济增速有了显著的提升，但变异毒株冲击使得2021年的复苏进程充满曲折。

（一）经济增长触底反弹，但增长潜力不足

亚太经济2021年增速高于全球经济增速。根据国际货币基金组织（IMF）2021年10月发布的预测，2021年全球经济增速预计为5.9%，亚太经济比全球经济增速高0.3个百分点，总体来看，亚太经济仍然是全球经济增长的关键引擎。然而，除中国外的其他亚太经济体2021年经济增速预计为4.8%，低于全球经济平均增速，反映亚太地区各国受疫情冲击经济复苏并不均衡。按发展阶段分组，区域内的发达经济体在2021年的加权平均经济增速预计为3.9%，相比上一年提高7.6个百分点，但比全部发达经济体的平均经济增速低1.3个百分点；区域内的新兴和发展中经济体在2021年的加权平均经济增速为6.8%，与上年相比提高了7.6个百分点，比全部新兴和发展中经济体的平均经济增速

---

① 本研究中亚太经济体包含17个国家，包括：中国、日本、韩国、东盟十国（文莱、柬埔寨、印度尼西亚、老挝、马来西亚、缅甸、菲律宾、新加坡、泰国、越南）、印度、澳大利亚、新西兰、加拿大。

高出0.4个百分点，高于欧洲、中东和中亚以及撒哈拉以南非洲等的新兴和发展中区域的经济增速。但是，除中国之外的亚太新兴和发展中经济体在2021年的加权平均经济增速为5.3%，虽相比上一年提高10.7个百分点，但仍然比全部新兴和发展中经济体的平均经济增速低1.0个百分点。

亚太各经济体的经济规模（以实际GDP计）虽有恢复，但增长潜力的恢复尚不足，增长缺口仍大。比较2020~2021年与2017~2019年两个时间段的年平均增速，并将前者减后者的差值作为疫情引致的增长缺口，所有国家的缺口均为负值，显示区域各国的增长缺口均未弥合。亚太经济作为整体的缺口为2.7个百分点，除中国之外的亚太经济体整体缺口为3.9个百分点，多国增长缺口超过5个百分点。事实上，在疫情之前，亚太地区的增长已经在下滑，2017~2019年的平均增速并不算太高，这表明疫情冲击下，亚太经济体增长潜力面临进一步被削弱的风险。

表1 亚太主要国家国别和加总经济增长率

单位：%

区域	2017年	2018年	2019年	2020年	2021年	2022年	2017~2019年	2020~2021年
亚太17国								
中国	6.9	6.8	6.0	2.3	7.8	6.0	6.5	5.1
日本	1.7	0.6	0.0	-4.6	3.2	2.4	0.7	-0.7
韩国	3.2	2.9	2.2	-0.9	3.7	3.3	2.8	1.4
文莱	1.3	0.1	3.9	1.1	2.0	2.6	1.8	1.5
柬埔寨	7.0	7.5	7.1	-3.1	1.9	5.7	7.2	-0.6
印度尼西亚	5.1	5.2	5.0	-2.1	3.2	5.0	5.1	0.6
老挝	6.9	6.3	4.7	-0.4	2.1	4.2	5.9	0.8
马来西亚	5.8	4.8	4.4	-5.6	3.5	6.0	5.0	-1.1
缅甸	5.8	6.4	6.8	3.2	-17.9	-0.1	6.3	-7.4
菲律宾	6.9	6.3	6.1	-9.6	3.2	6.3	6.5	-3.2
新加坡	4.5	3.5	1.3	-5.4	6.0	3.2	3.1	0.3
泰国	4.2	4.2	2.3	-6.1	1.0	4.5	3.5	-2.6
越南	6.9	7.2	7.2	2.9	2.6	6.6	7.1	2.6

续表

区域	2017年	2018年	2019年	2020年	2021年	2022年	2017~2019年	2020~2021年
印度	6.8	6.5	4.0	-7.3	8.0	6.5	5.8	0.4
澳大利亚	2.4	2.8	1.9	-2.4	3.5	3.0	2.4	0.6
新西兰	3.5	3.4	2.4	-2.1	5.1	3.3	3.1	1.5
加拿大	3.0	2.4	1.9	-5.3	5.7	4.9	2.4	0.2
区域及全球加总								
世界	3.8	3.6	2.8	-3.1	5.9	4.9	3.4	1.4
亚太经济体	5.6	5.4	4.4	-1.4	6.2	5.5	5.1	2.4
除中国外的亚太经济体	4.6	4.3	3.1	-4.7	4.8	5.0	4.0	0.1
发达经济体	2.5	2.3	1.7	-4.5	5.2	4.5	2.1	0.3
亚太发达经济体	2.4	1.8	1.1	-3.7	3.9	3.2	1.8	0.1
新兴和发展中经济体	4.8	4.6	3.7	-2.1	6.4	5.1	4.3	2.2
亚太新兴和发展中经济体	6.6	6.4	5.3	-0.8	6.8	6.1	6.1	3.0
除中国外的亚太新兴和发展中经济体	6.2	6.0	4.5	-5.3	5.3	6.1	5.6	0.0

注：亚太发达经济体包括日本、韩国、新加坡、澳大利亚、新西兰、加拿大。亚太新兴和发展中经济体包括中国、文莱、柬埔寨、印尼、老挝、马来西亚、缅甸、菲律宾、泰国、越南、印度。区域及全球加总增速均采用基于购买力平价（PPP）的各国GDP权重测算加权平均增速。增速为保留1位小数四舍五入，这一做法会轻微影响文中差值比较。

资料来源：国际货币基金组织（IMF）《世界经济展望》数据库（2021年10月），2021年和2022年部分国家增速为笔者预测，部分加总指标由笔者测算。

图1中横坐标对应的是2020年亚太地区17个国家的实际GDP增速，纵坐标对应的是2021年这些国家的实际GDP增速预测值，除越南、缅甸之外所有国家在2021年的经济增速均较上年回升。从图1中各国的相对位置可以看出：①亚太地区的经济复苏显著地由中国引领，2020年和2021年增速均超过亚太地区平均增长水平的只有中国。②预计2021年增速超过区域平均增长

水平的除中国之外还有印度，其增速预计为8.0%，其他经济增速较高的国家还包括日本、韩国、新加坡、新西兰、加拿大等。③越南和缅甸是区内较为特殊的经济体，缅甸经济在2020年是正增长，而2021年大幅萎缩；受疫情影响，越南2021年的增长相对于2020年预计将放缓。

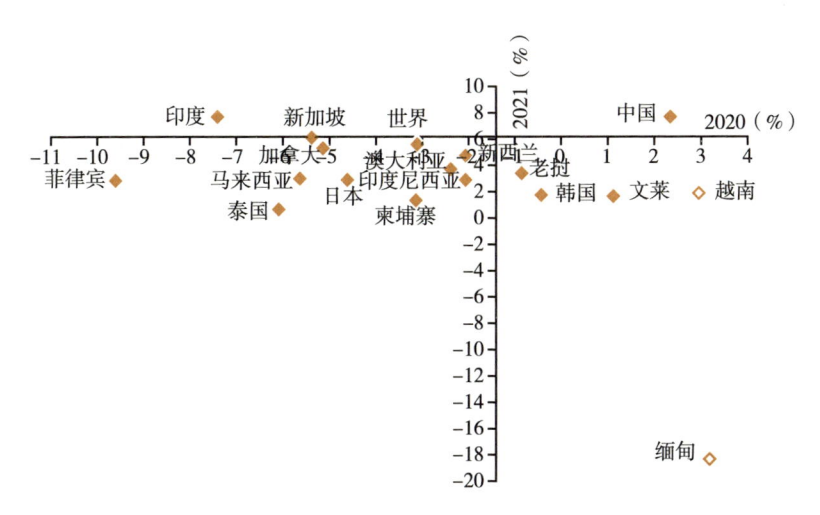

图1 2020年和2021年的亚太主要国家经济增长

注：横轴和纵轴分别代表了对应国家在2020年和2021年经济增长的情况，交叉点对应横轴的数值为2020年17国实际GDP增速的加权平均值（-1.4%），交叉点对应纵轴的数值为2021年17国实际GDP增速的加权平均预测值（6.2%）。因此，第一象限（右上）的国家是2020年和2021年GDP增速均快于均值的国家，第三象限（左下）的国家是2020年和2021年GDP增速均慢于均值的国家，第二象限（左上）的国家是2020年GDP增速慢于均值但2021年GDP增速快于均值的国家，第四象限（右下）的国家是2020年GDP增速快于均值但2021年GDP增速慢于均值的国家。按常例，2021年增速较上年提升的国家将用实心点标注，增速较上年下降或持平的国家将用空心点标注，由于2021年为疫情复苏年，除缅甸、越南外其他国家均较上年增速上升，均为实心。

资料来源：国际货币基金组织（IMF）《世界经济展望》数据库（2021年10月），2021年和2022年部分国家增速为笔者预测，部分加总指标由笔者测算。

2021年亚太地区主要经济体经济增速多为上升，反映在疫情冲击的低基数背景下经济触底回升。从内需来看，促进增长的主要渠道包括：①疫情控制得力，复工复产及时，经济体较好地应对了变异病毒的冲击，没有再次出现大范围停工停产，产出保持稳定，如中国、日本、韩国等。②外部需求好转，包括信息技术、汽车等周期性产业走强，拉动出口，支持经济增长，这对处于区域价值链的国家经济增长拉动作用尤为明显。③疫情冲击的缓解、疫苗的广泛普及、失业率的下降提振消费者信心，带来消费复苏，这对区内发达经济的拉动作用尤为明显。④持续宽松的货币政策和财政政策带动国内投资的复苏，基础设施和房地产投资增速上升，外需环境的好转也拉动了制造业投资，这对于出口导向型的经济体以及金融业较发达的经济体的经济增长起到了支撑作用。⑤大宗商品价格上升带来区内大宗商品出口回暖，采矿业投资上升，这主要影响区内印度尼西亚、文莱、加拿大和澳大利亚等经济体。尽管上述因素推动了亚太经济体在 2021 年的经济复苏，但是变异病毒对于本区 2021 年的经济增长有着较为显著的负面影响，东南亚地区经济在 2020 年受疫情影响较小，但是 2021 年受疫情影响严重，进一步加剧了供应链的紊乱局面，区内包括越南、马来西亚和泰国在内的重要开放型经济体在 2021 年下半年经历了经济增长快速放缓，越南经济更是在第三季度出现了负增长，这在国际金融危机和 2020 年疫情期间都未出现过，反映 2021 年疫情冲击之严重。此外，促进当前经济增长的一些因素也可能转变成不利因素，例如房地产市场投资的旺盛和房价的高企，可能导致金融不稳定，又如大宗商品价格的上升虽然改善了大宗商品出口国的出口，但也将带来通胀压力的上升。缅甸是区内唯一 2021 年经济收缩的国家，且收缩的幅度较大，这主要与缅甸国内政局动荡、货币贬值、疫情蔓延带来的私人消费和投资萎缩相关。

（二）通货膨胀上行

在全球通货膨胀呈上行趋势的背景之下，亚太地区的通胀水平相对温和。亚太地区主要国家 2021 年消费者价格指数（CPI）多低于世界平均水平（4.3%），仅有印度比世界平均水平高，为 5.6%。与上年比较，亚太地区通货膨胀的上行态势与全球经济较为一致，但是上升的幅度仍有差异，其原因是区内仍有较多经济体受疫情封锁的影响，内需不足。预计在未来一段时期，通货膨胀压力还将从上游向下游传导。

2021 年，亚太地区共有 8 个国家出现通货膨胀水平下行，9 个国家通胀水平上升（见图2），价格水平出现上升有诸多共性原因，包括：①经济增长的回暖带来需求上升，推动消费复苏，制成品和服务业的价格均上涨；②国内就业市场复苏，宽松政策带来低利率和充足的流动性，私人部门房地产投资意愿上升，财富效应显著，带动相关价格上涨；③需求的上升和商品贸易的回暖催生了运输相关价格的上升；④全球能源和非能源大宗商品价格显著上行；⑤亚洲地区新一轮疫情冲击导致供应链断裂，供给短缺推动价格上涨。但是，亚太地区也有8个国家CPI同比增速较上年出现下降，反映在全球价格水平上涨的背景下，这些国家的通货膨胀仍受诸多下行因素影响：①疫情的反复带来增长放缓，内需不足问题再度出现，防疫措施对服务业的复苏尤其不利，尤其是德尔塔病毒对东盟国家的冲击超过2020年；②2020年高企的猪肉价格影响了一些国家的通胀水平，猪肉价格的下降抵消了部分食品价格上涨的压力；③区域内经济体的宽松政策相较于欧美更为审慎，宽松政策逐渐退出也会带来价格水平的回落。

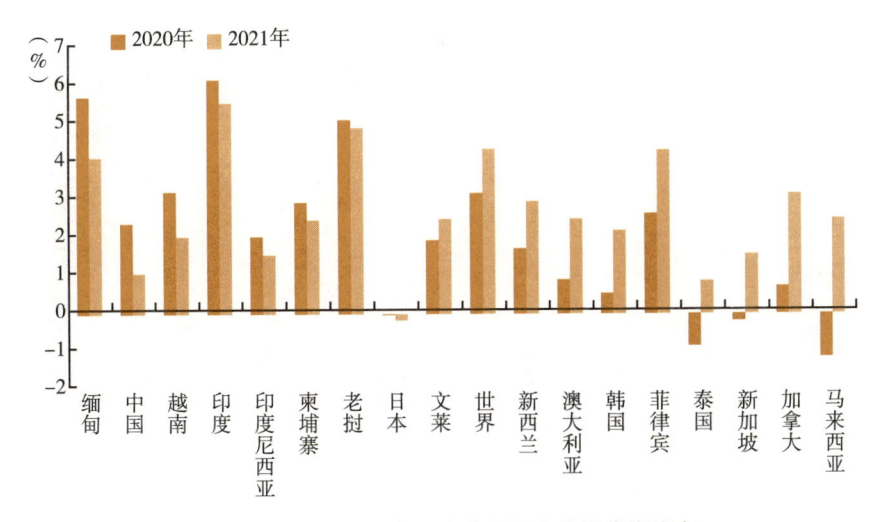

图2 2020~2021年亚太主要国家的通货膨胀率

注：通货膨胀率为年平均消费者价格指数（CPI）的变动率，国家按2021年与2010年的通胀水平之差由低到高排序。

资料来源：国际货币基金组织（IMF）《世界经济展望》数据库（2021年10月）。

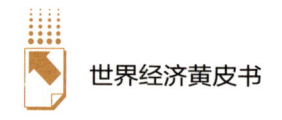

（三）亚太地区的货币相对美元多出现贬值

2021年以来，亚太地区各经济体货币对美元多呈现贬值态势（见图3），以2021年9月相对于2021年1月的汇率走势看，仅中国、加拿大和越南的货币相对于美元轻微升值，其他国家的货币对美元均出现显著的贬值，平均贬值幅度达4.5%。对于区内的新兴经济体而言，货币出现贬值的原因主要有：①区内新兴经济体在2021年受到疫情影响较为严重，与美国的增长差距拉大，对经济增长前景的担忧加大；②通货膨胀水平较高，经常账户赤字的经济体货币贬值压力上升；③受美联储紧缩货币预期的影响，资本开始流出新兴市场，汇率做出相应调整。对于区内的发达经济体而言，美元的走强是这些货币走弱的重要原因，日元作为避险货币在全球经济前景走强的背景下走弱，澳元受中澳贸易摩擦及由此带来的出口下行影响走弱。

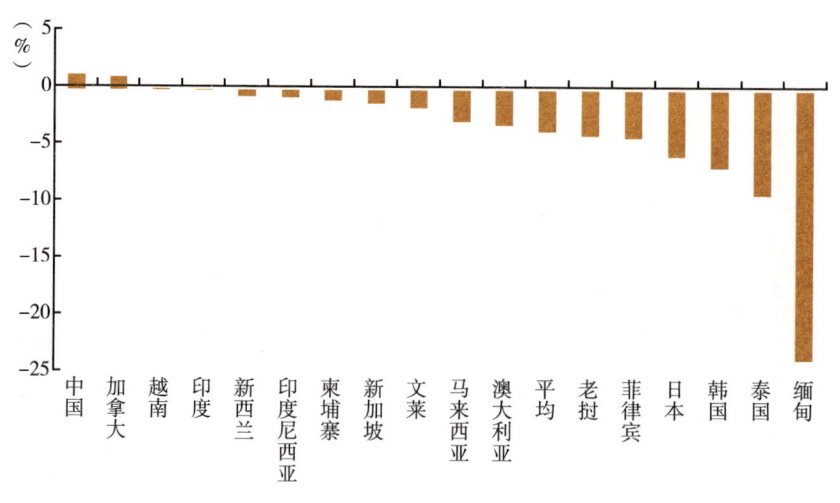

图3 2021年亚太主要国家汇率走势

注：①所有国家汇率走势均为2021年9月相对于2021年1月的变动。②正数表示本币相对于美元升值，负数表示本币相对于美元贬值，图中按照升值幅度由高到低排列。

资料来源：CEIC。

（四）经常账户余额下降

2021年亚太地区的顺差国为10个，逆差国为7个。同上年相比，泰国、印度由顺差国转为逆差国，加拿大由逆差国转为顺差国，有11个国家的经常账户余额较上年出现了下降，其中柬埔寨、泰国和菲律宾分别下降了9.2个、4.0个和3.2个百分点。经常账户余额占比上升国的调整幅度并不大，总体反映疫情持续冲击下外部需求的恢复仍不充分。经常账户余额占比下降的原因包括：疫情复苏带来进口需求上升，大宗商品价格上升也推动进口原材料和中间品金额上行；受封闭边境的影响，许多旅游业发达的经济体服务贸易规模迟迟未恢复；供应链断裂和货运成本上升带来出口不畅。在经常账户余额下降较多的经济体中，泰国受上述共性原因影响较多；柬埔寨经常账户逆差大幅扩增的原因包括欧盟从2020年8月起对柬埔寨商品征收关税，打击了服装出口，同时，关键产品黄金的出口回落；菲律宾的侨汇受疫情冲击较大。

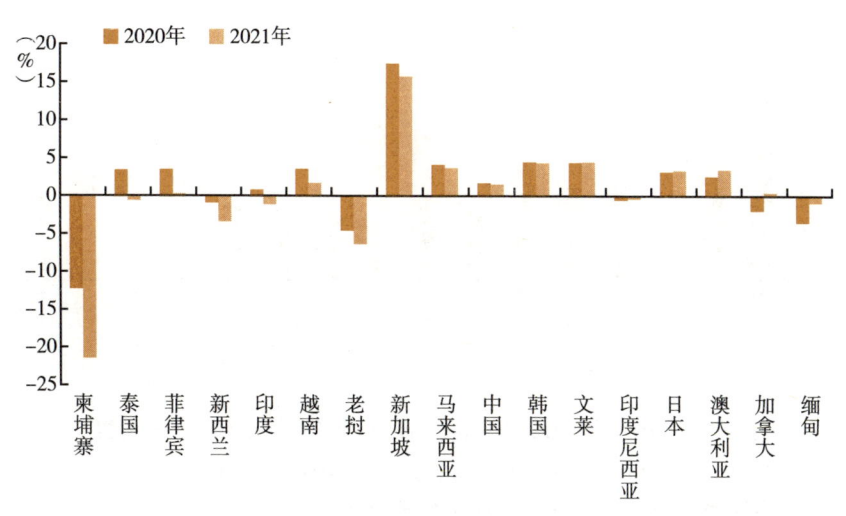

图4　2020年和2021年亚太主要国家经常账户余额占GDP比重的走势

注：国家按2021年与2020年的经常账户占比之差由低到高排序。
资料来源：国际货币基金组织（IMF）《世界经济展望》数据库（2021年10月）。

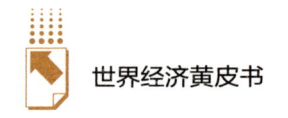

（五）政府债务多上升

相较于2020年，多数经济体的政府债务规模仍小幅上升，上升的原因包括：疫情的反复使财政支出保持较高水平，以便持续为经济纾困和为国民提供医疗保障；疫情之后的经济复苏计划带来财政开支的上升，开支的重点集中于基础设施投资（印度、中国、泰国）、公共卫生部门和社会保障开支（日本、菲律宾）和经济转型（韩国）；经济放缓和纾困持续使得税收等财政收入恢复较慢，如印度尼西亚、老挝、缅甸等；为应对自然灾害扩大开支，如柬埔寨、中国。新加坡、加拿大和文莱的政府债务规模下降，但新加坡和加拿大的政府债务规模仍处于本区经济体中的较高水平，文莱政府债务下降则是因为石油和天然气价格上涨增加了政府收入。

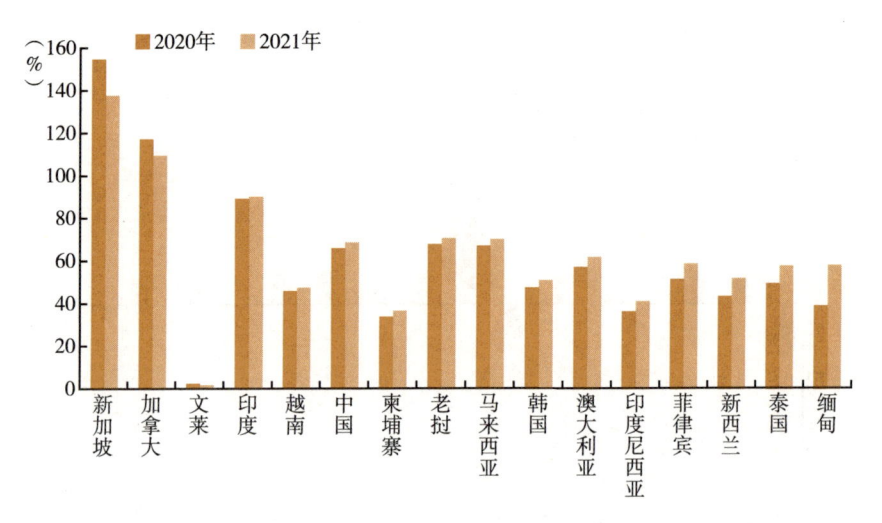

图5　2020年和2021年亚太主要国家政府债务占GDP的走势

注：国家按2021年与2020年的政府债务占比之差由低到高排序。日本由于政府债务占比过高，未在图中体现，其2020年和2021年的数值分别为254.1%和256.9%。

资料来源：国际货币基金组织（IMF）《世界经济展望》数据库（2021年10月）。

二 亚太主要国家经济形势回顾与展望

本部分主要回顾韩国、印度尼西亚、澳大利亚和加拿大在2020年下半年到2021年上半年的经济形势，并对2022年的经济增长前景做简单展望。[①] 总体来看，各国经济在2021年的复苏受变异毒株的影响，略不及预期，2022年疫苗接种推进群体免疫将有助于韩国、加拿大和澳大利亚的经济复苏，但是印尼的经济复苏仍将受到疫情的影响，韩国、加拿大和澳大利亚都不同程度地面临宽松政策带来的国内金融过热问题。

（一）韩国

受疫情影响，韩国经济2020年出现负增长，2021年经济持续复苏。韩国较早受到疫情冲击，这使得韩国经济在2020年第二季度探底，季度负增长2.7%，第三、第四季度GDP同比均为负增长，2020年全年经济增速较上年下降3.1个百分点至-0.9%。2021年，韩国经济持续复苏，第一季度韩国的GDP绝对规模已恢复至疫情前水平，但第三季度新冠变异毒株对韩国经济造成了一定影响，预计2021年实际GDP同比增速为3.7%。从制造业PMI情况来看，韩国经济景气指数自2020年下半年起回升，10月重回荣枯线以上，2021年制造业复苏加速，前7个月各月PMI均在53以上，受第四轮疫情冲击影响，8月PMI降至51.2，9月为52.4，复苏动能被削弱。

从支出法分解看，韩国2020年经济萎缩的主要原因是疫情冲击下私人部门消费和出口出现负增长。为阻断病毒蔓延而采取的社交隔离措施抑制了内需，全球供应链的断裂和外部需求疲弱令韩国出口承压，政府支出和固定资产投资维持正增长，反映政府对冲疫情负面影响采取的宽松财政政策加码。2021年，随着疫情在主要发达经济体得到较好控制，外部需求好转，同时东亚区域价值链相对稳健，韩国半导体、汽车及消费电子产品出口增速强劲，

[①] 本地区主要经济体的选取参考的是亚太地区的G20国家，其中中国、日本和印度的经济形势分析请参见本黄皮书其他报告。

出口成为2021年带动韩国经济的重要动能。海外订单增长和国内宽松的货币环境带动国内投资，私人消费也开始恢复，韩国经济在2021年上半年稳健复苏。第四波疫情对韩国2021年第三季度经济产生负面影响，韩国收紧社交隔离措施，对夏季休假高峰的国内消费和生产性服务产生不利影响，但这一负面影响相对有限。货币政策方面，综合考虑经济复苏的前景与国内金融稳定，韩国央行8月26日宣布上调基准利率25个基点至0.75%，结束了连续15个月的历史最低基准利率宽松货币政策，成为疫情暴发以来本区中首个加息的经济体。财政政策方面，韩国维持扩张性财政基调。2021年韩国政府在3月和7月两度追加补充预算，其中3月追加15万亿韩元，7月追加34.9万亿韩元，旨在为疫情冲击下的家庭与中小企业纾困。在8月31日公布的2022年度预算案中，韩国2022年预算总额为604.4万亿韩元，同比增长8.3%，支持卫生服务和就业依旧是政府支出的优先事项，清洁能源和制造业创新逐渐成为关注重点。作为针对中长期复苏的规划，政府于2021年7月公布"韩版新政2.0"社会发展规划，将2025年之前的投资规模从160万亿韩元扩大至220万亿韩元，就业岗位从190万个增加至250万个。

展望2022年，疫苗接种推进群体免疫的实现将利好服务业复苏，韩国半导体和汽车等产品出口竞争力较强，扩张性财政政策将持续，有望进一步提高国内就业水平和制造业竞争力，支持韩国加速经济转型。韩国经济的主要风险点在房地产价格的迅速攀升和居民杠杆率的居高不下，国内货币政策收紧可能加重居民偿债负担，刺破房地产泡沫。此外，韩国对出口依赖度较高，2022年出口对经济的带动可能下降。预计2022年韩国经济增速为3.3%。

（二）印度尼西亚

印度尼西亚经济2020年因疫情出现负增长，2021年经济复苏仍持续受疫情影响。2020年，印尼是东盟区域内受疫情影响最为严重的国家之一，由于印尼经济以内需为主，社交隔离对私人部门需求有较大影响，印尼实际GDP增速较2019年放缓7个百分点至-2.1%。2021年，第三轮和第四轮疫情冲击同样对印尼经济产生影响，经济复苏较缓慢，预计印尼2021年经济增长率为

3.2%。从经济景气程度来看，印尼2020年下半年制造业PMI指数回升，但直到年末也未达荣枯线以上。2021年上半年，印尼景气指数重回荣枯线之上，第一和第二季度PMI季均值分别为52.1和54.5，受Delta变异毒株影响，7月和8月PMI分别大幅下降至40.1和43.7，本轮疫情单日新增见顶之后，PMI在9月恢复至52.2。

从支出法分解来看，2020年疫情下印尼私人消费大幅萎缩，同比增速为-2.6%，大幅低于过往5%左右的增长水平，固定资本形成和贸易增长均为负值，仅有政府部门支出增速维持在正区间。2021年，在上年负增长的低基数情况下，私人消费和投资的增长仍然较为疲软，仅有出口增长较为强劲。这显示社交隔离政策和变异毒株的出现对内需产生了持续的负面影响；企业受到去杠杆和信心低迷的影响，资本开支意愿较低，小企业受到的影响比大企业更为严重，投资主要依靠基础设施建设拉动；大宗商品的需求量和价格齐升，印尼商品贸易顺差扩大，出口成为印尼经济复苏的重要动力。货币政策方面，为应对疫情冲击，印尼央行于2021年2月完成本轮第6次降息，7天逆回购利率调降25个基点至3.5%。截至2021年9月，印尼央行均表示将维持这一利率，以助力经济复苏，市场普遍预期这一利率将持续至2021年底。财政政策方面，针对疫情对经济造成的持续不确定性影响，2021年印尼财政赤字率扩大至约6%。9月30日，印尼政府批准了2022年年度财政预算，政府支出规模相较于2021年有所缩窄，卫生领域是重点支出对象。除了支出下降，得益于大宗商品价格的上升，财政收支改善，政府预计非石油与天然气企业所得税收入将增长11.2%。预计2022年政府财政赤字对GDP占比约为4.9%。预算案涉及经济预测，政府预计疫情影响逐步减退，经济将恢复至疫情前每年5%左右的增长水平。

印尼在2013年美联储"缩减恐慌"期间曾是东南亚地区表现最差的经济体。在本轮即将到来的美联储缩减中，印尼的经常账户、外债水平和通胀水平等基本面指标优于2013年的情况，预计其对印尼2022年的经济增长前景影响有限。2021年9月后，本轮疫情对印尼的冲击已经见顶，2022年如果没有新变异病毒的冲击，则私人部门的消费以及投资有望进一步恢复，印尼

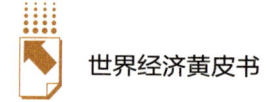

综合法将促进基建类型的投资，印尼出口仍将持续受到大宗商品价格的提振。不过也需关注经济政策空间，以及疫苗接种率不足问题，如果新一轮疫情来临，印尼可能仍将面临经济复苏中断。预计2022年印尼经济增速约为5.0%。

（三）澳大利亚

澳大利亚经济2020年受疫情冲击出现较大幅度的负增长，2021年经济开始持续复苏。2020年疫情对澳大利亚经济造成冲击，实际GDP增速较上年下降4.3个百分点至-2.4%，这是澳大利亚经济自1991年以来首次负增长。尽管澳大利亚实际产出在2021年第一季度已恢复至疫情前水平，但各部门和地区的复苏并不均衡，预计2021年实际GDP增速为3.5%。从经济景气程度来看，澳大利亚制造业PMI指数在2020年6月恢复至荣枯线之上，此后再未跌落荣枯线，2021年9月PMI为56.8。

从支出法分解来看，2020年疫情严重打击了澳大利亚的消费者信心，私人消费同比增速出现了较大幅度的负值，在企业递延投资和疫情影响下，投资和出口出现负增长。2021年，疫情控制得力和失业率下降提振消费者信心，私人消费回暖；投资方面，采矿业、住宅建设和基础设施建设需求旺盛，投资增速大幅回升；货物和服务出口受到中澳经贸摩擦和旅游业萎缩的影响，仍较为低迷，在上年低基数的情况下也仅略有增长。货币政策方面，澳大利亚联储银行在2020年11月将基准利率目标从之前的0.25%下调至0.1%的历史新低，并将三年期政府债券的目标收益率下调至0.1%左右。澳联储2021年推出三轮量化宽松计划，实施收益率曲线控制，9月初澳联储开始谨慎讨论量宽缩减计划。财政政策方面，尽管经济表现好于预期，澳大利亚政府2021~2022财年预算中仍提供了额外的刺激措施以助力经济复苏，其中包括进一步的个税减免、延长企业临时资产全额费用化期限，以及针对健康、教育等部门预算的追加。

展望2022年，澳大利亚经济复苏基础较好，复苏速度快于大多数发达经济体，同时政府的货币政策和财政政策均保持宽松，以支持经济增长。但是，疫情期间采取的宽松政策大幅推升房价，人们对偿还能力、不平等加剧、金融脆弱性和银行业风险的担忧不断上升，IMF在第四条款磋商评估中认为高企的房价成为威胁澳大利亚经济健康的金融风险，这也将抑制消费者信心。同时，中国作为澳大利亚第一大出口市场，中澳关系的持续紧张将对澳大利亚商品出口和国内投资产生负面影响。预计 2022 年澳大利亚经济增速为 3.0%。

（四）加拿大

加拿大 2020 年受疫情冲击影响经济大幅下行，2021 年经济开始复苏。2020 年，加拿大为应对疫情采取的隔离措施令经济受到显著冲击，实际 GDP 增速较上年下降 7.2 个百分点至 -5.3%。2021 年，加拿大经济逐步复苏，预计实际 GDP 增速达 5.7%。从制造业 PMI 衡量的经济景气水平来看，自 2020 年 7 月起，加拿大的 PMI 就处于荣枯线之上，此后一直处于扩张区间，经济保持平稳恢复态势，2021 年 9 月制造业 PMI 为 57。

从支出法分解来看，2020 年加拿大经济中私人消费、投资和出口均出现了较为显著的负增长，导致经济大幅收缩。2021 年，经济在第三和第四轮冠状病毒的冲击之下艰难复苏，疫情冲击主要影响私人消费部门，特别是与隔离和行动限制相关的领域，但是采矿和石油开采部门、建筑部门以及公共部门则出现了持续的增长，为经济复苏做出了贡献。货币政策方面，加拿大央行实施量化宽松政策，并从 2020 年 10 月起开始退出资产购买，至 2021 年 7 月，每周债券购买规模已从 50 亿加元缩减至 20 亿加元。自 2020 年 3 月将隔夜利率下调至 0.25% 后，加拿大一直维持基准利率不变，央行暗示 2022 年下半年将加息。财政政策方面，加拿大保持财政宽松以应对疫情，一般政府赤字率 2020 年和 2021 年分别为 10.9% 和 7.5%。2021 年 4 月加拿大政府宣布新增预算支出 1014 亿加元，主要用于延长疫情期间对企业及其他雇主的工资补贴、租金补贴和封锁支持计划，建立一个高质量、便利的儿童保育系统，以及支持经济的绿色复苏，创造更多就业。

展望 2022 年，在持续的财政刺激措施和家庭需求释放的支持下，加拿大经济有望恢复至疫情前的水平，但低利率环境下房地产市场过热、私人部门杠杆率高企和能源部门的减排压力可能会令其经济复苏承压。预计 2022 年加拿大经济增速为 4.9%。

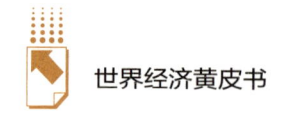

三 2022年亚太经济展望

展望 2022 年，亚太经济有望持续复苏。本报告发布前最新的 2021 年 9 月 PMI 数据显示，亚太经济景气程度重回荣枯线之上，反映德尔塔变异毒株的冲击影响正逐渐消退，亚太经济有望进一步复苏。预计亚太经济体 2022 年的经济增速为 5.8%。

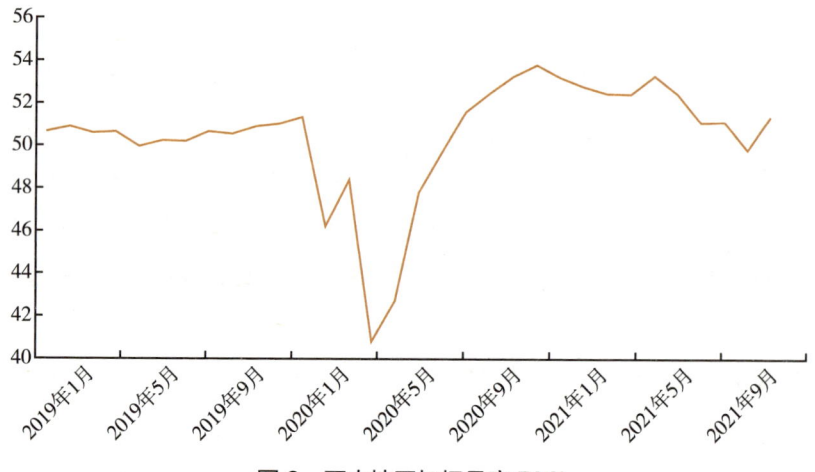

图 6 亚太地区加权月度 PMI

注：所有 PMI 均为 Markit 制造业 PMI，东盟使用的是整体 PMI，加权时采用 2020 年固定权重，新西兰 PMI2021 年 9 月的数据不可得，当月使用澳大利亚 PMI 作为替代。
资料来源：CEIC。

2022 年，亚太经济仍将受到疫情的影响，但负面影响将进一步递减。从 2020~2021 年多轮疫情冲击之下 PMI 受冲击的程度逐步下降可以看出，疫情对经济景气的冲击是在下降的。2021 年，许多经济体经济的下行和 2020 年受疫情冲击较小有关，例如东盟经济体中的越南、马来西亚、泰国等，在 2020 年并未显著出现疫情蔓延，因此在 2021 年面对冲击时脆弱性更高。2022 年各国在应对疫情方面的经验都将更加丰富。疫苗接种推进的时间差，可能导致区内中低收入经济体和高收入经济体的经济增长分化，但在给定疫情冲击负面效应减退的情况下，这一影响也将被削弱。尽管如此，仍需关注疫情对低收入国家的冲击，尤其是对公共卫生和人类健康的威胁，加大疫苗援助和分配力度，加强国际协调。

美联储缩减量化宽松将是2022年亚太经济体在金融领域面临的最大不确定性。2021年9月22日，美联储公布了9月的FOMC声明，相较于7月的声明，本次声明明确指出，"如果经济进展大体如预期持续，委员会判断，资产购买的步伐将可能很快放慢。"这一表述被视为美联储缩减QE最为明确的信号。上一次量化宽松退出及之后的加息给亚太经济带来了资本外流、货币贬值和增长放缓等多重负面影响。考虑到本轮量化宽松的规模更大，实施量化宽松退出所带来的流动性收紧和资本回流仍将对区内经济体，尤其是新兴和发展中经济体产生显著的影响。相对而言的好消息是，上一次量宽退出和加息对于区内经济体的负面冲击主要发生于政策讨论期间，而非政策实施期间，这意味着预期渠道的影响对于"缩减恐慌"更为重要，而这次各国对于量宽退出有更为明确的预期，相应的冲击也将更小。而从区内各国的情况来看，影响资本迅速外流的各类因素，例如增长过热、货币错配、通货膨胀、经常账户赤字等基本面因素大体比上一轮量宽退出时更优，同时各国在汇率浮动以吸收冲击以及资本流动管理方面的经验也更加丰富。当然，仍需关注脆弱经济体面临的潜在冲击。从区内的发展中经济体来看，缅甸、印尼、印度等国的情况值得关注。同时，在亚太地区需进一步加强区域金融安全网建设。

2022年，亚太地区作为全球经济增长引擎的作用有望再度加强。全球金融危机以来，亚太地区始终是全球最有活力的经济体，其经济增长速度高于全球总体增速，其中新兴和发展中经济体的经济增长贡献很多。疫情以来，虽然亚太地区的经济也遭遇了较多波折，但也体现出诸多韧性。2022年，在全球经济复苏的背景下，亚太地区在以下几方面的作用有望显著增强：第一，推动全球供应链的稳定。2021年东盟地区的疫情冲击了区域供应链，伴随疫情冲击的减弱，这一情况在2022年将出现改善，亚洲区域的价值链和供应链有望进一步整固，这也将从稳定供应链的供给视角降低全球的通胀压力。第二，市场需求和市场深度进一步提升，成为全球重要需求来源。亚太经济有望在

2022年持续企稳，其作为全球经济最终需求的角色也将增强。第三，数字经济的发展和互联将进一步强化。亚太地区在疫情期间数字经济发展有了较大的飞跃，得益于数字基础设施和人口优势，这一发展势头有望在经济复苏期间得以延续。

参考文献

张宇燕主编《2021年世界经济形势分析与预测》，社会科学文献出版社，2021。

中国社会科学院世界经济与政治研究所世界经济预测与政策模拟实验室：《CEEM全球宏观经济季度报告》，2020年第3季度至2021年第3季度。

Asian Development Bank (ADB), "Asian Development Outlook (ADO) 2021: Financing a Green and Inclusive Recovery," April 2021.

Asian Development Bank (ADB), "Asian Development Outlook (ADO) 2021 Update: Transforming Agriculture in Asia," September 2021.

ASEAN+3 Macroeconomic Research Office (AMRO), "ASEAN+3 Regional Economic Outlook 2021," March 2021.

ASEAN+3 Macroeconomic Research Office (AMRO), "Update of the ASEAN+3 Regional Economic Outlook 2021," October 2021.

Economist Intelligence Unit (EIU), "Country Reports, 17 Countries: Australia, Brunei Darussalam, Cambodia, Canada, China, India, Indonesia, Japan, Korea, Lao P.D.R., Malaysia, Myanmar, New Zealand, Philippines, Singapore, Thailand, Vietnam," October 2021/Third Quarter 2021.

International Monetary Fund (IMF), "World Economic Outlook: Managing Divergent Recoveries," April 2021.

International Monetary Fund (IMF), "World Economic Outlook: Recovery during a Pandemic," October 2021.

International Monetary Fund (IMF), "World Economic Outlook Database," October 2021.

Y.6
印度经济：步入复苏轨道

冯维江*

摘　要： 印度2020~2021财年实际GDP增长率为-7.3%。新冠肺炎疫情让本已趋向放缓的印度经济在2020年遭遇重创。进入2021年后印度经济增速有所回升。第一季度实际GDP同比增长1.6%，第二季度实际GDP增长率达到20.1%，有明显回升。印度通货膨胀压力先升后降，到9月回落至年初水平。股指总体呈走高态势，10月19日突破62000点，相对于年初上涨了29.7%。失业率随第二波疫情的暴发而高企，随疫情逐渐得到控制而回落。不过进入10月，受煤炭短缺造成缺电的影响，失业率攀升至8%以上。新冠肺炎疫情冲击造成印度政府在卫生健康、民生保障及经济刺激等方面的支出大幅上升而收入却因经济活动放缓或停滞而下降，财政赤字压力明显增加，货币政策则维持宽松。印度国内经济活动仍在恢复中，面临的下行风险主要是全球芯片短缺、大宗商品价格和投入成本上升、潜在的全球金融市场波动，以及与新冠肺炎疫情相关的不确定性。本报告预计印度2021~2022财年实际GDP增长率为9.2%左右，2022~2023财年预计为6.9%左右。

关键词： 印度　经济复苏　宽松货币政策

---

* 冯维江，中国社会科学院世界经济与政治研究所研究员，研究领域为世界经济、国际政治经济学。

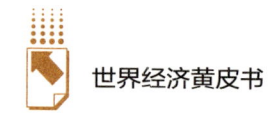

印度经济在2021~2022财年受到第二波疫情的显著影响，但整体仍呈现复苏势头，并且随着疫情的逐渐消退，生产和消费实际及信心指标都有所回升。当然，疫情未来走势、全球供应链紧张、大宗商品价格及金融市场波动等不确定因素仍可能让印度经济复苏的可持续性受到影响。

一 经济处于复苏进程之中

2020~2021财年（2020年4月1日至2021年3月31日），印度的实际GDP增长率为-7.3%，比本报告及当时世界上多数机构预计的-10%左右更好一些。从技术原因来看，这与上一个财年的实际GDP增长率终值由6.8%下调2.8个百分点至4.0%有关，从分项来看，则与印度在疫情前期净出口表现较好有关。2020年第二和第三季度，尽管增长率整体大幅收缩，但净出口对印度实际GDP增长率的贡献分别为5.7个和3.8个百分点。这是由于印度疫情发展滞后于欧美，进口的收缩幅度大于包括抗疫物资在内的出口的收缩幅度。[①]

新冠肺炎疫情让本已趋向放缓的印度经济在2020年遭遇重创。疫情暴发之前，受投资疲弱等因素影响，印度经济同比增长率自2019年第一季度的6.6%连续下滑，到2020年第一季度已腰斩至3.0%。2020年第二季度受疫情及"封锁"等应对举措冲击，实际GDP同比增长率大幅下降至-24.4%，其中固定资本形成和私人消费分别贡献了-16.1个和-14.9个百分点，政府消费贡献了1.4个百分点。第三季度经济继续收缩，实际GDP同比增长率-7.4%，其中私人消费和固定资本形成分别贡献-6.3个和-2.7个百分点，政府消费贡献也由正转负，拖累了2.9个百分点。第四季度恢复至0.5%的微弱正增长，

[①] 欧洲第一波疫情在2020年3月达到高峰，美国第一波和第二波疫情分别在4月和7月达到高峰，印度第一波疫情到2020年9月才触顶。https://theprint.in/opinion/majority-indians-have-natural-immunity-vaccinating-entire-population-can-cause-great-harm/582174/。印度总理莫迪在2021年年初还热衷于通过出口抗疫物资的"疫苗外交"彰显负责任大国形象。很快，第二波疫情的暴发中断了这一行为。4月，印度宣布停止外输疫苗，优先供应本国。参见Chris Kay and Archana Chaudhary, "India to Resume Covid Vaccine Exports in 2022, Official Says," https://ajot.com/news/article/india-to-resume-covid-vaccine-exports-in-2022-official-says, Aug. 24, 2021.

其中固定资本形成有 0.8 个百分点的正贡献，私人消费和政府消费贡献仍然为负，分别为 -1.7 个和 -0.1 个百分点。

进入 2021 年后印度经济增速有所回升。第一季度实际 GDP 同比增长 1.6%，其中固定资本形成、政府消费和私人消费分别贡献了 3.4 个、2.6 个和 1.5 个百分点，只是该季度统计误差有明显的负贡献，为 -6.1 个百分点，这意味着其国内投资和消费的实际拉动作用比按支出法统计显示出来的更弱。① 受上年同期增速大幅下降的基期效应影响，第二季度印度实际 GDP 增长率达到 20.1%，有明显回升。尽管如此，按两年平均计算第二季度仍然是同比负增长，为 -4.7%。

2021 年下半年印度经济持续复苏但不确定性增加。穆迪旗下公司评级机构 ICRA 追踪的印度经济 14 个非金融高频指标中，有 7 个在 2021 年第三季度已经超过新冠肺炎疫情之前的 2019 年第三季度的水平，包括非石油出口、消费税电子运单（GST e-way bills）②、煤炭产量、铁路货运、发电量、汽油消费、商用车生产等，尽管航空客运、电动自行车生产、车辆登记、柴油消费、摩托车生产、乘用车生产和港口货物运输等指标的表现尚未恢复至疫情前水平。与第二季度 14 个指标中仅有 3 个超过疫情前相比，这已经有了明显改观。③ 更加综合的调查指标也能反映 2021 年第三季度经济状况改善。印度央行发布的经营评估指数（Business Assessment Index）2021 年第三季度从上一季度的 89.7 大幅上升至 116.7，反映了印度制造业整体商业情绪的改善。④ 印度央行 2021 年 10 月发布的消费者信心调查（Consumer Confidence Survey）显

---

① 印度与中国一样，季度 GDP 核算结果以生产法结果为主，误差项放在支出法核算结果之下。参见叶银丹、余航《印度 GDP 核算方法研究》，《经济统计学》（季刊）2018 年第 2 期；张旭《印度 GDP 核算概况》，《调研世界》2020 年第 3 期。
② 消费税电子运单是运输货物需要准备的电子文件，主要用于追踪印度各地货物流通的情况及是否有逃税的行为。如果货运距离超过 10 公里并且货物价值超过 5 万卢比，就必须随货运携带这份在 GST 门户网站上生成的文件，否则可能被罚款。
③ Aditi Nayar et al., "Indian Economy: Recovery Widened, While Remaining Uneven, Multi-speed in Q2 FY2022," https://www.icraresearch.in/research/ViewResearchReport/3988，October 2021.
④ 该指标通过综合总体经营状况、生产、订单、原材料库存、产成品库存、利润率、就业、出口和产能利用率等 9 个方面的参数来概括制造业的经营意愿。数值高于 100 表示整体经营活动扩张，数值低于 100 表示收缩。公布的为财年季度，这里为表述方便调整为历年季度。"Industrial Outlook Survey of the Manufacturing Sector for Q2:2021-22," https://www.rbi.org.in/Scripts/PublicationsView.aspx?id=20651，Oct. 8, 2021.

示，与2020年5月之后进行的早期调查相比，消费者对当前的总体经济形势、就业情况以及家庭收入和支出的悲观情绪均有所下降，消费者信心指数由2021年年初的不到50上升至9月的57.7。[①]生产方面，工业生产指数由于基期效应在2021年4月冲高至同比增长133.5%后有所回落，但在7月和8月仍然分别维持了11.5%和11.9%的同比增长。不过，第四季度能否延续改善势头还存在不确定性。从月度数据看，9月ICRA追踪的14个指标的同比增长率均低于8月，其中各种车辆生产及登记量受"芯片荒"影响均同比大幅收缩；铁路货运量的同比增长率也从2021年8月的16.9%减缓到2021年9月的3.6%，创14个月的新低。国家炼油厂编制的初步数据显示，2021年10月上半月的柴油销售量同比大幅下降了9.2%。尽管存在煤炭供应短缺、过量降雨状况改善等因素，但电力需求在10月1~19日只有2.7%的小幅的同比增长。[②]

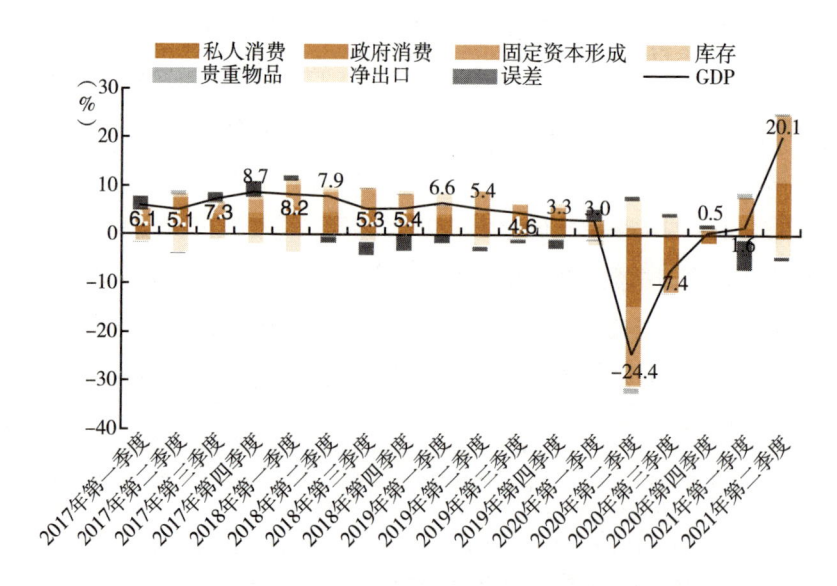

图1 印度实际GDP季度同比增长率及其分项贡献

资料来源：根据Wind数据库数据计算整理。

[①] Reserve Bank of India, "Consumer Confidence Survey," https://m.rbi.org.in/scripts/PublicationsView.aspx?id=20648, Oct. 8, 2021.

[②] Aditi Nayar et al., "Indian Economy: Recovery Widened, While Remaining Uneven, Multi-speed in Q2 FY2022," https://www.icraresearch.in/research/ViewResearchReport/3988, October 2021.

二　通胀压力先升后降，失业率冲高回落

2021年前三个季度，印度通货膨胀压力先升后降，到9月回落至年初水平附近。尽管如此，消费价格指数（CPI）同比增长率仍一直保持在印度央行4%的通胀目标上方，通胀压力不容忽视。2021年，印度CPI同比增长率由1月的4.1%上升至3月的5.5%，4月回落至4.2%，5月攀升至6.3%的高位，6月维持在这一水平，到9月回落至4.3%。这一变化反映了印度物价在宏观经济恢复过程中受到2021年5月达到高峰的新一轮疫情冲击而先上升再放缓的现实。

从农村和城市CPI同比增长率来看，两者都出现了先上升再回落的趋势，并且农村的物价波动幅度更大。2021年前3个月农村CPI同比增长率低于城市2个百分点左右，4月差距缩小至1个百分点，5月一度超过城市0.6个百分点，6~9月略低于城市，差距在0.5个百分点以内。这一过程表明，与城市相比，印度农村经济脆弱性高，受疫情冲击下的通货膨胀压力更大。

批发价格指数（WPI）同比增长率呈先大幅上升再小幅回落走势。2021年，WPI同比增长率先由1月的2.5%一路攀升至5月13.1%的高点，到9月小幅回落至10.7%，连续6个月维持两位数增长，这在历史上十分罕见。煤炭（以及与之相关的电力）、化肥等能源和大宗商品短缺加剧了WPI增长率的"坚挺"。未来不排除批发价格上涨向消费价格传导，推动通货膨胀率上行的可能。

印度卢比汇率在2021年前三个季度整体呈升值趋势，但同期对美元有所贬值。印度卢比实际有效汇率2021年由1月的100.6上升至9月的103.3，这反映了印度经济基本面在全球表现尚可，或者说其他多数国家经济在疫情影响之下表现更差。印度卢比对美元则有所贬值，2021年第一季度美元兑印度卢比均值为1美元兑72.9卢比，第三季度1美元可兑74.1卢比，印度卢比贬值了1.6%。这可能反映了美国经济复苏势头更强，以及美联储缩减购债规模收紧货币政策预期强化的影响。

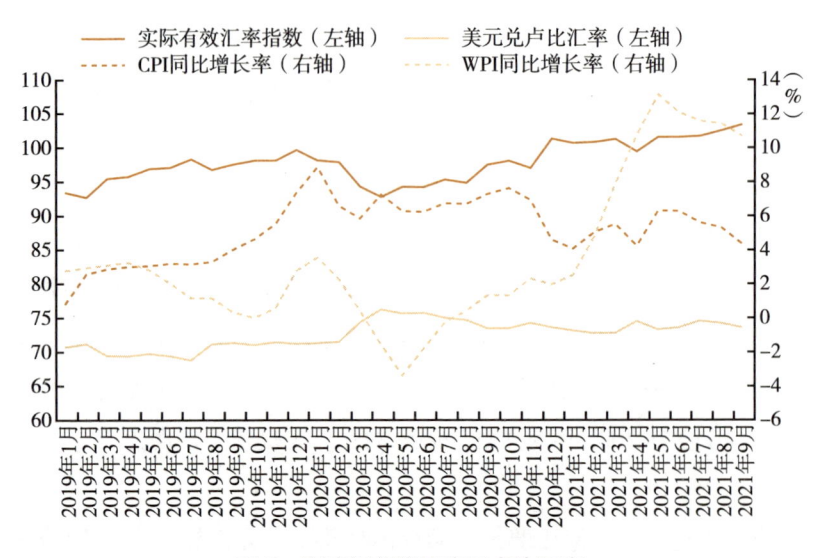

图2 印度通货膨胀率及卢比汇率

资料来源：Wind 数据库。

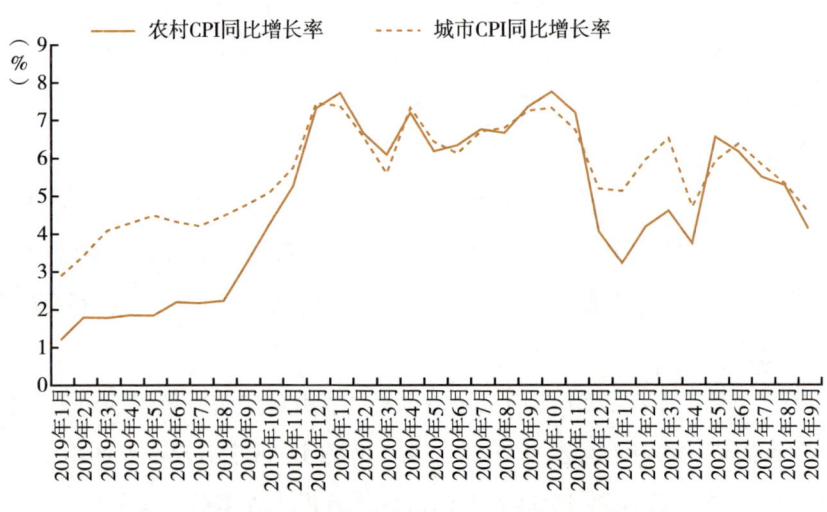

图3 印度农村和城市 CPI 同比增长率

资料来源：Wind 数据库。

印度股市在新一轮疫情之后持续上涨。2021年印度股指总体呈走高态势。孟买敏感30指数（Sensex 30）由1月初的48000点左右出发，到2月中旬突破52000点，其后由于第二波疫情的冲击，到4月中下旬回落至48000点左右，但在此之后一路上行，10月19日突破62000点，相对于年初上涨了29.7%。印度股市的大涨与疫情导致的封锁有关。2020年第一波疫情及2021年4~5月的第二波疫情期间，印度部分经济发达地区实施封锁举措，同时政府向民众发放现金补贴，央行也大量注入流动性。正规和非正规部门的失业率虽然上升，但在创纪录的低利率背景下，[①]"赋闲"在家而又资金充裕的民众投身股市的动机增加。股指的上涨又进一步助推了这一情绪，个人投资者大量入场。印度国家证券存托有限公司（NSDL）数据显示，2021财年新开设账户达到创纪录的1420万个，较上一财年的490万个有明显增加。[②] 国家证券交易所（NSE）的数据显示，印度个人投资者在证券交易所总成交额的占比从2020~2021财年的39%上升至2021~2022财年的45%。[③] 全球流动性的增加及向印度市场的注入也助推了股市上行。2021财年外国机构投资者（FII）流入印度股市金额达到361.8亿美元，近期仍维持流入态势，2021年8月增加10亿美元，9月增加14亿美元。[④] 强劲的经济复苏预期也助长了投资者对印度股市的乐观情绪和投资热情。国际货币基金组织（IMF）2021年4月发布的《世界经济展望》预计印度2021~2022财年将实现12.5%的高增长，是主要经济体中唯一达到两位数增长的国家。[⑤]

---

① 关键回购利率4%，不同期限的定期存款利率从2.9%到5.4%不等。参见"Why Retail Participation in Stock Market Has been Increasing," https://www.thehindubusinessline.com/economy/why-retail-participation-in-stock-market-has-been-increasing/article34900219.ece, June 22, 2021。
② Saumya Ranjan Dash, Garima Goel, "How Herd Behaviour in Stock Market could Compound Investors' Financial Woes," https://www.businesstoday.in/opinion/columns/story/how-herd-behaviour-in-stock-market-could-compound-investors-financial-woes-301425-2021-07-15, July 16, 2021。
③ "Are We Investing or Trading in the Stock Markets?" https://letsinvestwisely.com/are-we-investing-or-trading-in-the-stock-markets/, May 23, 2021。
④ Mahesh Patil, "Equity Outlook," http://empower.abslmf.com/files/pdf/Equity.pdf, October 2021。
⑤ IMF, "World Economic Outlook," https://www.imf.org/en/Publications/WEO/Issues/2021/03/23/world-economic-outlook-april-2021, April 2021。

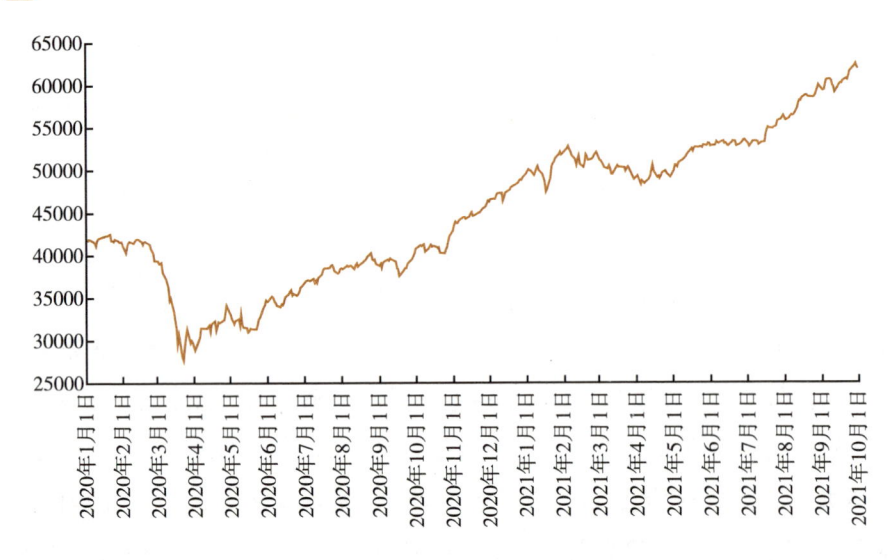

图 4　印度孟买敏感 30 指数盘中最高值

资料来源：Wind 数据库。

印度失业率随疫情暴发而高企，随疫情逐渐得到控制而回落。2021年1月，印度失业率达6.5%，而后随疫情发展而提升，到第二轮疫情高峰的5月一度突破两位数至11.8%。这一水平比上年同期20%以上的水平要低得多。随着第二波疫情逐渐平复，印度失业率到9月回落至6.9%，略低于疫情之前的平均水平。不过进入10月之后，由煤炭短缺造成缺电的影响，失业率迅速攀升至8%以上。[①] 疫情冲击还加剧了城市失业率和农村失业率的分化，2021年第一季度城市失业率平均比农村失业率高1.2个百分点，疫情趋于严重的4月和5月，分别高出2.7个和4.2个百分点。这带来了城市失业者向农村流动的动力，由于农村本来就业机会就少，失业压力由此大为增加。到10月，农村失业率达到8.1%，反超了同期7.6%的城市失业率。

---

① 10月的失业率数据为截至10月25日的30日移动平均数据，下同。

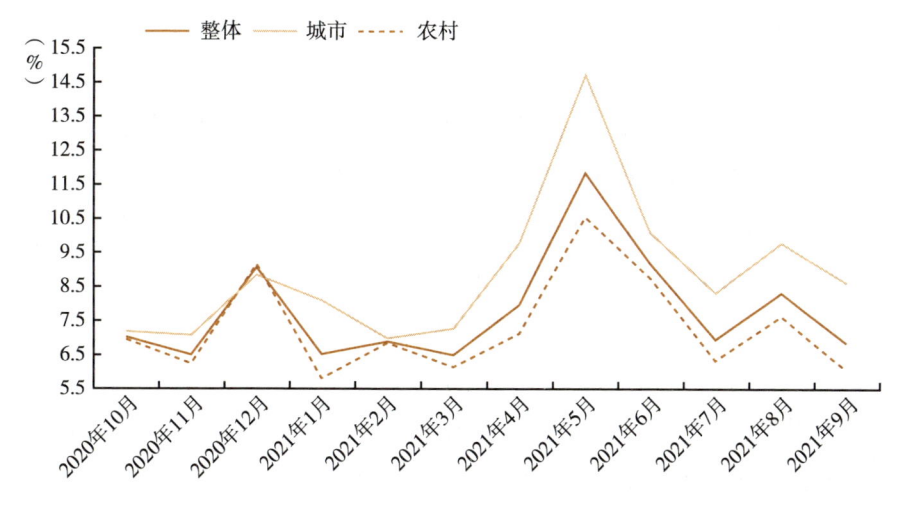

图5　印度农村、城市及整体失业率月均值

资料来源：印度经济监测中心（CMIE）。

三　财政赤字压力上升，货币政策维持宽松

2021年2月，印度财政部长西塔拉曼（Nirmala Sitharaman）发表2021~2022财年印度财政预算讲话，围绕健康和福祉、实体及金融资本和基础设施、有抱负的印度实现包容性发展（Inclusive Development for Aspirational India）、重振人力资本、创新与研发以及最小政府最大治理（Minimum Government and Maximum Governance）等所谓六大支柱，介绍了该年度财政预算的重点。[①]

第一，健康和福祉方面，2021~2022财年卫生和福利预算支出为23384.6亿卢比（307亿美元），较2020~2021财年的9445.2亿卢比（129.5亿美元）增长了148%。这些开支旨在重点加强预防性、治疗性和福利性三个领域的投入。具体来看，疫苗方面，预算为新冠肺炎疫苗拨款3500亿卢比（48亿美元）。还将支持把印度制造的肺炎球菌疫苗从此前的5个邦推广到全国，以

---

① 印度2021~2022财年预算概要详见https://www.ibef.org/economy/union-budget-2021-22，本研究对财政政策表述参考了该概要，详见https://www.indiabudget.gov.in/budgetglance.php。

避免每年约5万名儿童的死亡。卫生系统方面，除国家医疗健康计划（NHM）外，还制定新的中央资助计划（Aatmanirbhar Bharat Rozgar Yojana），六年内拨款6418亿卢比（88亿美元），用于资助17788个农村和11024个城市健康和保健中心、4个区域性国家病毒学研究所、15个卫生紧急行动中心和2个流动医院、所有地区的综合公共卫生实验室和11个邦的3382个街区公共卫生单位、602个地区和12个中央机构的重症监护医院区，还用于完善国家疾病控制中心（NCDC）及其在5个区域的分支机构和20个都市卫生监督单位，将综合卫生信息门户扩大到所有邦/中央直辖区以连接所有公共卫生实验室，新增17个公共卫生单位，完善33个现有的公共卫生单位，建设世界卫生组织东南亚地区的区域研究平台，以及9个生物安全三级实验室。营养方面，启动"总理整体营养总体计划2.0版"（POSHAN 2.0），与2017年启动的旨在改善儿童、孕妇和哺乳期母亲营养状况的计划合并，解决妇女儿童营养不良问题。供水方面，五年内向"水—生命计划"（Jal Jeevan Mission）项目提供2.87万亿卢比（393.6亿美元），用于为2860万个家庭安装水龙头，向4378个城市地方机构供水，以及500个实施城市发展项目（AMRUT）城市的废水处理。

第二，实体及金融资本和基础设施方面推出的计划或项目包括：通过生产挂钩激励计划（PLI）在未来五年中投入1.97万亿卢比（270.2亿美元）来支持和培育制造业的全球冠军企业，帮助其拥有核心竞争力和尖端技术，促进关键产业部门的规模化。在纺织行业，除PLI的支持外，还推出大型纺织园投资计划，在3年内建设7个纺织业园区。基础设施投融资方面，增加国家基础设施管网（NIP）的投资，投入2000亿卢比（27.4亿美元）设立发展金融机构（DFI）来作为基础设施融资的出资人和推动者，在3年内通过DFI创设5万亿卢比（685.7亿美元）的贷款组合；大力推动实施资产货币化，把部分收费公路、输电设施、铁路、机场等资产移交国家投资信托基金等；大幅增加资本支出预算，2021~2022财年的资本支出预算由上一个财年的4.12万亿卢比（565亿美元）提升34.5%到5.54万亿卢比（759.8亿美元），这主要反映了政府通过投资基础设施建设来促进经济增长的承诺。公路建设方面，道路运输和公路部所列1.18万亿卢比（162.0亿美元）预算中，1.08万亿卢比（148.4亿美元）用于固定资本投资，继续实施总规模5.35万亿卢比（733.7亿美元）的高速公路计划（Bharatmala Pariyojana）。铁路建设方面，列支1.01万亿卢比（150.9亿美元）用于铁路基础设施建设，继续实施印度国家铁路计划，到2021年底完成72%的宽轨线路（RKM）的电气化，推进东部和西部专用货运走廊建设。城市基础设施建设方面，扩大地铁及公交网络建设，拨款1800亿卢比（24.7亿美元）以政府和社会资本合作（PPP）模式建立超过2万辆巴士的公共运力，在27个城市兴建1016公里地铁。电力基础设施方面，在5年中投入3.06万亿卢比实施配电计划改革，全面启动国家氢能计划。港口及航运方面，以PPP模式开展价值200亿卢比（2.74亿美元）的7个港口运营项目，5年内向印度航运公司提供162.4亿卢比（2.22亿美元）的补贴。油气方面，扩大光明计划（Ujjwala）覆盖范围，帮助更多农村家庭用上天然气，为100个城市区域接入天然气网。金融资本方面，支持把古吉拉特邦国际金融科技城（GIFT-IFS）发展成世界级金融技术中心，推动建立一个受监管的黄金交易所系统，向印度太阳能公司注资100亿卢比（1.3714亿美元），向印度可再生能源发展机构注资150亿卢比（2.0571亿美元）。保险业方面，将外国直接投资限额从49%提高到74%，允许和保障外资拥有控制权。对公共部门银行进行资本重组，在2021~2022财年向这些银行注资2000亿卢比（27.4亿美元）以巩固其财务能力。

第三，在有抱负的印度实现包容性发展支柱下，主要从农业、渔业、流动工人及劳动力、普惠金融等方面编制了预算。农业方面，确保农产品销售最低价格（MSP）至少为生产成本的1.5倍，将本财年向畜牧业、乳制品及渔业等重点领域的农业信贷目标提高到16.5万亿卢比（2262.9亿美元），把农村基础设施发展基金从3000亿卢比（41.1亿美元）增加到4000亿卢比（54.9亿美元），将微型灌溉基金增加一倍到1000亿卢比（13.7亿美元），将"绿色行动计划"覆盖范围扩大到22种易腐产品以提高农业和相关产品的附加值。渔业方面，在沿海和内陆河流投资发展现代渔港和渔获中心，将科钦、钦奈、维萨卡帕特南、帕拉迪普和佩图格特等5个主要渔港打造成为经济中

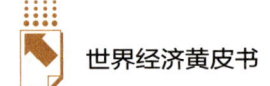

心。在泰米尔纳德邦建立多功能海藻园,促进海藻的种植。流动工人及劳动力方面,全面实行国家口粮一卡通计划,持卡的流动工人可以在全国任何地方申请口粮配给,向临时工和平台雇用劳动力提供社会保障,使最低工资和雇员国家保险公司保险适用于所有类别的工人,取消女性就业种类限制(包括夜班),实施用工单一窗口管理和在线申报,降低雇主合规负担。普惠金融方面,针对表列种姓(Scheduled Castes)[1]、表列部落(Scheduled Tribes)[2]及妇女实施"印度站起来"计划,将贷款保证金降低至15%,还为其提供农业相关活动的贷款;对中小微企业部门预算拨款1570亿卢比,是上一个财年的2倍多。

第四,在重振人力资本支柱下,预算支出主要投向基础教育、高等教育和技能培训。基础教育方面,通过实施国家教育计划重点投入建设15000所地区示范学校,并由这些学校向其他学校提供指导;与非政府组织、私立学校及地方政府合作兴建100所塞尼克军校(Sainik Schools)。[3] 高等教育方面支持的计划或项目是,加强政府学院、大学及科研机构之间的协作;在列城(Leh)组建中央大学,为达拉克提供高等教育。技能培训方面,列支300亿卢比用于重新调整现有的国家学徒培训计划(NATS),以学徒制方式着重培训毕业生和已经获得工程专业文凭的人;推进和阿联酋、日本等国的技能培训合作。

第五,在创新与研发支柱下,财政预算主要投向多语种翻译、航天、深海勘探等方面,具体包括:推进国家语言翻译任务(NTLM),确保印度国内各主要语言的使用者都能获得治理和政策方面的官方信息和知识;用印度新空间有限公司(NSIL)的运载火箭发射巴西及本国的卫星;支持印度宇航员

---

[1] 又称贱民。
[2] 印度的某些世袭部落少数民族群体一般远离其他民族和现代社会,也被称为野蛮部落、原始部落或山民。
[3] 塞尼克军校是隶属于中央中等教育委员会的寄宿制学校,传统上只招收男生,其毕业生大多升入国防学院、印度海军学院等军事院校学习。2021年8月,印度总理莫迪要求全国塞尼克军校也招收女生。"Sainik Schools Now Open for Girls Also: PM Modi," https://economictimes.indiatimes.com/news/india/sainik-schools-now-open-for-girls-also-pm-modi/articleshow/85343194.cms,Aug. 15, 2021。

在俄罗斯接受培训，2021年12月进行首次无人航天发射；在5年中投入400亿卢比用于深海勘探及深海生物多样性保护。

第六，在最小政府最大治理支柱下，主要有以下几个方面的支出：为印度历史上首次数字普查提供376.8亿卢比经费；向果阿政府拨款30亿卢比，举办其从葡萄牙独立60周年庆典；通过一项特别计划，为阿萨姆邦和西孟加拉邦的茶叶工人特别是女工及其子女的福利拨款100亿卢比。

总体来看，新冠肺炎疫情冲击造成印度政府在卫生健康、民生保障及经济刺激等方面的支出大幅上升而收入却因经济活动放缓或停滞而下降，财政赤字压力明显增加。印度2021~2022财年预算财政支出34.83万亿卢比，较上一财年预算财政支出30.42万亿卢比及修正后财政支出34.5万亿卢比都有所增加；2021~2022财年预估财政赤字占GDP比重6.5%，虽然低于上一财年修正后的9.5%，但比上一财年预估的3.5%更高。

债务约束对印度政府特别是中央政府的约束越来越紧。截至2021年第二季度，印度中央政府债务达到120.9万亿卢比，较上年同期大幅增长了19.3%。

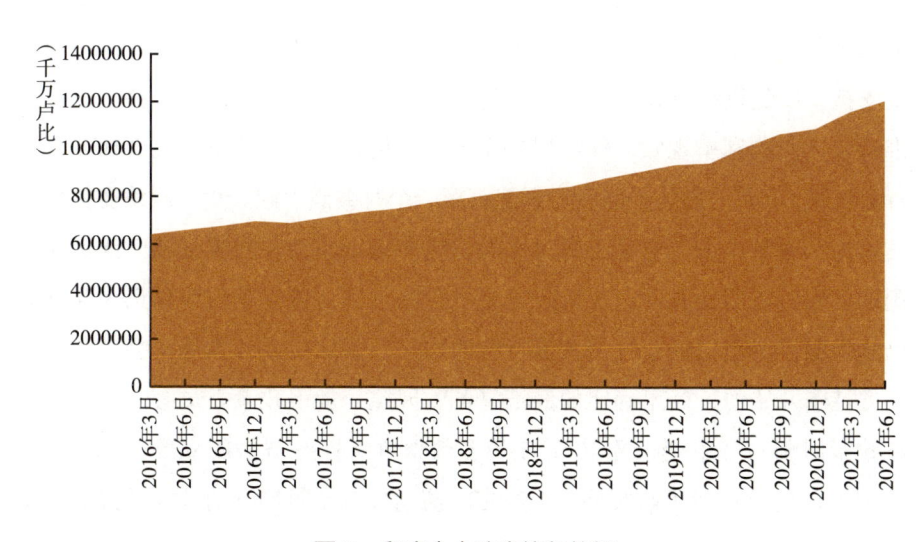

图6 印度中央政府债务总额

资料来源：Wind数据库。

货币政策方面，印度保持了宽松的货币政策取向。印度央行货币政策框架的基准是通货膨胀目标，货币当局希望消费者价格同比增长率控制在2%~6%区间并接近4%的通胀目标。为消除新冠肺炎疫情的影响，印度央行在2020年进一步放宽了货币政策。自2020年5月起将政策性回购利率下调115个基点至4%，同时将逆回购利率下调155个基点至3.35%，从而扩大了货币政策走廊。2021年4~10月，印度货币政策委员会召开了四次会议。在4月的会议上，货币政策委员会指出，供应方对通货膨胀的压力可能持续存在，而需求方的拉动仍然温和。关于GDP的增长前景，印度国内一些地区的新冠肺炎感染率激增以及相关的局部封锁抑制了对接触密集型服务的需求，抑制了增长动力并延长了恢复正常的时间。有鉴于此，货币政策委员会认为，继续提供政策支持仍然是必要的，并一致投票决定维持政策回购利率不变，只要有必要，就继续保持宽松的立场，以维持持久的增长，减轻新冠肺炎疫情对经济的影响，同时确保将通胀率保持在未来的目标之内。在2021年6月的会议上，货币政策委员会注意到，国际商品价格，特别是原油价格的上升轨迹，加上物流成本，对通胀前景构成了上行风险，不过疲软的需求条件抑制了对核心通胀的传导。关于经济增长前景，货币政策委员会指出，第二波疫情已经改变了近期的前景，需要来自财政、货币及其他经济部门各方面的政策支持，以促进经济复苏并加速恢复正常。因此，货币政策委员会一致决定维持政策回购利率现状，继续保持宽松的立场。当货币政策委员会在8月举行会议时，6月的整体通胀率已经连续第二个月突破上限。货币政策委员会评估认为，通胀压力主要是由暂时性的供应冲击所驱动，同时强调应锚定通胀预期目标。在增长方面，货币政策委员会注意到，总需求的前景正在改善但仍然很弱，产出仍低于疫情大流行前的水平。据此货币政策委员会判断，需要支持刚开始的、尚不确定的经济复苏。因此，货币政策委员会一致决定维持政策回购利率不变，并以5∶1的多数票继续保持宽松的立场。[①] 2021年10月，印度央行货币政策委员会决定将流动性调整机制下的政策性回购利率

---

① Reserve Bank of India,"Monetary Policy Report," https://www.rbi.org.in/Scripts/PublicationsView. aspx?id=20647, October 2021.

维持在4%不变，逆回购利率维持在3.35%不变，隔夜边际贷款工具（MSF）利率和银行利率维持在4.25%。印度货币政策委员会还决定，在必要时继续采取宽松立场，以恢复和维持持久的增长，并继续减轻新冠肺炎疫情对经济的影响，同时确保将未来的通胀保持在目标范围内。

展望未来，印度央行货币政策委员会认为近期通胀压力较小，继续维持宽松货币政策的空间较大。大规模播种的雨季作物（kharif）产量可能创纪录，再加上充足的粮食缓冲库存，这些都有助于保持谷物价格稳定。蔬菜价格是通货膨胀波动的一个主要来源，截至2021年10月蔬菜价格一直受到控制，并可能保持疲软。当然，由于全球供需状况的不确定性，原油价格持续波动，压力持续存在，国内油价价格仍然处于较高的水平。金属和能源价格的上涨、关键工业部件的严重短缺，以及高额的物流成本都增加了投入的成本压力。尽管如此，疲软的需求条件削弱了对产出价格的传导。总的来看，随着食品价格的缓和，CPI的总体势头正在缓和，再加上有利的基数效应，可能会在短期内带来通胀的大幅回落。印度央行货币政策委员会认为，疫苗接种速度的大幅加快、新感染病例的持续减少以及即将到来的节日的影响，这些都有利于对接触密集型服务的压抑需求的反弹，增加非接触密集型服务的需求，并拉动城市需求。在此背景下，宽松的货币金融条件对支持经济增长十分重要。①

四　预测与展望

主要国际机构和印度央行对印度2021~2022财年的实际GDP增长率的预测在2021年都经历了一个调低的过程。国际货币基金组织（IMF）2021年3月发布的《世界经济展望》中预计印度2021~2022财年实际GDP增长

---

① Reserve Bank of India, "Minutes of the Monetary Policy Committee Meeting October 6 to 8," https://www.rbi.org.in/Scripts/BS_PressReleaseDisplay.aspx?prid=52450，2021.

率为12.5%，①7月将这一预测值下调至9.5%，②10月维持了7月的判断。③评级机构穆迪在2021年5月把印度2021~2022财年实际GDP增长率由此前预测的13.7%下调至9.3%。④英国经济学人智库（EIU）2021年1月对印度2020~2021财年实际GDP增长率的预测值为6.9%，3月上调至13.0%，5月回调至10.4%，9月进一步回调至8.2%，10月维持上月的预测值。⑤世界银行2021年10月发布的秋季号《南亚经济聚焦》把对印度2020~2021财年实际GDP增长率的预测值由4月春季号发布的10.1%⑥下调至8.3%。⑦2021年6月，印度央行将其对2021~2022财年实际GDP增长率的预测值由此前的10.5%下调至9.5%，⑧10月仍维持这一预测。⑨各机构调低对印度实际GDP增长率的预测值，主要是为了把之前并未预计到的第二轮疫情的影响考虑进去。

随着第二轮疫情影响的消退，印度国内经济活动逐渐恢复活力，产能利用率正在提高，商业前景和消费者信心正在恢复。制造业PMI在6月跌至荣枯线后，7~9月回升至荣枯线上方，分别为55.3、52.3、53.7；服务业PMI在5~7月连续处于荣枯线下方后，也在8月回升至56.7并在9月维持在荣枯线

---

① IMF, "World Economic Outlook," https://www.imf.org/en/Publications/WEO/Issues/2021/03/23/world-economic-outlook-april-2021, April 2021.

② IMF, "World Economic Outlook Update," https://www.imf.org/en/Publications/WEO/Issues/2021/07/27/world-economic-outlook-update-july-2021, July 2021.

③ IMF, "World Economic Outlook," https://www.imf.org/en/Publications/WEO/Issues/2021/10/12/world-economic-outlook-october-2021, October 2021.

④ "Moody's Revises India's FY22 GDP Forecast to 9.3%," https://www.businesstoday.in/latest/economy-politics/story/moodys-revises-india-fy22-gdp-forecast-to-93-295510-2021-05-11.

⑤ http://www.eiu.com/.

⑥ World Bank, "South Asia Economic Focus, Spring 2021: South Asia Vaccinates," Washington, DC: World Bank. © World Bank. https://openknowledge.worldbank.org/handle/10986/35274 License: CC BY 3.0 IGO, 2021.

⑦ World Bank, "Shifting Gears: Digitization and Services-Led Development," South Asia Economic Focus, Washington, DC: World Bank. © World Bank, https://openknowledge.worldbank.org/handle/10986/36317 License: CC BY 3.0 IGO, Fall 2021.

⑧ Roshan Kishore, "RBI Cuts 2021-22 GDP Growth Forecast to 9.5%," Hindustan Times, https://www.hindustantimes.com/business/rbi-cuts-2021-22-gdp-growth-forecast-to-95-101622833373551.html, June 5, 2021.

⑨ Priyanka Verma, "Real GDP Growth Projection Retained at 9.5% for FY 2021-22: RBI Governor," https://english.pardaphash.com/real-gdp-growth-projection-retained-at-9-5-for-fy-2021-22-rbi-governor/, October 8, 2021.

以上，为55.2。政府以基础设施建设、资产货币化（asset monetisation）、[①]税收、电信部门和银行业为重点的广泛改革，也有助于增强投资者的信心，促进产能扩张和私人投资。全球芯片短缺、大宗商品价格和投入成本上升、潜在的全球金融市场波动，以及新冠肺炎疫情相关的不确定性则是印度经济增长面临的主要下行风险。随着经济前景的改善，印度央行可能从2022年开始进入一个渐进的政策紧缩周期，这将有助于控制需求方的通胀压力，并管理美联储在2021年年末的流动性缩减所带来的冲击。综合考虑各方面因素，本报告预计印度2021~2022财年实际GDP增长率在9.2%左右，2022~2023财年预计在6.9%左右。

参考文献

张宇燕主编《2021年世界经济形势分析与预测》，社会科学文献出版社，2020。

叶银丹、余航:《印度GDP核算方法研究》，《经济统计学》（季刊）2018年第2期。

张旭:《印度GDP核算概况》，《调研世界》2020年第3期。

Aditi Nayar et al., "Indian Economy: Recovery Widened, While Remaining Uneven, Multi-speed in Q2 FY2022," https://www.icraresearch.in/research/ViewResearchReport/3988, October 2021.

"Are We Investing or Trading in the Stock Markets?" https://letsinvestwisely.com/are-we-investing-or-trading-in-the-stock-markets/, May 23, 2021.

Chris Kay and Archana Chaudhary, "India to Resume Covid Vaccine Exports in 2022, Official Says," https://ajot.com/news/article/india-to-resume-covid-vaccine-exports-

---

① 所谓资产货币化，即政府将相关资产在特定时期的收入权转让给私人部门，以换取预付款、收入分成和投资承诺的过程，是印度政府为基础设施建设募集资金的一种方式。2021年8月，莫迪政府宣布将通过国有资产货币化方式，在未来四年筹集6万亿卢比资金，用于印度的基础设施建设。

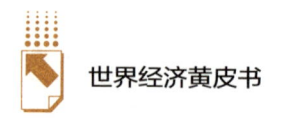

in-2022-official-says, Aug. 24, 2021.

IMF, "World Economic Outlook Update," https://www.imf.org/en/Publications/WEO/Issues/2021/07/27/world-economic-outlook-update-july-2021, July 2021.

IMF, "World Economic Outlook," https://www.imf.org/en/Publications/WEO/Issues/2021/03/23/world-economic-outlook-april-2021, April 2021.

IMF, "World Economic Outlook," https://www.imf.org/en/Publications/WEO/Issues/2021/10/12/world-economic-outlook-october-2021, October 2021.

"Industrial Outlook Survey of the Manufacturing Sector for Q2:2021-22," https://www.rbi.org.in/Scripts/PublicationsView.aspx?id=20651,Oct. 8, 2021.

Mahesh Patil, "Equity Outlook," http://empower.abslmf.com/files/pdf/Equity.pdf, October 2021.

"Moody's Revises India's FY22 GDP Forecast to 9.3%," https://www.businesstoday.in/latest/economy-politics/story/moodys-revises-india-fy22-gdp-forecast-to-93-295510-2021-05-11.

Priyanka Verma, "Real GDP Growth Projection Retained at 9.5% for FY 2021-22: RBI Governor," https://english.pardaphash.com/real-gdp-growth-projection-retained-at-9-5-for-fy-2021-22-rbi-governor/, October 8, 2021.

Reserve Bank of India, "Consumer Confidence Survey," https://m.rbi.org.in/scripts/PublicationsView.aspx?id=20648,Oct. 8, 2021.

Reserve Bank of India, "Minutes of the Monetary Policy Committee Meeting October 6 to 8," https://www.rbi.org.in/Scripts/BS_PressReleaseDisplay.aspx?prid=52450,2021.

Reserve Bank of India, "Monetary Policy Report October 2021," https://www.rbi.org.in/Scripts/PublicationsView.aspx?id=20647, October 2021.

Roshan Kishore, "RBI Cuts 2021-22 GDP Growth Forecast to 9.5%," Hindustan Times, https://www.hindustantimes.com/business/rbi-cuts-2021-22-gdp-growth-forecast-to-95-101622833373551.html, June 2021.

"Sainik Schools Now Open for Girls Also: PM Modi," https://economictimes.indiatimes.com/news/india/sainik-schools-now-open-for-girls-also-pm-modi/articleshow/85343194.cms,Aug., 15, 2021.

Saumya Ranjan Dash, Garima Goel, "How Herd Behaviour in Stock Market could Compound Investors' Financial Woes," https://www.businesstoday.in/opinion/columns/story/how-herd-behaviour-in-stock-market-could-compound-investors-financial-woes-301425-2021-07-15, July 2021.

"Why Retail Participation in Stock Market has been Increasing," https://www.thehindubusinessline.com/economy/why-retail-participation-in-stock-market-has-been-increasing/article34900219.ece,June 2021.

World Bank, "Shifting Gears : Digitization and Services-Led Development," South Asia Economic Focus, Washington, D.C.: World Bank, © World Bank, https://openknowledge.worldbank.org/handle/10986/36317 License: CC BY 3.0 IGO,Fall 2021.

World Bank, "South Asia Economic Focus, Spring 2021 : South Asia Vaccinates," Washington, DC: World Bank, © World Bank, https://openknowledge.worldbank.org/handle/10986/35274 License: CC BY 3.0 IGO, 2021.

Y.7
俄罗斯经济：复苏和通胀

林 屾 王永中[*]

摘　要： 疫情引发的社交隔离措施和国际油气价格的大幅下跌，导致俄罗斯经济增速2020年下降3%，但其消费和出口显示出应对疫情冲击的韧性。俄罗斯未来经济复苏喜忧参半。国际能源价格在未来较长时间可能维持高位，加之国内需求的快速反弹，将推动俄罗斯经济复苏，而疫苗接种率低、通货膨胀率大幅上升引发货币政策紧缩、保守型财政政策和美国经济制裁将加大经济下行风险。预计俄罗斯经济增速2021年将达4.5%左右，2022年将回落至3%左右。

关键词： 经济复苏　通货膨胀　消费　油气　俄罗斯

2020年，受新冠肺炎疫情以及国际油气价格在2~4月的断崖式下跌和5~12月虽有反弹但整体处于低位的影响（见图1和图2），俄罗斯的经济下跌3%，虽创11年来最大幅度的收缩，但略优于欧盟和OECD国家的整体经济表现，其名义GDP规模跌至106.6万亿卢布，约1.47万亿美元，也略好于"世界经济黄皮书"上年度报告中-4%左右的预测值[①]。这主要受益于2020年5~8月国际油气价格的强劲反弹和消费需求上升。预计国际能源价格高涨和

---

[*] 林屾，中国社会科学院世界经济与政治研究所助理研究员；王永中，中国社会科学院世界经济与政治研究所研究员。

① 贾中正、张誉馨：《俄罗斯经济：大幅萎缩》，载张宇燕主编《2021年世界经济形势分析与预测》，社会科学文献出版社，2021。

俄罗斯经济：复苏和通胀

国内需求快速复苏将驱动俄罗斯经济在2021年实现4.5%左右的增速，但也将引发通货膨胀率快速上升。而且，疫情将继续是增加俄罗斯经济不确定风险的主要因素。目前，俄罗斯的疫苗供应虽较充足，但接种率低，仅为33%，且其正遭受新一轮疫情的冲击，新增病例数和死亡人数均创阶段性新高。显然，疫情防控措施强化将会对其经济复苏产生负面影响。2022年，俄罗斯财政和货币政策将趋于收缩以抑制通货膨胀率上涨，加之国际能源价格将会在高位回调，俄罗斯经济增速将回落至3%左右。

一 总体经济形势

俄罗斯经济在经历2020年的下滑后，2021年显著复苏，显示出应对疫情冲击的较强韧性。作为一个高度依赖能源行业的经济体，俄罗斯的出口收入、财政收入和经济增长受国际油气价格的影响较大。在新冠肺炎疫情暴发初期，严厉的社交隔离措施和国际油价的恐慌性下跌，重创了俄罗斯的工业生产和油气出口，俄罗斯GDP 2020年第二季度大幅下挫7.8%，此后随着疫情防控措施的放松和国际大宗商品价格特别是油气价格的稳步反弹（见图1、图2和图3）[①]，俄罗斯GDP下降幅度逐步收窄，2020年第三、第四季度和2021年第一季度的降幅依次为3.5%、1.8%和0.7%。2021年第二季度，随着消费的强劲反弹和主要出口商品特别是油气价格的快速上涨，俄罗斯经济增长强劲反弹至10.5%。这意味着俄罗斯长达一年的经济下行暂告一段落。

[①] 在能源商品中，原油的市场化和全球化程度最高。俄罗斯出口的原油主要以布伦特原油价格为基准定价，从而其出口的原油均价与国际市场原油价格的联动性强。天然气市场的区域性较强，没有统一的全球基准价格，而且俄罗斯出口的天然气价格是以长协价为主，受现货LNG市场的影响较小。从而，随着2021年以来欧洲天然气的供应紧张和价格大幅上涨，俄罗斯的天然气出口均价与欧洲市场价格差距明显拉大。煤炭的市场价值较低，由供需双方地理位置距离引起的运输成本占进口国煤炭购买成本的比例较高，从而煤炭市场的全球化程度更低。澳大利亚出口煤炭价格虽较有影响力，但其对俄罗斯出口煤炭价格的影响较小，二者之间差异较大实属正常。

131

图1 俄罗斯原油出口均价与全球原油现货均价

资料来源：俄罗斯联邦统计局和 World Bank Commodities Price Data, 2021。

图2 俄罗斯天然气出口均价与欧洲天然气现货均价

资料来源：俄罗斯联邦统计局和 World Bank Commodities Price Data, 2021。

图3 俄罗斯煤炭出口均价与澳大利亚煤炭价格

资料来源：俄罗斯联邦统计局和 World Bank Commodities Price Data, 2021。

2020年第二季度至2021年第二季度，俄罗斯的消费、投资和净出口呈现出如下特点。

第一，消费对经济增长的引擎作用逐步增强。在疫情暴发初期，严厉的防疫措施导致居民消费被极度抑制。俄罗斯居民消费在2020年第二季度大幅下挫21.7%。随着疫情防控措施的逐步放松、居民的就业机会和收入的改善，消费的跌幅逐步缩小。2021年第二季度，居民消费强劲反弹28.1%，成为拉动俄罗斯经济的主要引擎。在居民消费低迷时期，政府消费对经济起到了保驾护航的作用，其2020年季度增长率为3.6%~4.2%。不过，2021年随着居民消费复苏，政府消费的作用有所减弱。

第二，投资对经济增长的拉动作用先下降后回升。为应对疫情冲击，俄罗斯政府出台了一系列鼓励投资政策，如重点对中小企业进行救助和扶持、对战略和重点行业的特定企业实施救助和扶持，以至于资本形成总额自2020年第二季度起逐步上升。企业固定资产投资和居民消费的下降，导致存货占比在2020年第二、第三季度逐步上升，随着2020年第四季度固定资本占比大幅上升，存货占比转而下降。固定资本投资在2021年第二季度对经济增长的作用明显恢复。

第三，净出口对经济增长的影响凸显。2020年第二季度至2021年第一季度，在消费、投资连续负增长的情形下，俄罗斯的净出口规模持续为正，为避免经济出现深度衰退发挥了重要的作用。2020年第二、第三季度，俄罗斯净出口规模分别为18821亿卢布、9016亿卢布，分别同比增长1.8倍、3.1倍。而后随着疫情的缓解和进口规模回升，净出口规模有所下降（见表1）。其中，能源是俄罗斯的主要出口商品。由于价格大幅下跌，2020年俄罗斯原油、天然气和煤炭出口额仅分别为723.7亿美元、252.5亿美元和123.9亿美元，比上年分别下降40.4%、39.3%和22.5%，而能源价格的强劲反弹，导致2021年前8个月的能源出口价值超越了2020年全年（见图4）。

表1 俄罗斯的GDP及组成部分的变动

单位：十亿卢布，%

指标		2020年				2021年	
		第一季度	第二季度	第三季度	第四季度	第一季度	第二季度
GDP	绝对值	20651.9	20163.8	22938.5	24995.5	20514.8	22275.5
	增长率	1.4	-7.8	-3.5	-1.8	-0.7	10.5
最终消费	绝对值	16446.7	14108.4	16293.3	17243.6	16137.0	16765.5
	增长率	2.6	-14.6	-5.6	-3.2	-1.9	18.8
居民	绝对值	12030.1	9585.7	11799.0	12722.3	11696.9	12274.6
	增长率	2.2	-21.7	-9.1	-5.7	-2.8	28.1
政府	绝对值	4329.2	4366.6	4372.5	4409.1	4344.1	4409.7
	增长率	3.6	4.1	4.2	4.1	0.3	1.0
资本形成总额	绝对值	2750.0	4230.9	6180.3	7796.8	2971.1	4798.0
	增长率	4.5	-9.6	-6.7	4.8	8.0	13.4
固定资本	绝对值	3206.3	4101.4	4627.3	7225.3	3193.2	4624.4
	增长率	-0.5	-6.7	-7.9	-2.1	-0.4	12.8
净出口	绝对值	1191.6	1882.1	901.6	288.2	1149.8	407.0
	增长率	-16.1	180.5	310.2	-21.7	-3.5	-78.4

注：按支出法2016年不变价GDP计算。
资料来源：俄罗斯联邦统计局、CEIC数据库和Wind数据库。

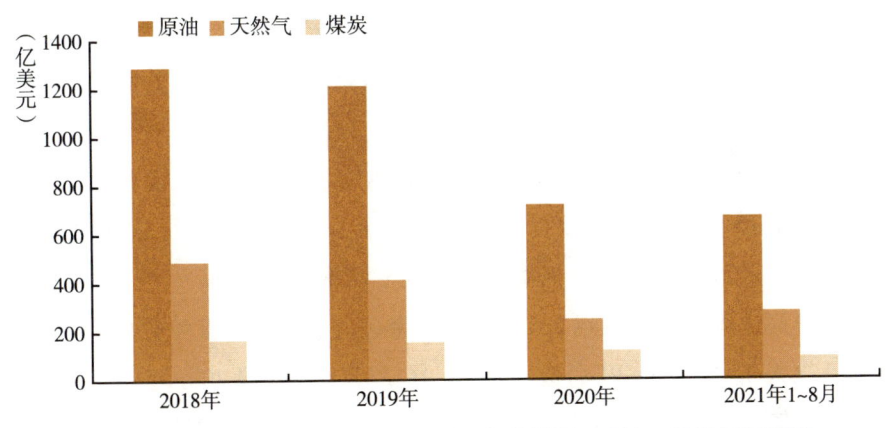

图 4 2018 年至 2021 年 1~8 月俄罗斯的煤炭、原油、天然气出口额

资料来源：俄罗斯联邦统计局和 World Bank Commodities Price Data, 2021。

（二）通货膨胀

近年来，消费者物价持续上涨和通货膨胀居高不下问题一直困扰着俄罗斯。应对通货膨胀已成为俄罗斯央行的一项中心任务，特别是在国际油价大幅下跌引发卢布贬值和输入型通货膨胀压力显著上升的情况下。目前，俄罗斯的通货膨胀呈现出如下两个特点。

第一，通货膨胀上升压力持续增大，食品类消费者价格指数领涨。在国际能源和粮食价格上涨、全球供应链成本上升和消费需求上升等供需两端因素的共同作用下，俄罗斯通货膨胀压力持续增大，消费者物价指数的上涨率由 2020 年 1 月的 2.4% 一路升至 2021 年 9 月的 7.3%。目前，俄罗斯的通货膨胀率显著高于俄罗斯央行确定的 4% 的目标，也远超 2018 年以来的高点。导致通货膨胀上升的因素主要有：一是许多行业前期投资不足，国内需求超过供应能力。在疫情暴发初期，家庭消费急剧下降导致投资下滑，随后需求复苏致使供给能力不足，推动了通胀回升。二是疫情导致供应链运转不畅，增加了企业的运营成本，而且生活和工作方式的变化导致某些行业的供需暂时不匹配，推高了价格。三是国际能源、粮食价格大幅上涨的传导效应，导致国内消费品价格上涨。四是国际油价下跌导致卢布贬值，而卢布贬值引发的输入型通货膨胀效应也推高了价格。值得指出的是，剔除了受气候和季节因素影响较大的食品和石油价格后的核心CPI指数依旧走高，且于2021年6月超越总体CPI指数。

从分类商品看，食品类指数处于领涨地位。食品类CPI从2020年4月开始超越总体CPI和核心CPI，随后一直处于领涨地位，高于总体CPI近1个百分点。2021年8月，食品类CPI指数上涨率高达7.7%，上一次食品价格如此高的通胀率可追溯到2015~2016年金融危机期间。服务类CPI自2020年4月以来低于总体CPI和核心CPI，并持续走软，但2021年1~8月服务类CPI仍高于2020年同期水平，但低于2018年、2019年同期水平。随着俄罗斯经济进一步回暖，旅游、餐饮等行业需求增加，预计其通胀压力可能会增大。

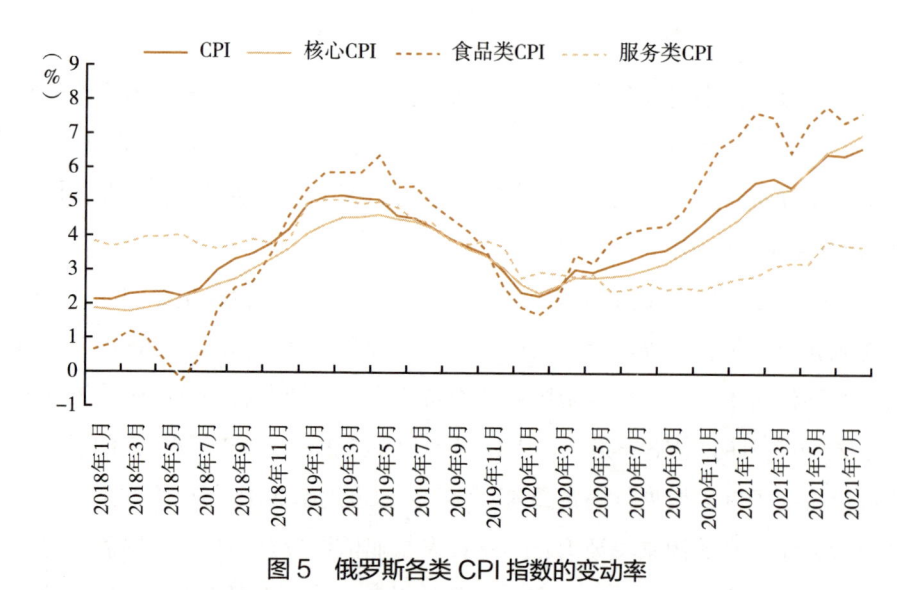

图5 俄罗斯各类CPI指数的变动率

资料来源：俄罗斯联邦统计局，Wind数据库。

第二，受大宗商品价格上涨影响，生产者价格指数（PPI）持续走高，加之复工复产加快使得失业率重回低点。2020年5月以来，国际大宗商品价格普涨推动生产者价格指数持续上升，突破2018年以来的高点，而PPI指数飙升是消费者价格指数大幅上涨的主要原因。PPI 先在 2020 年 5 月同比下降 15.4%，随后持续攀升，在 2021 年 5 月大幅上涨了 34.5%，7 月增速稍回落至 28.6%。疫情防控措施的放松和需求增加推动劳动力市场逐步复苏，失业率重回低点。2020 年 9 月至 2021 年 6 月，劳动力市场持续复苏。失业率从 2020 年 8 月的峰值 6.4%降至 2021 年 6 月的 4.5%，接近 2019 年 8 月 4.3%的低点（见图 6）。

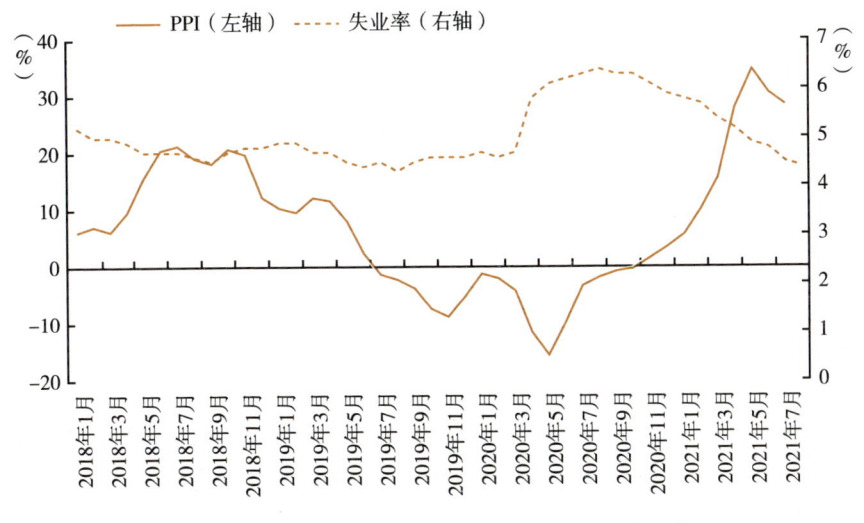

图 6　俄罗斯的生产者价格指数的变化率与失业率

资料来源：俄罗斯联邦统计局，Wind 数据库。

二　产业发展

疫情对俄罗斯产业发展产生了较大的不利影响。随着疫情得到初步控制和防疫措施的放松，国内外需求逐步复苏，特别是能源需求的快速反弹，为俄罗斯产业复苏提供有力支撑。具体来看，2020 年第二季度至 2021 年第二季度期间，俄罗斯产业发展显现出如下特点。

第一，工业生产和零售活动指数先深幅下降后震荡反弹。2018 年至 2020

年第一季度，俄罗斯的工业生产指数（IPI）和零售营业额指数（RTI）一直处于低速增长区间，且增速波动下行，经济活力低迷不振。疫情暴发和严格的社交隔离措施导致工业生产指数、零售营业额指数先在2020年4月分别下降了4.4%、22.0%，而后随着疫情防控措施逐步放松和能源价格的稳步反弹，两者的跌幅有明显收窄，但持续在负值区间波动。2020年12月，工业生产指数的变动率率先由负转正，同比上升3.8%，随后再度短暂跌入负增长区域，转而于2021年5月大幅上升11.9%，但在8月回落至5.3%。零售营业额指数的变动率于2021年4月由负转正，且大幅上涨35.2%，但随后明显放缓至8月的5.3%。近几个月，工业生产指数和零售营业额指数的大幅回升，既有疫情导致2020年基数低的原因，也有需求反弹带动产业温和复苏的原因。不过，俄罗斯的工业生产和零售业复苏的基础仍不牢固，较为脆弱（见图7）。

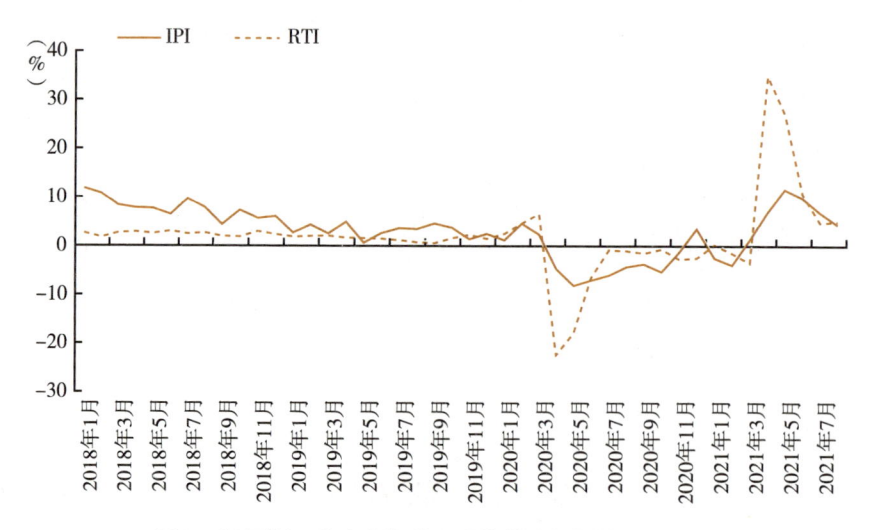

图7 俄罗斯工业生产指数和零售营业额指数的变动率

注：IPI（Industrial Production Index）为工业生产指数，RTI（Retail Trade Turnover Index）为零售营业额指数。

资料来源：俄罗斯联邦统计局和CEIC数据库。

第二，制造业和服务业的PMI先"V"形反弹后呈波动状态。根据HIS Markit采购经理人指数（PMI）数据，2020年3~5月，疫情暴发导致采购经理人指数呈断崖式下跌，综合 PMI、服务业 PMI 和制造业 PMI 于 2020 年 4 月跌至谷底，分别为 13.9、12.2 和 31.1，此后呈现持续反弹，并先后于 2020 年 7 月、8 月重新回到荣枯线（50）上方，但因冬季疫情的加重特别是德尔塔病毒的蔓延，2020 年第四季度再度跌至 50 以下。2021 年前 5 个月，制造业 PMI 均在荣枯线的上方，但在 6~9 月又跌至荣枯线的下方，说明俄罗斯制造业复苏的基础脆弱。2021 年，俄罗斯服务业复苏程度明显优于制造业，在前 7 个月的 PMI 显著高于 50，但在 8~9 月也跌至 50 以下（见图 8）。

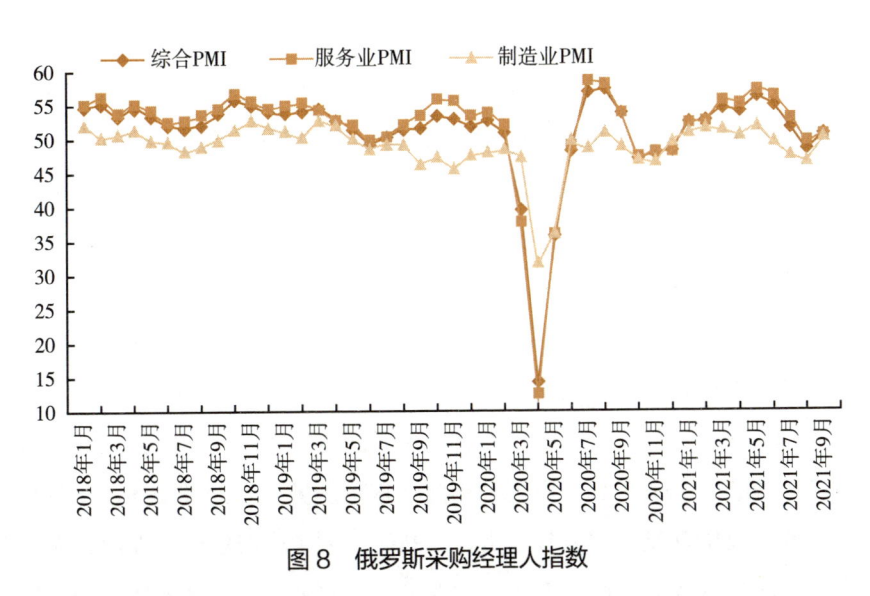

图 8 俄罗斯采购经理人指数

资料来源：IMF 和 Markit Economics。

第三，物流、旅游和餐饮行业受疫情影响最大，运输、采矿和电力的生产均出现下滑，随着疫情防控措施逐步放松，各行业的投资和增加值呈现止跌上涨态势。疫情导致俄罗斯部分行业的需求产生巨大变化，引发企业根据需求新形势调整投资计划。例如，在疫情前，俄罗斯民众境外游花销约占 GDP 的 2%，现转为境内旅游，部分酒店、旅游业相关企业将此视为稳定需求并扩大相应投资；疫情严重冲击全球供应链，加之运输和集装箱费用暴涨，企业被迫增加储备，推高仓储需求；居家办公和网络会促进 IT 行业基础设施

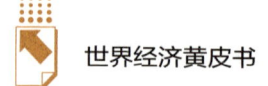

迅速发展，带动金融领域快速增长；国际能源与资源价格持续攀升助推制造业和采矿业的产能增加；政府的支持项目提振了建筑业，零售业也得到了经济复苏和新信贷的支持。

具体来看，俄罗斯联邦统计局数据显示，尽管固定资产投资在2020年有所放缓，然而2021年上半年固定资产投资7.5万亿卢布（约合1041亿美元），同比增长7.3%。其中，第二季度同比增长11%，较第一季度增长47.6%。另外，经发部预计2021年全年固定资产投资增速有望达4.5%，2022年不低于5%。从投资增速看，继2020年下降后，2021年上半年多数行业回暖。其中，邮政服务和快递投资增长4.3倍，领跑全行业，其次是水路运输（1.9倍）、出版（1.1倍）、批发和零售（89.9%）、汽车货运（61.8%）、金融和保险（58.7%）、住宿和餐饮（不含食品和饮料生产，31.6%）、文体娱乐（25.9%）、信息通信（22.5%）和建筑（20.7%）。但是，旅游（不含住宿和餐饮）、化工、服装生产和饮料生产等行业仍面临资本困境，降幅分别为54.6%、20.6%、18.6%和17.9%。从投资规模看，矿产资源开采业一如既往遥遥领先，投资额1.4万亿卢布（约合194.6亿美元），但仅增长0.3%，占全行业投资总额的22.6%；制造业投资额1.1万亿卢布（约合152.9亿美元），增长5.1%，位居第二。资源型企业的高利润将加速投资增长。从行业看，2021年以来，住宿和餐饮、批发和零售、银行服务、保险及文体活动等行业的固定资产投资都显示出积极态势。[①] 同时，为了应对疫情、保障粮食安全和发展高新技术产业，俄罗斯的医疗保健、大农业、科学技术领域的投资也明显提升。

---

① 中华人民共和国驻俄罗斯联邦大使馆经济商务参赞处，http://ru.mofcom.gov.cn/article/jmxw/202109/20210903201061.shtml。

俄罗斯经济：复苏和通胀

表2　俄罗斯主要行业增加值

单位：十亿卢布

行业	2020年 第一季度	第二季度	第三季度	第四季度	2021年 第一季度	第二季度
农业、林业、渔业	444.57	631.38	1489.86	952.09	439.46	631.26
采矿、采石业	1942.47	1730.31	1652.71	1836.36	1798.20	1861.42
制造业	2463.58	2523.78	2906.04	3275.93	2478.37	2787.53
电力、燃气、蒸汽供应	623.51	474.02	443.65	633.04	679.92	506.65
建筑业	711.60	1007.77	1201.75	1912.74	711.97	1111.60
批发和零售业	2673.13	2401.93	2948.54	3245.57	2690.72	2919.77
运输及仓储业	1352.01	1187.69	1374.38	1339.12	1308.70	1412.76
住宿和餐饮业	171.30	83.41	175.51	165.03	158.45	174.50
信息通信	441.11	545.44	577.20	715.86	460.80	609.50
金融和保险	1099.19	1072.75	1155.86	1159.99	1172.31	1212.93
专业科学和技术活动	769.31	823.20	919.76	1151.85	740.73	933.18
行政和支援服务活动	414.22	363.38	452.03	498.99	373.94	399.06
公共管理、国防、社会保障	1636.77	1644.57	1654.38	1661.35	1641.71	1639.09
医疗保健和社会工作活动	575.48	628.22	638.90	674.45	580.88	643.71
艺术、娱乐及休闲	192.27	148.89	183.07	188.15	184.45	200.20

注：数据用2016年不变价格计算。
资料来源：俄罗斯联邦统计局和CEIC数据库。

表3　俄罗斯主要行业各季度的累计投资

单位：十亿卢布

行业	2020年 第一季度	第二季度	第三季度	第四季度	2021年 第一季度	第二季度
农业、林业、渔业	485.7	947.5	1483.4	2297.3	786.5	1668.7
采矿、采石业	3697.4	6785.8	10072.2	15095.0	3704.8	8579.7
制造业	9172.2	17986.7	30229.9	43214.0	9569.8	19547.9
电力、燃气、蒸汽供应	2047.0	4320.4	6586.4	9860.7	4291.7	9718.5
建筑业	1012.2	2522.0	3773.6	5839.3	1858.2	3499.4
批发和零售业	8821.5	21362.2	34418.4	49379.5	13508.5	29211.3
运输及仓储业	2708.9	6065.7	9271.3	12924.4	2630.7	5909.9
住宿和餐饮业	85.7	167.7	478.7	927.3	245.2	561.7
信息通信	2519.7	4824.0	6760.5	10059.1	1901.9	4212.0
金融和保险	0.0	0.0	57994.0	119780.1	28531.1	58384.7

141

续表

行业	2020年 第一季度	第二季度	第三季度	第四季度	2021年 第一季度	第二季度
专业科学和技术活动	2609.9	6418.6	12293.7	19150.6	5924.0	12417.8
行政和支援服务活动	420.4	2398.9	3808.4	5189.4	784.6	1510.4
公共管理、国防、社会保障	3.3	44.5	120.3	212.5	27.8	250.9
医疗保健和社会工作活动	95.5	220.7	570.7	782.7	198.1	391.6
艺术、娱乐及休闲	48.1	105.3	148.6	214.4	53.3	127.9

资料来源：俄罗斯联邦统计局和CEIC数据库。

第四，油气价格上涨推动石油和天然气产量逐步恢复。2020年5月以来，油气价格的大幅上涨，推动着俄罗斯油气行业的投资和产量增加。作为OPEC+的成员国，俄罗斯的石油产量受到该组织产量政策的制约。随着OPEC+逐渐增产，俄罗斯的石油产量小幅增加，预计在2022年9月石油产量达到疫情前的水平。俄罗斯的天然气产量在2020年第二季度跌至谷底，而后随着天然气价格的反弹出现较为稳定的回升，并在2021年第一季度超出疫情前的产量（见图9）。

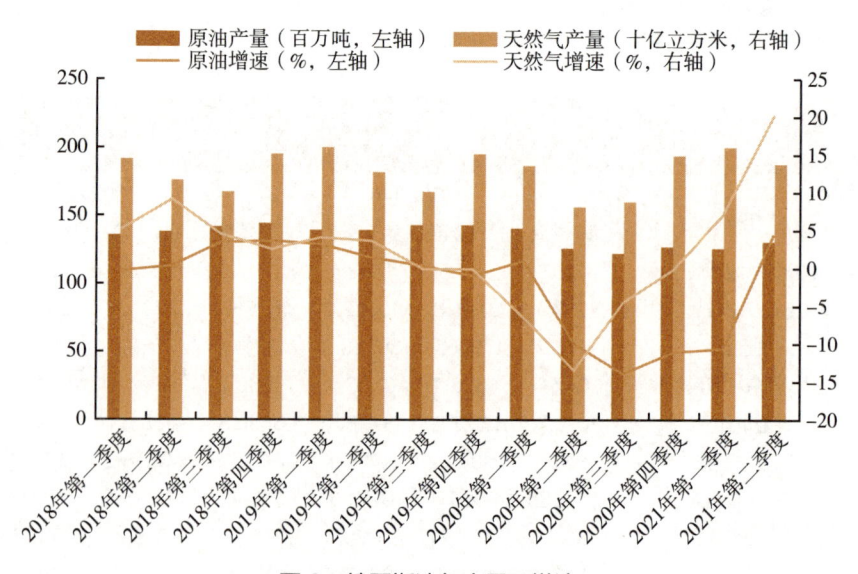

图9 俄罗斯油气产量及增速

资料来源：俄罗斯联邦国家统计局。

三　财政与货币政策

与美欧日等量化宽松和直接派发现金的空前刺激力度相比，俄罗斯的财政支持政策较为保守，除有针对性的定向扶持外，相当一部分是通过监管豁免方式给企业松绑。尽管实施刺激性财政政策的空间尚可，但俄罗斯财政金融主管部门明确反对国内自由派经济学家提出的开启量化宽松模式的建议，其理由在于，长期的通胀史和高通胀预期使管理层不能用力过猛，货币政策不宜过度扩张。

（一）财政政策

第一，财政赤字先大幅扩大后逐步减小并实现盈余。面对疫情的严重冲击，俄罗斯联邦政府主动扩大支出，财政赤字由2020年第二季度的8231.4亿卢布大幅扩大至第四季度的40993.6亿卢布，为2007~2008年全球金融危机以来的最高水平。据国际货币基金组织估计，包括直接财政支持、国家担保和预算外措施在内的财政刺激措施相当于GDP的4.5%，政府支出在实际收缩四年后增长20.9%。俄罗斯审计署发布的数据显示，2020年国债增加了40%，达18.99万亿卢布，占国内生产总值的17.8%。财政部2020年借债5.18万亿卢布，达到2019年的2.5倍，为近15年来最高值。联邦政府通过发行国债抗击疫情，虽然国债大幅增加，但并没有超过国际标准安全线，而且超过3/4的债务是以卢布计价的。2021年上半年，一般政府盈余占GDP的比例为2.4%，而2020年上半年财政赤字占GDP的1.8%。随着紧急支持措施的退出，主要财政支出占GDP的比重下降了3.8个百分点，而经济反弹和油气价格上涨则提高了石油、天然气的行业税与增值税收入。2021年前两个季度，联邦政府财政实现盈余，分别达2866.5亿卢布和7746.6亿卢布。

第二，财政收入主要来自自然资源税以及国内产品、进口商品增值税收入。尽管俄联邦政府试图摆脱经济发展对国内自然资源的依赖，但自然资源税收入依旧是财政收入的最大来源。此外，国内产品增值税和进口产品增值税收入也是财政收入的重要来源。2021年第二季度，上述三个税种收入分别占联邦政府收入的30.2%、23.5%和15.4%。与上年同期相比，2021年第二季度公司利润税、进口产品增值税、进口商品消费税、自然资源税、外贸及其他税收明显提升。这是因为大宗商品价格上涨，自然资源开采产生的税收收入同比上升。同时，在企业全面复工复产后，公司利润税收入也大幅提升。

第三，财政支出主要用于社会文化活动、国民经济、国防、国家安全与公共秩序。2021年第二季度，社会文化活动、国民经济、国防、国家安全与公共秩序支出分别占联邦政府支出的40.8%、14.4%、14.5%和9.5%。与2020年同期相比，国民经济支出、农业和渔业部门支出明显增加。2020年，俄联邦支出同比增长达到创纪录的25%，原因就是政府为应对疫情而将预算增加了3万亿卢布。

表4 俄罗斯财政收支结构

单位：十亿卢布

项目	2020年 第一季度	第二季度	第三季度	第四季度	2021年 第一季度	第二季度
联邦政府收入	4731.34	9091.87	13216.68	18722.16	5299.92	11265.77
公司利润税	327.61	536.81	820.12	1091.38	263.56	636.67
国内产品增值税	1116.21	2078.60	3001.13	4268.63	1419.88	2651.02
进口产品增值税	614.45	1255.10	2007.94	2933.55	784.97	1730.39
国内商品消费税	114.77	466.75	775.93	1035.25	111.65	108.08
进口商品消费税	20.06	42.16	67.14	102.09	27.72	61.16
自然资源税	1494.31	2115.24	3023.21	4057.49	1383.33	3405.06
国家和市政财产使用税	107.98	179.34	428.59	1065.68	48.26	343.80
自然资源使用税	209.58	266.39	328.65	593.46	150.17	298.42
外贸及其他税收	600.80	845.16	1299.88	1935.18	570.49	1292.03
联邦政府支出	4617.96	9915.02	14873.53	22821.52	5013.27	10491.11
一般政府支出	282.87	647.93	1005.23	1507.67	354.59	719.06
政府债务支出	171.43	349.74	532.60	784.17	238.53	506.06
国防支出	860.66	1514.80	2097.75	3168.83	903.59	1522.54

续表

项目	2020年 第一季度	第二季度	第三季度	第四季度	2021年 第一季度	第二季度
国家安全与公共秩序支出	436.14	948.75	1464.46	2226.56	467.35	994.06
国民经济支出	361.05	1045.51	1785.60	3483.91	409.73	1507.53
燃料能源综合支出	3.47	12.58	14.07	18.93	2.43	3.56
农业和渔业部门支出	41.70	102.93	183.78	264.65	31.66	94.93
交通支出	41.03	127.98	204.62	323.27	39.83	96.54
道路基础设施支出	66.74	257.90	539.00	930.08	113.05	334.15
通信与信息科学支出	7.20	18.42	30.88	105.14	9.90	22.98
研发支出	51.61	99.51	136.78	229.46	61.91	126.83
住房和住房设施支出	92.30	155.64	282.10	371.45	183.87	255.25
社会文化活动支出	2059.61	4418.16	6520.04	9622.44	2131.57	4279.82
政府间转移支付	268.98	710.45	1003.69	1395.88	222.05	490.89
余额	113.38	-823.14	-1656.84	-4099.36	286.65	774.66

资料来源：俄罗斯联邦统计局和CEIC数据库。

（二）货币政策

第一，政策利率先降后升，货币政策先宽松后收紧。为应对疫情的负面冲击，2020年，俄央行先后四次下调利率，共计200个基点，2020年7月跌至历史最低点的4.25%，这意味着实际政策利率自2020年11月以来一直处于负值区域。为抑制物价快速上涨压力，2021年3月19日，俄央行将其政策利率上调0.25个百分点至4.5%。这是俄央行自2018年底以来首次加息。2021年，俄央行5次上调基准利率以应对通胀风险。在持续的供应瓶颈、大宗商品价格普遍上涨和国内需求反弹的综合作用下，8月通胀率升至6.7%的五年高点。2021年9月10日，央行将政策利率上调0.25个百分点至6.75%，创2019年10月以来新高。目前，一些行业需求的快速复苏超过了产出能力的扩张，刺激了通胀率上升，经济风险已由衰退转向通货膨胀，因此，不排除俄央行未来几个月加息的可能性。

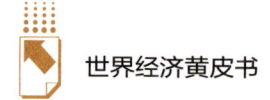

第二，存款和信贷利率对政策利率变化的调整速度慢于预期。货币市场利率先由2020年第一季度的5.92%降至第四季度的4.13%，后升至2021年第二季度的4.80%。存款利率先由2020年第一季度的4.30%降至2021年第一季度的3.25%，后升至第二季度的3.34%。贷款利率先由2020年第一季度的7.59%降至2021年第一季度的6.05%，后升至第二季度的6.42%。上述市场利率变化调整明显慢于预期，对于通货膨胀的抑制效应显然不及预期。要遏制通货膨胀率的上升趋势，俄央行未来可能需要继续加息。

第三，长期国债收益率持续上升。在需求复苏和通胀上升的作用下，俄罗斯长期国债收益率在2020年第二季度降至6.30%的低点后，持续攀升至2021年第二季度的7.36%（见表5）。长期国债收益率持续走高，反映出当前投资者热衷于其他金融产品，表明俄罗斯的通货膨胀压力加大。

表5 俄罗斯利率变动

单位：%

项目	2020年 第一季度	第二季度	第三季度	第四季度	2021年 第一季度	第二季度
中央银行政策利率	6.00	4.50	4.25	4.25	4.50	5.50
货币市场利率	5.92	5.48	4.19	4.13	4.20	4.80
存款利率	4.30	4.21	3.29	3.28	3.25	3.34
贷款利率	7.59	7.29	6.15	6.07	6.05	6.42
长期国债收益率	6.78	6.30	6.62	6.64	7.20	7.36

资料来源：国际货币基金组织和俄罗斯央行。

第四，货币供应量增速呈倒"V"形走势，先急剧上升后快速下降。为应对疫情冲击，俄罗斯广义货币供应量M2先快速攀升，先由2020年2月的10.7%升至10月的16.2%的峰值，后随着通货膨胀压力的逐步上升，M2的增速持续下降，跌至2021年8月的8.2%，回到2019年年底的水平（见图10）。

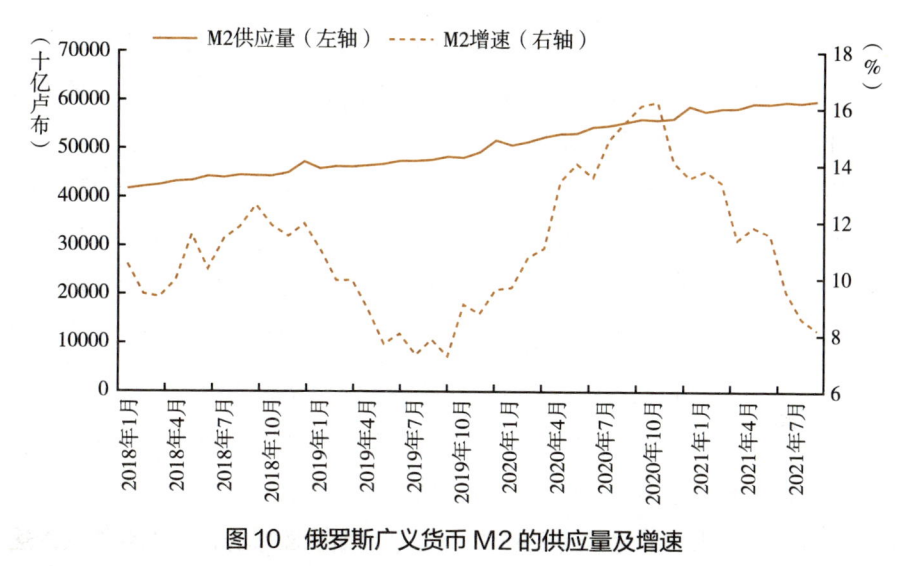

图 10　俄罗斯广义货币 M2 的供应量及增速

资料来源：俄罗斯央行和 Wind 数据库。

四　对外贸易与国际收支

疫情对俄罗斯对外贸易与国际收支产生了冲击，随着疫情得到初步控制，国内外需求为对外贸易复苏提供了有力支撑，国际收支情况大幅改善。具体来看，2020~2021年对外贸易的主要特点包括以下几个方面。

（一）对外贸易

第一，对外贸易逐步恢复，贸易顺差扩大。由于国际能源价格下跌和国外需求减少，2020年第二、第三季度，俄罗斯出口额分别降至714.7亿美元、797.8亿美元，同比下降31%、23%。进出口规模回升较快，2020年第四季度超过疫情前水平。2021年前7个月，进出口额达4208亿美元，增长34.3%；能源和初级商品出口额未能恢复到疫情前水平，较上年同期下降9.8%，而非油气出口大幅增长40.8%；外贸顺差同比增长1.6倍，达955亿美元，其中7月顺差达231.9亿美元，较6月增长27%，创历史新高。值得指出的是，俄罗斯月度外贸顺差历史上仅有三次超过200亿美元，分别为2011年12月、2012年1月和2月。同时，2021年1~7月，俄罗斯商品进口克服了疫情带来的下滑，比2019年增长了20.6%。

第二，俄罗斯对新兴和发展中经济体进出口额明显高于对发达经济体，尽管受到各种经济制裁，欧盟依旧是俄罗斯在主要发达经济体中重要的贸易伙伴。具体来看，2020年第三季度至2021年第二季度，俄罗斯对发达经济体出口额分别为388.9亿美元、447.2亿美元、368.6亿美元、432.1亿美元，而同期俄罗斯对新兴和发展中经济体出口额分别达408.6亿美元、511亿美元、466.5亿美元、546.9美元。2020年至2021年第二季度，俄罗斯对新兴和发展中经济体进口额大于对发达经济体进口额。其中，俄罗斯对欧盟出口占俄罗斯对发达经济体出口的比重为63%~78%，俄罗斯从欧盟进口占俄罗斯从发达经济体进口的比重为70%~75%。

第三，中俄贸易逐步恢复，贸易量有望继续增长。据中国海关总署统计，2021年1~8月，中俄贸易额889.97亿美元，同比增长29.5%，其中，中国对俄罗斯出口408.04亿美元，增长31.6%，自俄罗斯进口481.93亿美元，增长27.8%。目前，中俄双方制定了贸易增长路线图，贸易便利化有所提高，取消了一些贸易限制，这有助于2024年前实现双边贸易额2000亿美元的目标。

第四，农产品出口快速增长，出口额创历史新高。俄罗斯土地资源极为丰富，农产品特别是谷物的生产和出口具有巨大的潜力，但其农业发展较为薄弱，果蔬、畜产品和饮品大量依赖进口。近年来，俄罗斯农业发展较为迅速，对外农产品出口快速增长。2020年，俄罗斯农产品出口额达307亿美元，增长20%，刷新了2018年创下的258亿美元最高纪录。其中，对中国出口额最高，达40亿美元，增长26%；土耳其为第二大出口市场，出口额达31亿美元。2021年前8个月，俄罗斯农产品出口额199.8亿美元，增长18%。从商品结构看，粮食出口59亿美元，增长15%；油脂产品出口44.6亿美元，增长44%；肉乳制品出口9亿美元，增长26%；水海产品出口34.4亿美元，增长8%；食品及加工品出口26.1亿美元，增长6%。从出口目的地看，对土耳其出口24.9亿美元（增长30%，出口份额为12.5%，下同），对欧盟出

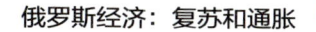

口23.6亿美元（+31%，11.8%），对中国出口23亿美元（-7%，11.5%），对韩国出口14.9亿美元（+53%，7.5%），对哈萨克斯坦出口11.7亿美元（+17%，5.9%）。

表6 俄罗斯对外贸易

单位：亿美元

项目	2020年 第一季度	第二季度	第三季度	第四季度	2021年 第一季度	第二季度
贸易总额	1452.4	1242.9	1391.4	1643.5	1578.3	1913
出口额	907.2	714.7	797.8	959.1	835.4	979.4
发达经济体	469.9	346.8	388.9	447.2	368.6	432.1
欧盟	365.4	226.1	243.1	304.1	262.3	307.5
新兴和发展中经济体	434.6	367.2	408.6	511.0	466.5	546.9
中国	131.8	108.8	118.3	137	121.8	142.8
进口额	534.8	523.6	579.6	676.3	592.1	666
发达经济体	255.4	248.5	261.8	324.8	284.8	320.4
欧盟	180.3	173.4	196.4	234.5	203.1	228.4
新兴和发展中经济体	279.3	275	317.7	351.2	307	345.3
中国	115.9	128.4	146.7	158.1	135	151.8
贸易差额	372.4	191.1	218.2	282.8	243.4	313.4
发达经济体	214.4	98.3	127	122.4	83.7	111.7
欧盟	185.1	52.7	46.6	69.6	59.2	79
新兴和发展中经济体	155.3	92.2	90.9	159.8	159.5	201.6
中国	15.9	-19.6	-28.4	-21.1	-13.1	-9

资料来源：俄罗斯联邦统计局和CEIC数据库。

（二）国际收支

第一，经常账户盈余先大幅下降后逐步恢复。2020年第三、第四季度，俄罗斯经常账户盈余仅分别为39.5亿美元和69.55亿美元。2021年1~8月，俄罗斯经常账户盈余达697亿美元，同比增长444亿美元，创近八年来最高纪录。主要驱动力是贸易顺差由583亿美元增至1064亿美元，增长82.5%。同时，服务贸易逆差有所收窄，跨境旅游和留学支出受到较大抑制，但初次收入和投资收益为负值。显然，能源等大宗商品价格上涨带动了俄罗斯经常账户的改善。

第二，外商直接投资先下降后逐步反弹，国际资本整体上由流出转为流入。外商直接投资在2020年第二至第四季度持续为负，2021年前两季度由负转正，表明外国直接投资者对俄罗斯经济的信心逐步恢复。储备资产由2020年第二季度的-128.8亿美元低点，逐步恢复至2021年第二季度的85.1亿美元，表明国际资本整体上由流出转为流入（见表7）。

表7 俄罗斯的国际收支

单位：亿美元

项目	2020年 第一季度	第二季度	第三季度	第四季度	2021年 第一季度	第二季度
经常账户	234.95	16.05	39.50	69.55	232.60	181.68
货物和服务	269.80	148.06	151.46	197.58	260.35	348.79
货物	333.33	166.70	187.81	249.51	287.21	389.74
服务业	-63.53	-18.64	-36.35	-51.93	-26.86	-40.94
初次收入	-23.34	-117.79	-95.50	-113.42	-11.39	-164.50
二次收入	-11.51	-14.23	-16.46	-14.61	-16.36	-2.61
资本账户	-0.09	-2.06	-0.88	-2.16	1.89	-2.09
资本转移	0.07	-1.96	-0.62	-1.88	2.41	-2.01
金融账户	243.46	16.67	63.24	68.88	228.76	177.62
直接投资	43.77	-16.18	-54.11	-9.80	34.77	29.70
证券投资	70.30	158.74	39.69	-15.77	112.51	52.84
金融衍生品	-3.55	-5.55	13.06	15.54	3.28	1.52
其他投资	82.71	8.47	87.23	115.37	41.09	8.43
储备资产	50.23	-128.81	-22.63	-36.47	37.12	85.12
误差和遗漏净值	8.61	2.67	24.62	1.49	-5.72	-1.98

资料来源：俄罗斯联邦统计局和CEIC数据库。

俄罗斯经济：复苏和通胀

第三，卢布兑美元、欧元和人民币的汇率基本呈现先贬值后升值的态势。

国际油价大跌和俄罗斯出口盈余下降导致卢布明显贬值，其兑美元、欧元和人民币的汇率分别由2020年第二季度的69.95卢布/美元、78.68卢布/欧元、9.89卢布/人民币跌至2020年第四季度的73.88卢布/美元、90.68卢布/欧元、11.31卢布/人民币。2021年前两个季度，卢布兑美元、欧元和人民币分别升值了2.0%、5.1%、2.9%。货币紧缩政策和卢布走强将有助于遏制价格压力，同时有助于国际资本对俄罗斯的投资（见表8和图11）。

表8 俄罗斯汇率变动

项目	2020年 第一季度	第二季度	第三季度	第四季度	2021年 第一季度	第二季度
卢布/美元（期末）	77.73	69.95	79.68	73.88	75.70	72.37
卢布/欧元（期末）	85.74	78.68	93.02	90.68	88.88	86.20
卢布/10人民币元（期末）	109.61	98.83	116.80	113.12	115.27	112.07

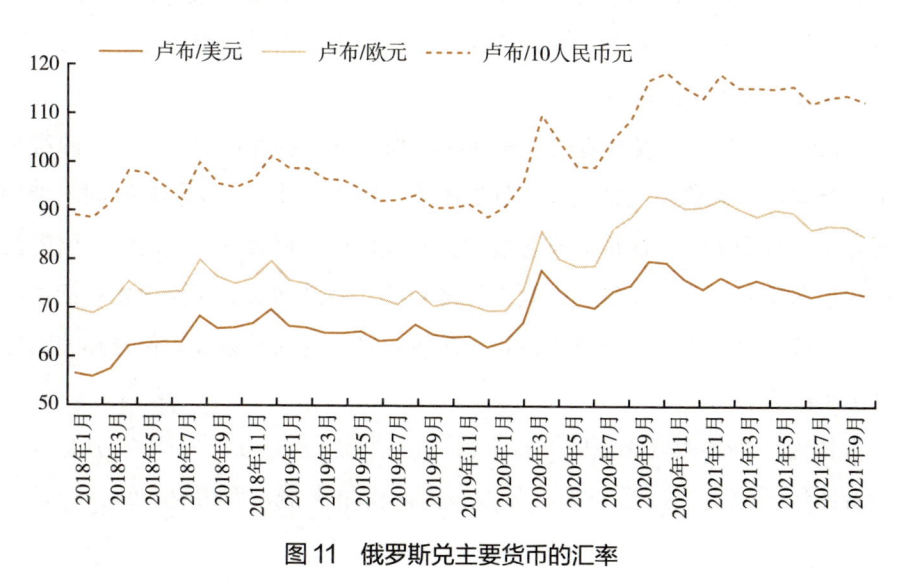

图11 俄罗斯兑主要货币的汇率

资料来源：俄罗斯央行和Wind数据库。

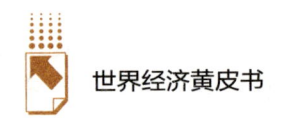

五 经济走势展望

关于俄罗斯未来经济走势，国际货币基金组织（IMF）、世界银行等国际机构以及俄罗斯中央银行均作了展望。国际能源价格大幅上涨将带动俄罗斯出口和财政收入上升，进而推动经济增长，但疫苗接种率较低和货币政策收紧不利于未来经济复苏，IMF在2021年10月发布的《世界经济展望》中将俄罗斯2021年经济增长预测值由3.8%调升至4.4%，但将2022年的经济增速预测值由3.8%调降至3.1%。世界银行认为，内需较快恢复和能源价格上涨导致俄罗斯的经济复苏强于预期，但美国制裁、疫苗接种率较低和货币政策收紧会对经济增长构成不利影响。根据世界银行2021年10月发布的《欧洲和中亚地区经济》预测，俄罗斯2021年、2022年的经济增长率预期值分别为4.3%、2.8%。俄罗斯中央银行的预测值与IMF、世界银行较为接近，认为俄罗斯经济2021年增长4.0%~4.5%，2022年增长2.0%~3.0%。[①]

同时，根据OECD发布的俄罗斯综合领先指标值，俄罗斯经济在2020~2021年经历了谷底、扩张阶段之后，目前处于顶峰阶段（见图12）。根据综合领先指标的走势看，预计未来一段时间俄罗斯经济将继续处于顶峰阶段，并逐步进入衰退阶段。

2021~2022年，俄罗斯经济复苏既面临机遇，也存在挑战。最大的有利条件是国际能源价格大幅上涨，且能源价格将很可能在一个较长时间内维持在高位（见图13），这将会显著增加其油气出口和财政收入。同时，国内就业和消费等基本面的稳健也有利于经济复苏。经济增长的风险因素包括疫苗接种率低、通货膨胀率上行引发货币政策收紧、财政政策较为保守和美国的经济制裁等。

作为一个能源资源禀赋非常丰富的国家，特别是油气生产和出口大国，俄罗斯经济复苏高度受益于国际大宗商品价格上涨，理由有三点：一是受

---

① 俄罗斯央行官网，The Bank of Russia Website, http://www.cbr.ru/eng/。

俄罗斯经济：复苏和通胀

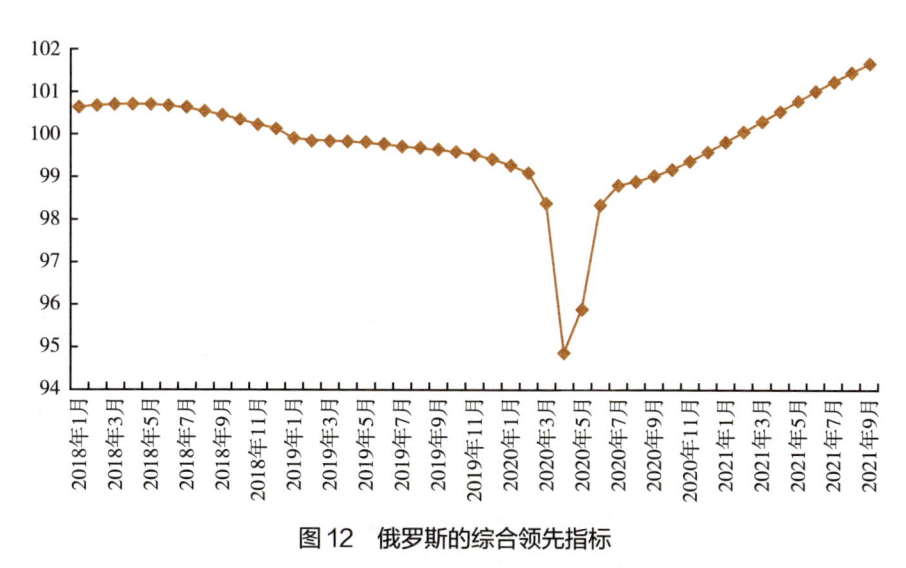

图 12　俄罗斯的综合领先指标

注：OECD 综合领先指标（Composite Leading Indicators, CLI）和经济周期有着密切的关系。经济周期（商业周期）一般分为四个阶段：衰退、谷底、扩张和顶峰。OECD 综合领先指标主要为经济周期的转折点提前提供信号，主要有以下四种情况：一是 CLI>100 且在增长；二是 CLI>100 且在下降；三是 CIL<100 且在增长；四是 CLI<100 且在下降，这四种情况分别可对应经济周期的四个阶段：顶峰、衰退、扩张和谷底。

资料来源：经合组织，Wind 数据库。

制于前期投资不足和美元流动性泛滥，国际原油价格将可能在未来较长一个时间段内处于高位，俄罗斯的出口和财政收入将明显受益，而且，OPEC+的石油产量将在 2022 年 9 月底恢复至疫情前水平，俄罗斯的石油产量以及石油收入将会上升；二是在碳中和运动背景下，天然气作为清洁能源，价格在中长期将处于高位，这会显著提升俄罗斯在天然气领域的议价权，其天然气出口和财政收入将会大幅增加；三是低碳转型和资本流失很可能导致煤炭的产能不足和价格上涨，作为煤炭的资源和生产大国，煤炭出口很有可能成为俄罗斯外汇收入的一个重要来源。另外，俄罗斯地大物博，农业发展条件得天独厚，在当前全球粮食的供应风险上升和价格上涨的背景下，农产品非常有希望成为俄罗斯出口创汇的一个新增长点。当然，出口收入的增加将导致俄罗斯的外汇储备规模上升，其国际债务违约风险将下降。

图 13　全球主要能源价格走势

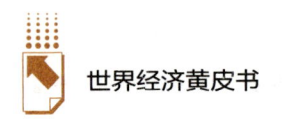

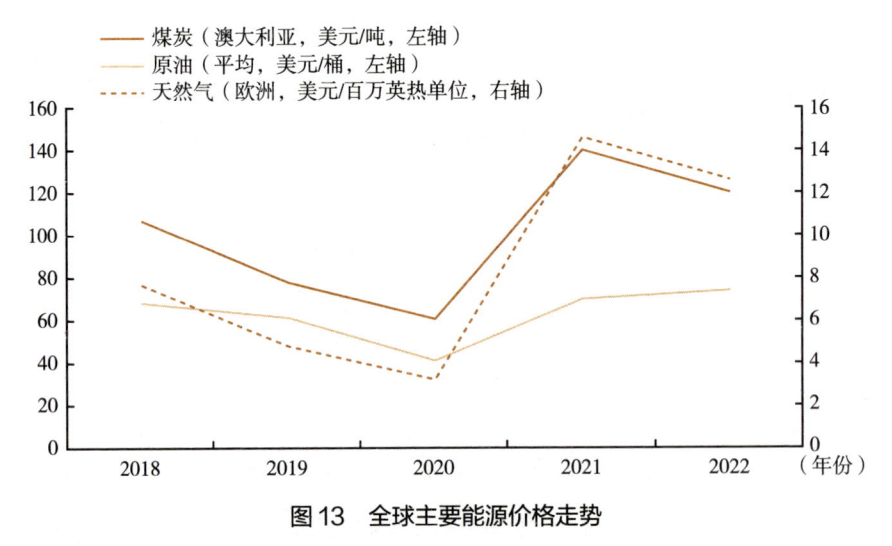

注：2021 年和 2022 年为预测值。
资料来源：World Bank Commodities Price Data, 2021。

与此同时，俄罗斯经济复苏也面临着诸多风险因素，主要有：一是疫情相关的社交限制措施。目前，俄罗斯面临新一轮疫情冲击，新增病例和死亡率均创历史新高，尽管其疫苗供应较充足，但接种率仅为 33%。政府可能强化接种要求或重新采取某种形式的社交活动限制。尽管疫情防控措施对经济增长的潜在负面影响远小于疫情暴发初期，但仍不可忽视。二是通货膨胀率上升将迫使俄罗斯央行实施加息等收缩性货币政策，可能导致企业的借贷成本增加和银行信贷规模下降，显然不利于俄罗斯经济复苏。三是较保守的财政政策将难以为经济复苏提供额外的需求刺激，根据俄罗斯 2022~2024 年财政预算草案，财政支出将有所收紧，财政预算更趋于平衡，油价的下行风险也将使得收入下降。四是地缘政治因素，如美国的经济制裁会加大俄罗斯经济复苏的不确定性。

综上所述，预计俄罗斯经济 2021 年将实现 4.5% 左右的增速，主要驱动力是国际能源价格高涨且在未来一段时间内将维持高位和国内需求快速复苏，而 2022 年财政和货币政策将趋于收缩以抑制通货膨胀率上涨，加之国际能源价格将在高位回调，俄罗斯经济增速将回落至 3% 左右。

参考文献

World Bank, "Global Economic Prospects," October 2021.

World Bank, "Competition and Firm Recovery Post-COVID-19," Europe and Central Asia Economic Update (Fall), Washington, DC: World Bank, 2021.

OECD, "Keeping the Recovery on Track," Interim Economic Outlook, September 2021.

International Monetary Fund, "Global Recovery Continues, But the Momentum has Weakened and Uncertainty has Increased," World Economic Outlook, October 2021.

Trunin P., Evseev A., Iskhakova F., "Global Economic Outlook Improved after Falling," *Monitoring of Russia's Economic Outlook*, Trends and Challenges of Socio-Economic Development, Moscow, IEP, 2021 (6).

Firanchuk A., Knobel A. Foreign Trage, "January through July 2021: Non-Primary Exports Growth," *Monitoring of Russia's Economic Outlook*, Trends and Challenges of Socio-Economic Development, Moscow, IEP, 2021 (15).

贾中正、张誉馨:《俄罗斯经济:大幅萎缩》,载张宇燕主编《2021年世界经济形势分析与预测》,社会科学文献出版社,2021。

李建民:《油价下跌和新冠肺炎疫情下的俄罗斯经济:影响与政策选择》,《俄罗斯学刊》2020年第3期。

徐坡岭:《新冠肺炎疫情对俄罗斯经济的影响:抗疫反危机措施、经济运行状况与增长前景》,《新疆财经》2020年第4期。

Y.8
拉美经济：复苏进程面临多重挑战

熊爱宗[*]

摘　要： 2021年拉美和加勒比地区有望实现经济复苏，经济增长预计为5.9%，但仍未恢复到疫情前水平。新冠肺炎疫情造成拉美和加勒比地区出现严重经济衰退，不过，随着内外需求的回暖以及疫情"常态化"后多国复工复产的加速，该地区经济逐步恢复。但疫情造成各国政府赤字扩大，公共债务急剧上升，而通货膨胀压力加大也推动部分国家货币政策转向紧缩，各国刺激经济的空间逐步收窄。与此同时，疫情造成的经济衰退和融资环境收紧，使得拉美和加勒比地区的对外债务偿付能力恶化，国际社会虽然采取了积极措施，但并不能完全解决各国面临的债务问题。2022年拉美和加勒比地区经济增速将会有所放缓，复苏进程中仍面临着多重挑战。

关键词： 拉美地区　经济复苏　外债

受新冠肺炎疫情影响，2020年拉美和加勒比地区经济衰退达到6.8%，是发展中经济体中遭受冲击最为严重的地区之一，但这仍比我们在《2020年世界经济形势分析与预测》中的预测值要高出2.3个百分点，这主要是因为

---

[*] 熊爱宗，中国社会科学院世界经济与政治研究所全球治理研究室副研究员，研究领域：国际金融、新兴市场。

2020年下半年在政策刺激、出口增长等因素的拉动下，拉美经济增长好于预期。在2020年低基数效应影响下，伴随着外部需求强劲回升和大宗商品价格上涨以及疫情"新常态"所带来的防控措施放松，2021年拉美和加勒比地区经济将会有所好转。不过，为应对疫情，拉美和加勒比地区国家内外债负担加重，部分国家债务风险上升。与此同时，投资不振、就业不足、经济结构单一等挑战持续存在，拉美和加勒比地区经济复苏仍存在不确定性。

一　2020年至2021年上半年经济情况

（一）经济触底反弹

据联合国拉丁美洲和加勒比经济委员会（Economic Commission for Latin America and Caribbean，ECLAC）统计，受新冠肺炎疫情冲击，2020年拉美和加勒比地区经济大幅衰退6.8%，为该地区自1900年以来的最大衰退，也是发展中地区经济衰退最为严重的地区之一。[1] 其中，南美洲地区经济萎缩6.3%，加勒比地区经济萎缩7.5%，中美洲和墨西哥地区经济萎缩达到8.1%。2020年拉美和加勒比地区投资出现大幅下滑，特别是第二季度投资同比下降达到23.4%，使得2020年该地区投资仅占到国民生产总值（GDP）的17.6%，为三十年来最低。2021年，随着疫情防控措施的逐步放松，拉美和加勒比地区复工复产加速，在刺激性财政政策和货币政策的提振下，国内需求逐步改善。与此同时，全球经济稳步复苏，国际大宗商品需求回升，这也改善了拉美和加勒比地区的外部环境。ECLAC预计2021年该地区经济增长为5.9%，2022年经济增长2.9%。

（二）失业率总体仍维持在较高水平

新冠肺炎疫情进一步恶化拉美和加勒比地区的就业状况。2020年该地区平

---

[1] ECLAC, "The Recovery Paradox in Latin America and the Caribbean Growth Amid Persisting Structural Problems: Inequality, Poverty and Low Investment and Productivity," Special Report COVID-19 No.11, 2021c.

均失业率达到10.5%，相比2019年大幅上升2.1个百分点。特别是2020年第三季度，该地区平均失业率甚至达到11.6%。疫情也造成该地区就业率和劳动参与率的大幅下降。2020年该地区就业率和劳动参与率相比2019年分别下降了5.5个百分点和4.5个百分点。[①] 与此同时，2020年该地区劳动力的工作小时数相比2019年也下降了16.2%，在全球所有地区中下降最为严重。[②] 在经济复苏的推动下，2021年拉美和加勒比地区就业有所改善，但要恢复到疫情之前水平仍有困难。分国家来看，巴西2020年失业率为13.5%，进入2021年继续保持高位，2021年3月达到14.7%，此后虽有轻微下降，但2021年6月仍为14.1%。其他多数国家失业率在2020年年中达到高点之后，均有所回落，不过总体仍处于较高水平。哥伦比亚失业率在2020年达到16.1%，相比2019年上升5.6个百分点，其在2020年5月最高达到21.4%。2021年1月，哥伦比亚失业率曾短暂回升至17.3%，但此后总体呈回落态势，2021年7月降至14.3%。阿根廷城镇失业率在2020年第二季度达到13.1%后不断回落，2021年第一季度下降至10.2%。智利失业率在2020年7月达到13.1%的高点之后持续下降，2021年初下降至10%左右，2021年7月进一步降至8.9%。疫情暴发后，乌拉圭失业率基本维持在10%左右，2021年6月回落至9.4%。相比来看，墨西哥失业率处于较低水平，2020年为4.5%，但仍比2019年上升了1个百分点。进入2021年墨西哥失业率总体仍维持在4.0%以上，2021年7月为4.4%。

（三）通货膨胀率逐步上升

2020年多数拉美和加勒比地区国家通货膨胀率大都处于历史低位，据统计，2020年该地区有21个国家的通货膨胀率处于3%以下。[③] 不过，进入2021年，大部分拉美和加勒比地区国家的通货膨胀率重新出现上升，特别是

[①] ECLAC, ILO, "Decent Work for Platform Workers in Latin America, Employment Situation in Latin America and the Caribbean," No. 24 (LC/TS.2021/71), Santiago, 2021.
[②] ILO, "COVID-19 and the World of Work," Seventh Edition, 25 January 2021.
[③] ECLAC, "The Recovery Paradox in Latin America and the Caribbean Growth Amid Persisting Structural Problems: Inequality, Poverty and Low Investment and Productivity," Special Report COVID-19 No.11, 2021c.

食品价格出现大幅上涨，2021年3月前的12个月，食品价格指数上涨的速率大约是总物价指数上涨速率的1.5倍。分国家来看，2021年巴西通货膨胀继续延续2020年下半年的上升趋势，2021年3月通胀率突破6%，超过巴西央行设定的通胀目标上限，2021年8月进一步上升至9.7%。墨西哥通货膨胀压力进入2021年也大幅增加，特别是2021年4月通胀率达到6.1%，此后稍有回落，但也连续多月超过墨西哥央行设定的通胀目标。智利通货膨胀率自2021年4月一直处于3%以上，2021年8月达到4.8%，相比2020年同期上升2.3个百分点。委内瑞拉仍经历严重的恶性通货膨胀。2020年前三季度委内瑞拉通货膨胀总体不断下降，但从第四季度开始再次出现上升，2020年底通胀率重新升至2959.8%，2021年3月进一步升至3012.2%，为2020年2月以来的新高，不过此后稍有所回落，2021年5月降至2719.5%。2020年阿根廷通货膨胀不断好转，2020年11月通胀率降至35.5%，但随后再次出现回升，2021年7月重新升至51.8%，相比2021年1月上升13.3个百分点。乌拉圭通货膨胀率总体则有所下降，2021年5月已降至6.6%，相比2020年12月下降2.8个百分点，不过，2021年8月重新升至7.6%。厄瓜多尔和巴拿马在2020年出现通货紧缩，进入2021年后，通货膨胀率逐渐转正。哥伦比亚、巴拉圭、秘鲁进入2021年后通胀压力也都有所增加。

（四）货币贬值压力持续存在

受疫情冲击，2020年拉美和加勒比地区大多数国家货币对美元出现大幅贬值。相比2019年12月，2020年12月阿根廷比索对美元贬值28.8%，巴西雷亚尔对美元贬值20.2%，委内瑞拉玻利瓦尔贬值更是达到95%。进入2021年，部分国家货币继续对美元贬值。相比2021年1月，2021年8月哥伦比亚比索、阿根廷比索、秘鲁索尔、委内瑞拉玻利瓦尔对美元贬值幅度分别达到10.1%、11.1%、11.3%、63.6%，智利比索对美元也出现较大幅度贬值。受疫情及经济形势变化影响，部分国家货币对美元汇率继续维持大幅波动。乌拉圭比索对美元汇率在2021年第一季度出现大幅贬值之后，第二季度出现一定程度升值。巴拉圭比索对美元汇率在2021年第一季度出现升值之后，第二季

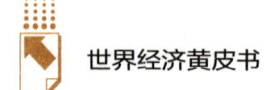

度则有大幅贬值。巴西雷亚尔对美元汇率在2021年第一季度出现贬值，第二季度有所升值，进入第三季度则再次出现贬值。2021年墨西哥比索对美元汇率总体较为稳定。

（五）外部环境依然严峻

2020年，拉美和加勒比地区出口下降了10%，进口下降了18%。进入2021年，随着全球经济的复苏，拉美和加勒比地区国家的对外贸易有所好转。2021年前四个月，该地区对外贸易相比2020年同期增长19%，基本恢复到2019年的水平。根据ECLAC的预计，2021年拉美和加勒比地区出口预计增长22%，进口预计将增长18%，特别是随着大宗商品价格的上涨，石油、矿产品等出口国家的对外出口将出现快速反弹。[①]2020年，拉美和加勒比地区吸引的外资出现暴跌。据ECLAC统计，2020年拉美和加勒比地区吸引外国直接投资1054.8亿美元，相比2019年下降34.7%，连续第二年下降，是受新冠肺炎疫情影响最严重的地区之一[②]。其中，作为该地区吸引外国直接投资最多的国家，巴西吸引的外国直接投资在2020年下降了35.5%。不过，仍有部分国家吸引的外国直接投资在2020年有所增长，如墨西哥在2020年就增长了6.6%，巴巴多斯、厄瓜多尔、巴拉圭等国吸引的外资相比2019年也有所增加。即使受到疫情冲击，拉美和加勒比地区的侨汇收入仍出现小幅增长。据世界银行估计，2020年流入拉美和加勒比地区的侨汇为1030亿美元，相比2019年增长6.5%，这主要是因为美国就业状况的改善使得来自美国的侨汇收入增加。[③]2021年预计拉美和加勒比地区的侨汇收入将继续增长，这有助于缓解该地区的国际收支压力。

---

① ECLAC, "The Recovery Paradox in Latin America and the Caribbean Growth Amid Persisting Structural Problems: Inequality, Poverty and Low Investment and Productivity," Special Report COVID-19 No.11, 2021c.

② ECLAC, "Foreign Direct Investment in Latin America and the Caribbean 2021," Executive Summary (LC/PUB.2021/9), Santiago, 2021d.

③ World Bank Group, "Resilience COVID-19 Crisis through a Migration Lens," Migration and Development Brief 34, May 2021.

（六）货币政策逐步收紧

随着经济的逐步复苏，特别是在通货膨胀压力不断加大的情况下，部分拉美和加勒比地区国家逐步扭转此前实施的宽松性货币政策。2020年11月，阿根廷央行将7天期流动性票据（LELIQ）利率从36%上升到38%，成为拉美和加勒比地区较早实施加息的国家。进入2021年，更多拉美和加勒比国家货币政策开始转向。2021年3月，巴西央行结束了自2016年10月开始的降息周期，将基准利率从2.0%上升到2.75%，此后又在5月、6月、8月先后进行加息。截至2021年8月，巴西央行已累计加息325个基点，成为全球货币政策收缩最激进的央行之一。墨西哥央行也在2021年改变货币政策走向。在2021年2月将基准利率从4.5%降至4.0%之后，2021年6月墨西哥央行重新将基准利率升至4.25%，这是该国自2018年底以来首次上调利率，2021年8月进一步加息至4.5%。2021年7月，智利央行宣布加息25个基点至0.75%，为2019年1月以来首次加息，2021年9月进一步加息至1.5%。在通胀压力之下，秘鲁央行也在2021年8月和9月先后两次加息，将基准利率从0.25%提升至1.0%。巴拉圭央行也在2021年8月加息至1.0%。不过，在疫情下，少数国家仍维持宽松的货币政策立场不变。

（七）财政压力明显加大

疫情造成拉美和加勒比地区政府收入减少而支出增加，政府财政压力明显加大。受疫情冲击，2020年拉美地区（16国）中央政府收入占GDP的比例下降至17.9%，而中央政府支出占GDP的比例达到24.7%，这是该地区自1950年以来的最高值，也超过1980年代拉美债务危机时的水平。在这种情况下，2020年拉美地区（16国）中央政府赤字占GDP的比例从2019年的3.0%扩大至6.9%，公共债务占GDP的比例也进一步上升到56.3%，相比2019年上升了10.7个百分点。其中，阿根廷政府债务占GDP之比在2020年达到104.5%，巴西达到89.3%，哥斯达黎加也达到67.9%，乌拉圭达到61.5%。不断上升的政府债务引发债务的不可持续。2020年，阿根廷、厄瓜多尔、苏里南等国家实施了公共债务重组。不过，部分国家的债务占GDP的比例仍维持在较低水平，如巴拉圭中央政府债务占GDP的比例仅为30.1%，智利为32.5%，秘鲁为35.2%，即使如此，这些国家债务水平相对疫情之前仍有较大幅度的上升。①

二 主要国家经济形势

拉丁美洲和加勒比地区主要国家包括巴西、墨西哥、阿根廷、委内瑞拉、智利和秘鲁等国。本部分主要对巴西、墨西哥、阿根廷和委内瑞拉的经济形势进行简要分析。

（一）巴西：经济恢复至疫情之前的水平

2020年巴西经济增长-4.1%，相比2019年增速下降5.5个百分点，结束了该国自2017年开始的经济增长周期，为1996年以来经济衰退最为严重的一年。进入2021年，巴西经济逐步恢复。第一季度同比增长1.0%，结束了连续四个季度的负增长趋势；环比增长1.2%，连续三个季度保持正增长。第二季度同比增长12.4%，为1996年以来同比最大增幅；环比则轻微下降0.1%。2021年上半年巴西经济同比增长6.4%，国内生产总值恢复到2019年底2020年初疫情前的水平，在拉美地区的经济中表现相对较好。

伴随经济的逐步恢复，巴西就业形势有所好转。2020年第四季度巴西失业率曾出现短暂的下降，不过从2021年1月开始再次上升，3~4月达到14.7%，为2012年以来的最高值，随后有所下降，2021年8月降至13.2%。尽管失业率有所下降，但失业人口仍有1365.6万人，仍高于疫情前的水平。巴西劳动参与率自2020年第三季度开始不断回升，2021年8月已升至58.6%，相比2020年同期增加3.9个百分点。

巴西政府应对疫情的政策空间逐步收窄。据国际货币基金组织统计，

---

① ECLAC, "Fiscal Panorama of Latin America and the Caribbean: Fiscal Policy Challenges for Transformative Recovery Post-COVID-19," 2021 (LC/PUB.2021/5-P), Santiago, 2021b.

2020年巴西政府财政刺激规模约占到当年GDP的12%，但这些措施在2020年逐步到期。2021年政府的财政刺激措施相比2020年大幅减少。其中一个重要因素是巴西政府的财政压力倍增。据国际货币基金组织统计，2020年巴西初级财政赤字达6832.3亿雷亚尔，创下该项数据有统计以来的最高纪录，2020年巴西公共债务达到7.4万亿雷亚尔，比2019年增加13.5%。通货膨胀压力的加大也使得巴西央行不得不收紧货币政策。截至2021年8月，巴西央行已经实施四次加息行动，大部分的流动性支持措施预计在2021年也将退出。

随着国内外需求的复苏，预计巴西经济将在2021年强劲反弹。特别是随着大宗商品价格的上涨和全球经济恢复，巴西对外贸易表现亮眼，2021年1~8月，巴西出口同比增长37.4%，进口同比增长34.4%，贸易顺差同比增长45.9%。不过，疫情仍在反复。自2020年11月开始巴西暴发第二波疫情，直到2021年7月，巴西每周新增病例数才有所下降，2021年9月巴西每周新增病例仍有10万人以上。疫情将为巴西经济带来较大的不确定性。

（二）墨西哥：政策空间不足限制经济复苏力度

2020年墨西哥经济增长-8.3%，为连续第二年萎缩，也是该国经济自20世纪30年代以来最大年度跌幅。2021年，墨西哥经济逐步好转。第一季度经济同比下降3.6%，连续8个季度出现负增长，但是环比增长1.1%。在上年基数较低的影响下，第二季度经济同比增长19.6%，为2019年第一季度以来首次同比增长，环比增长1.5%。2021年上半年墨西哥经济同比增长为7.4%。

墨西哥劳动力市场逐步改善，但形势依然严峻。在疫情冲击下，2020年6月墨西哥失业率达到5.5%，为2011年8月以来的最高值。此后失业率不断回落，2020年12月已降至3.8%。2021年墨西哥失业率虽在1月和4月曾再次出现回升，但总体呈回落趋势，2021年6月降至4.0%，为15个月以来的最低水平，2021年7月稍微回升至4.1%。与此同时，墨西哥劳动参与率也不断上升，2021年7月达到59.9%，相比2021年1月上升3.8个百分点。

墨西哥政策刺激力度不足限制经济恢复。据国际货币基金组织统计，2020年墨西哥政府财政刺激规模仅占到当年GDP的1.9%，在全球主要经济体中是最低的。2020年墨西哥中央政府总体财政赤字占GDP的比例从2019年的1.7%上升至2.9%，中央政府债务占GDP之比也从2019年的36.1%上升到2020年的41.9%。① 墨西哥财政状况总体保持稳健，这虽然有利于维持政府财政的可持续性，但也可能导致墨西哥经济陷入更为严重的衰退。② 墨西哥通货膨胀压力造成货币政策趋紧。2021年4月墨西哥通货膨胀率达到6.1%，此后虽有所回落，但2021年8月依然达到5.6%，已连续六个月超出央行设定的通胀目标上限。因此，墨西哥央行在2021年改变货币政策走向，6月和8月两次加息至4.5%。

全球经济的复苏改善墨西哥的外部环境。2021年上半年墨西哥出口同比增长29.2%，其中石油出口增长57.8%，进口增长30.3%。美国就业状况的改善也促进了墨西哥侨汇收入增长。2021年上半年汇入墨西哥的侨汇相比2020年上半年增长了22.4%，其中95.2%来自美国。③ 不过，由于经济复苏缓慢、经济政策风险大、通胀高企等，2021年1~7月墨西哥资本外流累计达到2074.17亿比索，占2020年全年资本外流总额的80.6%。2021年墨西哥经济增速预计将大幅反弹，但要恢复到疫情前的水平仍需时间。

（三）阿根廷：债务风险增加经济不确定性

2020年阿根廷经济萎缩9.9%，已连续三年衰退，并创下2003年以来最大年度降幅。2021年阿根廷经济开始复苏，第一季度经济同比增长2.9%，结束此前连续六个季度的同比萎缩趋势，环比增长2.8%，连续三个季度实现环比增长。第二季度经济同比增长17.9%，环比增长-1.4%。2021年上半年阿根廷经济同比增长10.3%。

阿根廷就业状况有所好转。自2020年第三季度开始，阿根廷失业率不断

---

① ECLAC, "Fiscal Panorama of Latin America and the Caribbean: Fiscal Policy Challenges for Transformative Recovery Post-COVID-19," 2021 (LC/PUB.2021/5-P), Santiago, 2021b.
② Ahmed Hannan, S., Honjo, K. and Raissi, M., "Mexico Needs a Fiscal Twist: Response to Covid-19 and Beyond," IMF Working Paper No. WP/20/15, 2020.
③ BBVA, "Remittances Grew 22.4% in 2021h1, 92md Came from the N.T. of Central America," https://www.bbvaresearch.com/en/publicaciones/mexico-remittances-grew-224-in-2021h1-92md-came-from-the-nt-of-central-america, August 2, 2021.

下降。2021年第二季度进一步下降至9.6%，相比2020年同期下降3.5个百分点；失业人口为127.3万人，相比2020年同期下降11.4%。与此同时，劳动参与率也从2020年第二季度的38.4%上升至2021年第二季度的45.9%，不过其仍低于2020年第一季度的水平。阿根廷的就业仍未完全恢复到疫情前的水平。

阿根廷债务风险依然很高。据国际货币基金组织统计，2020年阿根廷初级财政赤字占GDP的6.2%，这也使得阿根廷政府债务占GDP的比例超过100%。阿根廷政府债务的可持续风险依然很高。2020年8月，阿根廷政府通过与国际债权人达成债务重组协议以避免陷入债务违约。2021年3月，阿根廷政府表示将无法偿还其对国际货币基金组织的450亿美元债务。5月底，阿根廷同巴黎俱乐部的24亿美元债务即将到期。6月，巴黎俱乐部与阿根廷政府达成协议，同意阿根廷延长还债期限以避免债务违约。在国际债权人的压力下，阿根廷政府承诺将进一步压缩财政赤字，这将限制政策空间。2020年11月，通货膨胀压力加大推动阿根廷货币政策转向，不过阿根廷央行加息力度并不大，其基准利率相比此前时期仍处于较低水平。预计2021年阿根廷经济有望复苏，但依然存在较大的不确定性。

（四）委内瑞拉：经济收缩趋势有望放缓

委内瑞拉仍陷入严重的经济危机之中。据ECLAC统计，2020年委内瑞拉经济萎缩达到30%，连续七年出现衰退。石油工业的快速萎缩是经济陷入持续衰退的重要原因。根据石油输出国组织（OPEC）的统计，2020年委内瑞拉平均每天原油产量降至56.9万桶，相比2019年下降43.8%，特别是2020年第三季度更是一度下降至每天只有40.6万桶。受美国制裁影响，委内瑞拉石油出口量大幅下降，2020年原油出口量相比2019年下降42.5%，至每日48.7万桶。不过随着全球石油需求的回暖，委内瑞拉的石油工业将会有所恢复，2021年9月委内瑞拉原油产量重新升至每天65万桶，原油出口预计也将会有所上升。

委内瑞拉仍面临较为严峻的通货膨胀和货币贬值形势。2020年委内瑞拉通货膨胀率继续下降，但依然处于恶性通货膨胀。2020年9月，委内瑞拉通货膨胀率为1813.1%，相比2019年9月的39113.8%已出现大幅下降。随后委内瑞拉通货膨胀率有所上升，2020年12月重新升至2959.8%。2021年3月，委内瑞拉通货膨胀率再次上升至3012.2%，不过此后逐步下降，2021年9月重新降至1946%。通货膨胀率的下降在很大程度上来自货币投放速度的下降。2020年12月，委内瑞拉广义货币（M2）同比增速下降至1286.8%，2021年9月进一步下降至1107.2%。2021年，委内瑞拉央行继续推进币制改革。2021年4月，委内瑞拉央行（BCV）宣布发行面值100万玻利瓦尔的纸币。8月，委内瑞拉中央银行发行新版货币——数字玻利瓦尔（Bolívar Digital），以取代此前的主权玻利瓦尔（Bolívares Soberanos），新旧货币的兑换比为1比100万。在这种情况下，委内瑞拉通货膨胀率有望继续下降。不过，玻利瓦尔仍在快速贬值，2021年7月底玻利瓦尔对美元汇率为1美元兑4015646玻利瓦尔，而2020年7月底为1美元兑258365玻利瓦尔。

预计2021年委内瑞拉经济收缩趋势将会放缓。失控的通货膨胀和长期的货币贬值将继续拖累经济活动，但石油价格的上升以及全球经济的回暖预计会带动委内瑞拉出口增长。美国对委内瑞拉的制裁是影响委内瑞拉经济走势的另一重要因素。2021年3月，美国白宫表示，将对委内瑞拉的制裁延长到2022年3月。委内瑞拉目前也无法获得国际货币基金组织的贷款支持，也暂时无法得到基金组织分配的特别提款权。这些都为委内瑞拉的经济发展带来不确定性。

三 疫情进一步加剧拉美国家外债负担

拉美和加勒比地区经济体面临疫情和外部融资环境收紧的双重打击，部分国家的债务偿付能力显著恶化。早在疫情暴发之前，许多发展中国家的外债就已经处于高位。据国际货币基金组织统计，2020年新兴市场和发展中经济体的外债存量为11.2万亿美元，占这些经济体GDP的32.6%，相比2019年上升2.0个百分点。其中，拉美和加勒比地区是外债负担最为严重的地区。从债务存量来看，2020年拉美和加勒比地区外债存量为2.4万亿美元，占GDP的比例达到55.5%，是债务存量占比最高的地区；外债占货物和服务出口的比例达到224.3%，仅次于撒哈拉以南非洲。从债务偿付来看，2020年该地区外债还本付息额为6367亿美元，占GDP的15%，占货物和服务出口的59.8%。2021年之后部分外债指标预计有所下降，但是依然处于较高水平。

表1 拉美和加勒比地区外债情况

单位：十亿美元，%

项目	2019年	2020年	2021年	2022年
外债存量	2399.3	2410.3	2489.0	2566.1
外债占GDP之比	47.8	55.5	49.8	48.9
外债占货物和服务出口之比	192.2	224.3	185.3	182.5
外债还本付息额	614.1	636.7	572.8	537.2
外债还本付息额占GDP之比	12.5	15.0	11.8	10.4
外债还本付息额占货物和服务出口之比	50.1	59.8	43.0	38.4

资料来源：International Monetary Fund, World Economic Outlook Database, October 2021。

为化解拉美国家的外债压力，国际社会采取了一系列措施帮助其解决外部融资困难。疫情暴发之后，截至2021年9月，国际货币基金组织共向19个拉美和加勒比经济体提供了26项紧急贷款支持安排，贷款总额674.3亿美元，占国际货币基金组织紧急贷款支持总额的57.8%。除此之外，国际货币基金组织在控灾减灾信托（CCRT）机制下为海地提供了1686万美元的债务减免。[1] 为降低疫情对拉美地区的卫生、经济和社会影响，世界银行集团2020年4月至2021年6月也向该地区提供了创纪录的291亿美元资金支持，其中国际复兴开发银行和国际开发协会提供资金145亿美元，国际金融公司提供108亿美元，多边投资担保机构提供了38亿美元的担保。[2] 除此之外，

---

[1] IMF, "COVID-19 Financial Assistance and Debt Service Relief," https://www.imf.org/en/Topics/imf-and-covid19/COVID-Lending-Tracker, 2021年9月18日。

[2] World Bank, "World Bank Group Mobilizes Over $29 billion to Support Latin America and the Caribbean Region Respond to Pandemic," https://www.worldbank.org/en/news/press-release/2021/08/02/world-bank-group-mobilizes-over-29-billion-to-support-latin-america-and-the-caribbean-region-respond-to-pandemic, August 2, 2021.

其他区域性多边发展银行以及国别发展银行也提供了大量的资金支持。①拉美和加勒比国家还通过私人市场融资来缓解外部融资压力。2020年，该地区共发行国际债券1453亿美元，其中2020年上半年发行额达到历史最高纪录，但2020年下半年出现急剧收缩。2021年第一季度共发行国际债券520亿美元，同比增长16%。②

不过以上融资方式并不能完全解决拉美和加勒比国家的债务困境。国际机构提供的资金相对各国的融资需求仍然是不足的。据统计，2020年国际货币基金组织提供的融资支持只能满足该地区国家融资需求的23.1%~32.3%。③同时，部分国家不属于低收入国家无法享受来自国际机构的优惠贷款以及债务减免和债务延期。对于私人市场融资来说，能够发行国际债券的仍主要集中在该地区几个较大的经济体。与此同时，拉美和加勒比国家的主权信用风险上升也抬升了融资成本，2021年以来长期利率的上升也可能抑制各国从债券市场融资的兴趣。

拉美和加勒比国家一直呼吁强化国际金融架构来帮助该地区解决流动性困难。一是呼吁国际货币基金组织进行新一轮分配特别提款权（SDR）。在国际社会的共同努力下，2021年8月，国际货币基金组织理事会批准了6500亿美元特别提款权分配，拉美和加勒比国家总体可获得约7.6%的分配额度，这将极大地改变部分重债国家国际储备不足的局面。为了更大发挥特别提款权的作用，国际货币基金组织还在积极探讨将各国未使用的特别提款权重新利用起来，④以更好地帮助低收入国家实现经济复苏。二是建议建立新的多边机

---

① ECLAC, "Financing for Development in the Era of COVID-19 and Beyond," Special Report COVID-19, No.10, 2021a.
② ECLAC, "The Recovery Paradox in Latin America and the Caribbean Growth Amid Persisting Structural Problems: Inequality, Poverty and Low Investment and Productivity," Special Report COVID-19, No.11, 2021c.
③ ECLAC, "Financing for Development in the Era of COVID-19 and Beyond," Special Report COVID-19, No.10, 2021a.
④ 例如呼吁外部头寸稳健的国家将部分特别提款权转借给国际货币基金组织的"减贫与增长信托"（PRGT），向低收入国家提供优惠贷款，或是建立"韧性和可持续信托"（Resilience and Sustainability Trust），帮助脆弱国家推进结构性转型。此外，也可以将转借的特别提款权用来支持多边开发银行的贷款活动。

制以促进流动性从发达经济体向发展中经济体转移,如哥斯达黎加政府建议设立"缓解新冠病毒经济影响基金"(Fund to Alleviate COVID-19 Economics, FACE)。该基金由发达经济体出资,预期规模超过5000亿美元,为发展中经济体提供长期且无条件的优惠贷款。三是建议国际金融机构提供更多成本更低、期限更长的融资安排。如阿根廷政府建议国际货币基金组织对其附加费政策[①](surcharges policy)进行改革,以降低从国际货币基金组织获得贷款成员国的债务负担。四是改革国际债务框架。如ECLAC建议建立一个多边主权债务重组机制并建立一个多边信用评级机构。此外,应进一步扩大二十国集团暂缓最贫困国家债务偿付倡议(DSSI)的范围,并进一步延长期限。[②]

四 拉美地区经济形势展望

受新冠肺炎疫情的影响,拉美和加勒比地区2020年遭受严重经济危机。随着各国逐渐步入与疫情相处的"新常态"并放松疫情限制措施,再加上全球经济的回暖特别是国际大宗商品价格的上升,2021年拉美和加勒比地区经济将会有所好转。但拉美和加勒比地区经济仍然面临一定风险。一是拉美和加勒比地区疫情仍较为严重。截至2021年8月,拉美和加勒比地区人口占全球人口的8.4%,但其占全球新冠肺炎感染病例的21%以及疾病致死人数的32.5%[③],与发达国家相比,该地区疫苗接种率也存在重大差距。二是政策空间不足。疫情已经造成拉美和加勒比国家公共债务大幅上升,而通货膨胀压力加大也使得多数国家不得不开始收紧货币政策。三是各国普遍面临外债负担

---

① 附加费的征收旨在防止成员国大量和长期使用国际货币基金组织的资源。如果成员国对国际货币基金组织的未偿信贷余额超过其份额的187.5%,国际货币基金组织将对超过的部分额外征收200个基点的附加费,如果超过部分的时间超过3年,则附加费将升至300个基点。

② ECLAC, "The Pandemic is Prompting Higher Debt Levels in the Region's Countries and Jeopardizing a Sustainable Rebuilding with Equality," https://www.cepal.org/en/pressreleases/pandemic-prompting-higher-debt-levels-regions-countries-and-jeopardizing-sustainable, March 11, 2021.

③ ECLAC, "Latin America and the Caribbean Needs to Have a Common Position to Face the Current Crisis and Promote Renewed International Cooperation," https://www.cepal.org/en/pressreleases/latin-america-and-caribbean-needs-have-common-position-face-current-crisis-and-promote, August 19, 2021.

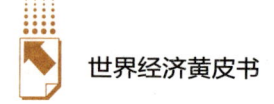

重、投资不振、就业不足、经济结构单一等长期风险与挑战。ECLAC预计，2021年拉美和加勒比地区经济增长5.9%，2022年将放缓至2.9%，经济恢复仍需经历较长一段时间。

参考文献

Ahmed Hannan, S., Honjo, K. and Raissi, M., "Mexico Needs a Fiscal Twist: Response to COVID-19 and Beyond," IMF Working Paper No. WP/20/15, 2020.

ECLAC, "Financing for Development in the Era of COVID-19 and Beyond," Special Report COVID-19, No.10, 2021a.

ECLAC, "Fiscal Panorama of Latin America and the Caribbean: Fiscal Policy Challenges for Transformative Recovery Post-COVID-19," 2021 (LC/PUB.2021/5-P), Santiago, 2021b.

ECLAC, "The Recovery Paradox in Latin America and the Caribbean Growth Amid Persisting Structural Problems: Inequality, Poverty and Low Investment and Productivity," Special Report COVID-19, No.11, 2021c.

ECLAC, "Foreign Direct Investment in Latin America and the Caribbean 2021," Executive Summary (LC/PUB.2021/9), Santiago, 2021d.

ECLAC / ILO, "Decent Work for Platform Workers in Latin America," Employment Situation in Latin America and the Caribbean, No. 24 (LC/TS.2021/71), Santiago, 2021.

ILO, "COVID-19 and the World of Work," Seventh edition, 25 January 2021.

World Bank Group, "Resilience COVID-19 Crisis through a Migration Lens," Migration and Development Brief 34, May 2021.

Y.9
西亚非洲经济：不平衡复苏

孙靓莹*

摘　要： 2021年，疫情在西亚非洲经济发展水平较高国家首先得到控制，疫苗接种和大规模刺激政策的实施推动经济逐步复苏，而经济欠发达地区则存在疫苗获取困难、物价高涨、失业率居高不下等问题。经济不平衡复苏成为2021年该地区经济的重要特征。西亚北非地区的石油进口国面临侨汇下降、石油价格上升等多方面挑战。撒哈拉以南非洲地区的多数国家由于疫苗供应、运输条件较差，疫苗接种进度缓慢，拖延整体经济复苏。预计2021年西亚北非地区经济将反弹4.0%，撒哈拉以南非洲地区经济将反弹3.4%。到2022年，预计西亚北非地区经济增长率为3.7%，撒哈拉以南非洲地区经济增长将达到4.0%。西亚非洲不平衡的经济复苏现状预示着该地区未来需要更多的国际发展合作，以帮助深受疫情拖累的国家渡过难关。

关键词： 西亚北非地区　撒哈拉以南非洲地区　经济不平衡复苏

正如我们在《2020年世界经济形势分析与预测》中所预测的，西亚非洲地区经济在疫情冲击下出现了大幅萎缩。2020年，西亚北非地区经济萎缩约

---

* 孙靓莹，中国社会科学院世界经济与政治研究所助理研究员，主要研究领域为国际发展、联合国可持续发展议程和债务可持续性。

3.4%，疫情持续蔓延及国际油价疲软是造成该地区经济下滑的主要原因。到2020年底，随着油价上升以及新冠疫苗在石油输出国的逐步接种，这一地区石油出口国的经济率先复苏。撒哈拉以南非洲国家在2020年经济萎缩1.9%。相比2020年新兴市场和发展经济体经济萎缩2.2%，西亚北非地区与新兴市场和发展中经济体的经济增速差距逐步扩大。撒哈拉以南非洲地区由于经济萎缩程度小于新兴市场和发展中经济体，经济总量差距有所缩小。

一 西亚非洲经济形势回顾：2020~2021年

2020年对全球经济来说无疑是艰难的一年。根据IMF在2021年公布的数据,[①]2020年西亚非洲地区经济萎缩明显，其中，西亚北非地区实际GDP增速为-3.4%。预期2021年西亚北非地区GDP增速将反弹至4%，同期全球经济预期反弹至6%，如果2022年疫情消退，西亚北非地区预期增长率为3.7%。撒哈拉以南非洲地区的实际GDP在2020年萎缩1.9%。到2021年，预期撒哈拉以南非洲经济增速将反弹至3.4%。随着疫情恢复，2022年撒哈拉以南非洲预期经济增速为4.0%。在防控疫情的同时逐步实现经济正常运转是该地区保持经济增长的重要决定因素。总体来说，该地区如同全世界一样，由于疫苗接种普及程度和政府调控能力不同，高收入国家经济可能比低收入国家恢复得更快、更好。

疫情带来全球经济停摆，大宗商品市场交易陷入困境。西亚非洲地区的石油输出国经济受到了巨大冲击。2020年，西亚北非石油出口国经济萎缩4.5%，同期石油进口国经济萎缩0.8%。随着全球经济秩序在2021年逐步恢复，国际油价出现了稳步上升。从2020年第四季度到2021年第二季度，布伦特原油价格从约40美元/桶涨到约70美元/桶。预期2021年全年，该地区石油出口国经济增速将反弹至4.8%，石油进口国经济增速反弹至2.3%。2020年，

---

① 没有特别说明的情况下，本研究数据来自IMF世界经济展望数据库（World Economics Outlook Database），https://www.imf.org/en/Publications/WEO/weo-database/2021/April，2020年9月15日下载。

石油出口国经济增速下降明显，其中利比亚和伊拉克经济分别萎缩59.7%和10%。预期利比亚在2021年经济增速将反弹至131%，这意味着利比亚在2021年可能恢复到2019年经济总量的80%。伊拉克预期经济增速反弹至1%。

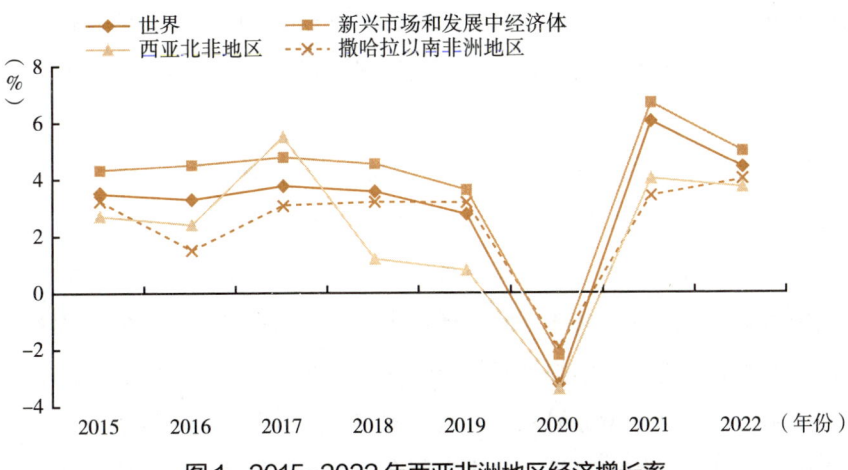

图1 2015~2022年西亚非洲地区经济增长率

注：2021~2022年为预测值。
资料来源：IMF, World Economic Outlook, April 2021。

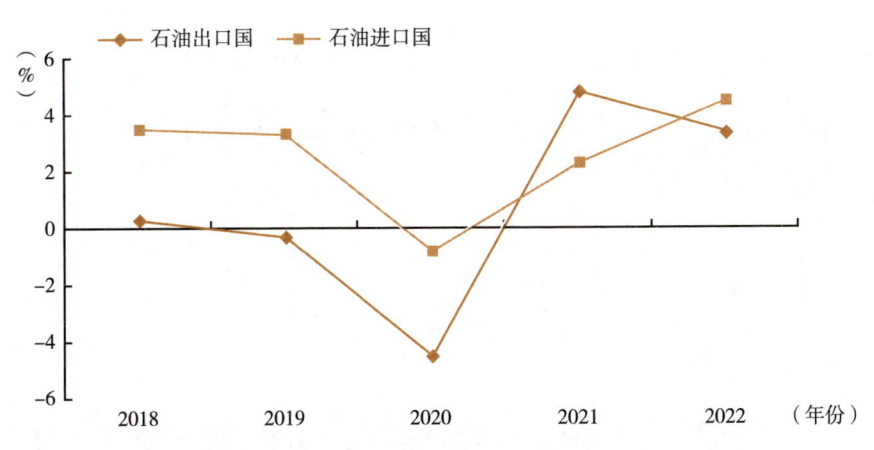

图2 2018~2022年西亚北非石油出口国与进口国经济增速

注：2021~2022年为预测值。
资料来源：IMF, World Economic Outlook, April 2021。

疫苗接种进程的缓慢使得西亚非洲地区尤其是撒哈拉以南非洲的疫情防控更为困难。西亚北非地区的部分石油出口国有较高的接种率，例如截至2021年9月，阿联酋两针疫苗接种率达到80%，沙特达到48.5%。而撒哈拉以南非洲除了南非达到12.3%、斯威士兰达到14.9%外，大部分国家的两针疫苗接种率在5%以下。西亚地区，尤其是较为贫困的国家，能否得到国际社会在疫苗供应上的援助，将成为影响这些国家未来几年疫情防控能力的重要因素。

2021年，西亚北非地区经济的最大特点是国家间差异显著。基于各国的疫情防控能力、疫苗接种速度、经济韧性、旅游业等人群聚集产业占比以及政府政策能力的差距，在疫情这场大考中各国经济增长差距将被放大。对于债务问题突出的西亚北非地区，拯救生命、恢复经济这一使命与债务可持续方案可能会成为政府亟须平衡的两个突出方面。医疗和经济刺激意味着更高的债务，为了降低债务而减少刺激政策和医疗援助又是难以执行的。合理运用国际援助，抓住改革机遇，成为摆在西亚北非地区各国政府面前的关键任务。

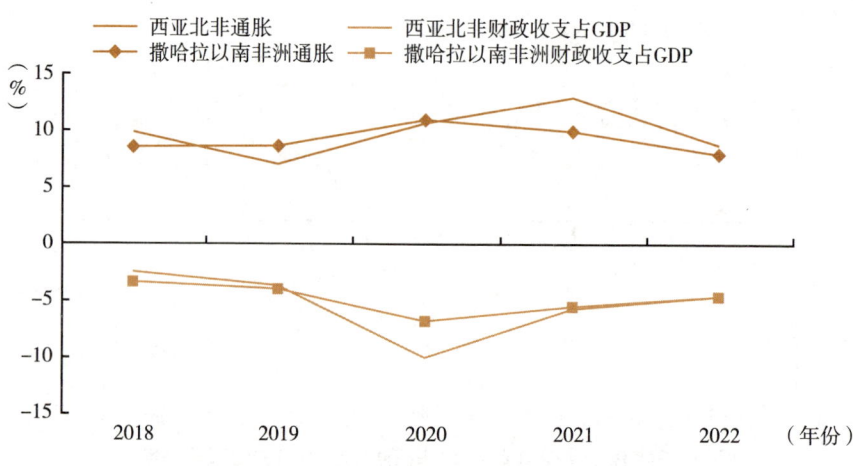

图3 2018~2022年西亚非洲地区通胀与财政收支占比

注：2021~2022年为预测值。
资料来源：IMF, World Economic Outlook, April 2021。

疫情的冲击使得西亚北非各国面临通胀压力。西亚北非地区的通胀率从2019年的6.8%上升至2020年的10.8%。2020年通胀上升的主要原因是粮食短缺。由于粮食短缺的持续和石油价格的上升，预期该地区2021年的通胀会持续上升至12.8%。西亚北非地区的石油出口国2020年通胀为8.6%，2021年预期通胀为11%。2020年利比亚虽然结束了内战，但政局动荡同样带来了高昂的物价水平。2020年利比亚通胀率为22.3%。到2021年，利比亚预期通胀为18.2%。石油进口国由于消费价格指数构成中食物占比较高，通胀水平上升幅度较大。西亚北非地区的石油进口国2020年通胀率为15.4%，预期到2021年通胀率为17.2%。在这些国家中，黎巴嫩在2020年通胀水平达到惊人的88.2%。这是西亚北非地区有记录以来第一次恶性通胀，黎巴嫩央行在过去20年执行1507里拉兑换1美元的固定汇率承诺，但是疫情带来的旅游业收缩、侨汇收入减少使得黎巴嫩央行更加难以维持本已接近崩溃的固定汇率制度。汇率贬值、进口减少、物价飙升、贝鲁特大爆炸以及随后的政治动荡，使得黎巴嫩缺乏强有力的政府推动汇率制度改革，因而难以从国际货币基金组织获得援助，经济困境进一步加剧。

西亚北非政府在应对疫情和维持经济平稳上付出了巨大的努力。总的来说，西亚北非地区的货币政策总体宽松。大多数国家的央行都选择了降低基准利率，埃及更是降低接近600个基点。大多数央行都放宽了准备金要求，鼓励银行贷款展期。在财政政策方面，到2021年2月，西亚北非地区各国政府采取的财政救助措施涉及金额平均占2020年GDP的2%。其中，巴林占比最高，接近6%。相对而言，石油出口国的医疗体系和社保体系更为完善，救助措施更为有效。

国内需求疲弱、油价下降、刺激政策三方面因素使得2020年西亚北非地区财政状况进一步恶化。西亚北非地区的财政赤字占GDP的比例在2020年达到了10.1%，预期2021年财政赤字状况会有所改善，收缩至占GDP的5.8%。由于油价疲软，该地区石油出口国2020年的财政赤字占比为10.8%，石油进口国为7.4%。随着2021年原油价格的大幅度上升，预期石油出口国财政赤字

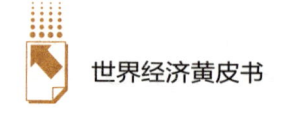

占比收缩至5.3%，而石油进口国财政赤字占比稍微扩张至7.6%。

政府债务方面，西亚北非地区2020年政府债务占GDP的比重为56.4%，而在2019年为47.6%。石油出口国的政府债务状况比石油进口国要好。2020年石油出口国的政府债务占GDP比重为45.5%，石油进口国为96.9%。预期到2021年两者分别为41.9%和94.1%。2020年巴林政府债务占GDP比重为132.9%，黎巴嫩为154.4%，是该地区政府债务问题最为严重的两个国家。国际社会采取的措施在一定程度上缓解了该地区的直接融资限制。IMF为该地区低收入国家提供了17亿美元的融资支持。二十国集团提出的暂停偿债倡议（DSSI）、IMF旗下的灾难遏制和救济信托基金（CCRT）以及重债穷国倡议（HIPC）也为索马里、苏丹、也门等债务问题严重且经济体制脆弱的国家争取到了更长的偿付期限和更低的利率。

该地区部分国家的经济已经难以再推出更多的刺激政策。西亚北非部分国家，尤其是外汇储备较少的石油进口国，在获得应对疫情的医疗资源方面，需要更多的国际援助。截至2021年9月18日，也门、叙利亚、索马里、苏丹、吉布提五国的居民一针以上COVID-19疫苗接种率不超过5%。与之相比的是，阿联酋、卡塔尔、巴林、沙特阿拉伯的一针接种率超过60%。尤其是阿联酋，疫苗两针接种率已经达到80%。医疗资源的差距将使得该地区各国的恢复速度有较大的差异。

撒哈拉以南非洲地区在2020年同样因疫情影响而经济萎缩，幅度达到1.9%，预期2021年撒哈拉以南非洲的经济将反弹3.4%。在经历了有历史记录以来最严重一次经济萎缩之后，受限于政府刺激经济以及防控疫情的能力，该地区的经济恢复仍需要很长时间，预期人均GDP要到2022年才能恢复到2019年的水平。2020年，本地区的失业率达到8.5%，接近3200万人因收入水平下降而跌入极端贫困。佛得角、毛里求斯、塞舌尔共和国等以旅游业为重要支柱产业的国家，经济受到的冲击最为严重，降幅分别为14%、15.8%和13.4%。2020年，南非经济萎缩7.0%。南非对疫情管理的失败迫使地方政府采取更严格的疫情防控措施，2021年9月，南非报告的总感染人数已经超过280万人，而南非的一针疫苗接种率还不到20%。

相比西亚北非地区，撒哈拉以南非洲经济萎缩程度好于预期，主要原因如下：该地区COVID-19传播速度较为缓慢、大宗商品价格回暖以及数字经济发展。非洲电商平台Jumia在2020年上半年交易总数为470万笔，同比增加50%。多哥和南非企业的数字平台使用率分别达到43%和51%。

在货币政策方面，石油价格和食品价格上升使得2020年撒哈拉以南非洲地区通胀水平达到11.1%，这意味着该地区大多数国家在2021年维持利率不变。2020年1月，莫桑比克央行将基准利率提高300个基点。津巴布韦2020年通胀率为348.6%，2021年2月，该国央行提升利率500个基点至40%。刚果（金）、加纳、毛里求斯、尼日利亚、南苏丹、乌干达等国采取了货币融资手段来维持政府支出。这在长期可能会加大市场对央行控制通胀决心的怀疑。

撒哈拉以南非洲地区的公共债务占GDP比重从2019年的52%升至2020年的58%，达到20年最高水平。二十国集团的暂停偿债倡议在2020年下半年为该地区提供了18亿美元，该项目还计划在2021年上半年向该地区提供48亿美元。2021年上半年根据暂停偿债倡议安哥拉获得17亿美元的债务减免，是撒哈拉以南非洲从该项目获得最多减免的国家；肯尼亚获得6.2亿美元的减免，位居第二。

二　西亚非洲主要国家经济形势回顾

（一）埃及：农产品出口带动经济反弹

埃及政府在应对疫情和刺激经济方面采取的措施有较大成效。2020年埃及经济维持3.6%的增长，预期2021年经济增长2.1%。新能源项目和商品出口增长是2020年埃及经济增长的主要动力。2021年，埃及农产品出口增长14%，柑橘类出口排名世界第一。[1] 埃及政府推动的城市改造计划，将增加固定投资。这项计划资金主要来自埃及央行，改造范围为开罗以东的新行政中

---

[1]《2021年埃及农业出口增长14%》，中华人民共和国驻阿拉伯埃及共和国大使馆经济商务处官网，2021年8月30日。

心。2021年6月，埃及财政部与交通部共同启动斋月十日城陆港和物流中心项目建设。该项目最大限度地允许私营部门参与。陆港和物流中心建设有助于减少货物通关时间，降低货物及货运服务成本。①

在财政政策方面，埃及持续推进财政政策改革，提高企业税收门槛。预期2021~2022财年，为了应对疫情，埃及政府将维持企业税率22.5%不变。2020年埃及广义财政赤字率为7%。由于2021年食品价格上涨和疫苗支出上升等，预期到2021年埃及赤字率为7.5%。随着经济恢复尤其是旅游业的恢复以及财政改革的逐步推进，预计2022年赤字率将回调至6%。

埃及央行在2020年下调政策利率400个基点至8.25%。2020年埃及通胀率为5%，预期2021年通胀率为7%，处于埃及央行的通胀控制目标范围内，较为稳定。随着2022年经济进一步回暖，埃及央行可能会调高利率。埃及的经常账户赤字可能持续，服务收支保持结构性顺差，随着旅游业的恢复，服务业占GDP比重将逐步提高。埃及数字经济发展较为亮眼，2020年通信技术部门出口达到41亿美元，ICT行业就业人数达到28.1万人。② 私人消费增长和公共投资增加将进一步推动进口增加。出口方面，随着能源价格回升，天然气出口将增加。2020年埃及贸易逆差为119亿美元，预期2021年为159亿美元。

埃及政府努力获取疫苗和推进疫苗接种，但是由于埃及的人口基数较大，直到2021年9月，埃及一针接种率还没有超过10%。2021年7月埃及制药公司Vacsera开始与中国科兴生物合作生产疫苗，到2021年9月，该项目已经生产了100万剂疫苗，在未来该项目也有望为非洲地区提供更多的疫苗。

（二）伊朗：经济衰退可能存在转机

美国对伊朗的持续制裁造成伊朗经济长期低迷。2018年美国宣布对伊朗

---

① 《埃及财政部长宣布启动斋月十日城陆港和物流中心项目建设》，中国驻阿拉伯埃及共和国大使馆经济商务处官网，2021年6月29日。
② 《埃及数字出口达到41亿美元》，中国驻阿拉伯埃及共和国大使馆经济商务处官网，2021年6月8日。

进行制裁后,伊朗经济连续两年降幅超过6%。2020年,伊朗经济增速为1.5%。如美国在2021年内结束对伊朗的制裁,伴随着油价上涨,伊朗经济增速将在2021年回调至2.5%,石油出口量将于2023年恢复到制裁前的水平。2020年到2021年上半年,伊朗经济恢复主要体现在石油天然气部门,服务业恢复停滞,这可能限制消费回暖。

在财政政策方面,伊朗通过了一项面向6000万名伊朗低收入群体的月度援助计划。考虑到2021年9月,伊朗石油出口量平均为每天62万桶,石油价格上升以及制裁放松带来的政府收入增加不会对财政赤字带来决定性影响。预期伊朗广义政府赤字率将从2020年的8.4%收缩至6.8%。受制裁影响,伊朗较难获得外部融资,财政支出主要依靠国内融资。

通货膨胀方面,伊朗2020年通货膨胀率为36.5%,预计2021年为39%。伊朗央行的通胀目标为22%,2021年,伊朗央行可能上调利率。石油出口的增加可能会缓解外汇短期压力,减少伊朗对赤字货币化的依赖。未来,伊朗的货币政策将受石油市场需求回暖以及伊朗石油出口能力提升等影响。

2020年伊朗出现自1990年以来的首次贸易逆差,当年经常账户赤字为45亿美元。随着石油价格上升和旅游业复苏,2021年伊朗将恢复贸易顺差,经常账户盈余预期将达到79亿美元。

伊朗积极采取措施应对疫情,努力提高疫苗接种率。2021年9月,伊朗疫苗的一针接种率为33%,两针接种率为16%。美国制裁使得伊朗当地制药企业难以获得足够的原材料。2021年1月,伊朗最高领袖哈梅内伊宣布拒绝使用英美生产的疫苗。但这一决定可能随着伊朗境内德尔塔变种的流行而出现改变。

在对外经贸合作方面,中国是伊朗最重要的出口目的地,2021财年前四个月,伊朗与其他国家间贸易额约为290亿美元,同比增长47%,其中对中国出口43亿美元,名列第一。[①] 伊朗于2021年7月19日启动了与欧亚经济

---

① 《中国是伊朗出口主要目的地》,中国驻伊朗伊斯兰共和国大使馆经济商务处官网,2021年8月1日。

联盟（EEU）的自由贸易谈判。伊朗海关总署数据显示，2020年俄罗斯是伊朗在EEU成员国中最大的贸易伙伴，双边进出口额达26亿美元。①

（三）沙特阿拉伯：启动雄心勃勃的经济改革计划

受石油价格回升的影响，沙特在经历了2020年4.1%的经济萎缩后，将在2021年实现2.9%的经济反弹。塑料产品出口收入在2021年上半年增长52%。旅游部门预计要到2022年才能逐渐恢复。依据沙特"愿景2030"，计划到2030年旅游业占GDP比重提高到10%。2021年6月，沙特正式启动国家运输和物流战略，旨在巩固沙特作为连接亚非欧三大洲的全球物流中心地位，改善各类运输服务，加强物流体系与现代化运输方式的融合。上述一揽子基础建设投资将进一步促进沙特经济增长。②2021年8月，沙特宣布了总价值近40亿里亚尔（10.7亿美元）的数字经济发展计划，是目前中东和北非地区规模最大的数字经济项目。③

沙特的财政状况受石油价格影响较大。2020年，受经济疲软带来的增值税收入减少和油价低迷的双重影响，沙特财政赤字达到11.1%。2021年石油价格回升，沙特财政赤字预计将收缩到3.8%。沙特政府积极依靠公私合营项目（PPP）为新建项目融资。2021年8月，沙特卫生部提出到2030年将卫生部门的私营参与率从25%提升到35%。沙特卫生部正在与私营部门及政府合作伙伴合作，在多地实行卫生部门私有化，初始投资额超过73亿美元。④由于里亚尔盯住美元，沙特利率最终取决于美元利率走势。2020年沙特通胀率为3.4%，随着油价上涨，预期到2021年沙特通胀率为2.7%，通胀压力较小。

2020年沙特同样出现了罕见的逆差，经常账户赤字达150亿美元。2021

---

① 《伊朗与欧亚经济联盟举行自由贸易谈判》，中国驻伊朗伊斯兰共和国大使馆经济商务处官网，2021年7月26日。
② 《沙特王储启动国家运输和物流战略》，中国驻沙特阿拉伯王国大使馆经济商务处官网，2021年7月13日。
③ 《沙特宣布地区最大数字经济发展计划》，中国驻沙特阿拉伯王国大使馆经济商务处官网，2021年9月5日。
④ 《沙特健康领域将吸纳73亿美元投资》，中国驻沙特阿拉伯王国大使馆经济商务处官网，2021年9月5日。

年，由于油价上涨以及出口恢复，预期沙特经常项目盈余将达到229亿美元。服务业尤其是旅游业恢复缓慢以及政府建设计划带来的进口需求，使得顺差难以快速恢复到疫情前水平。

在疫情管理方面，沙特在防控疫情以及推动疫苗接种方面都取得一定的成效。2021年9月，沙特一针接种率为65%，二针接种率为50%。沙特政府的目标是到2021年底实现70%的疫苗接种率，较高的疫苗接种率将为沙特进一步发展旅游业提供条件。2021年9月，沙特每月允许6万名朝圣者入境，这与疫情前的200万人相差较远。沙特政府对已接种两针的入境者不再实施隔离政策。

（四）尼日利亚：等待重建经济秩序

尼日利亚2020年经济萎缩1.8%，预期2021年经济增长率为2.5%。持续通胀、高额政府赤字以及南部地区的冲突形势，使得尼日利亚经济增长较为艰难。高达33%的失业率凸显了非洲最大经济体所面临的困境。尼日利亚政府在贸易上秉持保守主义，寄希望于对进口产品实施准入限制从而促进工业发展。但在疫情下，这种保护政策可能导致经济失衡。尼日利亚政府希望通过限制进口而不是刺激非石油类商品出口来维持对外账户平衡。这可能是为了配合加入非洲大陆自由贸易区（AfCFTA）而采取的措施，希望通过发展国内产业从而在放开贸易限制后减少国内产业受到的冲击。2020年尼日利亚贸易逆差占GDP比重为3.7%，2021年贸易逆差比重预期缩减到2.2%。

在财政政策方面，2021年8月尼日利亚通过《新石油工业法案》（PIA）。此法案规定对石油行业征税采取累进制，收取特许权使用费。从财政收入结构来说，石油收入占尼日利亚政府财政收入的50%。由于政治动荡，该国征税困难，并且中央和地方的财政关系尚未得到妥善解决。2021年9月13日尼日利亚拉各斯州政府宣布实施"州增值税法"，由州税务局（而非联邦税务局）在该州范围内征收增值税，使联邦和州之间的征税权之争愈演愈烈。[1]2020年，

---

[1] 《尼日利亚联邦与州政府征税权之争愈演愈烈》，中国驻尼日利亚联邦共和国大使馆经济商务处官网，2021年9月15日。

该国财政赤字占 GDP 的比重为 5.8%，2021 年由于油价上涨，该比例有望回落到 4.2%。尼日利亚财政部长 2021 年 8 月表示，由于财政收入持续减少，联邦政府计划从国内外借款约 4.89 万亿奈拉（约合 119.3 亿美元），并将在未来一年内减少 2593.15 亿奈拉的支出。①

货币政策方面，受到较高通货膨胀率影响，政府保持着较为稳定的紧缩状态。2020 年尼日利亚的通货膨胀率为 13.2%，2021 年预期为 16%。尼日利亚央行从 2021 年初至今维持着 11.5% 的通胀率，距 9% 的通胀目标仍有不小差距。IMF 在 2021 年 8 月向尼日利亚提供了价值 33 亿美元的特别提款权，有助于维持尼日利亚货币体系稳定。

撒哈拉以南非洲国家的疫苗推进总体比较困难，尼日利亚也不例外。由于生产、运输等方面的限制，尼日利亚主要依赖英国生产的阿斯利康疫苗。2021 年 9 月，尼日利亚共接种 300 万剂阿斯利康疫苗。根据尼日利亚官方疫苗接种计划，于 2021 年实现 40% 的接种率，2022 年实现 70% 的接种率。但是到 2021 年 9 月，尼日利亚一针疫苗接种率为 2%。从现阶段疫苗接种情况来看，以上计划难以按时完成。

（五）南非：骚乱与恢复

南非 2020 年经济萎缩 7%，预期到 2021 年南非经济增速为 3.1%。2021 年 7 月，由于前总统祖马入狱，南非开始了一场持续一周的严重骚乱并造成 300 多人死亡以及约 34 亿美元的经济损失。此次骚乱严重阻碍了疫苗接种进程。2021 年第二季度，南非失业率达到 34.4%。经济衰退、高失业率以及暴乱，使得南非经济复苏前景不甚乐观。②

南非财政政策保持稳定。2020 年，南非财政赤字占 GDP 比重为 12.2%，2021 年由于大宗商品价格回升，预期南非财政赤字占 GDP 比重减缩至 10.6%。

---

① 《尼日利亚 2022 年拟借款 4.59 万亿奈拉》，中国驻尼日利亚联邦共和国大使馆经济商务处官网，2021 年 8 月 23 日。
② 《南非在全球经济自由度排名中位居第 84 位》，中国驻南非共和国大使馆经济商务处官网，2020 年 9 月 15 日。

目前，南非政府已经批准了总价 6.2 亿美元的疫苗订单。骚乱后，南非政府制定了 27 亿美元的救助计划。财政部长戈东瓜纳将于 11 月 4 日宣布其就任以来的首次预算政策声明，包括应对近期夸纳省和豪登省暴乱所带来的影响。为此，戈东瓜纳要求议会额外批准 320 亿兰特的资金以支持南非特殊风险保险协会（Sasria）赔偿的暴乱索赔款。[①] 南非通货膨胀率较为稳定，2020 年为 3.3%，预期 2021 年通胀率为 4.3%，预期南非央行将保持货币政策稳定。

2020 年南非经常账户盈余占 GDP 的比重为 2.2%，预期到 2021 年南非将出现占 GDP 比重为 0.4% 的经常账户赤字。2020 年反常的顺差是因为疫情导致南非进口下降幅度比出口下降幅度更大。南非长期的贸易逆差主要是由 FDI 持续流入导致的，而疫情打断了这一过程。随着全球经济逐渐复苏，资本流入将会恢复，但近期经常账户赤字不会恢复到疫情前水平。

在疫情下，南非从 2021 年 5 月 17 日起开展疫苗接种，推动速度较快，但正如之前提到的，骚乱打断了这一过程。南非政府没有公布骚乱前的疫苗接种数据，到 2021 年 9 月，南非两针接种率为 12.3%。南非政府已经向辉瑞订购了 3100 万剂疫苗，向强生订购了 3000 万剂疫苗，理论上可以覆盖南非全部人口。但这些疫苗可能需要到 2022 年才能全部完成接种。

四 西亚非洲地区经济展望

随着疫情阶段的转变，西亚非洲地区经济将逐渐恢复。2021 年西亚北非地区经济将增长 4%。预计到 2022 年，西亚北非地区经济增长率为 3.7%，撒哈拉以南非洲地区经济增长 4.0%。对 COVID-19 的管控仍然存在不确定性。目前，全球经济恢复差异明显。西亚非洲地区的石油出口国以及经济较为发达的国家，在获得疫苗等医疗援助以及经济刺激政策空间上都有着更大的优势，其经济也更快地从疫情带来的冲击中恢复过来。与此形成对比的是，依赖旅游业以及本身债务负担较高的国家，将需要更长的时间经济才能恢复到

[①] 《南非财政部长将于 11 月 4 日发布中期预算政策声明》，中国驻南非共和国大使馆经济商务处官网，2020 年 9 月 18 日。

疫情前的水平。广泛的失业伴随着食品价格上升将是部分国家面临的共同挑战。相比世界其他地区，西亚非洲地区未来还将面临以下挑战。

首先，石油进口国尤其是撒哈拉以南非洲的一些国家，存在严重的疫苗获取不足。正如我们在报告中提到的，撒哈拉以南非洲在疫苗的采购、运送、储存以及分发等方面都存在较大困难，疫苗接种率很低。到 2021 年 9 月，非洲地区疫苗接种率不到 10%，疫情防控形势非常严峻。

其次，经济恢复的不平衡将进一步加大社会贫富差距，破坏这一地区的稳定。2021 年，该地区电子商务平台发展较快，有助于提振经济、增加就业。但是，该地区还存在较明显的信息技术差距，需要更多的投资才能达到国际平均水平。石油价格回升主要惠及石油出口国，产业恢复不均衡也将加剧收入不平等。非洲地区的旅游业、服务业恢复尚需时日，且恢复速度各异。沙特等国已经制定了强有力的旅游业恢复计划，但毛里求斯、佛得角等国家，由于疫苗接种缓慢，旅游业恢复时间将延后。

最后，本地区债务问题依旧严峻。随着抗疫卫生支出以及经济刺激计划下的财政支出增加，该地区债务压力持续攀升，G20 债务减免计划、IMF 特别提款权分配以及来自国际多边机构的融资支持将成为该地区部分国家渡过难关的重要支撑。

参考文献

EIU, "Country Report," September 2021.

IMF, "Regional Economic Outlook Update: Sub-Saharan Africa," April 2021.

IMF, "Regional Economic Outlook Update: Middle East and Central Asia," April 2021.

IMF, "World Economic Outlook," April 2021.

World Bank, "Africa's Pulse: An Analysis of Issues Shaping Africa's Economic Future," No.23, April 2021.

Y.10
中国经济：
内需偏弱之下如何应对外需变数

张 斌 徐奇渊*

摘 要： 当前中国经济的外部需求强劲、内需相对较为疲弱。但是从长期来看，靠外需拉动的经济增长方式并不可取。我们不宜回到过度依赖外需的老路上去。稳定就业和促进经济增长，更多地要着眼于扩大内需战略。并且海外市场的供给、需求缺口也有望缩小。在基准情形下，2022年我国出口增速将可能面临回落压力。同时，我国内需依然偏弱，经济复苏不充分、不平衡，内生动力相对不足。这尤其体现为消费需求不足，基建投资和房地产投资增速下行。在此背景下，当前是使用积极货币政策的有利时机。我们应充分发挥货币政策的作用，同时关注其对资产价格的影响、不能放松宏观审慎政策，并配合以充足的汇率弹性。

关键词： 中国经济 外需 内需 货币政策

2021年以来，中国经济持续稳步增长。2021年第一、第二季度GDP同比增速分别为18.3%、7.9%，上半年合计增速为12.7%。[①] 由于2020年的基期

---

* 张斌，中国社会科学院世界经济与政治研究所研究员，研究领域：中国和全球宏观经济；徐奇渊，中国社会科学院世界经济与政治研究所研究员，研究领域：中国和全球宏观经济。

① 数据来源于国家统计局。下文中如未注明数据来源，均来自国家统计局。

效应，2021年GDP增速处于逐季回落的轨道。从季调环比折年率来看，2021年第一、第二季度GDP增速分别为1.6%、5.3%，仍然低于疫情之前2019年的水平，延续了疫情之前多年以来的增速回落趋势。在此基础上，2021年第三季度的月度数据以及高频数据进一步揭示，我国内需依然偏弱，经济复苏不充分、不平衡，内生动力相对不足。

同时，外部需求强劲对拉动我国经济增长起到了更重要的作用。但是在中期呈现出来的外需强、内需弱，似乎与我国"以国内大循环为主体，国内国际双循环相互促进的新发展格局"并不一致。那么外需强劲拉动带来了哪些问题？在未来外需将面临哪些不确定性？在此背景下，内需低迷表现在哪些方面？宏观政策应当以何种方式破局？本报告将尝试回答这些问题。

一 外需强，但更加需要坚持扩大内需战略

在2020年新冠肺炎疫情冲击之前，我国内需总体上强于外需。但是2020年疫情冲击之后，我国面临的外需在经历了短暂下行之后出现了强烈反弹。2020年第二季度到2021年第一季度，外需增速、内需增速差值越来越大，到2021年第二季度差值仍然维持在高位。

为了使得分析更为直观、方便，我们将出口作为外需、将GDP减去出口值作为内需的近似观测值。2020年第二季度，外需增速比内需增速高出1.3个百分点（4.2%减2.9%），2021年第一季度两者差值扩大到20.9个百分点（38.7%减17.8%）。尽管上年的基期效应有一定解释力，但仍然难以完全解释这种内外需增速的背离。2021年第二季度两者差值仍然高达7.9个百分点。

对于出口增速大幅上升的原因已经有较多分析：一方面这与疫情相关的医用产品出口有关，另一方面与海外市场的供求缺口有关。其自然的结果是，我国出口占全球市场的份额创历史新高，贸易顺差大幅上升。2020年我国商品贸易顺差为5269亿美元，[①] 较疫情之前的2019年上升了1059亿美元。2021

---

① 数据来源于中国海关、Wind金融数据终端。

图1 疫情以来外需扩张持续强于内需

注：将出口对应于外需，(GDP-出口)对应于内需，这是一个近似的做法。所有指标均为名义值。
资料来源：Wind 数据终端。

年前 8 个月贸易顺差已经达到 3624 亿美元。

相应地，我国国际收支失衡程度有所上升。2016~2019 年我国经常账户顺差占 GDP 比例一直维持在 2% 以下；2020 年呈前低后高，后 3 个季度的经常账户顺差 GDP 占比为 2.4%~3.1%；2021 年上半年这一占比有所下降，但是中美贸易失衡程度仍在加剧，2021 年前 8 个月，中国对美国贸易顺差 2382 亿美元，远超 2019 年前 8 个月 1953 亿美元的历史峰值。[1]

同时，经常项下大幅顺差的镜像结果，便是资本与金融项下我国海外资产的增加。这有一定积极意义，疫情期间确实是加大对外关键产业、技术投资的机遇期。但是，经常项下巨额顺差所对应的海外资产大幅增加也带来了以下隐忧和风险。其一，在中美经贸摩擦不断加剧的背景之下，我国海外资产的安全性面临一定政治风险。其二，欧美日等主要经济体的过度宽松货币政策也使得海外资产的投资收益面临一定的市场风险。其三，更多的其他新兴市场和发展中国家仍陷于疫情的困扰之中，制约了我国的海外投资。

---

① 国际收支数据来源于国家外汇管理局。

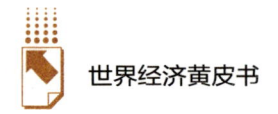

事实上，2020年我国经常账户中的投资项净收益为-1071亿美元，较之前的年份有大幅上升。2021年前两个季度，这一数据为-715.9亿美元。在此背景下，追求出口和顺差的大幅增长不应成为我国的宏观政策目标。

当前，也有观点认为我国出口仍然可能继续维持高速增长，但是考虑到前述背景，我们认为，即便出口增速能够维持高位甚至超预期走强，这也不是可取的增长方式。我们不宜回到过度依赖外需的老路上去。稳定就业和促进经济增长，更多地要着眼于扩大内需战略。

二 预计出口增速将面临回落压力

2020年年中以来，中国工业品部门的强劲复苏与欧美国家的供给、需求缺口维持在高位有关。一方面欧美的宽松政策和对个人的大力救助，使得总需求维持在相对稳定的水平；另一方面疫情冲击了正常的生产秩序，供给能力受到冲击。两方面共同作用，使得海外市场需求大于供给，我国的出口持续走强。但是，海外市场的需求缺口在2022年可能会发生变化。

第一，欧美等主要发达国家已经或正在实现疫苗普及，针对新冠肺炎的治疗药物研发也取得了重要进展，再加上封锁政策陆续放松，发达经济体的生产秩序、供给能力也将得到恢复。在此背景下，欧美国家的劳动参与率将有明显的回升，从而欧美国家的供给、需求缺口也将有相应的缩小。以美国为例，2020年美国人均可支配收入同比增速为6.5%，是1989年以来的最高增速，甚至略高于2000年。在救助政策支撑下，个人就业意愿下降、劳动参与率持续下降。而2021年9月美国个人救助政策到期后不再延续，届时美国的生产生活秩序基本恢复正常，劳动参与率也将显著上升，其供给能力将得到显著恢复、改善。当然，前述分析是建立在疫情没有重大反弹的前提之下。

第二，需求方面，欧美等国家的宏观政策扩张难以再现2020年的力度。2021年9月27日，美国众议院开始对《两党基础设施框架》展开辩论，然后对其进行投票。此基建方案计划在未来5年投资1万亿美元，已经较最初的2.3万亿美元方案大幅缩水。同时，2021年9月以来，美国财政部长耶伦数次警告两党国会议员，美国如果出现债务违约后果将极为严重。然而两党在提高债务上限问题上仍然陷于僵局。这也表明美国两党在债务上限问题上要达成一致并不是非常顺利，也意味着民主党政府后续要进一步借力宽松财政政策存在较大障碍。同时，由于通胀压力持续上升，以美国为代表的各国货币政策也在一定程度上陷入了两难。随着疫情在主要发达经济体逐步得到有效控制，宏观政策也相应正在恢复到边际上较为稳定的状态。尽管美联储采用了"平均通胀率"等提高通胀率容忍度的做法，但是美国退出宽松已经在计划之中。2021年11月中旬，美联储已经启动退出宽松的货币政策，市场主流预期认为，在2022年年中美联储可能启动加息。

第三，欧美国家正常化过程中，其需求恢复将以服务业恢复为主，而不是对应于制造业的可贸易品。仍以美国为例，在2020年的强力救助政策背景下，美国个人消费支出结构当中：服务类消费支出同比下降5.4%，耐用品、非耐用品的个人消费支出则分别同比上升5.5%、2.1%。其中，服务类消费支出出现了20世纪30年代大萧条以来最大幅度的萎缩。疫情期间的社交距离控制显著冲击了服务类消费，但是耐用品、非耐用品的个人消费支出则维持在比较正常的水平，甚至耐用品支出增速达到2004年以来的最高值。在此背景下，一旦疫苗普及、疫情得到控制，个人消费支出的恢复将以服务类消费支出为主。从这个意义上来看，欧美国家疫情得到控制之后，其需求复苏对中国的出口提振作用反而可能比较有限。

第四，疫情期间，欧美无法及时为中国供货，推动了我国进口替代型的工业生产。相反，疫情得到控制之后，欧美的生产恢复可能对我国的进口替代型生产活动带来冲击。在这方面，汽车发动机行业是典型的代表性行业。2020年全年，汽车发动机进口增速为-30.2%，同期我国汽车发动机出口增速为39.2%。在此背景下，我国该行业的进口替代生产活动也十分明显。2020年全年，该行业主营业务收入2337亿元，较2019年上升420亿元，增速达21.9%，大幅好于2018年有数据以来的零增长、负增长水平。相应地，汽车发动机行业的利润在2020年增幅为15.0%，也大幅好于前两年的表现。对于这类行业，在海外生产秩序恢复之后，预计国内进口替代、出口均将受到显

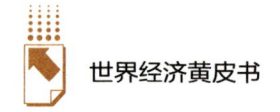

著冲击。

可见，在疫情得到有效控制、海外生产秩序全面恢复之后，服务业这种不可贸易品部门的需求将引领下一阶段的海外需求复苏，海外需求缺口也将明显收窄，从而对我国出口造成影响，这还将影响我国暂时较为活跃的进口替代型工业生产。

当前我国出口占全球的份额显著超出过去的历史最高水平，2022年出口份额出现回落具有一定的必然性。我们需要稳住内需，从而对出口增速的回落提供缓冲，避免因出口的波动而影响国内经济稳定。在此背景下，工业部门将同时面临国内行业分化，以及由国外形势变化带来的需求和供给冲击。

在全球的可贸易品部门中，外部需求的不确定性就是我国的确定性。相反地，外部需求下降的确定性就是我国的不确定性。事实上，这不仅对工业部门是如此，而且对于国际收支，甚至对于大类资产价格可能都有相通的意义。

三 我国内需依然偏弱，结构不均衡，内生动力不足

2021年上半年我国GDP同比增长12.7%，两年平均增长5.3%。分季度看，第一季度GDP同比增速为18.3%，两年平均增长5.0%；第二季度GDP同比增速为7.9%，两年平均增长5.5%。①整体来看，第二季度中国经济延续了稳健复苏态势。然而经济复苏仍存在不充分、不平衡、基础不牢的特征。具体地，我国经济复苏存在四方面问题：一是消费复苏乏力；二是投资有回落压力，特别是房地产和基建；三是信用扩张显著放缓，企业部门收缩更快；四是通胀偏低，就业缺口仍未完全修复。

其一，消费复苏不及预期，部分服务消费复苏几乎停滞。

---

① 疫情冲击下，2020年的基期变动很大，对于理解2021年的经济指标增速会产生很大的影响。为此，2021年初以来，国家统计局开始引入两年平均增速对一些经济指标的增速进行解读。在需要的时候，本报告分析也将使用这一概念。

疫情冲击下，消费复苏始终慢于经济复苏。2021年初至今，消费复苏的进度显著低于预期，其中部分服务消费的复苏几乎处于停滞状态。2021年1~6月，社会消费品零售总额当月同比增速始终保持在5%左右的水平，显著低于疫情之前8%~9%的水平，2021年7月和8月这一增速分别降至2.8%、0.7%。餐饮收入当月同比增速在前7个月略高于0，8月则跌入负增长区间。这反映了短期的洪水、疫情冲击，同时也是内需疲弱的体现。居民收入增长放缓、消费能力和意愿降低是更重要的原因。

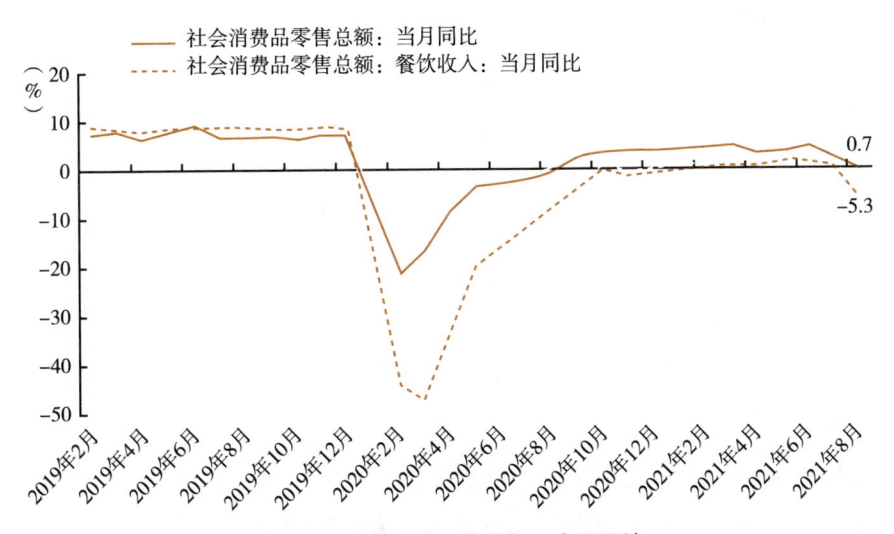

图2　社会消费品零售总额：当月同比

注：2021年后的当月同比数据做了两年几何平均处理。
资料来源：国家统计局，Wind金融数据终端。

除了社零数据，还可以结合城乡一体化调查数据来判断当前消费复苏的进度。对2021年第二季度的当季各项消费支出增速做两年几何平均处理以消除基数效应，然后以2016~2019年的平均增速为标准来衡量当前的消费水平是否回到了疫情之前的正常轨迹。只有食品烟酒类消费增速已经恢复甚至超过了2016~2019年的平均水平，其余消费增速都低于2016~2019年的平均水平。

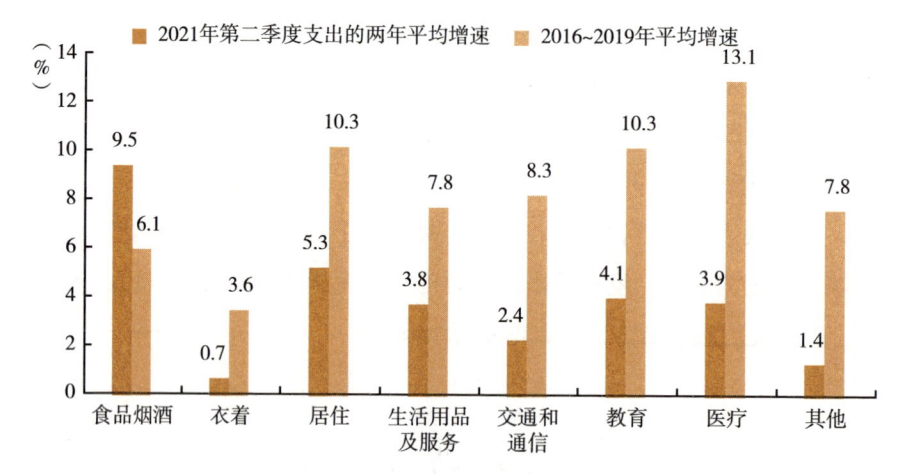

图3 分项居民消费支出增速

注：2021年后的同比增速数据做了两年几何平均处理。
资料来源：国家统计局，Wind金融数据终端。

其二，投资有回落压力，特别是房地产和基建。

2021年1~8月三大投资同比增速总体走弱，并呈现分化趋势。其中，制造业投资表现相对较强，基建投资乏力，房地产投资稳步回落。房地产和基建都要用到大量的水泥。我们用水泥的库存消费比来间接反映当下房地产和基建投资的强度。反映实际投资强度的水泥库存消费比超季节性增加，且持续高于2019年同期水平，这表明下游的建设需求正在系统性走弱。

从更长期来看，目前大概率是前一轮长达5年的房地产扩张周期见顶回落的开始。全年财政支出节奏偏慢对基建投资乏力有一定解释力，但在全年财政预算支出增速只有1.8%的约束下，以及对地方隐性债务扩张监管逐渐趋严的背景下，基建乏力恐怕亦不是短期现象。

其三，信用扩张显著放缓，企业部门收缩更快。

2021年1~8月，M1、M2和社融规模的同比增速均出现明显下降。在这一段时间，新增社融比2020年同期减少了约4.3万亿元。从结构来看，居民部门新增贷款稳中有增，但是企业部门、政府部门新增融资都有不同程度的下降。其中企业部门新增融资下降更快，大约减少了 3.0 万亿元，政府新增债券减少了 2.1 万亿元。

图 4　三大投资当月同比增速

资料来源：国家统计局，Wind 金融数据终端。

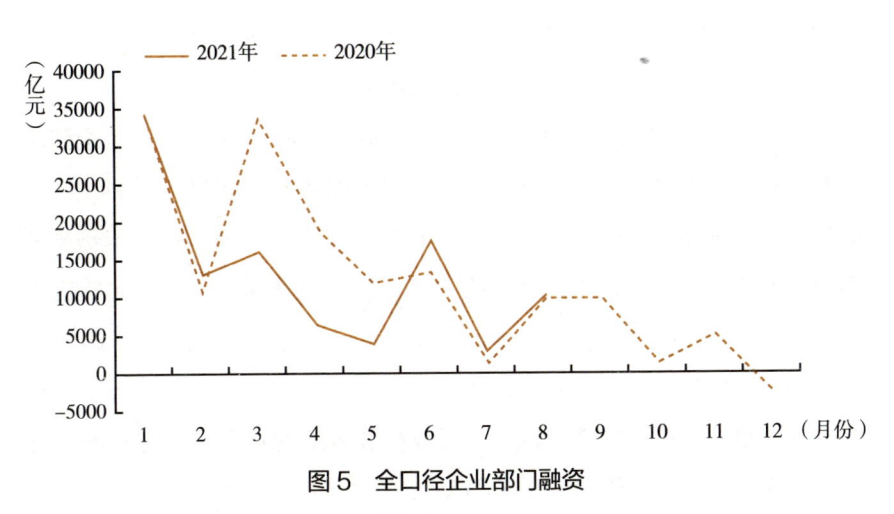

图 5　全口径企业部门融资

资料来源：中国人民银行，Wind 金融数据终端。

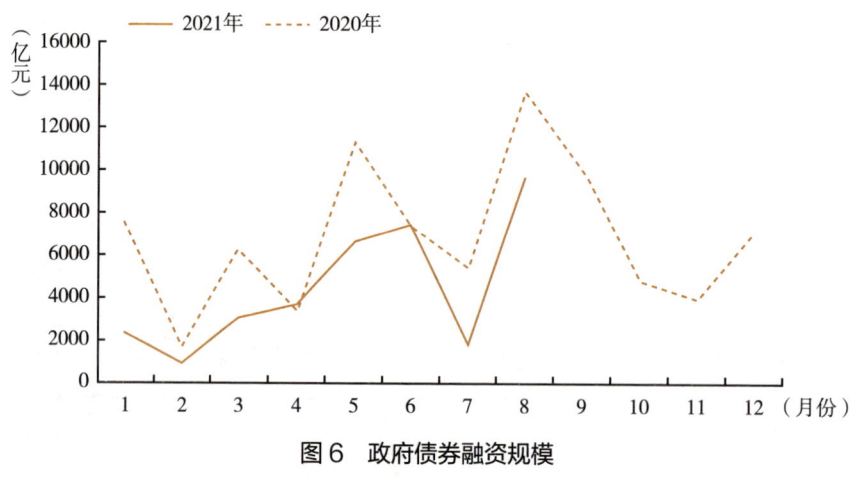

图 6 政府债券融资规模

资料来源：中国人民银行，Wind 金融数据终端。

其四，通胀偏低，就业缺口仍在。

与疫情之前相比，价格水平没有明显变化，通胀压力不大。为了排除疫情造成的基数扰动，我们将三类价格指标在 2021 年之后的同比增速处理为两年几何平均增速。结果显示，PPI 通胀率在疫情以来先降后升，2021 年 8 月已经达到 3.6%。但这也不是一个特别高的增速。另外，受猪肉价格拖累，CPI 的同比涨幅在 2021 年以来持续走弱，2021 年 8 月的两年平均增速为 1.5%。核心 CPI 增速稳定为 0.7%~1%，通胀水平偏低。

与低通胀对应的是就业缺口并没有完全收敛。截至 2021 年 8 月全国调查失业率基本回到了 2019 年的水平。结构问题依然突出，2021 年 8 月 16~24 岁人口的调查失业率为 15.3%，与 2020 年同期水平相比有所下降，但仍显著高于 2018~2019 年的同期水平，这表明青年群体的就业压力没有得到实质性缓解，新增就业的压力较大。截至第二季度，农民工就业人数勉强与 2019 年第二季度持平，但农民工工资收入两年平均增速只有 2.3%，不仅显著低于疫情前的水平，也低于第二季度全国人均可支配收入的两年平均增速 3.4%，更低于第二季度全国 GDP 两年平均增速 5.5%。

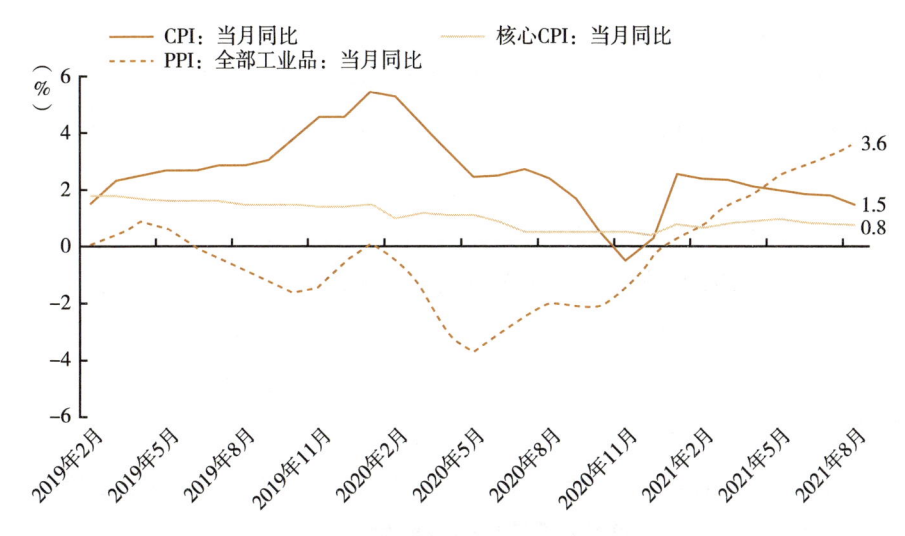

中国经济：内需偏弱之下如何应对外需变数

图7 三类价格指数当月同比增速

注：2021年后的同比数据做了两年几何平均处理。
资料来源：国家统计局，Wind 金融数据终端。

图8 16~24岁人口调查失业率

资料来源：国家统计局，Wind 金融数据终端。

总之，当前中国经济并未完全恢复到疫情前水平，外需强、内虚弱的格局没有根本性改变。

2021年第三季度以来的月度数据显示，内需继续走弱、经济复苏后劲越

195

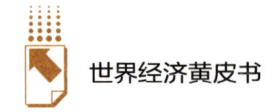

来越弱，本轮疫情后的经济复苏周期或许正接近尾声。在这样的经济环境下，金融风险仍然点多面广，区域性金融风险隐患仍然存在，部分企业债务违约风险加大，个别中小银行风险较为突出，这些都对维护金融稳定提出了更高要求。

未来半年，以下两个风险值得引起市场和决策者的关注。

一是"信用债—地方融资平台—地方中小银行"三位一体的债务风险。地方融资平台是承担地方隐性债务的主体，主要有两个主要融资渠道，分别是向地方中小银行获得贷款和在资本市场上公开发债或通过私募融资。在监管趋严和信用扩张放缓的背景下，信用债市场、地方融资平台和地方中小银行正面临三位一体的信用风险。任何一个环节的风险暴露都可能迅速传导至其他两个环节，并有可能引发系统性金融风险。

二是在广义财政收缩和对地方银行债务监管趋严的背景下，基建投资存在失速的风险。最近的例子是2018年4月之后基建投资增速出现了快速下降，当时的政策背景是出于化解地方隐性债务风险的需要，财政部专门发文要求金融机构停止向地方融资平台无序发放贷款。

在内需原本就相对疲弱的情况下，上述金融风险可能进一步对经济带来下行压力。尤其还要考虑到外需在下一阶段可能面临较大不确定性，因此为了保持一定的经济增速，宏观政策需要着力于扩大内需，为外需到内需的转换做好准备，提前做好跨周期调节的准备。

四　增速下行、需求不足，当前是使用积极货币政策的有利时机

当前是使用积极货币政策的有利时机，积极货币政策在强化企业、政府和居民资产负债表，缓释金融市场风险，减小政府支出压力等多重机制下，能有效提升总需求水平和经济景气度，创造更多就业机会，尤其是低收入群体的就业机会。积极货币政策是为了对冲市场内生的信贷需求不足，不等于更多的货币和信贷，不会带来大水漫灌的效果。

中国经济：内需偏弱之下如何应对外需变数

（一）当前是使用积极货币政策的有利时机

中国经济需要进一步提振内需。尽管当前经济恢复的总体态势较好，但内需不足仍然存在。居民消费的恢复尚不充分，基建和制造业投资处于低位，房地产投资面临下行调整压力，内需整体还是偏弱。这种环境下需要宏观经济政策有所作为，提振内需。

当前难以期待财政发力，需要货币政策发挥更积极作用。2021年以来一般公共预算收入增长大幅超出支出增长，2021年1~8月公共财政收入累计增长18.4%，是多年来的高位；公共财政支出累计增长3.6%，是多年来的低位。地方政府隐性债务正处于风险化解期，地方政府隐性债务的增量得到严格控制，地方国有企业融资的信用利差显著增加。2021年1~8月，政府性基金收入的增速为14.2%，而对应支出增速为-7.3%。[1]

从总需求政策管理的政策组合角度看，政府主导的支出增长处于低位，对内需增长难有贡献，这就需要货币政策发挥更加积极的作用，平衡其他政策工具变化的影响，保持总需求增长处于合理水平。

积极货币政策正处于有利的窗口时期。美联储的货币政策目前仍处于极端宽松时期，未来将逐步收紧。市场主流预期认为美联储将于2022年年中加息、开始收紧货币政策。在此之前，国内采取积极货币政策不会面临大的资本外流和人民币贬值压力，反而有利于熨平短期资本过度流入中国和减轻人民币升值压力。一旦美联储开始收紧货币政策，我国再采取积极货币政策将面临较大的资本流出和人民币贬值压力，货币政策工具的效力受到限制。在应对需求不足的政策工具组合方面，我国合理的政策工具组合是近期积极使用货币政策工具，在2022年中期美联储启动以后更多倚重财政政策工具。

（二）积极货币政策可以实现一举多得

一是能够对实体经济发挥积极作用。宽松货币政策通过低利率降低经济

---

[1] 资料来源：财政部，Wind金融数据终端。

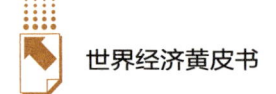

个体的负债成本，提升其持有的资产估值，以此强化企业、政府和居民的资产负债表，支持投资和消费增长。全球金融危机以后的美欧日宽松货币政策期间，美国实现了就业和通胀目标，欧元区基本实现了目标但因货币政策执行反复而带来经济复苏节奏反复，日本没有实现2%的通胀目标但也促成80年代末以来时间最长的一轮经济复苏。

从中国的情况来看，更低的利率能够显著抬升中国经济的景气程度，改善劳动力市场。我们的实证研究发现，宽松货币政策可以显著提升低收入群体和中等收入群体的就业时间和工资收入，尤其是对低收入群体的提升作用明显。对于缺乏正式工作机会的低收入群体，银行间市场利率降低1个百分点可以提升工作时间2.8个小时，工资收入显著提升。

二是更多利用市场自身的力量扩张需求，减少对政府支出的依赖。中国过去的总需求管理政策，主要依赖政府主导的举债和支出的增长。这种利用政府直接干预的力量扩张需求虽然短期效果立竿见影，也有其弊端，如地方政府隐性债务风险增加和支出效率不高等问题。

中国经济多年来真实利率一直保持在高位，较21世纪第一个十年显著提升，不利于企业和居民的投资和消费增长。通过积极货币政策，利用利率价格杠杆撬动企业和居民部门的内生增长动力，可以让企业和居民部门在扩张内需中发挥更积极的作用，减少对政府主导的支出扩张的过度依赖。

三是降低债务成本，缓释金融风险。中国部分地方政府和国有企业的债务压力凸显并带来了地方系统性金融风险，大量小微企业难以承受债务成本重负。通过降低利率能显著缓解企业的债务负担，使得市场出清的过程相对缓和。中国目前债务大约260万亿元，1个百分点的利率下降使得债务人负担下降2.6万亿元，对降低债务成本和缓释金融风险能发挥显著作用。

（三）积极货币政策不等于大水漫灌

宽松货币政策不等于更多货币和信贷。宽松货币政策的出发点是为了对冲市场内生的信贷收缩，保持全社会合理的信贷增长和购买力增长。特别是，如果货币政策带来的扩张力量不足以抵消市场内生的信贷收缩力量，则全社会信贷未必能实现显著扩张。例如，实施宽松货币政策的 2008~2015 年与之前的 2000~2007 年相比，美国的广义货币 M2 年均增速仅上升了 0.4 个百分点，欧元区下降了 4 个百分点，日本上升了 1.4 个百分点。宽松的货币政策没有伴随更高的广义信贷增长，2008~2015 年与之前的 2000~2007 年相比，美国的广义信贷年均增速下降了 4.3 个百分点，欧元区下降了 2 个百分点，日本增加了 1 个百分点。

回顾中国过去的货币和信贷高增长，宽松货币政策并非是充分条件，而是同时得到了广义财政政策的支撑。中国过去近十年中，政府及其主导企业的大量举债，而非充裕市场流动性和低利率的刺激，才是货币和信贷增长的主要来源。中国债务杠杆率的快速提升也是来自政府及其主导企业的大量举债，而非宽松货币政策。对地方政府及其主导企业的举债行为有了更严格限制以后，中国的广义货币和信贷扩张显著放缓。宽松货币政策不是广义货币、信贷扩张的充分条件。这时即使有了货币政策的单独扩张，也不会带来更高的货币和信贷增长，不会有大水漫灌的效果。[①]

（四）应充分发挥货币政策的作用，同时关注其对资产价格的影响，并配合以充足的汇率弹性

宏观政策应以货币政策为主，充分挖掘货币政策的空间和潜力。货币政策，特别是利率政策应该在维护宏观经济稳定、维护总需求稳定方面发挥更积极的作用。利率政策不仅对总需求的稳定可以发挥作用，对于优化经济结构也可以发挥作用。降低利率刺激经济的作用机制是让私人部门的债务成本下降，让私人部门的资产价格提升，让私人部门的资产负债表更"强壮"，通过私人部门发力，增加经济活力。

应关注货币政策宽松后对资产价格的影响，宏观审慎政策不能放松。宽

[①] 可见，宽松货币政策并不是信贷扩张的充分条件。如果要通过宽松的货币政策来增加信贷、扩大内需，还需要通过财政扩张手段。但是在缺少广义财政扩张支撑的情况下，要使得宽松货币政策发挥实现扩大内需的作用，还需要其他一系列配套政策。例如，减少限制消费的行政约束，减少对某些行业的市场准入限制，等等。

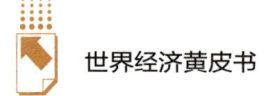

松货币政策很可能会影响资产价格，但资产价格上涨并不意味着资产价格存在泡沫。保持对宏观杠杆率的关注，确保宏观审慎政策不放松是维护经济金融稳定的关键。因此，在宏观政策发力的同时，要保持对杠杆率的关注，不能将监管政策作为逆周期调节工具使用，更不能减小微观监管的标准和执行力度。

保持充足的汇率弹性是应对中美经济周期错位的最佳方式。美国经济变化会对我国经济造成影响，但我国还是要坚持"以我为主"的原则，宏观政策的选择和使用都要以国内经济现实为根本依据。通过具有弹性的人民币汇率吸收大部分外部冲击，是应对中美经济周期错位风险、维护国内政策独立性的最佳方式。

参考文献

中国人民银行：《中国金融稳定报告（2021）》，中国金融出版社，2021。

邢自强：《政策需破局：重塑信心三支箭》，《财经》2021年9月27日。

张斌：《发达经济体为什么采取宽松货币政策》，《经济学动态》2020年第12期。

张斌、朱鹤：《中国经济增速的趋势下行：2021年第2季度宏观政策报告》，中国金融四十人论坛季度宏观政策报告论证会第48期暨"双周圆桌"第342期，2021年7月。

专题篇
Special Reports

Y.11
国际贸易形势回顾与展望：
复苏强劲　增速回落

苏庆义*

摘　要： 由于受到疫情的巨大冲击，2020年世界货物贸易实际增速为-5.3%，是继国际金融危机引发贸易大崩溃之后的第二次大幅下滑。由于能源价格的下降，2020年世界货物贸易名义增速为-7.6%，低于实际增速。世界商务服务出口额为4.9万亿美元，下降20%。2021年上半年世界货物贸易和服务贸易复苏都较为强劲。上半年世界货物贸易实际增速为13.1%，世界服务贸易表现也很好。贸易晴雨指数显示，2021年下半年世界货物贸易和服务贸易将继续保持复

---

* 苏庆义，中国社会科学院世界经济与政治研究所研究员，研究领域为国际贸易、世界经济。

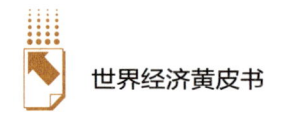

苏态势，全年的货物贸易实际增速为 10% 左右。预计 2022 年世界贸易继续复苏，但实际增速与 2021 年相比将回落，为 5%~8%。

关键词： 货物贸易　服务贸易　经济复苏　医疗产品

一　2020 年国际贸易形势回顾

（一）货物贸易

2020 年世界货物贸易实际增速（贸易量的增长）为 -5.3%，在 2019 年微弱负增长的基础上进一步下滑，是继国际金融危机以后的第二次大幅下滑（见图 1）。①《2021 年世界经济形势分析与预测》准确预测了 2020 年货物贸易将出现国际金融危机后的第二次衰退，但当时的预测是下滑 10% 左右，最终实际的衰退幅度低于预测值。原因在于各国出台的强力财政和货币政策（规模和范围均大于国际金融危机期间）阻止了世界需求的大幅下降。此外，2020 年下半年，企业和居民逐渐适应隔离和旅行限制、通过居家办公恢复生产经营，疫苗接种逐步普及，世界贸易组织推动成员减少贸易保护措施、促进贸易自由化等措施都在发挥作用，使得世界经济形势并没有预期的那么差，②2020 年下半年世界贸易形势明显好于预期。③2009 年国际金融危机引发世界货物贸易大衰退，下滑幅度达到了 12.7%。2010~2018 年，世界货物贸易实际增速均为正，平均增速是 4.2%，但 2019 年世界货物贸易出现十年来的首次负增长。受新冠肺炎疫情冲击，2020 年世界货物贸易再次出现衰

---

① 数据来源于世界贸易组织的《2021 年世界贸易统计》（World Trade Statistical Review 2021）。另外，如无特别说明，本报告增速均指同比增速。
② 国际货币基金组织 2020 年 7 月的《世界经济展望》对 2020 年世界经济增速的预测值是 -4.9%，当年 10 月的预测值上调 0.5 个百分点，2020 年实际经济增速高于 2020 年 10 月的预测值 1.7 个百分点。
③ 2020 年 10 月世界贸易组织发布的《贸易统计与展望》也高估了 2020 年世界贸易的下滑幅度，当时的预测是下滑 9.2%。

退。世界货物出口额为 17.58 万亿美元。中国依然是最大的货物贸易国，出口额为 2.32 万亿美元，占世界的比重为 13.20%，相比 2019 年提升 1 个百分点。[①]

分区域来看，各区域外贸均呈负增长。其中，中东和非洲地区外贸下降的幅度最大，分别达 9.75% 和 8.45%。欧洲、北美、中南美和加勒比地区的下降幅度也很大，分别达到 7.8%、7.3% 和 6.9%。独联体国家（CIS）[②]的外贸下降 4.3%。亚洲地区外贸的下降幅度最小，仅下降 0.5%。亚洲地区外贸下降幅度较小的原因是，疫情对亚洲地区尤其是中国的冲击相对较小，生产恢复得快，向世界其他地区供应消费品和医疗物品。因此，世界货物贸易下降幅度比预期的小，主要在于亚洲地区外贸在 2020 年下半年迅速恢复。

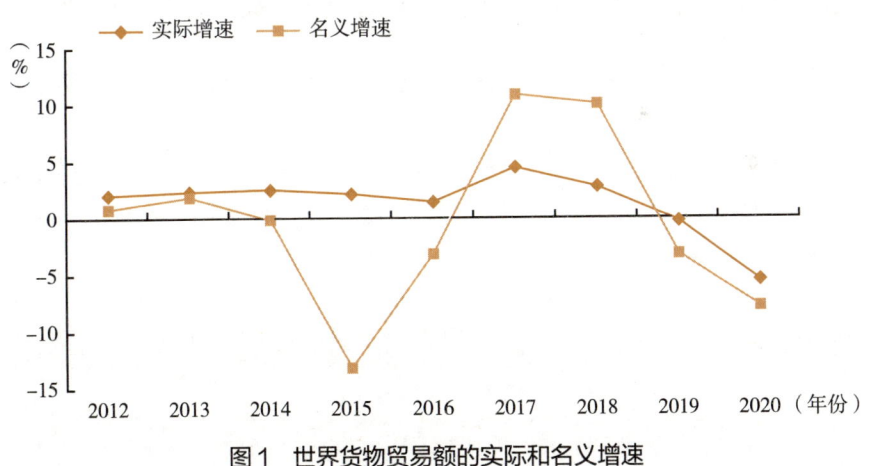

图1 世界货物贸易额的实际和名义增速

注：贸易增速是出口增速和进口增速的平均值，下同。
资料来源：世界贸易组织的《2021 年世界贸易统计》（World Trade Statistical Review 2021）。

---

① 此处的中国出口额数据来自《2021 年世界贸易统计》，比中国海关统计的 2.59 万亿美元要低。世界贸易组织统计的中国出口额每年都偏低，因此出口增速也有差别。比如 2020 年世界贸易组织统计的中国出口增速为 1.5%，中国海关统计的出口增速为 3.6%。另外，本研究的数据保留小数点后两位数字，但是原始出处小数点后只有一位数字或者没有小数点的，沿用原出处的表达。
② 独联体国家包括亚美尼亚、阿塞拜疆、白俄罗斯、摩尔多瓦、哈萨克斯坦、吉尔吉斯斯坦、塔吉克斯坦、乌兹别克斯坦、俄罗斯。

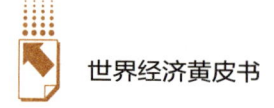

从细分经济体和区分进出口的角度来看，英国、瑞士、印度、美国的出口下降幅度最大，下降幅度均超过10%，分别下降13.6%、12.7%、11.6%、10.3%。日本、欧盟、加拿大、墨西哥、澳大利亚的出口也都呈现不同程度的下降。巴西的出口与2019年相比保持不变。中国和挪威是少数出口维持正增长的国家，增速分别是2.4%和9.8%。中国的进口也保持了增长，增速达4.4%。其余经济体的进口都是负增长。其中，墨西哥、印度、英国、瑞士的进口下降幅度都超过10%。虽然中国和挪威在2020年的外贸增速都超过了2019年，但考虑到中国的外贸规模明显更大，中国外贸的强势恢复有力缓冲了2020年世界货物贸易的下滑态势。

表1 世界代表性地区和经济体货物进出口额的实际增速

单位：%

区域	出口 2010~2020年	出口 2019年	出口 2020年	进口 2010~2020年	进口 2019年	进口 2020年
世界	1.9	0.3	-5.0	1.8	0.0	-5.6
北美	2.0	0.3	-8.5	2.1	-0.6	-6.1
加拿大	2.5	2.3	-6.1	1.3	0.3	-9.4
墨西哥	4.5	1.3	-4.4	1.4	-1.9	-15.2
美国	1.2	-0.5	-10.3	2.4	-0.5	-3.9
中南美和加勒比	0.6	-2.2	-4.5	-0.3	-2.6	-9.3
巴西	2.4	-2.0	0.0	-0.1	2.4	-1.7
欧洲	1.0	0.6	-8.0	0.8	0.3	-7.6
欧盟	1.1	0.2	-7.7	0.8	0.2	-7.2
英国	0.5	4.6	-13.6	0.6	2.1	-14.3
挪威	0.8	-0.7	9.8	1.2	0.9	-2.5
瑞士	-0.2	-0.5	-12.7	-0.5	-0.5	-13.9
独联体国家	1.3	-0.3	-3.9	1.3	8.5	-4.7
非洲	-0.8	-0.5	-8.1	1.6	2.6	-8.8
中东	1.4	-2.5	-8.2	0.9	0.8	-11.3
亚洲	3.4	0.8	0.3	3.4	-0.5	-1.3

续表

区域	出口			进口		
	2010~2020年	2019年	2020年	2010~2020年	2019年	2020年
澳大利亚	2.6	0.5	-3.9	2.2	-1.4	-1.4
中国	4.5	2.0	2.4	4.5	0.0	4.4
印度	2.7	3.0	-11.6	2.4	-0.8	-14.9
日本	0.1	-1.9	-8.1	1.4	0.4	-4.0
东亚经济体	3.0	-1.1	3.1	2.4	-2.1	-0.4

注：东亚经济体包括中国香港、韩国、马来西亚、新加坡、中国台湾、泰国。
资料来源：世界贸易组织的《2021年世界贸易统计》。

2020年世界货物贸易实际增速下降主要源于需求因素。如往年的报告指出，需求因素和收入弹性是影响世界货物贸易增速的两大原因。需求因素指世界国内生产总值（GDP）增长对国际贸易的拉动，可以由GDP增速的变动来表示。收入弹性是贸易的收入弹性，指一单位经济增长拉动多少单位的国际贸易增长。贸易收入弹性的变动代表了结构性因素对贸易增速的影响。结构性因素包括很多，比如贸易保护程度、地缘政治风险等，还有经常被忽视的基期效应。可以用如下公式探讨2020年贸易增速下降的原因。假设贸易增速用 t 表示，经济增速用 g 表示，贸易的收入弹性用 e 表示，则：

$$t_{2020} - t_{2019} = g_{2020}e_{2020} - g_{2019}e_{2019} = e_{2019}(g_{2020} - g_{2019}) + g_{2020}(e_{2020} - e_{2019})$$

$$= e_{2020}(g_{2020} - g_{2019}) + g_{2019}(e_{2020} - e_{2019})$$

$$= \underbrace{\frac{e_{2019} + e_{2020}}{2}(g_{2020} - g_{2019})}_{\text{需求因素贡献}} + \underbrace{\frac{g_{2019} + g_{2020}}{2}(e_{2020} - e_{2019})}_{\text{收入弹性贡献}}$$

上述公式中，t_{2020} 和 t_{2019} 分别表示2020年、2019年的世界贸易增速，g_{2020} 和 g_{2019} 分别表示2020年、2019年的世界GDP增速，e_{2020} 和 e_{2019} 分别表示2020年、2019年的贸易收入弹性。

计算结果（见表2）表明，需求因素是2020年贸易增速下降的最主要原因。需求因素导致贸易增速下降4.29个百分点，贡献度高达82.53%；收入弹性导致贸易增速下降0.91个百分点，贡献度仅为17.47%。也就是说，2020年世界货物贸易增速下降主要源于疫情冲击导致的世界经济增速下降，导致世界需求下降。这不同于2018年和2019年的世界货物贸易增速下降。后者主要源于收入弹性，贸易保护措施升级、中美贸易摩擦等是主要因素。2018年和2019年，需求因素对货物贸易下降的贡献度均不到10%。

表2 2020年贸易增速下降背后的因素分解

贸易增速下降幅度	GDP增速下降幅度	贸易收入弹性下降	需求因素贡献	收入弹性贡献
5.2%	6.0%	-1.51	4.29%（82.53%）	0.91%（17.47%）

注：贸易增速下降幅度和GDP增速下降幅度是指下降多少个百分点，贸易收入弹性下降则是指下降的绝对值，需求因素贡献是指GDP增速对贸易增速下降贡献多少个百分点，括号中分别是需求因素和收入弹性贡献的比重。2019年和2020年世界贸易实际增速分别是-0.1%和-5.3%，2019年和2020年贸易收入弹性分别是-0.04和1.47。

资料来源：笔者根据世界贸易组织《2021年世界贸易统计》中的数据以及上述分解公式计算得出。

2020年世界货物贸易名义增速（贸易额的增长）是-7.6%，低于实际增速2.3个百分点。这主要源于商品价格尤其是能源价格的下降。货物贸易名义增速主要受三个因素的影响：贸易实际增速、商品价格、美元汇率。实际增速当然是支撑名义增速的重要原因，但因为贸易名义增速使用美元标价，美元及世界其他主要货币汇率走势也是影响名义增速的重要因素。根据国际清算银行（BIS）的数据，2020年1~4月，基于美元资产的安全性，疫情导致避险需求增加，美元名义有效汇率升值7%，但4~12月，基于经济下滑压力与扩张性财政和货币政策，美元贬值9%。总体上，美元在2020年小幅贬值。因此，汇率因素并非世界货物贸易名义增速低于实际增速的原因。根据国际货币基金组织（IMF）和世贸组织的商品价格数据，2020年1~4月，能源价格下跌幅度达60.1%，食品和农产品价格下降幅度也分别达到10%和8%。虽然这些商品的价格在2020年4月之后稳步提升，但在2020年底仍未达到年初的水平。由此，价格下降是世界货物贸易名义增速下降的主要原因。

从产品结构来看货物贸易名义增速，农产品和制成品的名义出口增速都是正的（均是6%），扭转了2019年的下降态势，但能源和矿产品的名义出口大幅下滑19%，下降幅度远超2019年，这是世界货物贸易名义增速为负的主要原因（见图2）。需要指出的是，受疫情影响，医疗产品的贸易增速较高，达到16.3%。其中，个人防护产品的增速高达47.2%。在医疗产品贸易中，药物所占比重最高，达到52.2%。①

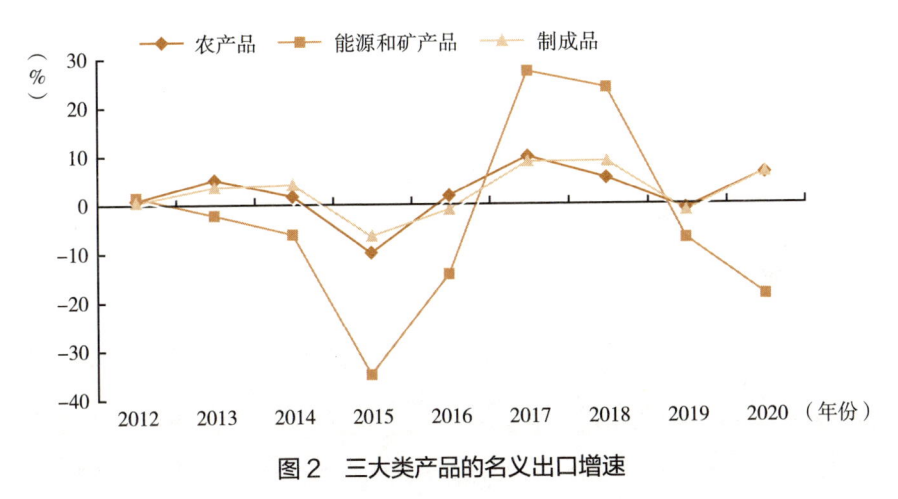

图2 三大类产品的名义出口增速

资料来源：世界贸易组织的《2021年世界贸易统计》。

（二）服务贸易

2020年，世界商务服务出口额为4.91万亿美元，下降20%，不同于2019

---

① 除源自贸易量的大幅增长外，医疗产品贸易额上涨还可能源自产品价格的大幅上涨。根据中国海关统计的中国出口价格指数，第63章（其他纺织制成品、成套物品、旧衣着及旧纺织品、碎织物）和第90章（光学、照相、医疗等设备及零部件）的出口价格指数上涨幅度不高，平均分别上涨4.94%和4.19%。因此，暂时未发现医疗产品价格大幅上涨的证据。

年的小幅增长（2.1%）。[①] 这主要是因为疫情对服务贸易的冲击更大。不同于金融危机的冲击，疫情导致的隔离政策、人员跨国流动限制对旅游、商务、酒店、航空等服务业冲击巨大。美国依然是世界第一大商务服务贸易大国，出口和进口占世界的比重分别是13.9%和9.5%，与2019年相比分别下降0.2个和0.3个百分点。中国商务服务出口排名世界第四（相比2019年上升1个位次），进口排名世界第二位，占世界的比重分别是5.7%和8.2%，出口份额相比2019年增加1.1个百分点，进口份额则减少0.5个百分点。从主要经济体的进出口来看，世界主要经济体的商务服务进口和出口均呈现不同程度的下降。其中，日本和美国的出口下降幅度最大，分别达到23%和20%；欧盟、英国、新加坡的出口下降幅度也超过10%；中国和印度的出口下降幅度较小，仅为1%和5%。英国、中国和美国的进口下降幅度最大，分别达26%、24%和23%；其他代表性经济体的进口下降幅度也都超过10%（见表3）。分部门种类来看，旅游服务大幅下滑，下降幅度高达68%；运输服务以及与货物相关的服务也都有不同程度的下降。得益于计算机服务、金融服务、保险和养老金服务不同程度的增长，其他商务服务出口反而实现了2%的正增长。

表3　2020年代表性经济体的商务服务进出口增速

单位：%

项目	美国	欧盟	日本	中国	印度	英国	新加坡
出口	-20	-16	-23	-1	-5	-16	-14
进口	-23	-16	-11	-24	-14	-26	-17

资料来源：世界贸易组织的《2021年世界贸易统计》。

[①] 限于数据可得性，本报告对服务贸易的分析仅限于商务服务业，而且仅作回顾，不作展望分析。商务服务业实际上是现代服务业，主要为企业提供服务，是高附加值的服务业。根据世界贸易组织《2021年世界贸易统计》的定义，商务服务业包括运输，旅游，与货物相关的服务业，电信、计算机和信息服务，保险，个人、文化和娱乐服务，其他商业服务，使用知识产权的费用，建筑，金融等。

二　2021年国际贸易形势分析

（一）2021年上半年国际贸易形势分析

2021年1~7月，世界货物贸易强劲复苏，增速高达13.05%（见表4）。[①] 其中，进口增长12.76%，出口增长13.35%。分季度来看，第一季度贸易增长6.90%，第二季度反弹力度加大，增速高达21.12%。分月份来看，在1月和2月的小幅反弹之后，3月复苏势头加强，4月和5月的复苏最为强劲，6月和7月复苏势头开始放缓。

分地区和国别来看，新兴和发展中经济体的反弹力度强于发达经济体。2021年1~7月，发达经济体出口和进口分别增长12.27%和11.83%，新兴和发展中经济体的出口和进口分别增长15.41%和14.80%。在发达经济体中，除英国出口下降0.99%之外，其余经济体的出口增速都高于10%。发达经济体的进口则都保持增长态势，除英国和日本的进口增速小于10%之外，其余经济体的进口增速都高于10%。新兴和发展中经济体的出口表现呈现较大的差异。一方面，中国保持了29.74%的出口增速，中国之外的亚洲新兴经济体出口增速也达到17.92%；另一方面，非洲和中东的出口下降2.89%。独联体国家和拉丁美洲的出口虽然保持了正增长，但是增长幅度有限。在新兴和发展中经济体中，中国的进口表现则并非是最好的，仅增长13.33%。中国之外的亚洲新兴经济体、拉丁美洲的进口增速都高于20%。独联体国家、非洲和中东的进口呈现小幅增长。新兴和发展中经济体外贸表现的分化主要在于各国的疫情防控情况不同，非洲国家的疫苗接种范围有限，从而阻碍了经济的恢复。

[①] 由于已经可以获得7月数据，分析的时间跨度是1~7月。

世界经济黄皮书

表4 2021年1~7月国际货物贸易形势

单位：%

资料	1~7月	第一季度	第二季度	1月	2月	3月	4月	5月	6月	7月
世界贸易	13.05	6.90	21.12	5.27	5.24	10.27	24.62	23.33	15.80	9.85
世界进口	12.76	6.32	20.76	3.01	4.63	11.48	23.23	23.21	16.11	10.45
发达经济体	11.83	4.74	20.62	1.64	2.76	10.04	23.92	22.50	15.75	9.65
欧元区	10.91	1.64	22.58	-3.54	-3.26	12.95	32.21	23.67	13.24	8.86
美国	14.90	9.28	23.51	7.65	7.22	12.96	23.29	25.18	22.10	8.81
英国	8.33	-8.07	27.52	-15.93	-9.88	2.40	30.59	34.16	19.01	12.19
日本	4.10	3.76	3.48	0.61	16.84	-4.52	-0.55	3.74	7.65	7.10
亚洲发达经济体（日本除外）	10.88	8.25	12.97	12.11	7.43	5.37	9.95	13.97	15.21	12.71
其他发达经济体	14.74	6.59	26.19	2.25	5.09	12.72	33.06	30.33	16.50	9.92
新兴和发展中经济体	14.80	9.84	21.06	6.08	8.86	14.60	21.82	24.77	16.88	12.27
中国	13.33	16.71	14.27	17.52	16.04	16.59	20.48	17.05	5.79	1.12
亚洲新兴经济体（中国除外）	20.36	7.26	34.99	-0.78	7.60	15.40	33.93	39.49	32.10	24.88
独联体国家	8.89	4.36	13.35	2.87	3.93	6.29	15.31	15.21	9.64	9.81
拉丁美洲	23.69	9.29	38.39	0.26	5.14	23.01	27.71	51.64	37.55	32.21

国际贸易形势回顾与展望：复苏强劲　增速回落

续表

资料	1~7月	第一季度	第二季度	1月	2月	3月	4月	5月	6月	7月
非洲和中东	1.69	0.16	3.14	−0.67	−0.32	1.48	2.34	2.64	4.46	2.08
世界出口	13.35	7.49	21.49	7.57	5.85	9.07	26.06	23.44	15.49	9.25
发达经济体	12.27	3.14	23.86	1.47	−0.49	8.78	31.35	25.99	15.31	10.53
欧元区	12.95	1.97	27.80	−1.87	−2.69	11.44	43.61	28.79	14.23	9.99
美国	10.73	−2.89	29.10	−2.92	−8.69	3.23	32.46	35.61	20.13	9.42
英国	−0.99	−10.03	5.38	−26.41	−7.85	7.26	3.35	6.90	5.90	9.01
日本	18.37	5.14	32.13	7.99	0.41	7.18	27.92	36.78	32.00	24.89
亚洲发达经济体（日本除外）	12.44	11.65	14.57	14.72	11.28	9.08	14.84	16.12	12.82	8.73
其他发达经济体	11.96	4.01	22.35	3.28	0.90	8.04	31.51	24.15	12.90	9.29
新兴和发展中经济体	15.41	16.49	17.36	20.85	19.57	9.63	17.43	18.91	15.83	6.91
中国	29.74	48.55	20.78	67.51	65.40	20.35	25.59	17.00	19.83	8.93
亚洲新兴经济体（中国除外）	17.92	10.69	29.40	8.39	7.23	16.68	34.59	29.60	24.51	9.01
独联体国家	2.49	−2.21	3.18	−2.77	−2.37	−1.49	0.15	1.47	8.06	14.88
拉丁美洲	7.56	0.06	20.02	−1.73	−1.97	3.83	19.81	35.99	7.63	−2.14
非洲和中东	−2.89	−8.81	1.24	−7.15	−9.47	−9.78	−10.45	7.22	9.20	4.31

资料来源：荷兰经济政策分析局的世界贸易监测数据库，https://www.cpb.nl/en/worldtrademonitor。

211

图 3　世界货物贸易月度实际增速

资料来源：荷兰经济政策分析局的世界贸易监测数据库。

2021年上半年商品贸易价格大幅上升。其中，能源价格上升68.10%，初级商品（能源除外）价格上升60.23%。①因此，2021年上半年世界货物贸易名义增速将明显高于实际增速。

2021年上半年世界货物贸易强势反弹得益于世界经济形势和结构性因素两方面的推动。上半年世界工业实际产出上升10.56%，在这种情况下，世界货物贸易也强劲反弹。世界经济恢复情况比预期要好。因此各大国际组织均在上半年上调了世界经济增速。世界银行2021年6月的《全球经济展望》对世界经济增速的预测值相比1月上调1.5个百分点。国际货币基金组织2021年4月的《世界经济展望》对世界经济增速的预测值相比1月上调0.5个百分点。图4表明，2021年1月以来全球经济政策不确定性指数稳步下降，美国经济政策不确定性指数也在低位运行。经济政策不确定性指数下降主要源于疫苗接种的普及。经济政策不确定性指数下降使得企业生产、投资、贸易等都强势恢复。

---

① 荷兰经济政策分析局的世界贸易监测数据库。

图 4　全球和美国经济政策不确定性指数

资料来源：经济政策不确定性指数数据库，http://policyuncertainty.com/index.html。

此外，2021 年 1~5 月全球服务贸易表现也很好（见表 5）。各经济体在第二季度的表现普遍好于第一季度。在主要经济体中，除美国和日本的出口小幅下降之外，其余经济体都维持了正增长。其中，中国和欧盟的表现最好，分别增长 30.20% 和 11.75%。印度和英国的增速较低。美国和日本表现较差的原因是，两国在 1~2 月的表现不好，尽管后续得以反弹，但尚未弥补之前的下降。

表 5　2021 年 1~5 月代表性经济体的服务出口增速

单位：%

区域	1~5 月平均增速	1 月	2 月	3 月	4 月	5 月
美国	-3.40	-16	-16	-3	8	10
欧盟	11.75	1	4	13	29	—
日本	-2.20	-26	0	1	7	7
中国	30.20	43	20	34	35	19
印度	3.60	-9	1	15	7	4
英国	3.80	-15	-9	5	15	23

注：统计的是服务出口额增速，即名义增速。不同于货物贸易，限于数据，服务贸易仅统计名义增速。统计的是各经济体的服务总出口。

资料来源：根据世界贸易组织国际贸易统计数据库计算得出。

（二）2021年下半年国际贸易形势预测

2021年下半年世界贸易将继续保持上半年的复苏态势。世界贸易组织2021年8月和9月发布的货物贸易晴雨指数和服务贸易晴雨指数显示，[①] 6月的货物贸易晴雨总指数是110.4，是2011年以来的最高值，所有的分项指数均大于100；服务贸易晴雨总指数是102.5，除建筑指数之外，其余分项指数均大于等于100。这表明，下半年世界货物贸易将继续保持反弹态势。值得注意的是，尽管服务贸易晴雨指数较高，但是低于上一期的指数，这表明服务贸易反弹力度会减弱。

表6 最新的世界贸易展望指数

货物贸易	指数值	服务贸易	指数值
货物贸易晴雨总指数	110.4	服务贸易晴雨总指数	102.5
出口订单	109.3	全球服务业PMI	102.7
国际航空货运	114.0	金融服务	100.2
集装箱港口吞吐量	110.8	ICT服务	100.0
汽车生产和销售额	106.6	民航	105.6
电子元器件	112.4	集装箱港口吞吐量	106.8
农业原材料	104.7	建筑	97.4

资料来源：世贸组织发布的"Goods Trade Barometer"和"Services Trade Barometer"。

（三）2021年全年国际贸易形势预测

我们在去年的报告中，预测2021年世界贸易将出现明显复苏，实际贸易增速将位于5%~10%的区间。这一预测比较准确。世界贸易组织10月的预测认为，2021年世界贸易实际增速为10.8%，相比3月的预测值上调2.8个百分点。国际货币基金组织和世界银行对世界贸易增速最新的预测分别为9.7%和8.3%。鉴于上半年贸易增速高达13.05%，为全年增长打下很好的基础，下半

[①] 原来的世界贸易展望指数（World Trade Outlook Indicator）。

年贸易将保持复苏态势，虽然国际货币基金组织在10月的报告中将世界经济增速下调0.1个百分点，但不会对全年贸易增速造成明显的影响，预计2021年世界贸易实际增速为10%左右。[①]

三　2022年国际贸易形势展望

诸多国际组织的预测表明，2022年世界货物贸易实际增速将低于2021年。世界贸易组织2021年10月的预测表明，2022年贸易增速为4.7%，低于2021年6.1个百分点。国际货币基金组织预测2022年贸易增速为6.7%，低于2021年3个百分点；世界银行预测2022年贸易增速为6.3%，低于2021年2个百分点。平均而言，这三大组织预测2022年贸易增速为5.9%，低于2021年3.7个百分点。基于这些国际组织的预测结果，我们认为，2022年世界贸易会继续呈现复苏态势，但增速将低于2021年，贸易增速位于5%~8%的区间。分地区和进出口来看，北美、欧洲和亚洲的出口和进口都将保持不错的增长态势。

表7　三大国际组织对国际贸易形势的预测

单位：%

国际组织	2022年预测值
世界贸易组织	4.7
国际货币基金组织	6.7
世界银行	6.3
平均值	5.9

资料来源：笔者根据世界贸易组织、国际货币基金组织、世界银行的预测整理得出。World Trade Organization, "Trade Statistics and Outlook," October 2021; International Monetary Fund, "World Economic Outlook," October 2021; World Bank, "Global Economic Prospects," June 2021。国际货币基金组织和世界银行预测的是货物和服务贸易增速，世界贸易组织预测的是货物贸易增速。

---

① 世界贸易组织2021年10月对世界经济增速的预测值相比3月上调了0.2个百分点。当然，仍需警惕，国际货币基金组织在10月的报告中对美国经济增速的预测值下调1个百分点，美国经济下行可能会影响第四季度的贸易增速。

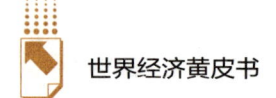

做出2022年贸易会继续明显复苏但增速回落的判断，主要是基于以下三个原因。

第一，需求因素继续成为影响贸易的主要因素。2021年世界经济的高增速与2020年世界经济下滑造成的基数低有较大关系，而基数原因在2022年的世界经济增长中不复存在。2022年世界经济增速相比2021年会下降。根据世界贸易组织、国际货币基金组织和世界银行对世界经济增长的预测，2022年世界经济增速分别是4.1%、4.9%和4.3%，分别低于2021年1.2个、1个和1.3个百分点。[①]因此，从周期性或需求因素来看，2022年世界经济对贸易的拉动力减弱。这是我们做出上述判断的主要依据。

第二，结构性因素也是影响贸易增长的重要因素，预计2022年贸易弹性相比2021年将得到些许改善。做出这一判断的依据是疫情的影响得到进一步缓解。尽管疫情可能会出现反复，但随着疫苗的普遍接种、人类防控疫情的能力提升，疫情对供给、需求、运输带来的影响将得到缓解。另外，拜登政府准备加大关税排除力度，虽然中美经贸关系难有实质性改善，但是拜登政府发起关税战的可能性较小。

第三，基期因素作为结构性因素之一是不可忽视的。历史经验表明，基期因素非常重要。2020年世界贸易的大幅下滑导致2020年基数较低，是2021年贸易增速较高的重要原因。由于2021年世界贸易的强劲复苏，2022年贸易增长的基数变大，会弱化2022年的增速。

当然，也需要警惕影响复苏的不确定性，比如疫情的反复、中美经贸关系恶化带来的影响，以及美国经济下行的风险等，这些都会增加世界贸易复苏的不稳定性。

---

① World Trade Organization, "Trade Statistics and Outlook," March 2021; International Monetary Fund, "World Economic Outlook," October 2021; World Bank, "Global Economic Prospects," June 2021.

表 8 2022 年世界各地区货物贸易进出口实际增速

单位：%

项目	2020 年	2021 年（预测）	2022 年（预测）
世界贸易	−5.3	10.8	4.7
出口			
北美	−8.6	8.7	6.9
中南美	−4.7	7.2	2.0
欧洲	−7.9	9.7	5.6
独联体国家	−1.5	0.6	8.5
非洲	−8.8	7.0	6.0
中东	−11.6	5.0	9.6
亚洲	0.3	14.4	2.3
进口			
北美	−6.1	12.6	4.5
中南美	−9.9	19.9	2.1
欧洲	−7.6	9.1	6.8
独联体国家	−5.6	13.8	−0.8
非洲	−11.1	11.3	4.1
中东	−13.9	9.3	8.7
亚洲	−1.2	10.7	2.9

资料来源：世界贸易组织 2021 年 10 月发布的《贸易统计与展望》。

四 总结

由于受到疫情的巨大冲击，2020 年世界货物贸易实际增速为 −5.3%，是继国际金融危机之后的第二次大幅下滑。2020 年贸易大幅下滑主要源于周期性因素，结构性因素的影响相对较小。2020 年世界货物贸易名义增速为 −7.6%，明显低于实际增速，主要源于商品价格尤其是能源价格的下降。2020 年世界商务服务出口额为 4.91 万亿美元，下降 20%，不同于前两年的小幅增长。

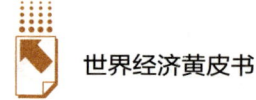

2021年上半年世界货物贸易和服务贸易复苏都较为强劲。上半年世界货物贸易实际增长13.05%，世界服务贸易表现也很好。预计2021年下半年世界货物贸易和服务贸易将继续保持复苏态势。2021年全年的货物贸易实际增速为10%左右。预计2022年世界贸易继续复苏，但实际增速和2021年比将回落，为5%~8%。

参考文献

International Monetary Fund，"World Economic Outlook，" July 2021,October 2021.

World Bank，"Global Economic Prospects，" June 2021.

World Trade Organization，"Trade Statistics and Outlook，" October 2021.

World Trade Organization，"Goods Trade Barometer，" August 2021.

World Trade Organization，"Services Trade Barometer，" September 2021.

World Trade Organization，"World Trade Statistical Review 2021，" 2021.

Y.12
国际金融形势回顾与展望

高海红 杨子荣*

摘 要： 2021年，国际金融市场深受疫情反复及诸多不确定性风险的影响呈现持续动荡。在疫苗接种率上升和持续宽松的货币政策支持下，全球股市表现先于经济复苏，大宗商品价格迅猛上涨推升全球通胀，多国房价再创新高。与此同时，全球债务进一步提升，汇率波动和国际资本流动风险加大，全球金融稳定面临潜在危险。由于疫苗分配不均和各国财政政策空间存在差异，全球经济复苏明显分化。以美国为代表的发达国家经济领先复苏，其货币政策也可能率先转向，并成为主导国际金融变化的主要因素。而发展中国家正面临疫情反复、经济失速和外部融资条件有可能缩紧的三重压力。展望未来，疫情的影响仍将持续至少数年时间，全球经济复苏的基本面仍较脆弱，国际金融形势将面临更多的不确定性。

关键词： 国际金融风险 国际债券市场 股票市场 外汇市场

在《2021年世界经济形势分析与预测》中，我们认为全球经济复苏路径尚存在高度不确定性，疫情仍是影响经济复苏的重要因素。2021年全球经济复苏路径和国际金融市场动态深受疫情的影响，与我们判断的方向基本一致。在疫苗接种率上升和宽松的宏观政策加持下，发达国家经济领先复苏，货币

---

* 高海红，中国社会科学院世界经济与政治研究所研究员，主要研究领域：国际金融；杨子荣，中国社会科学院世界经济与政治研究所副研究员，主要研究领域：国际金融。

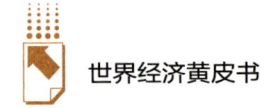

政策也可能率先转向，这成为影响未来国际金融市场的重要因素。本报告首先分析2020~2021年的国际金融风险，然后分别阐述全球长期国债市场、国际负债证券市场、全球股票市场和外汇市场的走势及原因，最后展望未来国际金融市场走势。

一 国际金融风险

2021年的国际金融市场深受疫情的影响。尽管全球经济开始复苏，但各国复苏程度差异较大。尤其是疫情不断反复，德尔塔毒株扩散造成新一轮冲击，使得新兴经济体下半年出现增长减速的势头。由于美国经济复苏显著，而且通货膨胀明显抬头，美联储政策是否出现转向成为其他国家中央银行以及国际金融市场关注的焦点。与此同时，由于供应链破裂以及供给端产能受限，新兴市场国家的金融稳定性受到疫情反复、经济失速和外部融资条件有可能缩紧的三重压力。

（一）货币政策走向

2020年新冠肺炎疫情暴发，美联储快速采取行动下调联邦基金目标利率，致使联邦基金目标利率从早前的1.50%~1.75%降至0%~0.25%的低位。进入2021年，美联储将联邦基金目标利率一直保持在这一区间不变（见图1）。英格兰银行在疫情暴发后将银行利率从0.75%降至0.1%的水平。2021年，英格兰银行维持这一利率不变。欧洲中央银行也将再融资利率保持在0的水平，并已持续了5年之久。日本央行维持自2016年1月开始实施的负利率政策不变，央行贴现率始终保持在-0.1%的水平。其他发达国家在2021年总体保持低息政策，其中，加拿大、澳大利亚、瑞士和瑞典的平均官方利率保持在-0.1%的水平。相比之下，新兴市场国家的平均利率仍高于发达国家。尽管大多数新兴市场国家将官方利率维持不变，但在通胀明显回头的墨西哥、巴西和南非等国家，其央行在2021年开始小幅提高利率，包括中国、韩国、巴西、墨西哥和印度在内的新兴经济体平均官方利率从2020年中期的3.19%

提高至 2021 年中期的 6.5%。

疫情期间主要国家央行普遍实施了资产购买计划。美联储针对联邦政府债券、公司债券和商业票据等资产类别进行大规模资产购买，承诺每月 800 亿美元的购买规模，并不设购买期限。日本央行采取收益率控制政策，将十年期国债收益率控制在零附近。英格兰银行承诺在 2021 年 12 月之前购买最高达 4400 亿英镑的资产。欧元区将资产购买上限定为 1.85 万亿欧元，期限至 2022 年 3 月。然而进入 2021 年，美国经济复苏加快，劳动力市场改善，通货膨胀也显著上升。大规模资产购买使得央行资产负债表快速膨胀。根据摩根大通的估计，发达经济体央行的资产负债表在 2020~2021 年将增加 11.7 万亿美元；到 2021 年底累计规模将达 28 万亿美元，为标普 500 指数市值（按 7 月 22 日合计）的三分之二。由于央行资产购买计划成为货币政策与财政政策协调的重要工具，这一方面对传统意义上的央行独立性提出挑战，中央银行在金融体系中的作用也需要重新审视；另一方面，央行资产负债规模扩张背后反映货币工具与政府债务之间的交错关系。实际上央行扩表无助于政府债务负担的缓解，这对如何在未来化解巨额债务提出了新的难题。

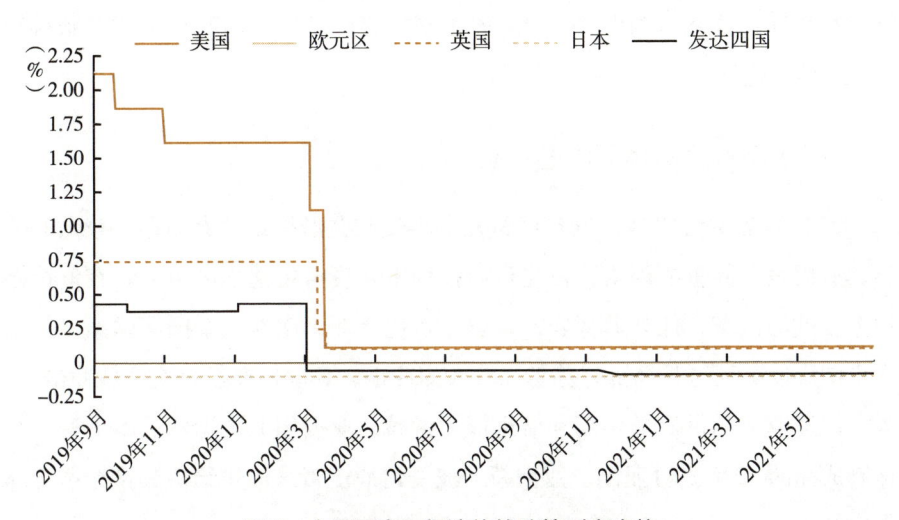

图 1 主要国家和经济体的政策利率走势

注：政策利率分别指欧洲中央银行的再融资利率、美联储的联邦基金利率、英格兰银行的银行利率、日本中央银行的基本贴现率。发达四国的数据为澳大利亚、加拿大、瑞典和瑞士各国官方利率的平均值。

资料来源：国际清算银行数据库。

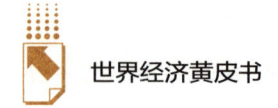

2021年，全球通胀普遍抬升，针对通胀上升是暂时现象还是趋势性表现的判断出现分歧。一方面，市场不断猜测美联储会因通胀预期变化而调整资产购买节奏和量宽退出的时间表。尤其在2021年7月美国非农就业数据明显改善后，市场预计美联储量宽退出的概率有所上升。另一方面，美联储则一再申明"鸽派"立场，强调美国通胀上升是过渡性的，主要与大宗商品价格上涨以及产业链断裂带来的成本高企的冲击有关。在德尔塔毒株蔓延形势仍比较严峻的背景下，美联储政策在"鸽派"与"鹰派"之间保持一种开放姿态，其政策转向取决于美国经济和就业的改善情况。鲍威尔在8月召开的杰克逊霍尔全球央行行长会议上重申对通胀具有暂时性质的判断，表明对量宽退出不设定时间表。但与此同时表示，如果通胀压力持续增大，美联储将给出更加明确的调整规划。鲍威尔在9月的公开市场委员会后的讲话中暗示，如果经济继续与预期相符，美联储最快在11月宣布缩减购债计划，而在利率政策方面并未给出时间表。英格兰银行在9月宣布维持基准利率在0.1%不变。欧洲中央银行在2021年7月公布了新的前瞻性指引的货币政策框架，在新货币政策框架下将中期目标通货膨胀率设定为2%。这一目标的设定表明，欧央行对在短期内通胀率暂时高于2%的水平持容忍态度；同时在中期通胀目标达成之前将确保持续宽松的货币政策。

（二）新兴经济体面临的风险

2021年新兴经济体之间在经济复苏程度和金融稳定性方面存在较大的差异。造成差异的重要因素，首先疫苗接种率和疫情传播程度不同。在疫苗接种率较低的国家，比如菲律宾、秘鲁、哥伦比亚、南非、泰国等国家，德尔塔毒株快速蔓延对其经济复苏带来较大的冲击。其次，在新一波疫情冲击下，由于制造业成品供应链中断和航运能力锐减，亚洲国家的运输成本上升。全球制成品的42%来自亚洲，亚洲新一波疫情冲击带来的供给瓶颈推升了全球供应成本。

针对美联储政策是否转向以及何时转向的预期会对新兴经济体产生很强的溢出效应，且这一效应既有正面影响也有负面影响。一方面，美国货币政策转向标志美国经济复苏强劲，新兴经济体的外部需求增加，这有助于提振出口，改善新兴经济体的贸易收支。另一方面，美联储缩减量宽很可能会带来全球融资条件的紧缩，形成美元回流压力，新兴经济体面临的资本外流风险加大。实际上，对新兴经济体而言，一旦紧缩政策预期形成，哪怕仅仅是口头上的讨论也会造成紧缩恐慌，甚至出现类似于2013年美联储紧缩造成的被动局面。[①] 这一次，新兴经济体吸取2013年的教训，在美联储尚未采取行动但市场对联储行动预期已经形成时，提前调整国内政策。比如墨西哥、巴西和俄罗斯，这些国家同时面临国内通胀压力，较早开启货币紧缩。实际上，在年内一些新兴经济体的通货膨胀已高于预期目标。在对发达经济体的货币政策转向预期得不到快速兑现的情况下，这些国家在国内通胀压力下会提早行动，选择自主性货币紧缩。韩国央行于2021年8月26日决定将基准利率上调25个基点至0.75%。巴西央行也与2021年9月22日宣布年内的第五次加息，将基准利率从5.25%提高至6.25%。

为应对疫情，新兴经济体纷纷通过发行政府债券为启动经济进行融资。到2020年底，国际清算银行统计的全球54个国家的政府债券净偿额占GDP的72%。其中，包括24个新兴经济体在内所发行的一般政府债券的净偿额为144.2亿美元，占同期全球发行的净偿额的26%。然而，从币种构成看，新兴经济体近期更倚重本币计价债券的发行，外币计价的政府债券发行比重有所降低（见图2）。其中，巴西、韩国、墨西哥、印度和中国等新债券发行以本币计价债券为主，政府融资更加依赖本国资本市场。本币计价债券比重增加，这在一定程度上有助于对冲国际融资条件变化所导致的融资成本上升的不利影响。相比之下，包括土耳其、阿根廷、保加利亚和克罗地亚等国家在内的新兴经济体仍依赖国际市场融资。其中，阿根廷外币债券占总发行的70%，高居榜首；土耳其外币债券占总发行的比例也高达49%。2021年伴随发达国家经济复苏加速，宽松货币条件面临收紧的可能性提高，国际

---

① 2013年，在美联储经过几轮量宽后，时任美联储主席伯南克在5月国会听证会上明确了美联储转向意图。而从这一时点到2014年1月美联储缩减量宽期间，美国10年期国债收益率快速攀升，新兴经济体出现大规模的资本撤离。

融资条件的变化可能会给对外币融资依赖较大的新兴经济体带来偿付和汇兑风险。

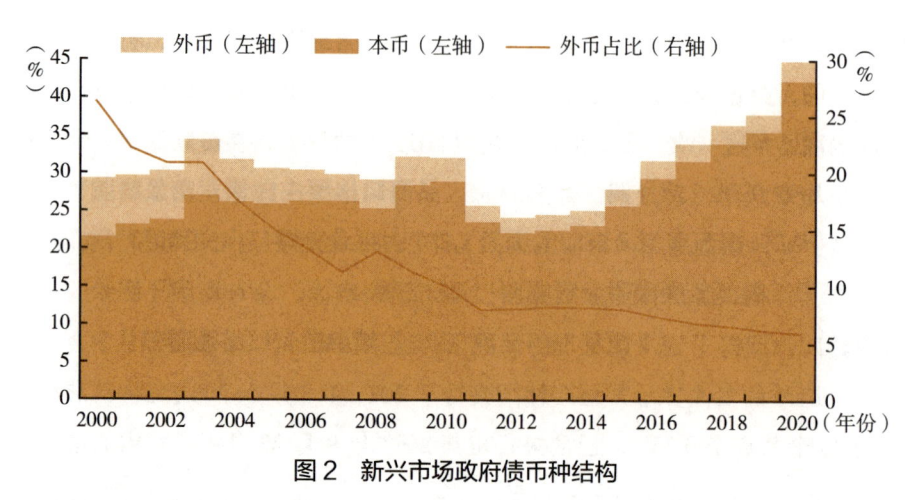

图 2 新兴市场政府债币种结构

资料来源：国际清算银行数据库。

针对新兴经济体和低收入国家受到的疫情冲击和面临的流动性困难，国际货币基金组织提供的救助资金也有助于增强这些国家抵抗冲击的韧性。2020年3月至今，基金组织通过各种贷款工具以及控灾减灾信托（CCRT）对成员国提供了约2500亿美元的资金救助。尤其是2021年8月基金组织正式实施新一轮特别提款权分配计划，总金额为6500亿美元。其中，2750亿美元已分配至新兴市场和发展中国家。由于新分配的特别提款权没有附加使用条件的要求，预计这笔新增贷款将对新兴经济体稳固外汇储备、增加流动性有快速和直接的支持作用。

二 全球证券市场走势

2021年全球经济总体回暖，但疫情持续蔓延且不断干扰供应链复苏，民粹主义兴起和地缘政治动荡的风险进一步加大，各种不确定性因素叠加对全球证券市场走势产生影响。

（一）全球长期国债市场

在过去的一年中，主要发达国家国债市场收益率经历了"平稳、快速上升、缓步下降"的过程。尤其是 2021 年以来，由于全球经济开始复苏、通胀明显上行，主要国家国债市场收益率快速上行。此后，疫情再次大范围暴发导致经济增长前景下调，且通胀上行速度放缓，通胀预期回落，国债市场收益率步入缓步下行通道（见图3）。

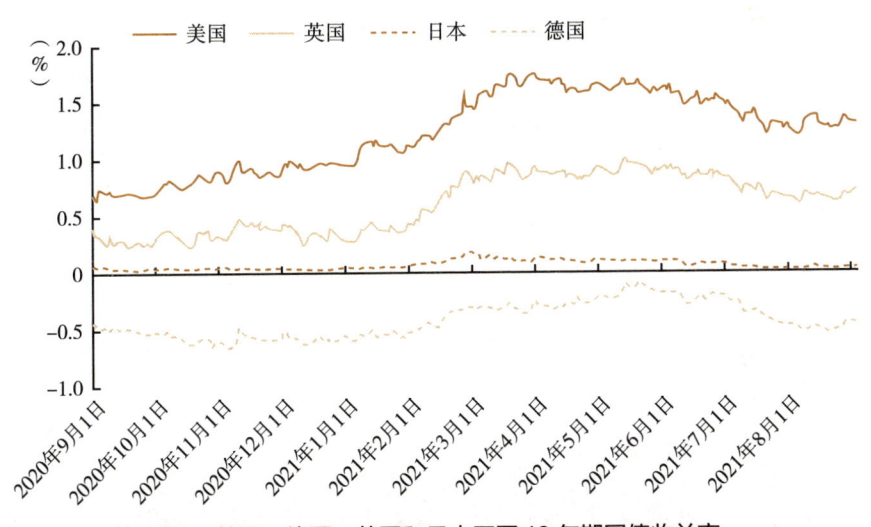

图 3　美国、德国、英国和日本四国 10 年期国债收益率

资料来源：Wind 数据库。

主要发达国家国债市场收益率的走势与相对变化表现出以下特征：首先，各国长期国债收益率皆先上升后下降。2020 年 9 月至 2021 年 3 月，美国和日本的长期国债收益率趋于上升，此后震荡下行。2020 年 9 月至 2021 年 3 月，英国和德国的长期国债收益率趋于上升；2021 年 3~5 月，震荡中小幅上行，此后趋于下行。整体来看，2020 年 9 月美国、英国、日本和德国的长期国债收益率均值分别为 0.68%、0.28%、0.03% 和 -0.5%，而 2021 年 8 月这四个国家长期国债收益率的均值分别为 1.28%、0.64%、0.02% 和 -0.5%。其次，

2020年9月至2021年3月,美国国债收益率引领上涨,英国和德国跟随其后,日本国债收益率的变化虽然保持了趋势上的一致性,但变化幅度最小,表现出更强的黏性。

欧元区国家的长期国债收益率也在走势上保持了高度一致,皆经历了"先下行、后上升、再下行"的过程。希腊和意大利的长期国债收益率显著高于西班牙和法国;2020年12月14~16日西班牙长期国债收益率曾出现过短暂的负利率,这是该国长期国债收益率首次降至0以下;法国长期国债收益率则在2021年中期由负转正后再次进入负利率区间。在过去的一年中,欧元区国家的长期国债收益率走势基本保持一致,2020年9~12月,保持下行;2021年1~5月,保持上行;2021年6月以来,再次下行。整体来看,2020年9月西班牙、意大利、希腊和法国的长期国债收益率均值分别为0.28%、0.98%、1.08%和-0.21%,而2021年8月这四个国家长期国债收益率的均值分别为0.22%、0.58%、0.59%和-0.11%(见图4)。

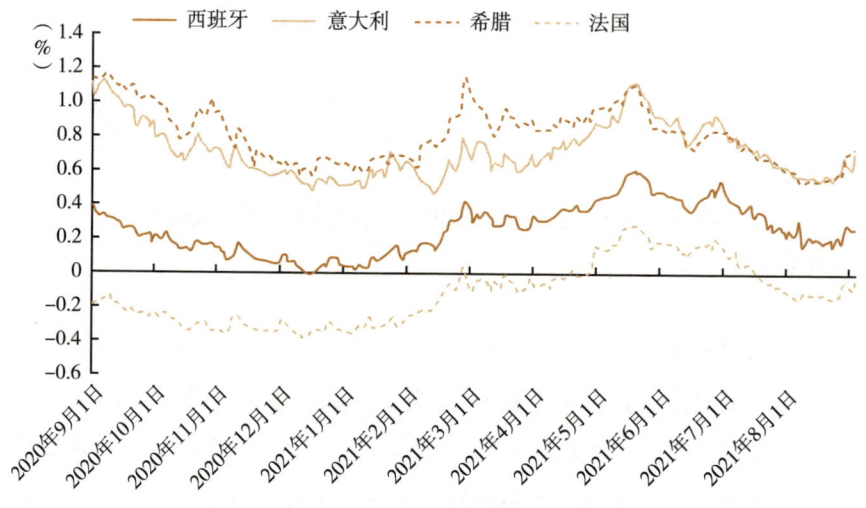

图4 欧元区部分国家10年期国债收益率

资料来源:Wind数据库。

（二）国际负债证券市场

2020~2021年，国际负债证券市场表现出两大特征：第一，发展中经济体在国际负债证券市场上的份额继续小幅上涨，未清偿余额占比有所增加，但仍远低于发达国家；第二，发达国家与发展中经济体的国际负债存在结构性差异，发达国家的国际负债以金融机构和企业为主，而发展中经济体的国际负债以政府部门为主。

从总量比较来看，2021年第一季度末，发展中经济体未清偿余额占国际负债证券市场未清偿总额的14.03%，较2020年第一季度上涨0.15个百分点。从净发行额的变化来看，2020年第二季度至2021年第一季度，发达国家国际负债证券市场净发行额累计达6720亿美元，高于同期发展中经济体的3030亿美元，但两者差距有所缩小（见图5）。

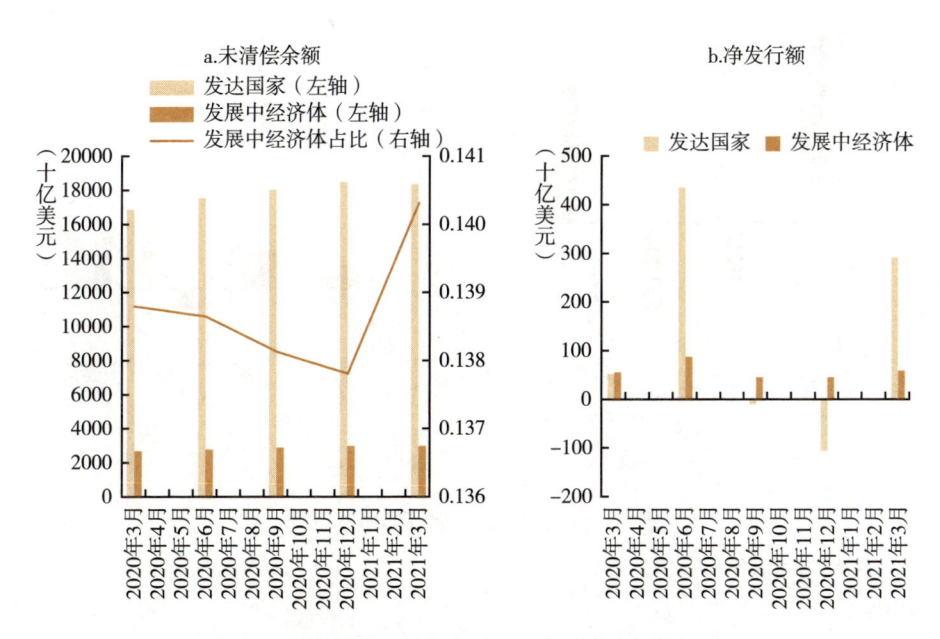

图5 国际负债证券市场的未清偿余额及净发行额

资料来源：国际清算银行数据库。

从结构来看，发达国家与发展中经济体在国际负债证券市场上存在显著的结构性差异。2020年第二季度至2021年第一季度，发达国家的金融机构、企业和政府部门的国际负债证券市场净发行额分别累计达1920亿美元、2853亿美元和1428亿美元，而发展中经济体的金融机构、企业和政府部门的国际负债证券市场净发行额分别累计达332亿美元、274亿美元和1853亿美元。与疫情前相比，发达国家企业部门发债规模明显增加，发展中国家的政府部门发债规模明显增加。发达国家的国际债券发行以企业为主，金融机构次之，政府部门的净发行额最低。发展中经济体由于金融机构和企业的评级和信誉度不足，主要依赖主权债务融资。受疫情影响，发展中经济体的金融机构和企业净发行额较上年同期显著下降，而政府部门净发行额迅猛增加（见图6）。

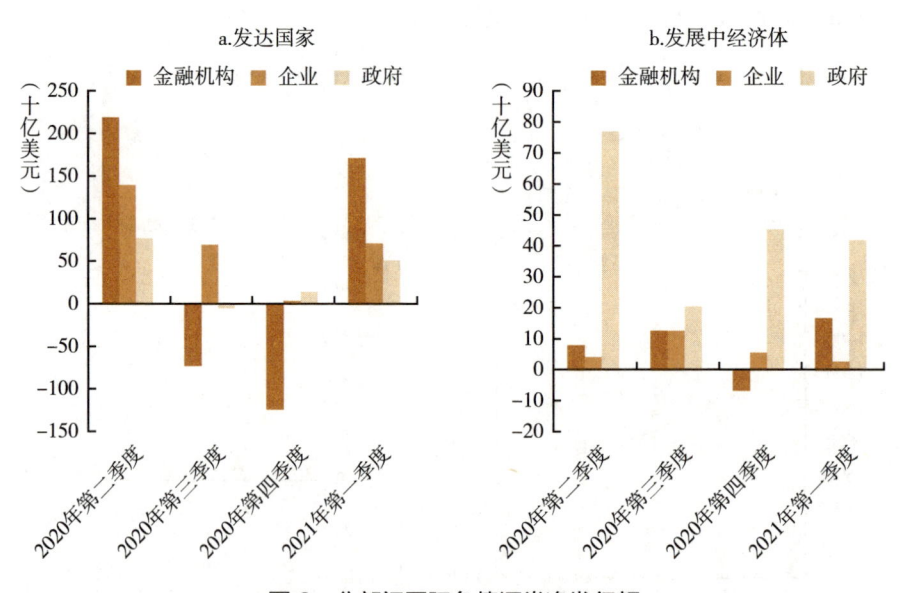

图6 分部门国际负债证券净发行额

资料来源：国际清算银行数据库。

（三）全球股票市场

2021年全球股票市场表现出了两大特征：第一，2021年全球股市在2020

年回暖的基础上继续复苏；第二，与发达国家相比，2021年发展中国家股市的表现相对乏善可陈。

2021年疫情仍是影响全球经济复苏的重要因素。在宽松货币政策和财政刺激政策的支持下，并受益于疫苗接种率较高，部分发达国家经济率先复苏，股票市场也取得了较好的表现。相对而言，发展中国家财政政策与货币政策空间相对受限，外加疫苗供给受限，大多数发展中国家股市表现一般。整体而言，2021年MSCI全球指数上涨15.93%，MSCI发达国家指数上涨18.08%，MSCI新兴市场指数微涨2.11%（见图7）。

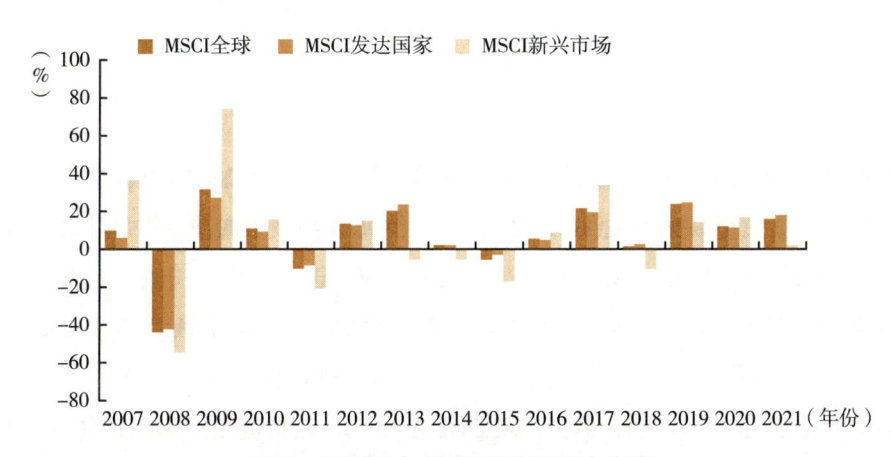

图7 MSCI全球国别股指增长率比较

注：2021年数据截至2021年8月30日。
资料来源：Wind数据库。

2020年，在选定的全球11个主要股市中，除了英国和西班牙外，其他国家的股市都实现了两位数的涨幅。2021年前8个月，所有国家股市都为正增长。在发达国家中，除了日本微涨1%，其他国家普遍涨幅较大；发展中国家涨幅普遍较小，仅印度有16%的较大涨幅（见图8）。

在发达经济体中，美股表现最为突出。首先，美股自2020年3月下旬的股灾中快速反弹。截至2021年9月中旬，美国道琼斯工业平均指数反弹幅度超过80%，纳斯达克综合指数涨幅超过120%，且皆创下历史新高。其次，

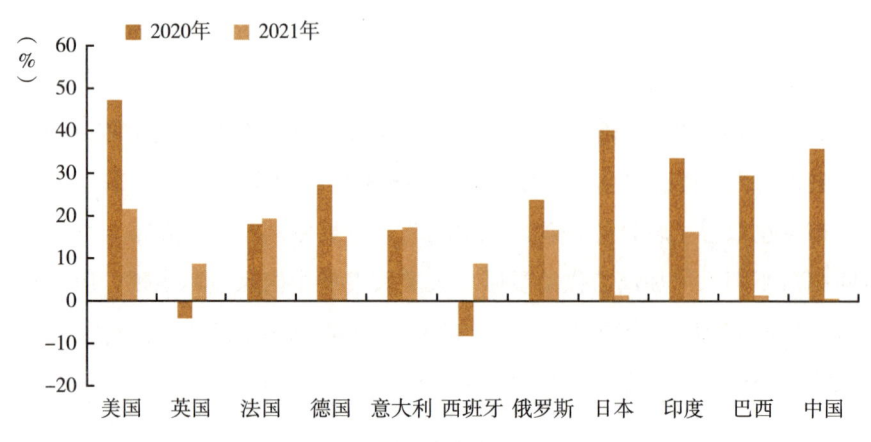

图 8 全球主要股市 2020 年和 2021 年增长率

注：2021 年数据截至 2021 年 8 月 30 日。
资料来源：Wind 数据库。

美股估值处于历史极高位置。以席勒市盈率计算，美股当前的市盈率几乎与 2000 年的历史最高水平相当①。极高的估值导致美股在遭受冲击性事件时，可能更易发生剧烈波动。最后，量宽退出和加税是影响下半年美股走势的重要因素。一方面，即便量宽退出已被市场充分预期，但若美联储在 2021 年底正式启动，美国市场流动性将边际收紧，美股将承压。另一方面，若拜登政府顺利推进基建计划，加税政策也必将随之落地，这将对企业利润产生影响，可能导致美股估值大幅回调。

2021 年上半年全球股市继续反弹，主要受益于扩张的财政政策与宽松的货币政策。在低利率环境下，债券收益率过低甚至为负，投资者涌向风险更高的股票等资产，而股市上涨又强化了投资者的风险偏好。2021 年下半年，疫情防控与经济复苏是影响全球股市的重要因素。当前疫情仍在全球范围内蔓延，病毒不断变异，疫苗供给受限与分配严重不均。如果疫情长期无

---

① 席勒市盈率，又称为"周期调整的市盈率"，计算方法是将企业当前的收益经过通胀调整、按照美国通用会计准则 GAAP 计算得出过去十年的每股收益平均值。经调整后，每股收益不会失真。即便每股收益受衰退影响降至远低于正常水平，市盈率也不会变得虚高。反之亦然。

法得到控制,并导致经济长期陷入疲软或衰退,与经济基本面相背离的全球股市,可能再次遭受冲击而回调。与此同时,在美国经济领先复苏的情况下,如果美联储退出宽松货币政策,将导致跨境资本回流至美国,全球美元流动性将收缩,这将对全球股市尤其是新兴市场股市产生冲击,甚至可能引发新兴市场国家的资本外逃、汇率大幅贬值和金融危机。

三 全球外汇市场走势

2021年全球外汇市场表现出三大显著特征:第一,美元指数跌至2018年水平,且波动剧烈;第二,美元指数引领各国汇率变化,但部分国家币值走势出现分化;第三,人民币兑美元汇率与美元指数走势基本一致,但人民币兑其他货币保持强势。

2020年美元指数一路下行,从最高超过100跌至最低90以下。2021年美元指数经历了"上行、下行、再上行、震荡"四个阶段:(1)1月4日至3月31日,美元指数从89.88上升至93.18,主要源于在疫苗接种稳步推进下美国经济快速复苏,第一季度美国GDP环比折年率高达6.3%。(2)4月1日至5月31日,美元指数回落至89.85,主要源于美国就业复苏不及预期,叠加欧洲疫苗接种加速和经济稳步复苏等因素影响。(3)6月1~18日,美元指数再次上行至92.37。这主要源于美国就业数据强劲,美联储于6月议息会议提及缩减购债,市场预期美国经济复苏前景良好,量宽退出窗口期临近。(4)6月19日至今,美元指数基本在92~93震荡,主要源于疫情再次蔓延,美国经济复苏前景再度不明,美联储态度迟疑,导致美元指数整体维持震荡行情(见图9)。

2021年瑞郎、欧元和英镑的汇率走势基本一致,与美元指数的走势相反,日元贬值压力较大(见图10)。瑞郎、欧元和英镑兑美元汇率经历了"贬值、升值、再次贬值"的过程。日元兑美元汇率在贬值阶段与其他主要发达国家货币保持一致,但日元汇率升值时间更短、幅度更低,此后维持震荡。

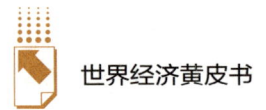

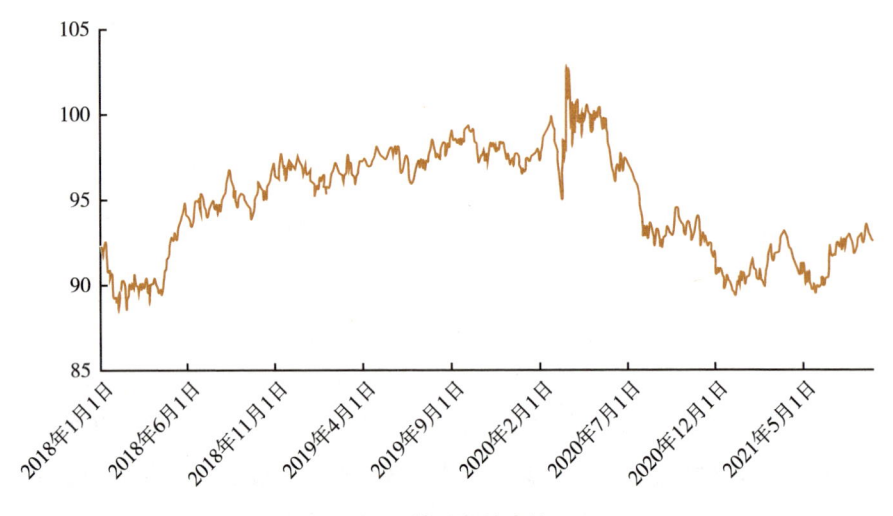

图9 美元指数走势

注：美元指数选取1973年3月=100。
资料来源：Wind数据库。

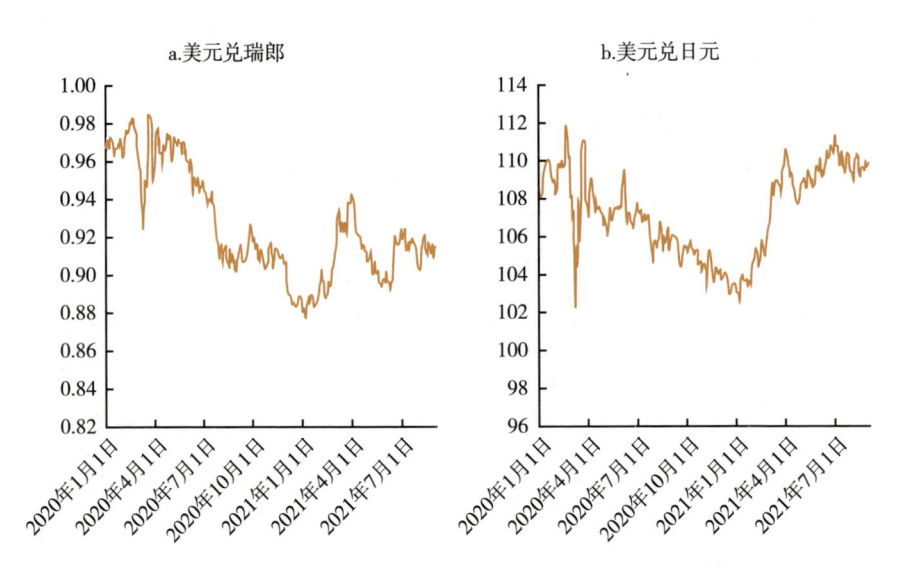

a.美元兑瑞郎

b.美元兑日元

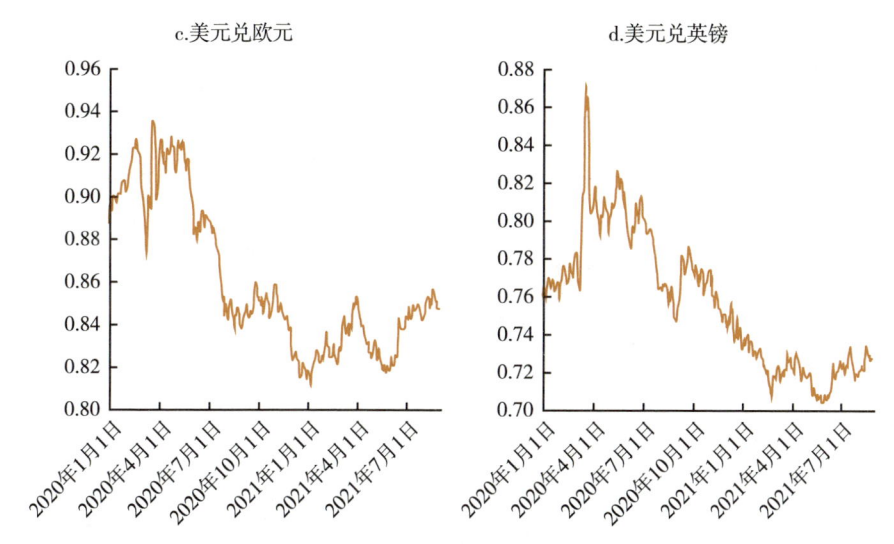

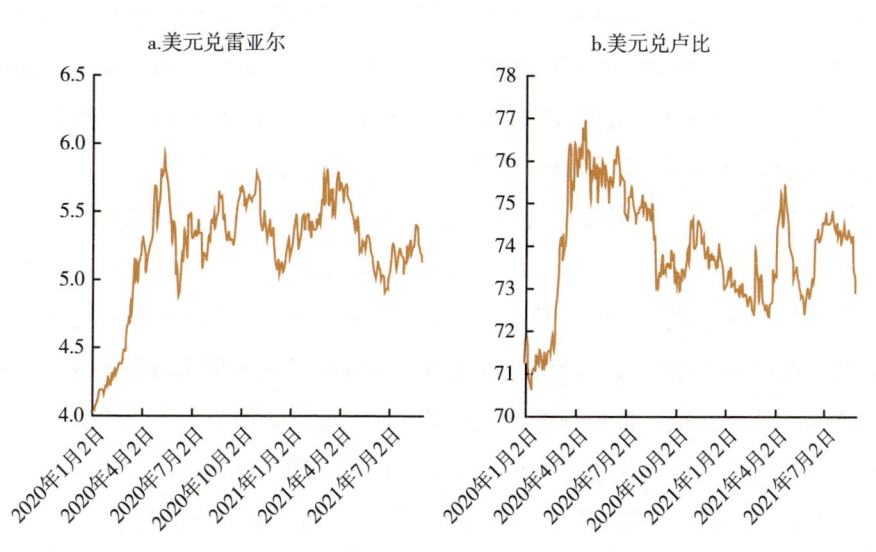

图 10 美元兑主要货币的汇率变化走势

资料来源：Wind 数据库。

2021年金砖国家货币兑美元走势有所分化（见图11）。1月4日至3月31日，美元指数上行，巴西雷亚尔兑美元和印度卢比兑美元汇率显著贬值，南非兰特和俄罗斯卢布兑美元汇率则维持震荡。4月以来，巴西、印度、南非和俄罗斯四国货币兑美元汇率基本皆经历了先升值后贬值的过程，但各国货币升值与贬值的幅度、节奏以及持续时间存在显著差异。

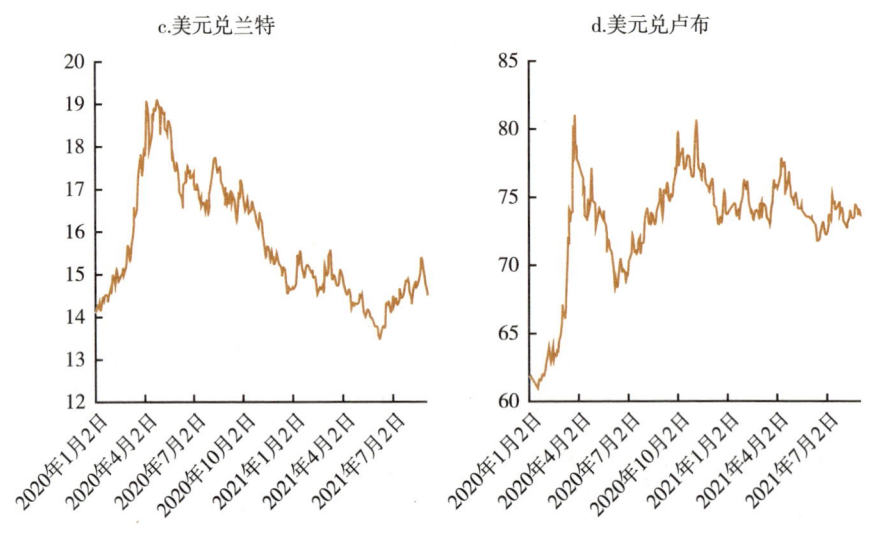

图 11　美元兑金砖国家货币的汇率变化走势

资料来源：Wind 数据库。

2021年以来，CFETS人民币汇率指数稳步向上，从年初的95附近，上升至8月底的98左右，并曾于8月20日达到99，这是自2016年3月中旬以来，该汇率指数首次站上99大关（见图12）。CFETS人民币汇率指数参考CFETS货币篮子，具体包括中国外汇交易中心挂牌的24种人民币对外汇交易币种，样本货币权重采用考虑转口贸易因素的贸易权重法计算而得。自2021年1月1日起，CFETS人民币汇率指数货币篮子中的美元权重由0.2159降至0.1879。CFETS人民币汇率指数稳步向上，表明人民币汇率表现强劲，这主要是因为中国疫情防控形势向好，经济稳步复苏，出口形势强劲，且货币政策率先正常化。

2021年以来，人民币兑美元汇率经历了"贬值、升值、再贬值、震荡"的过程。人民币兑美元汇率的走势与美元指数的走势保持基本一致，表明这期间美元指数是决定人民币兑美元汇率的主要因素。未来人民币兑美元汇率走势，既取决于中美双方经济复苏速度，也取决于双方货币政策的变化。展望未来，如果在疫苗接种率进一步提升和新基建计划的支持下，美国经济持续复苏，美联储也由此逐步退出宽松货币政策，而与此同时，若中国经济复苏不及预期，出口份额下降，人民币兑美元汇率将面临较大贬值压力。

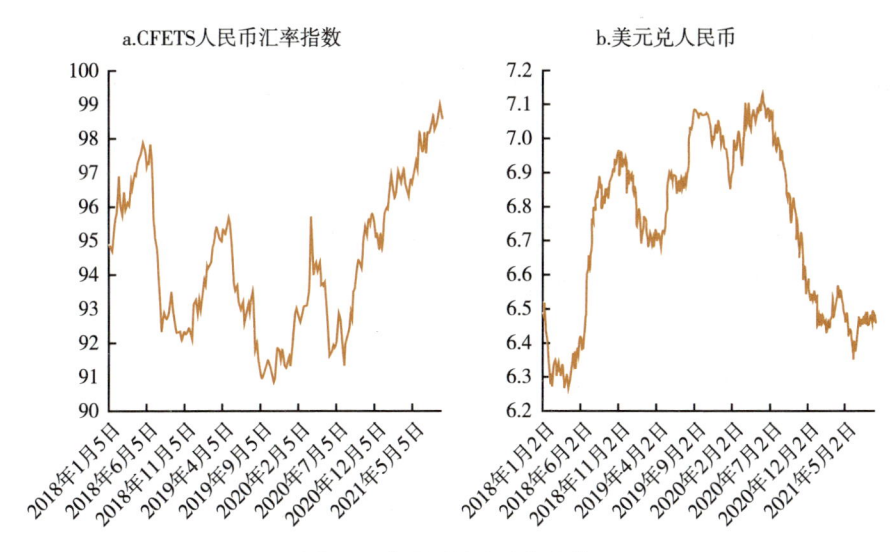

图12 人民币汇率变化走势

资料来源：Wind 数据库。

四　小结与展望

2021年的国际金融市场依旧笼罩在疫情及其带来的诸多不确定性之中。为帮助经济从疫情导致的衰退中复苏，各国在保持货币政策宽松的同时，继续实施扩张性财政政策，各国财政压力剧增，公共债务膨胀，尤其是新兴市场和低收入发展中国家外债风险加剧。全球股市先于经济复苏，大宗商品价格迅猛上涨推升全球通胀，多国房价再创新高，对金融稳定构成潜在危险。美元指数急剧波动，并引领各国货币兑美元汇率跟随涨跌，各国面临的汇率风险加大。

展望未来，全球经济复苏的基本面仍较脆弱，国际金融形势面临诸多不确定性。首先，疫情的影响仍将持续至少数年时间。疫苗供给能力有限且分配不均，病毒不断变异导致疫情在全球范围内仍将持续蔓延，并阻碍全球经济复苏。其次，全球经济复苏将进一步分化。那些能够优先获得疫苗资源和

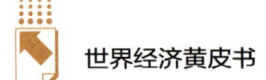

货币国际化程度较高的经济体将率先复苏,[①]而广大发展中国家将继续深陷疫情泥潭,经济产出预计要到2022年甚至2023年才能恢复至疫情前水平。最后,由于经济率先复苏,发达国家宽松货币政策可能提前转向,将引导国际资本回流,新兴市场和发展中国家将面临资本流出、汇率贬值和外债风险加剧的压力。此外,逆全球化和民粹主义继续泛滥,全球产业链正在重构,国际经贸规则的主导权争夺愈加激烈等,可能持续消耗后疫情时代全球经济复苏动能;但机遇与挑战共存,数字经济和绿色发展有望推动全球经济转型,激发全球经济增长潜力。

参考文献

高海红、杨子荣:《国际金融形势回顾与展望》,载张宇燕主编《世界经济形势分析与预测》,社会科学文献出版社,2020。

BIS, "BIS Quarterly Review," June, 2021.

IMF, "World Economic Outlook Update: Fault Lines Widen in the Global Recovery," July, 2021.

IMF, "Financial Stability Reports: Preempting a Legacy of Vulnerabilities," April, 2021.

[①] 货币国际化程度较高的经济体,其政府能够以本币的形式发行政府债务,实施更为积极的财政政策,并配合宽松的货币政策,进而刺激经济快速复苏,而不用像发展中国家一样担忧外债负担加重的问题。

Y.13
国际直接投资形势回顾与展望

王碧珺[*]

摘　要： 在新冠肺炎疫情的冲击下，2020年国际直接投资大幅下降35%，降幅超过全球GDP和贸易。同时，限制性国别投资措施创有记录以来最高，基本来自发达经济体，出于国家安全方面的考虑是主要原因。然而，针对外资国家安全审查的泛化已危及国际投资的正常秩序，很多时候沦为投资保护主义的工具。随着疫苗接种计划的推进，全球正转向如何更好地重建经济，一个关键的优先事项是增加供应链弹性，这涉及生产网络重组以及供应链风险管理解决方案的双支柱战略。

关键词： 国际直接投资　投资区位　供应链弹性

国际直接投资（FDI）流量在经过2016~2018年连续三年下降和2019年小幅反弹后，在新冠肺炎疫情的冲击下，2020年大幅下降35%，比全球金融危机后2009年的低谷1.24万亿美元还要低19%，是2005年以来的最低水平（见图1），疫情对国际直接投资的冲击明显大于2008年全球金融危机。疫情通过需求负面冲击和全球供应链中断减缓了现有投资项目的进度，带来的经济前景不确定性将抑制新的国际投资计划。2020年全球FDI下降的幅度（-35%）明显大于全球GDP（-3.6%，以市场汇率计算）以及货物和服务贸易

---

[*] 王碧珺，中国社会科学院世界经济与政治研究所副研究员，主要研究方向为国际投资。

量（-8.2%）。① 本报告将从投资区位、国别投资政策和国际投资协定的角度，分析2020年国际直接投资形势，讨论增加全球供应链弹性的选项，并展望国际直接投资的前景。

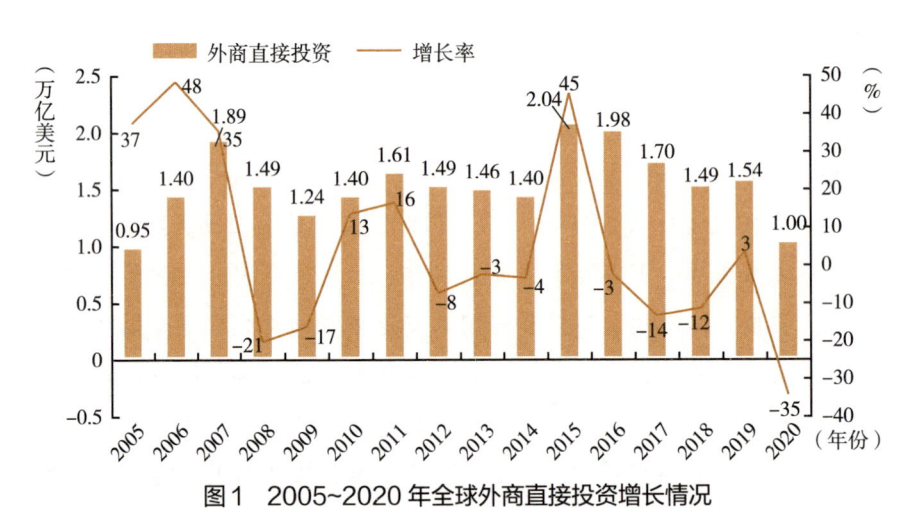

图1 2005~2020年全球外商直接投资增长情况

资料来源：笔者根据联合国贸发会议数据库的整理，https://unctad.org/en/Pages/statistics.aspx。

一 国际直接投资整体受挫：发达国家大幅下降，发展中国家保持韧性

2020年国际直接投资整体因受到疫情冲击而大幅减少，在外国直接投资流入量（FDI流入）和对外直接投资流出量（OFDI）方面，发展中国家降幅远低于发达国家和转型经济体，保持了相对韧性。在这一分化下，发展中国家占全球FDI流入的比重从2019年的45%大幅升至2020年的66%，增加了21个百分点；其占全球OFDI的比重同期也从28%升至52%，增加了24个百分点。

---

① 数据来源于IMF World Economic Outlook Database。

（一）FDI流入

2020年发达国家FDI流入3120亿美元，大幅下降了58%。其中，欧洲FDI流入减少了80%，仅为730亿美元。主要欧洲大国如英国（-56%）、法国（-47%）、德国（-33%）的FDI流入都有大幅下降。美国FDI流入在利润再投资缩水下尽管也大幅减少了40%至1560亿美元，但仍是全球第一大FDI流入国（见表1）。在其他发达国家中，澳大利亚FDI流入减少了49%至200亿美元，日本FDI流入减少了33%至100亿美元。

发展中国家的FDI流入6630亿美元，同比仅下降了8%，这主要是由于亚洲发展期间国家FDI流入逆势增长了4%，达5350亿美元。其中，中国经济在疫情期间具有较好表现，成为全球唯一实现正增长的主要经济体，并持续推进投资自由化和便利化措施，流入中国的FDI同比增加了6%，达到1490亿美元。中国继续成为全球第二大FDI流入国，与美国的差距从2019年的1200亿美元缩小至7亿美元。在信息和通信技术（ICT）行业的外资收购推动下，印度FDI流入增加了25%，达到640亿美元，成为全球第五大FDI流入目的地。

但在其他发展中国家（地区），疫情导致需求萎缩以及2020年初大宗商品价格的下跌，FDI流入有明显下降：拉丁美洲和加勒比地区的FDI流入下降了45%至880亿美元，是发展中地区降幅最大的；非洲的FDI流入则减少了16%至400亿美元，这是该地区15年来的最低水平。

（二）FDI流出

2020年，发达经济体对外直接投资3470亿美元，减少了56%，在全球OFDI中的份额降至47%的历史最低点。其中，欧洲OFDI下降了80%至740亿美元，这是1987年以来的最低水平。德国曾在2019年是全球第二大对外直接投资来源国，2020年的OFDI只有350亿美元，减少了75%。英国在跨国公司剥离部分海外资产、收益再投资继续为负的情况下，2020年OFDI净撤资330亿美元。美国2020年对外直接投资与2019年基本持平。日本曾是

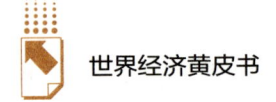

2018年、2019年全球第一大OFDI来源国，2020年其对外直接投资减少了49%，跌至全球第三。

发展中经济体对外直接投资仅下降了7%至3870亿美元。其中，中国内地首次成为全球第一大对外直接投资来源地，其OFDI尽管下降了3%，但仍然高达1330亿美元，尤其是跨境并购翻了一番。这背后的主要驱动力是中国内地跨国企业增加了在中国香港的投资活动，以及"一带一路"建设的持续推进使得中国OFDI在疫情期间也保持了弹性。但中国跨国企业应注意提高海外经营的市场绩效。中国的跨国企业虽然平均而言保持盈利，但与世界其他主要直接投资来源国相比，海外市场绩效堪忧。在其他发展中地区，东南亚的OFDI下降了16%，拉丁美洲和加勒比地区的OFDI在2020年近乎崩溃，呈现有史以来的首次出现整体净撤资35亿美元的局面。

（三）通道经济体的影响

不论是发达国家国际直接投资的大幅下滑还是亚洲发展中国家（地区）相对较好的表现，都在很大程度上受到少数通道经济体（Conduit Economies）国际直接投资大幅波动的影响。通道经济体通常作为跨国企业的资金运营中心和平台以及重要的投资中转地，其FDI流入和流出波动较大。在全球FDI流入2020年比2019年减少的5400亿美元中，约三分之一是由荷兰造成的，主要是受到几家大型控股公司的清算、企业重组和公司内部资金流动的影响。亚洲发展中国家相对强劲的FDI流入主要是由于中国香港的FDI流入增加了61%。如果不包括中国香港的FDI流入，亚洲发展中地区的FDI流入将整体下降6%。类似的情况在OFDI方面也可以看到，荷兰OFDI流出在2020年减少了2460亿美元至净撤资1610亿美元。中国香港OFDI大幅增加了92%，达到1020亿美元。如果不包括中国香港的OFDI，则发展中经济体对外直接投资将下降22%。

国际直接投资形势回顾与展望

表1 2020年全球前20大FDI参与国(地区)

单位：十亿美元，%

2020年位次	FDI流入 国家和地区	2019年	2020年	增速	2020年位次	FDI流出 国家和地区	2019年	2020年	增速
1	美国（1）	261	156	-40	1	中国内地（3）	137	133	-3
2	中国（2）	141	149	6	2	卢森堡（11）	34	127	274
3	中国香港（5）	74	119	61	3	日本（1）	227	116	-49
4	新加坡（3）	114	91	-20	4	中国香港（7）	53	102	92
5	印度（8）	51	64	25	5	美国（54）	94	93	-1
6	卢森堡（25）	15	62	313	6	加拿大（6）	79	49	-38
7	德国（7）	54	36	-33	7	法国（9）	39	44	13
8	爱尔兰（4）	81	33	-59	8	德国（2）	139	35	-75
9	墨西哥（14）	34	29	-15	9	韩国（10）	35	32	-9
10	瑞典（32）	10	26	160	10	新加坡（8）	51	32	-37
11	巴西（6）	65	25	-62	11	瑞典（18）	16	31	94
12	以色列（20）	19	25	32	12	西班牙（16）	20	21	5
13	加拿大（10）	48	24	-50	13	阿联酋（13）	21	19	-10
14	澳大利亚（12）	39	20	-49	14	瑞士（157）	-44	17	-139

241

续表

2020年位次	FDI流入				FDI流出			
	国家和地区	2019年	2020年	增速	2020年位次	国家和地区	2019年	2020年	增速
15	阿联酋（22）	18	20	11	15	泰国（28）	8	17	113
16	英国（11）	45	20	-56	16	中国台湾（21）	12	14	17
17	印度尼西亚（19）	24	19	-21	17	智利（25）	9	12	33
18	法国（15）	34	18	-47	18	印度（20）	13	12	-8
19	越南（24）	16	16	0	19	意大利（15）	20	10	-50
20	日本（26）	15	10	-33	20	比利时（44）	2	10	400

注：括号中为2019年的排名。

资料来源：笔者根据联合国贸发会议数据库的整理（https://unctad.org/en/Pages/statistics.aspx）。

二 国别投资政策变化：限制性措施创有记录以来最高[①]

2020年，涉及外商直接投资国别政策变化的国家和政策数量大幅增加，分别达到2007年以来和有史以来的最大值。有67个国家和经济体进行了152项涉及外商直接投资的政策变化，比2019年的54个国家、107项政策变化分别增加了24%和42%。从这152项政策变化的组成来看，72项涉及投资自由化和促进政策，50项施加了新的投资限制性和监管政策，余下30项是中性政策。不包括中性政策，涉及投资自由化和促进措施的政策比例从2019年的76%下降至2020年的59%，涉及限制性和监管措施的政策比例从2019年的24%大幅上升至2020年的41%，都创下有记录以来的极值（见图2）。

图2 2000~2020年国别投资政策变化

资料来源：World Investment Report 2021。

[①] 该部分内容引自同期出版的张斌、徐奇渊、王碧珺（2021）一文第四部分内容。具体参见张斌、徐奇渊、王碧珺《疫情中的全球经济复苏和产业链安全》，载谢伏瞻主编《经济蓝皮书：2022年中国形势分析与预测》，社会科学文献出版社，2021。

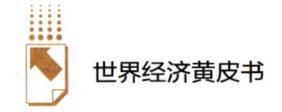

2020年全球新推出的50项投资限制性和监管政策，比2019年的21项翻了一倍多，基本来自发达经济体（35项，占比70%），涉及美国、加拿大、日本、韩国、澳大利亚、新西兰、奥地利、芬兰、法国、德国、意大利、荷兰、西班牙、英国等。这些投资限制性和监管政策大多数与东道国国家安全方面的考虑有关。新冠肺炎疫情进一步强化了发达国家加大外资的国家安全审查措施，以确保疫情期间关键基础设施、核心技术或其他与国家安全直接或者间接相关的敏感国内资产免受外国收购。例如，2020年，基于国家安全考虑，澳大利亚政府阻止了中国蒙牛乳业以6亿美元收购该国奶企Lion Dairy & Drinks；加拿大政府阻止了中国山东黄金矿业有限公司以2.07亿美元收购该国黄金生产商TMAC Resources Inc.；德国政府阻止了中国航天科工集团子公司中国航天工业发展股份有限公司（Addsino）收购该国专门从事卫星和无线电技术的企业IMST GmbH。然而，针对外资国家安全审查的泛化已危及国际投资的正常秩序，很多时候沦为投资保护主义的工具，亟须加强外资国家安全审查制度的国际协调。

2020年全球新推出的72项投资自由化和促进政策，比2019年的66项增加了9%，主要来自发展中经济体和转型经济体（69项，占比96%）。在疫情的冲击下，2020年全球FDI大幅下降了35%，达到2005年以来的最低水平，促使发展中国家对全球FDI的竞争更为激烈，推出新的投资促进措施，给予外国投资者以财政性质为主的投资激励，简化外国直接投资的行政程序。此外，部分亚洲发展中国家还在农业、制造业、采矿业、金融服务业、运输业、制药业等领域，部分或全面放开外国投资，进一步扩大投资自由化步伐。以中国为例，根据2019年颁布的《中华人民共和国外商投资法》制定的《中华人民共和国外商投资法实施条例》自2020年1月1日起施行，强化了内外资一致、投资促进和保护以及相关法律责任。中国在2020年10月1日起正式实施《外商投资企业投诉工作办法》，加强外商投资企业投诉的处理程序，进一步加大了保护外商投资合法权益的力度。中国还在2020年进一步缩减了全国版和自贸区版的外资准入负面清单，取消了对金融服务业、制造业、农业、矿产冶炼和制药业等行业的外商直接投资限制，发布了比全国版和自贸区版负面清单更短的《海南自由贸易港外商投资准入特别管理措施（负面清单）（2020年版）》，不断推进高水平开放。

三 国际投资协定：针对ISDS愈发谨慎

2020年全球共缔结了21个国际投资协定（International Investment Agreements，IIAs），其中双边投资协定（Bilateral Investment Treaties，BITs）6个，其他国际投资协定（Treaties with Investment Provisions，TIPs）15个。在这21个新缔结的国际投资协定中，12个是英国在退出欧盟后为与第三国保持现有投资关系而签订的展期协议。

与此同时，自2017年首次、2019年第二次出现国际投资协定终止的数量超过新达成的国际投资协定数量以来，2020年再次出现这一情况，终止的IIAs数量42个，超过当年新缔结的IIAs数量21个。[①] 在这42个终止的IIAs中，20个是终止所有欧盟内部双边投资协定的协议于2020年8月29日生效的结果。[②] 印度在终止IIAs方面保持活跃，继在2019年终止了7个BITs后，2020年其继续终止了6个BITs。截至2020年底，终止的国际投资协定总数达到393个，全球IIAs存量为3360个，包括2943个BITs和417个TIPs。

在这42个终止的IIAs中，7个为被新条约所替代的IIAs，东道国在投资者—国家争端解决（ISDS）仲裁中利益受损是投资协定再谈判的重要影响因素。正因为如此，关于ISDS有一种越来越谨慎的方法：一些大型区域性协定（Megaregional IIAs）不包含ISDS机制，如《区域全面经济伙伴关系协定》（RCEP）、《中欧全面投资协定》（CAI）以及欧盟—英国《贸易与合作协议》

[①] 学界对于近年来多次出现国际投资协定终止的数量超过新达成的国际投资协定数量没有充分的研究。笔者认为，这一现象意味着以新签订BITs为代表的国际投资规则形成形式将式微，国际投资规则的发展将朝向存量改革与区域签订方向发展。

[②] 欧盟法院在2018年3月判决的Achmea案中发现，欧盟内部BITs中的投资者—国家仲裁条款不符合欧盟法律。23个欧盟成员国于2020年5月5日签署协定终止欧盟成员国之间的BITs。

（TCA）；还有一些大型区域性协定有某些例外或量身定制的安排，如《美墨加协定》（USMCA）在美国与墨西哥之间保留了 ISDS 机制，但加拿大对于该机制的适用作出了保留。巴西和印度于 2020 年达成的《投资合作和便利化协定》褫夺了投资者向东道国提起仲裁的权利，是新兴发展中国家力图联合打破欧美主导投资规则格局的重大尝试。同时，非洲联盟在 2020 年 11 月 24 日举行的第 14 次贸易部长会议期间通过了《投资者—国家争端解决风险宣言》，警告非洲政府为应对 COVID-19 大流行采取的措施可能引发投资争端，应探索国际法规定的所有可用选项来减小 ISDS 的索赔风险，整合更适合特殊情况的条款并重新开展 IIAs 谈判。

四　增加全球供应链弹性的方案[1]

疫情大流行严重冲击了全球经济，随着疫苗接种计划的推进——尽管世界各地的速度非常不同——注意力正转向如何更好地重建经济，使其变得更加可持续，更能抵御未来的冲击，一个关键的优先事项是评估供应链风险，增加供应链弹性。

在过去三十年的时间里，供应链变得越来越全球化。跨国企业在市场寻求型、效率寻求型、资源寻求型的动机下，在全球建立生产网络，减少库存、缩短运输时间和简化生产系统，以最大限度地提高利润，这形成了长期、复杂且地理上分散的全球生产基地和供应商网络，即现在的全球供应链体系。在这样的体系里，跨国企业被高效且成本相对便宜的物流所吸引，应用跨越全球网络的精益生产方法，分包被使用得越来越普遍，组件越来越复杂，生产商希望拥有灵活的产能，供应商又在多阶段生产网络中利用自己的供应商网络，而且拥有四层或更多层供应商的情况并不少见。这意味着企业很难了解所有供应商的实际情况。

---

[1] 该部分内容引自同期出版的张斌、徐奇渊、王碧珺（2021）一文第、四部分内容。具体参见张斌、徐奇渊、王碧珺《疫情中的全球经济复苏和产业链安全》，载谢伏瞻主编《经济蓝皮书：2022 年中国形势分析与预测》，社会科学文献出版社，2021。

对这一国际生产体系脆弱性的担忧并不新鲜，并会周期性地被新的供应链冲击重新点燃。在新冠肺炎疫情之前，几次外源性冲击导致国际生产出现相当大的中断，全球供应链充当远程传输器甚至放大器。一个例子是2011年泰国洪水的影响。泰国是全球汽车制造商，尤其是日本汽车制造商的生产中心之一，日本约占泰国汽车出口的90%。与日本海啸相比，丰田在泰国洪水中损失的汽车更多。尽管丰田汽车在泰国的三个装配工厂没有被淹没，但由于为其生产关键零部件的公司被淹没，其工厂只能关闭。日产则比其他日本汽车公司恢复得更快，因为它供应来源多样化、采购系统全球化，并拥有更高的库存。这表明供应链特征，如组装厂、库存管理等关键节点，以及公司对供应商的依赖程度，影响整个供应网络的韧性。此外，泰国洪水还通过供应链在海外市场产生影响，由于缺乏从泰国进口的汽车零部件，菲律宾新车销量出现下降。此外，在2011年洪水之前，泰国还生产了全球大约43%的硬盘驱动器。四大硬盘制造商西部数据、东芝、三星和希捷科技要么其在泰国的工厂被淹没，要么受到洪水影响的供应商缺乏零件，都被迫减产，影响波及全球经济。硬盘驱动器的缺乏使台式机硬盘的价格上涨了80%~190%，移动硬盘的价格上涨了80%~150%。这表明，世界经济通过全球供应链网络紧密相连，灾害的间接破坏很容易影响到全球范围内的生产和消费。

新冠肺炎疫情全球大流行再次敲响警钟，医疗设备和药品国际供应链的内在脆弱性在市场（需求高峰）和政策（贸易限制）的外来挑战下更为突出。当前的大流行是否会被视为一次性且独特的事件？跨国企业在疫情后是否将恢复到疫情前的惯常做法——追求精益生产和多级供应商网络？笔者认为这一可能性较低。一方面，新冠肺炎疫情正在呈现长期化、常态化和复杂化之势，新变种不断出现，疫苗有效性面临考验，特效药尚在研发，难言何时结束。另一方面，气候变化导致的越来越多的极端天气和自然灾害，百年未有之大变局下的国际格局演变，以及某个新的细菌或者病毒正在哪个拐角等着人类，这些风险都绝非罕见。跨国企业可通过生产网络重组以及风险管理解决方案的"双支柱战略"来提高供应链弹性，优化供应链。

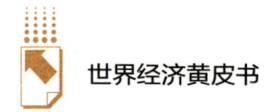

第一个支柱是生产网络重组，涉及投资和撤资决策。它意味着从两个方向重新设计全球供应链：回流和近岸转移、多元化。

一方面，回流和近岸转移通过缩短生产长度、在国内或区域内从物理上限制制造足迹和供应商基数，减少了参与生产过程的国家数量，削弱了国际贸易在中间投入品交换中的作用，从而降低全球供应链的网络复杂性和相互依存性。从运营角度来看，更简单、更短的价值链也更易于管理。可以预见，许多个人防护设备（Personal Protective Equipment，PPE）的国内生产肯定会增加，通过加强本国生产能力来解决被认为必不可少的安全问题，但尚不清楚哪些PPE产品或组件将被优先考虑。区域供应链（或近源采购）将成为PPE行业未来分散风险的重要机制，但难以判断本地生产与进口在PPE物品总供应量中的比例分配。中国仍然是PPE供应链中的关键参与者，不仅是作为相对低成本进口的来源地，更重要的是因为中国的医疗保健市场是世界第二大市场，国际医药企业已将中国市场视为影响其长期国际竞争力的关键。全球供应链的区域化并不意味着国际贸易或资本流动的减少，而是涉及距离惩罚的增加，这有利于进一步促进区域经济一体化。但值得注意的是，回流和近岸转移也意味着国内和区域风险的集中。

另一方面，多元化通过冗余和增加选项来建立供应链弹性，利用复杂的网络作为避免过度集中和在系统中建立冗余的一种手段，目的是使供应、运营和分销渠道多样化，增加弹性选项并使生产更接近终端市场。地理分布的多元化减轻了全球供应链中与集中和相互依存相关的弱点，并增加了灵活性，允许跨站点分配和切换生产，但这也意味着跨国企业需要在协调和控制方面增加投资和付出额外的努力。采购多元化的实现方法是进行采购承诺，尽管要求新供应商与现有规模参与者的价格相匹配可能并不现实，但长期采购承诺将激励替代供应商进行投资，并有助于确保长期具有竞争力的价格。

对于大多数拥有复杂全球供应链的公司而言，生产网络重组涉及投资和撤资决策，成本高昂，即使企业能够吸收可变成本的冲击，对固定成本的影响和无法恢复的沉没成本使得生产网络重组可能不是短期或中期的解决方案。

只有在政治压力或具体政策干预的作用下，短期内的生产网络重组才可能加速。但从长期来看，供应链弹性将在跨国企业的选址决策中占据更大权重，可能会导致国际生产网络的逐步再平衡。

第二个支柱是风险管理解决方案。除了重组生产网络，跨国企业还可以利用各种供应链风险管理解决方案来加强其生产网络抵御和吸收冲击的能力。增强供应链的可见性和透明度，以监控供应链事件，并做出及时适当的决策，采取主动措施减小供应链中断的负面影响，新的工业数字技术通过增强可追溯性和身份验证来提高供应链的可见性和透明度。评估安全库存水平和建立战略储备也是关键的缓冲，可以最大限度地减少供应链中断的影响。供应集中通常是由制造业的规模经济、供应商的独特能力或特定资源的位置驱动的。根据情况，重新评估需要多少安全库存很重要。增强市场情报的获取和预测能力，预判巨大的供给和需求波动风险，并提高获取运输和物流替代方案的能力。

以上各种供应链风险管理解决方案可能要求对相关技术进行大量投资，以加强对供应链的控制和协调；提高生产能力以满足缓冲需求；运营模式从"准时制"（just-in-time）[①]转变为"以防万一"（just-in-case）。推动全球化和全球国际分工的"精益求精"效率概念所认为的增加冗余是效率低下和管理不善迹象的现象将被改写，在新的效率概念中，缓冲、生产线的安全性和交付保证将获得更为突出的地位。

供应链风险管理解决方案在增强供应链弹性方面不及生产网络重组，但并不需要大量实物资产的结构性搬迁，对国际直接投资的冲击不如生产网络重组那样大，主要涉及供应链数字化对跨地区增值分配、资产轻量化和外包决策等方面的间接影响。跨国公司增加供应链弹性的选择依然受到成本收益考虑的驱动，受到不同行业的国际生产状况、资本/劳动密集度、对新投资的需求（增长前景）、潜在的政策风险以及技术发展趋势等多种因素的影响，确保以更有效的方式建立弹性而不至失去经济竞争力。

[①] "准时制"（just-in-time）商业模式优先考虑低成本地区的外国制造产品，减少库存以最大限度地降低运营成本和库存现金。

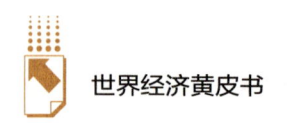

五 国际直接投资前景展望

经历疫情直接影响最为严重的2020年后，2021年全球国际直接投资有望触底反弹，在2020年的基础上温和复苏10%~15%。这仍使2021年全球国际直接投资比2019年低25%~30%，比2015年的近期峰值低44%~46%。疫苗获取的不确定性和不平衡性、更严重病毒突变的出现、经济重新开放的延迟，以及国际直接投资在受到冲击后往往落后于其他宏观经济指标的表现，这都使得国际直接投资全面恢复至疫情前水平需要更长的时间。

国际直接投资的复苏还呈现出区域的非均衡性。在发达经济体，为了应对疫情冲击而采取的极度宽松的政策，尤其是直达家户的财政刺激政策，推动了消费需求的强劲增长。随着经济逐步解封，需求扩张从货物等可贸易部门向服务等不可贸易部门延伸，物价中枢上升，企业利润增加，对国际直接投资的再投资收益部分产生积极影响。宽松的流动性还推动了资本市场上涨，有利于促进跨境并购。因此，发达经济体将成为推动国际直接投资复苏的重要力量。亚洲发展中地区的国际直接投资在2021年将延续2020年的相对较好表现。2020年11月签署的《区域全面经济伙伴关系协定》（RCEP）将进一步增加该区域对国际投资者的吸引力。东南亚的出口驱动型经济体将受益于发达国家需求拉动下的贸易复苏，油价上涨将促进西亚的FDI流入。相对于发达经济体和亚洲发展中地区，流入非洲、拉丁美洲和加勒比地区的国际直接投资短期内难以出现明显复苏，这些地区的经济脆弱性较高，财政和货币空间有限，并且缺乏疫苗支持。

在2008年全球金融危机之后，二十国集团在呼吁继续开放以确保国际贸易和投资能够支持经济复苏方面发挥了重要作用。相比之下，新冠肺炎疫情发生之际，全球贸易和投资政策的方向趋势已经更加转向保护主义。新冠肺炎疫情的冲击进一步暴露出全球价值链的脆弱性，主权国家意识到关键产品自给自足的重要性，对国际贸易和投资进行不同程度的限制和加强监管，从而对全球国际直接投资施加持久的下行压力。

参考文献

黄海洲、徐高、高善文、缪延亮:《全球通胀何去何从》,《国际经济评论》2021年第5期。

廖凡:《〈外商投资法〉:背景、创新与展望》,《厦门大学学报》(哲学社会科学版) 2020年第3期。

漆彤、刘嫡琬:《外国投资国家安全审查制度的国际协调:必要性、可行性和合作路径》,《国际经济评论》2021年第4期。

陶立峰:《国际投资协定新动向及对中国的启示——以"巴西—印度投资合作和便利化协定"为样本》,《国际经济评论》2021年第6期。

王碧珺:《被误读的官方数据——揭示真实的中国对外直接投资模式》,《国际经济评论》2013年第1期。

王碧珺、肖河:《哪些中国对外直接投资更容易遭受政治阻力?》,《世界经济与政治》2017年第4期。

王碧珺、衷子雅:《中国企业海外子公司的绩效表现及其差异分析》,《经济管理》2021年第1期。

Alfasi N. and Portugali J., "Planning Just-in-time Versus Planning Just-in-case," *Cities*, 2004, 21(1).

Antràs P., "De-Globalisation? Global Value Chains in the Post-COVID-19 Age," NBER Working Paper No. 28115, 2020.

Gereffi G., "What does the COVID-19 Pandemic Teach Us about Global Value Chains? The Case of Medical Supplies," *Journal of International Business Policy*, 2020, 3(3).

Haraguchi M. and Lall U., "Flood Risks and Impacts: A Case Study of Thailand's Floods in 2011 and Research Questions for Supply Chain Decision Making," *International Journal of Disaster Risk Reduction*, 2015(14).

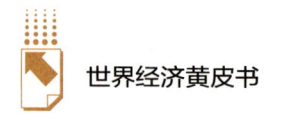

Srai S. and Ané C., "Institutional and Strategic Operations Perspectives on Manufacturing Reshoring," *International Journal of Production Research*, 2016, 54 (23).

Thompson A., Broude T. and Haftel Y. Z., "Once Bitten, Twice Shy? Investment Disputes, State Sovereignty, and Change in Treaty Design," *International Organization*, 2019, 73(4).

UNCTAD, "World Investment Report 2020: International Production Beyond the Pandamic," New York and Geneva: United Nations Conference on Trade and Development, 2020.

UNCTAD, "World Investment Report 2021: Investing in Sustainable Recovery," New York and Geneva: United Nations Conference on Trade and Development, 2021.

Y.14
国际大宗商品市场形势回顾与展望：普涨和调整

王永中　周伊敏[*]

摘　要： 受疫苗接种加快、经济复苏、供应紧张、流动性宽松、前期投资低迷和碳中和运动等因素的影响，全球大宗商品价格在2020年7月至2021年7月延续了2020年4月以来的强劲上涨态势，整体上涨了57.4%，但在8月微幅回调。2021年第四季度至2022年，预计大宗商品将结束普涨的超级行情，进入高位震荡状态。值得指出的是，在推进能源低碳转型的过程中，全球能源系统的稳定性将显著变弱，能源价格的波动性将明显增大。预计能源价格在2021年冬季用能高峰阶段有一定的上涨空间，而后趋于稳定或回调，原油中枢价格将升至70美元/桶。粮食价格将因供需缺口缩小而趋于稳定。工业金属价格将出现分化，铜、锂等碳中和概念金属价格具有长期上行空间，铁矿石价格将因中国控制粗钢产能而出现下降。

关键词： 大宗商品市场　供给　需求　美元　价格

2020年4月以来，需求增加、供应受限、刺激性财政和货币政策导致大宗商品价格出现持续快速上涨，多数大宗商品价格已经超越了上一

---

[*] 王永中，经济学博士，中国社会科学院世界经济与政治研究所研究员；周伊敏，统计学博士，中国社会科学院世界经济与政治研究所助理研究员。

个周期时的峰值，引发了投资者关于大宗商品超级周期是否再度来临的讨论。大宗商品价格走势与我们上一年度报告的预测方向一致，我们预测到能源和工业金属价格的强劲反弹，但低估了大宗商品价格的涨幅。误判的原因主要有三点：一是低估了全球商品需求恢复的强度。欧美疫苗接种的迅速推进、扩张性财政和货币政策的刺激、经济活动的快速复苏、居家办公引起电子产品需求的大幅增加，导致大宗商品需求强劲回升。二是忽视了碳达峰与碳中和政策（"双碳"政策）对大宗商品特别是工业金属需求的结构性冲击，未预期到铜、锂以及稀土等与电力或新能源制造相关的原材料商品价格的大幅上涨。三是低估了美国财政和货币政策的扩张力度，2021年初以来拜登政府接连公布了总规模达6万亿美元的一系列经济刺激计划，极大提振了大宗商品市场的看涨情绪。国际大宗商品价格的飙升，将会提高制造业成本，加大全球通货膨胀压力，影响大宗商品进口国的原材料供应稳定和产业链供应链安全。本报告将分析国际大宗商品价格大幅上涨的态势及成因，并综合考虑需求、供给和金融等因素，研判其未来走势。

一 大宗商品市场总体状况

2020年8月至2021年8月，全球经济活动超预期复苏导致大宗商品需求快速增长，而大宗商品供给受制于疫情、供应链和运输链不畅、碳中和、减产协议以及前期投资低迷等因素而增速缓慢，叠加欧美强力的财政和货币刺激政策，国际大宗商品价格出现持续快速上涨，以至于2021年8月的绝对价位不仅远超疫情前水平，甚至接近或超过2011年4月大宗商品超级周期时的峰值。以SDR、美元计价的大宗商品价格指数分别由2020年7月的103.1、103.1攀升至2021年7月的162.3、166.2，分别上涨了57.4%、61.2%（见图1）。不过，以SDR计价的大宗商品价格指数在8月回调了1.3%。这可能意味着大宗商品将结束过去一年多来单边普涨的超级行情，开始进入高位震荡时期。

国际大宗商品市场形势回顾与展望：普涨和调整

图1 2019年3月至2020年8月国际大宗商品价格指数

注：2016年价格为100。
资料来源：IMF。

2020年4月以来，大宗商品价格均出现了不同程度的上涨。2021年上半年，工业金属和能源价格上涨最为强劲，分别上涨了31.9%和44.5%；食品价格涨幅为20.3%；而贵金属价格进入盘整状态，仅上涨了0.7%。2021年7~8月，农业原料、工业金属和贵金属价格向下调整，其中工业金属价格下调幅度达10.6%，能源和食品价格则分别上涨了7.7%和0.29%（见图2）。

综合来看，大宗商品价格上涨可主要归因于如下因素。

第一，供给受限和需求复苏较快导致阶段性供需失衡。疫苗接种速度加快和经济强劲反弹驱动大宗商品需求快速复苏，而大宗商品供应受到疫情、物流不畅、减产协议、碳减排等多个因素的影响而受限。原油价格上涨主要是由于需求回升以及OPEC+减产。天然气和煤炭价格上涨的主因是经济活动恢复和极端天气状况导致电力需求大幅增加，而"双碳"目标限制了煤炭产能。农产品价格上涨主要受拉尼娜现象和疫情等供给侧因素的影响，疫情导致的化肥和种子等关键投入品供应不稳定和劳动力的国际流动受阻也对农产品供应产生负面影响。金属价格上涨受供给受限、短期需求挤兑和长期结构

255

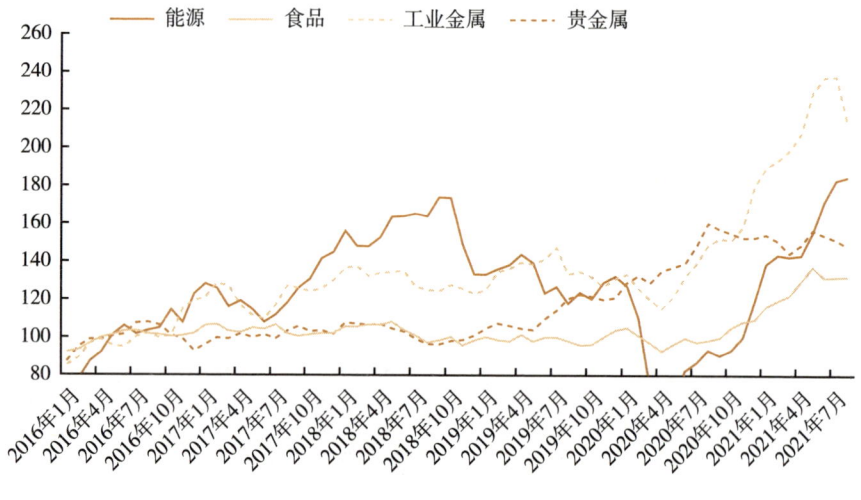

图 2　国际大宗商品分类价格指数

注：2016 年价格为 100。
资料来源：IMF。

性需求增长的影响。碳中和目标的推进引发可再生能源、电网、电动汽车、蓄电池等行业的快速发展，导致铜、锂等金属长期结构性需求增加。

第二，全球流动性极度宽松，大宗商品作为抗通胀资产受市场追捧。美元是国际大宗商品的计价和结算货币，美联储的无上限量化宽松政策和美国政府不节制的财政刺激政策，如 2021 年初以来拜登政府连续推出的 1.9 万亿美元的"美国拯救计划"、2.3 万亿美元的"美国就业计划"、1.8 万亿美元的"美国家庭计划"，加剧美元流动性泛滥。2021 年 4 月，美元指数比上年同期下降 8.2%；4~6 月，美元指数继续走弱，进一步贬值 3.4%。

第三，集装箱货运成本飙升至历史最高水平，运输供应链紧张增加进出口成本。消费需求增加和公司补充库存行为导致货运需求旺盛，加上 2021 年 3 月底苏伊士运河封锁和美国港口拥堵使物流运转不畅矛盾凸显，导致商品托运延误和货运成本上升。据航运咨询公司 Drewry 2021 年 7 月发布的数据，全球主要八条东西方货运航线的综合运费上涨了 339%，其中 7 月从上海到鹿特丹和热那亚的 40 英尺集装箱运价同比上涨均超过了 500%，上海到洛杉矶和纽约的集装箱运价分别同比上涨了 236% 和 241%。中国出口集装箱运价指数显示，2021年中国出口集装箱总运价与2019年均值相比涨幅达236%，其中欧洲航线和地中海航线运价分别上涨了约3倍和4倍（见图3）。

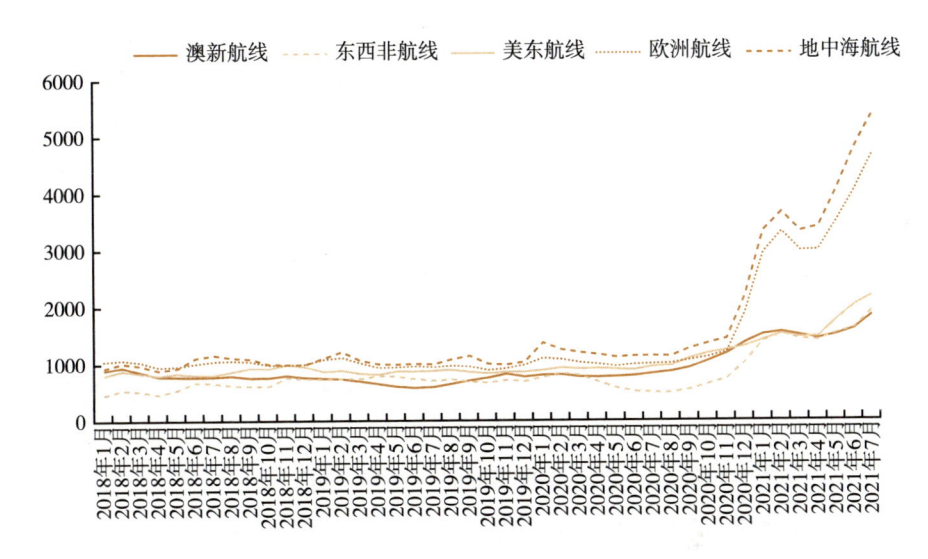

图3 2018年1月至2021年7月中国出口集装箱运价指数

资料来源：Wind，上海航运交易所。

第四，大宗商品市场投机氛围日益严重，对价格上涨起推波助澜作用。伴随全球流动性扩张，金融资本加速涌入大宗商品市场，进行金融化资本化炒作。这种投机现象导致很多商品价格的实际涨幅大大超出了反映供求关系的合理范围。

二 能源、金属和粮食市场的形势

（一）能源市场

原油价格走势主要受需求侧因素影响，OPEC+的减产也对油价从低点回升提供了支撑。2021年前8个月，原油均价达65美元/桶，超过2019年水平（61美元/桶）。尤其是2021年5~7月，随着石油消费旺季——夏季的到来，原油价格一路上涨并突破70美元/桶，主要有三个拉动因素：一是全球石油需求改善，OECD库存下降。随着发达经济体疫苗的普及和旅行限制的取消，1~8月全球石油需求基本趋于稳定。二是OPEC+继续执行减产协议，且产量释放的幅度小于需求增幅，全球原油供需偏紧。OPEC+谨慎增产的压力来自对全球原油需求增长和伊朗石油出口的不确定性以及对Delta新冠变体引发新一波疫情的担忧。三是美国页岩油复苏受限，美国页岩油产量对高油价的反应弹性下降。当前，美国页岩油投资者更加关注盈利能力，石油行业受到更严格的资本和环保约束，美国原油产量并没有出现大幅提升，目前的日产量（1130万桶）仍低于疫情前1300万桶的水平。8月，原油价格下跌6%，主要有两个方面的原因：在需求层面，美国等石油消费大国出现新冠变种病例上升的局面，其中美国病例数达6个月以来的高点，市场投资者担心疫情管控措施升级影响原油需求复苏；在货币层面，美国8月的就业数据强于预期，美元走强，导致以美元计价的油价向下调整（见图4）。10月6日，受全球能源短缺加剧、美国原油库存下降以及天然气和煤炭价格大幅上涨的影响，原油价格上涨至82美元/桶，创2019年以来的新高。

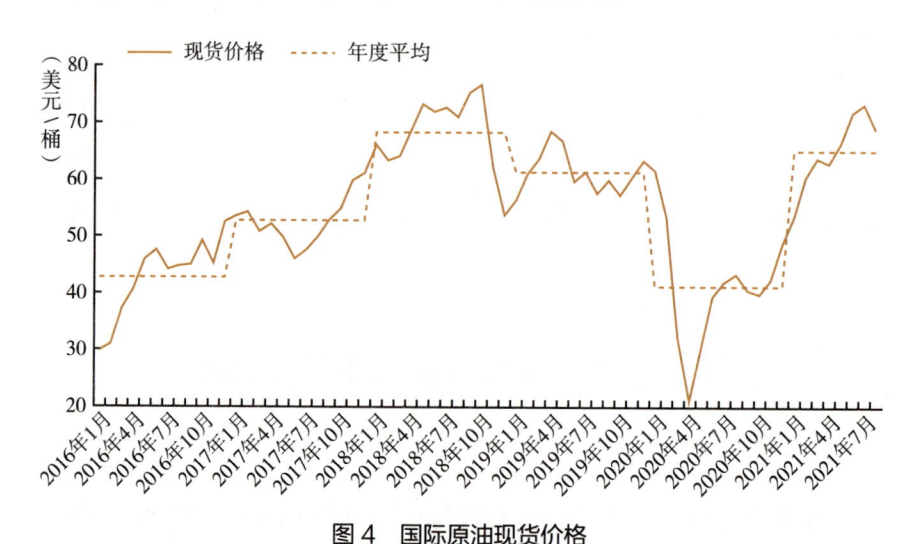

图4 国际原油现货价格

注：原油现货价格为英国布伦特轻质原油、西德克萨斯轻质原油和迪拜原油的现货价格的平均数，三者的权重相等。

资料来源：IMF。

国际大宗商品市场形势回顾与展望：普涨和调整

天然气价格处于自 2019 年初以来的高位。天然气价格的大幅上涨主要受亚洲和欧洲强劲进口需求以及极端天气因素影响。极端天气造成了亚洲和美国市场天然气需求的大幅上涨。亚洲国家，尤其是中国、日本和韩国，为应对冬季天然气需求而进行预防性囤积。当前，美国天然气库存也处于低位。根据美国能源信息署 9 月中旬的统计数据，美国储存的天然气水平比五年平均水平低 7.4%，比 2020 年的平均水平低 16.8%，以至于部分美国民众呼吁政府限制 LNG 出口。

欧洲能源危机受到广泛关注，市场对于供应的担忧导致欧洲天然气和电力价格飙升。欧洲天然气价格由 2020 年第四季度的 1.82 美元/百万英热单位飙升至 2021 年 8 月的 10.3 美元/百万英热单位。9 月的最后一周，欧洲的天然气价格高达 25 美元/百万英热单位，为 2007 年 9 月有记录以来的最高周均价。这一价格换算成油价是 142 美元/桶，换算成煤炭价格是 520 美元/吨，远高于原油、煤炭的市场价格。因此，欧洲天然气短缺带动了石油和煤炭价格的上涨。

欧洲天然气价格大涨有三个主要原因：一是欧洲 2020 年冬天的异常寒冷以及 2021 年夏季连续高温天气，造成天然气消耗量激增，欧洲天然气库存一直较低。根据欧洲天然气基础设施公司（GIE）的天然气总储存库存（AGSI+）数据，2021 年 9 月 28 日，欧洲天然气库存为 2.7 万亿立方英尺（Tcf），占储气能力的 74%，比过去 5 年（2016~2020 年）平均水平低 16%。二是市场供给面临压力，俄罗斯对欧洲的天然气供应限制在长期合同的水平，难以满足欧洲补库存需求。欧洲储气库 6 月单日注气量为 180 亿立方米，仅为上年秋冬供暖季采气量的 1/4。三是欧洲发电量的 38% 来自可再生能源。受极端高压、大面积干旱等天气侵袭，欧洲大力发展的风力与水力发电量在年内骤减，加剧了对天然气等替代能源的需求。此外，碳价格飙升也进一步推高了天然气价格。

表1　天然气的价格及价格指数

单位：美元/百万英热单位

项目	年度平均 2018年	年度平均 2019年	年度平均 2020年	季度平均 2020年第四季度	季度平均 2021年第一季度	季度平均 2021年第二季度	月度平均 2021年6月	月度平均 2021年7月	月度平均 2021年8月
价格指数	82.1	60.9	45.6	35.8	42.3	59.6	78.6	83.2	94.8
欧洲价格	7.7	4.8	3.2	1.8	2.9	5.2	6.5	8.8	10.3
美国价格	3.2	2.6	2.0	1.7	2.0	2.5	3.4	2.9	3.2
日本LNG价格	10.7	10.6	8.3	9.7	6.7	6.9	8.9	8.9	9.6

注：2010年的天然气价格指数为100。
资料来源：World Bank Commodities Price Data (The Pink Sheet), September 2, 2021。

受需求强劲和产能受限的影响，煤炭价格已经上涨至十年以来的最高水平。2021年以来，澳洲、南非出口的煤炭价格分别上涨了115%、53%。煤炭价格上涨的主要原因有：一是需求端增加。全球经济强劲反弹导致用电需求上升，中国经济快速复苏和出口订单大幅增长导致火电需求强劲，带动煤炭消费上涨。二是供给受限。中国基于"双碳"目标限制煤炭主产区陕西和内蒙古的产能、哥伦比亚突发煤矿爆炸、印尼和澳大利亚发生洪水、印尼再遭疫情重创，导致全球煤炭供给不足。三是可再生能源产能不足。因干旱、风力不足等因素，欧洲和中国的水电、可再生能源发电量下降，燃煤发电需求上升。四是煤炭贸易摩擦。中国减少澳洲煤炭进口，导致煤炭贸易流向调整成本增大，推动了煤炭价格上涨。

（二）工业金属

金属价格上涨受供给受限、短期需求挤兑和长期结构性需求增长的影响。全球经济制造业从疫情影响中开始反弹回升。根据PMI调查数据，在欧元区、澳大利亚、英国和美国强劲扩张的引领下，2020年8月至2021年5月，全球PMI实现连续上涨，且5月产出和新订单的增长速度达到了十年来的最高点。但5月以来PMI开始出现下滑趋势。这与铜和铁矿石价格走势高度吻合。除

国际大宗商品市场形势回顾与展望：普涨和调整

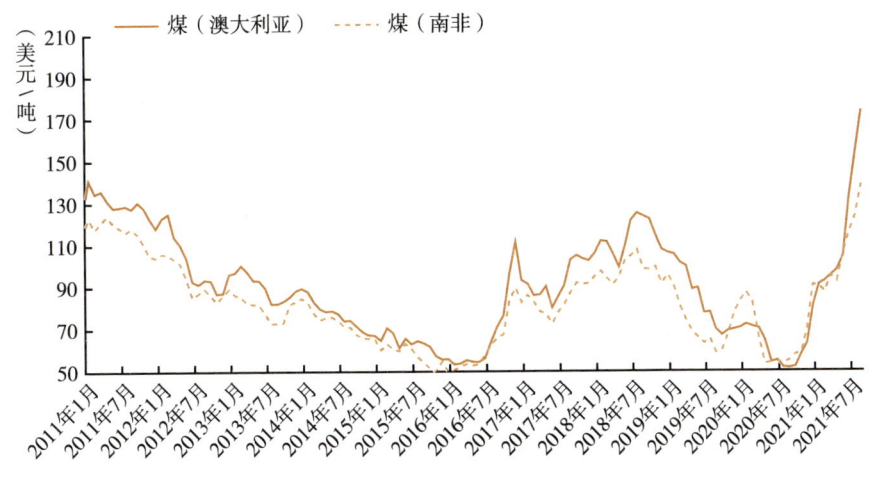

图 5 煤炭现货价格

资料来源：IMF。

制造业复苏因素外，拜登政府的大规模基建计划，导致金属原材料需求预期增加。同时，碳中和目标的推进引发可再生能源、电网、电动汽车、蓄电池等行业快速发展，导致相关金属需求增加，进一步推高工业金属价格。在供给端，疫情影响下智利、秘鲁、巴西等重要金属矿出口国家产能不同程度受限，中国环保政策导致低品质矿场关闭和新产能扩张延迟，加剧了金属市场供需紧张。

市场对于铜供给的担忧为铜价的上涨提供了支撑。全球主要的铜生产国包括智利、秘鲁和中国，其中智利是铜储量最大的国家。2020 年全球铜总产量为 2010 万吨，其中智利的铜矿产量为 570 万吨，占比达 28.4%；秘鲁和中国的铜矿产量分别为 220 万吨和 170 万吨，占比为 10.9% 和 8.5%。疫情导致全球铜产量下降。秘鲁铜产量受疫情影响严重，下降幅度达到 12%，为历史之最；智利的产量约下降了 2%；中国由于关闭低品质矿场和新产能扩张延迟，铜产量仅增长了 0.2%。此外，秘鲁、智利的铜矿频繁出现劳工罢工事件，加剧铜供应紧张局面。

铁矿石价格在经历 2020 年 8 月至 2021 年 6 月的持续上涨后开始回调。从供需层面来看，影响铁矿石价格的主要是中国需求的变化。中、日、韩是

261

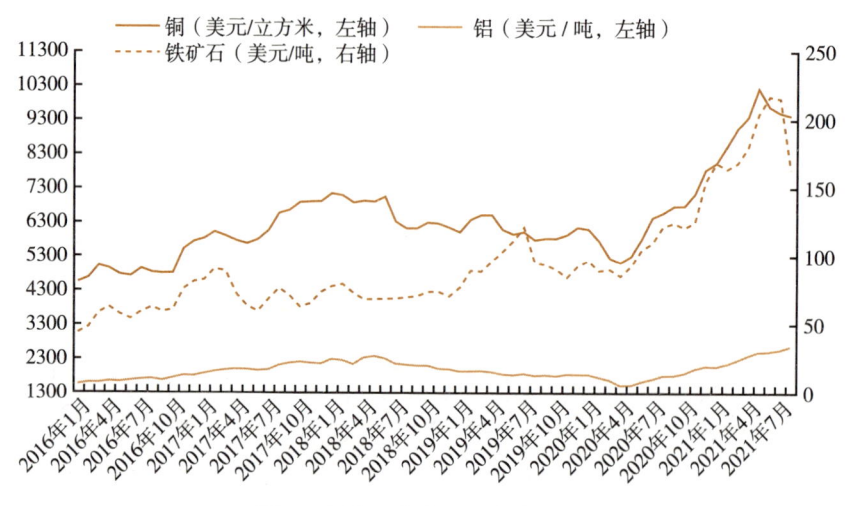

图 6 部分工业金属分类价格指数

资料来源：IMF。

全球铁矿石进口的主要国家，其中中国进口占比超过70%。如图7所示，自2020年8月以来中国钢材产量连续9个月增长，2021年5月达到历史高点。而同期澳大利亚和巴西铁矿石出货量正常。2021年6~8月，受铁矿石价格高企以及环保因素影响，中国钢材产量明显下降，同时铁矿港口库存回升，铁矿石价格下跌了约24%。

（三）粮食市场

小麦、玉米和大豆等粮食价格在2020年4月至2021年5月经历了一轮明显的上涨行情，分别上涨了54.7%、107%、86.1%，随后在6~8月高位回调，分别下跌了12.5%、15.5%、12.6%（见图8）。2020年第四季度，食品价格指数上涨了12%，美元贬值约5%，从而食品价格上涨近半数可归结于美元贬值对商品价格的抬升作用。另据美国农业部的统计数据，2020年农产品的库存消费比（供给相对于需求的比值）为28.6%，仅略低于2019年水平（29%），但高于近十年的平均水平。这表明，美元贬值是推动粮食价格上涨的主导因素。2021年1~4月，受能源成本提升和拉尼娜现象的影响，粮食价格继续快

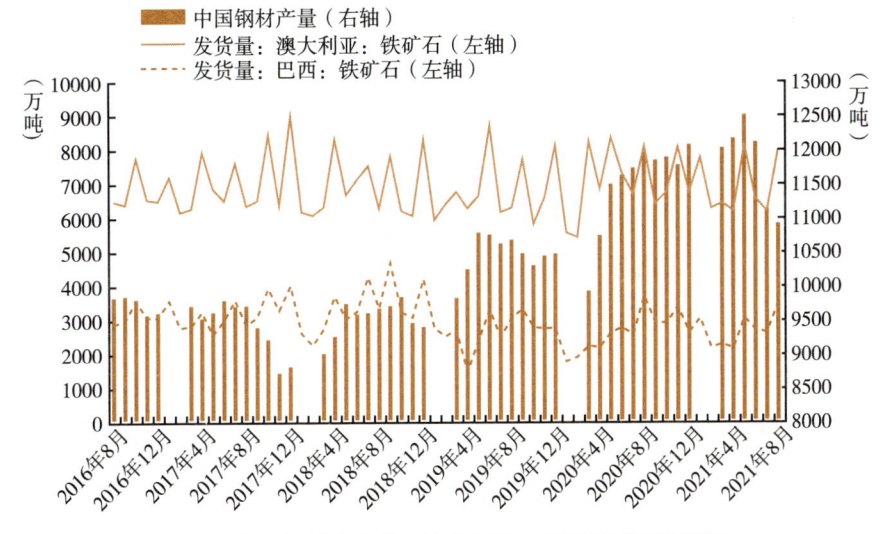

图7 中国钢材产量以及澳大利亚、巴西铁矿石发货量

资料来源：Wind。

速上涨。5~8月，受供需矛盾缓解以及产量前景改善的影响，食品价格向下调整后趋于稳定。棉花价格也出现大幅上涨，中国和印度拉动棉花消费强劲增长，而美国、印度和巴基斯坦种植面积减少导致产量下降，棉花市场供需趋紧。2020年，全球棉花的库存消费比①为88%，显著低于2019年水平（93%）。

粮食价格大幅上涨主要有五个驱动因素：一是疫情引发的粮食供应安全担忧，食用粮食和动物饲料粮的需求处于高位，一些国家增加粮食的进口和储备力度进一步加剧了国际粮食市场的供应紧张程度。二是疫情导致化肥、种子供应障碍和国际劳动力流动中断，限制了全球粮食产量增长。三是2020~2021年全球性的拉尼娜现象（通常每隔几年发生一次）导致一些重要的粮食出口国出现干旱现象，如阿根廷、巴西、俄罗斯、乌克兰和美国等，粮食产量低于预期水平。当粮食产量增速低于需求时，粮食的库存消费比将会下降。根据美国农业部的估计，2020年9月至2021年8月，小麦、玉米和

---

① 库存消费比是本期期末库存与本期消费量的比值，即库存消费比＝本期期末库存/本期消费量，是联合国粮农组织提出的衡量粮食安全水平的一项指标。库存消费比下降，表示供给紧张；库存消费比上升，则表示供给改善。

水稻三大主粮的产量将增长1.7%，导致主粮的库存消费比下降1个百分点，处于多年来的低位。四是主要农产品库存偏低。据美国农业部发布的期末库存预测数据，大豆、玉米和小麦库存在2020年8月至2021年8月呈现明显的下行走势，8月的库存预测值明显低于2019年平均水平，尤其大豆库存在2020年8月至2021年3月由9500万吨减少至8300万吨，降幅高达12.6%。五是粮食主产国的出口管制和运输成本大幅上升助推了国际粮食价格的上涨。

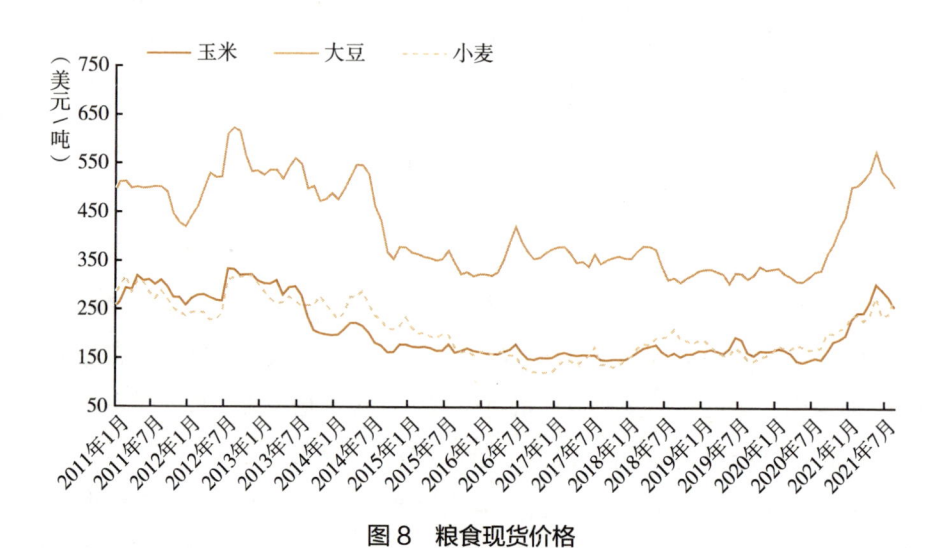

图8 粮食现货价格

资料来源：IMF。

三 中国需求

中国是全球大宗商品最大的需求国。就表2所列的主要大宗商品而言，中国在2020年的进口额达5324亿美元，占世界进口份额为30%。与2019年相比，中国的进口总额减少了269亿美元，但份额上升了近7个百分点（见表2）。原因可能有两点：一是中国进口大宗商品在2020年的年度均价低于

国际大宗商品市场形势回顾与展望：普涨和调整

2019年的水平，导致进口商品的数量增加但价值额下降；二是中国率先控制住疫情并复工复产，原材料进口需求复苏速度快于其他国家。

表2 中国大宗商品进口规模及占全球份额

品种	2020年中国进口额 价值（亿美元）	2020年中国进口额 数量（万吨）	2020年中国进口份额（%） 价值	2020年中国进口份额（%） 数量	中国进口份额变化（与2019年的差额，个百分点）价值	中国进口份额变化（与2019年的差额，个百分点）数量
谷物	93.3		10.8		5.8	
稻谷	14.6	291.1	10.9	14.1	4.1	5.2
羊毛	22.9		30.6		4.0	
棉花	82.8		27.5		4.5	
大豆	395.3	10032.0	63.3	69.9	2.7	3.8
橡胶	30.8	229.9	25.9	34.2	1.6	3.1
原木	0.7	10.2	25.3	40.6	1.8	6.8
钢铁	368.2		12.7		6.4	
铁矿石	1189.4		77.1		6.6	
铜矿石	343.0	2176.5	57.9	59.8	1.1	-0.6
铜及制品	485.5		34.6		7.5	
镍矿石	29.0	3912.2	78.7	82.3	-2.1	-2.7
铝矿石	50.5		76.2		4.4	
氧化铝	12.3	380.6	17.8	22.3	13.1	17.5
铝及制品	81.4		5.7		2.3	
铅矿石	17.1	133.5	32.6	48.9	-6.8	-3.1
锌矿石	24.7	382.2	33.5	42.7	8.4	
原油	1763.2	54238.6	27.1	29.6	4.4	3.0
液化天然气	233.9	6713.0	22.8	8.2	2.3	2.2
管道天然气	100.6		12.2		1.7	
合计	5324.6		30.0		7.0	

注：表中产品名称均为对应的海关HS分类名称的简称。对应的代码分别为谷物10、稻谷1006、大豆1201、橡胶4001、原木4003、羊毛51、棉花52、钢铁72、铁矿石2601、铜及制品74、铜矿石2603、铝及制品76、铝矿石2606、氧化铝281820、铅矿石2607、锌矿石2608、镍矿石2604、原油270900、天然气（液态）271111、天然气（气态）271121。

资料来源：联合国COMTRADE数据库。

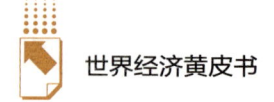

中国是工业金属的最大需求国,其中铁矿石、铝矿石和镍矿石的进口份额均超过了70%。中国进口的铁矿石不仅份额高,而且规模巨大。2020年,中国进口的铁矿石规模高达1189.4亿美元,进口份额达77.1%;镍矿石进口29亿美元,进口份额为78.7%;铜矿石的进口份额达57.9%,铜及制品、锌矿石、铅矿石的进口份额为32%~35%。2020年,中国对一些金属矿产品的进口需求持续增加,如铜矿石、铁矿石、铝矿石、锌矿石的进口额分别增长了1.9%、9.2%、6.6%、33.3%,而镍矿石、铅矿石的进口额分别下降了2.1%、6.8%。

中国也是一些农产品的重要进口国,尤其是大豆。2020年,中国对谷物(包括小麦、玉米、稻谷、大麦、燕麦和高粱等)的进口规模为93.3亿美元,进口份额为10.8%。其中,稻谷进口规模为14.6亿美元,比2019年增长了16.4%,进口份额为10.9%,提高了4.1个百分点。2020年,中国进口大豆规模达395.3亿美元,比2019年增长了11.6%,全球占比达63.3%,较2019年上升了2.7个百分点。中国的羊毛、棉花、橡胶、原木等农产品的进口份额为25%~31%,其中橡胶和原木的进口份额分别提高了1.6个、1.8个百分点。

原油是中国进口规模最大的大宗商品品种。中国进口原油规模逐年增长,已成为稳定的第一大原油进口国。2020年,中国进口原油总量为5.4亿吨,增长了7.3%,金额达1763.2亿美元,进口份额为27.1%,提高了4.4个百分点。近年来,得益于全球天然气生产成本的下降以及中国环保目标的推动,中国天然气进口量持续增加。2020年,中国液化天然气的进口份额升至22.8%,提高了2.3个百分点。

局部疫情复发和汛情虽对中国经济构成一定冲击,但并未改变整体经济稳定复苏态势,中国对能源、铜矿石、铁矿石、大豆等大宗商品的需求继续增长。2021年前8个月,中国的原油、液化天然气、铁矿石、铜矿石、大豆的进口量分别为3.5亿吨、5248万吨、7.5亿吨、1528万吨、6711万吨,分别增长5.7%、36.0%、8.9%、5.8%、19.0%;进口价值额分别达1599亿美元、226亿美元、1294亿美元、349亿美元、360亿美元,分别增长2.1%、20.3%、103.0%、53.9%、59.1%(见图9)。煤炭进口受"双碳"政策的影响进口有所下降。2021年前8个月，煤炭进口数量比上年同期减少了10.2%，但由于价格上涨，进口价值额仅下降了1.6%。

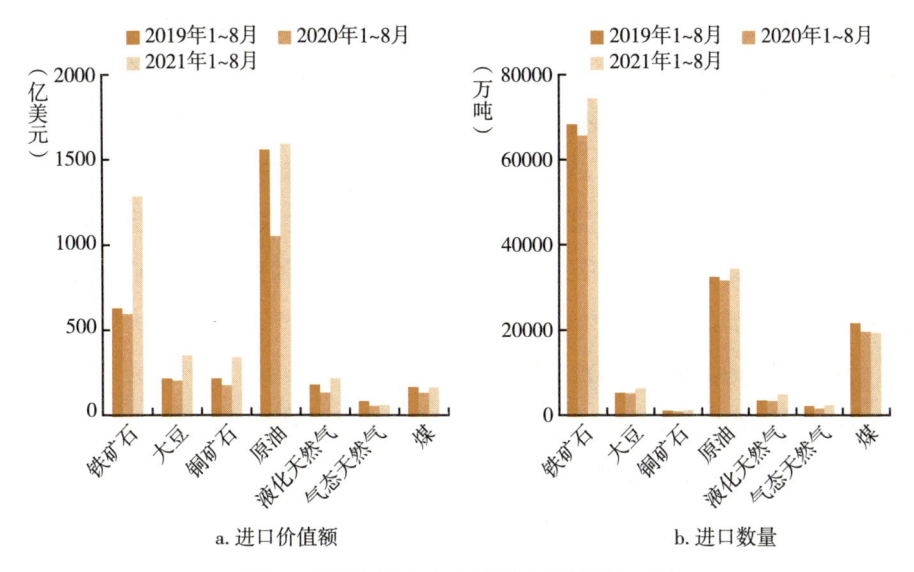

图9 中国主要大宗商品进口的数量和价值

资料来源：海关总署。

四 货币金融因素

在大宗商品市场金融化趋势日益增强的情形下，货币金融因素是影响大宗商品价格走势一个不可或缺的因素。美元是大宗商品的基础计价货币，美联储的货币政策和美元汇率的变动将不可避免地对大宗商品价格产生影响。在大宗商品定价权方面，期货市场的重要性远高于现货市场。

（一）货币因素

作为大宗商品的计价货币，美元指数与大宗商品价格之间通常存在反比关系。当美元兑其他主要货币走强时，商品价格趋于下跌，而当美元兑其他

267

主要货币贬值时，商品价格普遍走高。当美联储实行宽松货币政策时，较低的利率和美元指数将支持大宗商品价格上涨；当美联储采取紧缩的货币政策时，较高的美元汇率将对大宗商品的价格上涨具有抑制作用。

2021年1~8月，货币金融因素配合供需因素在大宗商品价格上涨中扮演重要角色。如图10所示，大宗商品价格指数与美国联邦基金利率呈现明显的反向关系。美国为应对疫情的负面冲击实行了极度宽松的货币政策，美国联邦基金利率持续接近零。2021年初以来，拜登政府的扩张性财政政策导致美国的公共债务规模和通货膨胀率快速攀升。这给大宗商品价格上涨提供了双重动力：一是通货膨胀率上升致使大宗商品作为抗通胀资产受到市场追捧，推动了大宗商品价格上涨；二是美元指数下跌以及处于低位，为大宗商品价格上涨提供了进一步的动力。当前，为减少通货膨胀率上升的压力，美联储开始释放缩减购债规模的信号，美元指数和美国联邦基金利率出现上行趋势，有助于抑制国际大宗商品价格上涨。

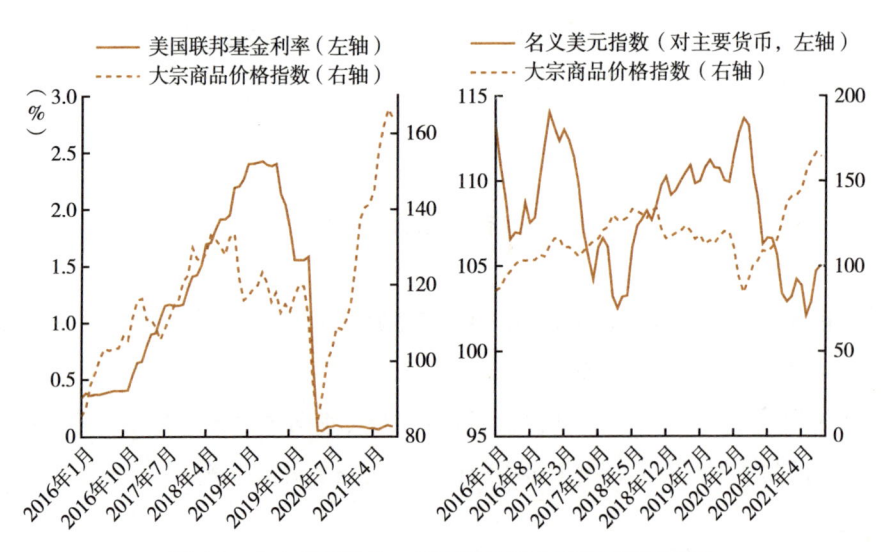

图10 大宗商品价格、美国联邦基金利率和美元指数

资料来源：美联储，IMF。

（二）商品期货市场

近年来，伴随全球流动性扩张，金融资本加速涌入大宗商品市场，进行金融化炒作，导致很多商品价格大大超出反映供求关系的合理范围。各国为应对疫情而采取了大规模财政刺激政策，发达国家推迟了宽松货币政策的退出时间，导致金融资本涌入大宗商品市场以对冲通胀。根据花旗银行的统计，2020年7月，全球大宗商品基金管理的资产规模达到5700亿美元，为2011年以来最高水平。2021年5月，贝莱德等基金公司经理人提高了基金组合中大宗商品（尤其是能源商品）的比重，大宗商品ETF基金COMT在5月26日当日出现一笔10亿美元的巨额资金流入，导致管理资产规模增加了1倍多。

原油期货是大宗商品期货市场中交易最活跃的商品期货。原油期货市场的投资者对原油现货价格能产生重要影响。2021年6月，原油期货总持仓量出现了2021年以来的第二次高点。根据纽约商品期货交易所（NYMEX）数据，2021年6月，轻质低硫原油期货总持仓比当年4月增加了近17万份，增幅为7.3%。受新冠变种病毒在欧美国家大规模扩散的影响，原油期货市场投资热度下降。6月之后，原油期货持仓量呈现明显的下行走势，在8月底降至204万份，比6月的高点下降了18%。如图11所示，WTI原油价格与期货持仓量呈显著的正相关关系，2020年11月至2021年6月快速上涨，2021年7~8月下跌。

随着原油期货市场活跃度的下降，原油期货市场看多情绪明显降温，这意味着市场对于原油价格预期差异增大。根据美国商品期货交易委员会的统计数据，原油期货非商业的多头/空头持仓比率在2021年上半年平均达4.5∶1，市场乐观情绪主要来源于欧美国家放松疫情管制措施，以及夏季石油需求高峰。但6月以来，随着更具传染性的新冠病毒变种在全球范围传播，确诊病例持续增加，导致原油看涨预期下降，8~9月多头/空头持仓比率降至约3∶1。这也与WTI原油价格走势成大体的正相关关系。

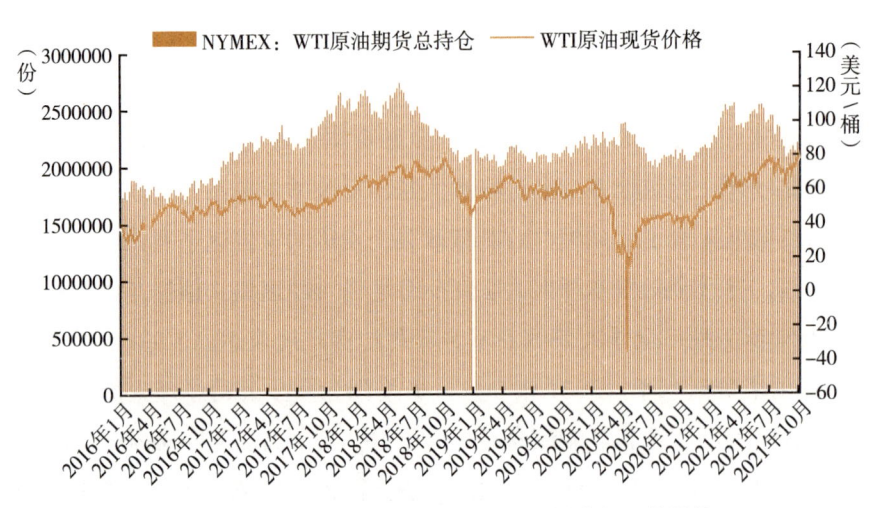

图 11 NYMEX 轻质低硫原油期货总持仓与现货价格

资料来源：美国商品期货交易委员会，Wind。

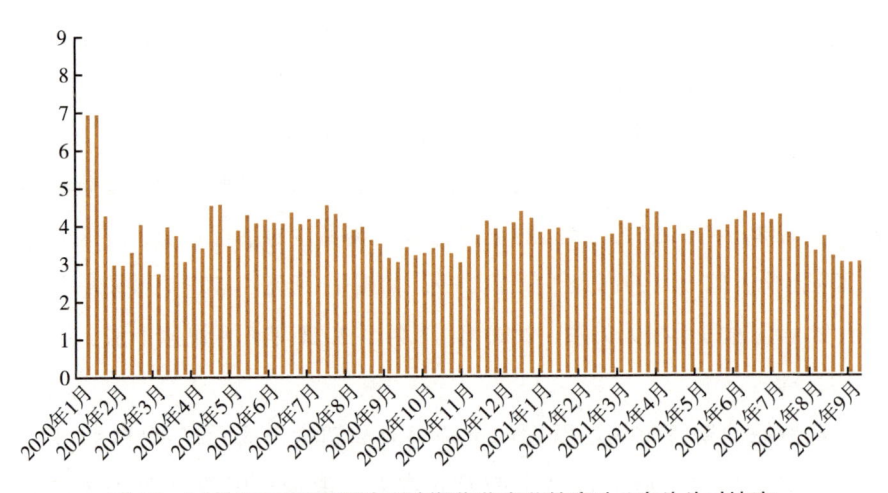

图 12 NYMEX 轻质低硫原油期货非商业的多头/空头头寸比率

资料来源：美国商品期货交易委员会。

五 国际大宗商品市场趋势展望

基于世界银行、IMF、OECD 和国际能源署等机构关于世界经济形势与国际大宗商品市场的预测，我们现从需求、供给和货币等视角，对 2021~2022 年国际大宗商品市场的走势作一个简要展望。

全球大宗商品的需求取决于世界经济形势和疫情的控制状况。根据 IMF 和 OECD 等国际组织的预测，在政策刺激、疫苗接种以及经济活动恢复的推动下，全球经济增速在 2021 年将显著反弹，在 2022 年将有所放缓，且分化（K 形）复苏问题将愈加凸显。据 IMF《世界经济展望》的预测，全球经济增长率在 2021 年将达 5.9%，在 2022 年将下调至 4.9%。IMF 认为，发展中经济体比发达经济体面临更加严峻的经济形势，表现在：一是疫苗接种率低，发达经济体接种率已达 40%，而发展中新兴经济体和低收入国家的接种率仅分别为 10% 和 2%；二是发达经济体货币政策趋紧将对发展中国家经济造成新的冲击。同时，IMF 的预测还认为，原油均价将在 2021 年升至 65.7 美元/桶，在 2022 年略降至 64.5 美元/桶；非能源价格在 2021 年将上涨 26.7%，2022 年下跌 0.9%。另据 OECD 的《中期经济展望》，全球经济在 2021 年将增长 5.7%，在 2022 年将降至 4.5%。OECD 指出，虽然全球 GDP 已超过疫情前的水平，但经济复苏势头将放缓且不平衡。

大宗商品供求主要受疫情控制程度、经济增速、前期投资和"双碳"目标的影响。其中，经济增速影响需求，前期投资影响供给，而疫情和"双碳"目标影响供需两侧。疫苗接种加快会给全球经济稳定增长提供强劲支撑。不过，若出现新的传染能力强的病毒变种，仍会对全球经济造成较大的冲击。从而，疫苗接种加快有助于全球经济较稳定的增长和大宗商品需求的继续回升，同时大宗商品供给也将继续修复。疫情和"双碳"目标对化石能源投资产生巨大负面影响，导致煤炭的产能严重不足和价格大幅上涨，进而带动天然气和石油价格上升。"双碳"目标在导致与新能源相关的铜、锂、镍、稀土等金属长期需求上升的同时，也将限制高排放高污染的铝等金属冶炼产能的扩张，通常会引起工业金属的供应短缺和价格上涨。全球通货膨胀的上升会加大对大宗商品的投资需求，助推大宗商品价格的价格螺旋式上涨。物流和港口运作不畅将导致运输成本上升，进一步推动大宗商品价格上涨。

美元是大宗商品的计价货币，预测大宗商品价格走势需要考虑美元汇率的变化。由于大规模的财政刺激、美联储超宽松的货币政策以及疫苗接种率较高，美国经济进入快速复苏期，美元走强的可能性增大，原因在于：一是美国经济的相对强势或将扩大美债与外国债券的收益率差，提升美元资产吸引力；二是美国通胀率较高可能推动美联储在2022年底或2023年初开始加息。美元走强将对大宗商品价格施加下行压力。

总体上看，在2021年第四季度至2022年，尽管全球经济和大宗商品需求将继续增长，但大宗商品快速上涨行情可能基本结束。大宗商品价格继续上涨面临多方面阻力：一是大宗商品供需阶段性错配在缓解。从供给端看，随着生产国产能的释放和上游投资的增加，供需紧张状况将逐渐缓解；从需求端看，随着疫苗接种率提高，全球疫情到达拐点，服务消费相对货物消费比率将回升，大宗商品需求将出现调整和降温。二是全球流动性宽松的力度已经见顶，叠加美元指数反弹，将对大宗商品价格形成压制。美国通货膨胀率的快速上升会显著提高美联储近期缩减资产购买规模甚至加息的概率。加拿大央行2021年4月开始缩减资产购买规模，并暗示可能在2022年提高利率。2021年第四季度，随着美国经济季度增速达到阶段性新高以及美国长期利率的再度上升，美元指数有望显著反弹。三是拜登基建计划对大宗商品价格拉动有限。拜登基建计划的实施进度慢于预期，短期内对能源和金属类大宗商品难以形成实际有效需求。加之美国制造商库存补库临近尾声，原材料和中间品库存已经处于较高水平，大宗商品价格继续上涨也将面临一定压力。四是中国经济增长有所放缓，再加上"能耗双控"政策执行力度的强化，中国的能源和金属矿进口需求增长将放缓。需要指出的是，鉴于碳中和目标影响了化石能源特别是煤炭投资的积极性，而光伏和风电在短期内难以顶替煤电的主体能源作用，在推进能源低碳转型的过程中，全球能源系统的稳定性将显著变弱，能源价格的波动性将明显增大。

原油价格在短期尚有小幅上涨空间，之后将趋于稳定或出现回调，理由在于：一是原油供应偏紧。OPEC+的产量虽会有所增加，但预计将继续低于疫情前的水平。美国页岩油行业由于严格的资本和环保约束，产量复苏受限。二是随着主要经济体纷纷解除封锁措施，全球石油消费已大幅回升，继续上涨空间有限，预计要到2022年底才会恢复至疫情前的水平。三是OPEC+减产协议的延期将在2021年12月进行审查，高油价下继续执行协议控制产量的压力将很大，同时部分产油国希望尽快实现石油资产货币化，即增加出口。四是高油价不利于美国控制通货膨胀，美国政府可能会适当放松对伊朗的石油出口制裁。预计2021年第四季度至2022年，国际原油中枢价格将升至70美元/桶左右。

天然气价格2021年第四季度将继续上涨，2022年上半年可能在高位回调或趋于稳定。2021年10月，天气寒冷导致欧洲的天然气需求大幅上升，天然气库存处于近年来的低点，天然气价格大幅飙升，预计欧洲的天然气补库需求强劲，天然气进口量将会显著增加。亚洲的天然气需求预期将大幅增长，其中中国经济增长和煤改气措施带来强劲的天然气需求；印度防疫措施逐步放宽也将带动天然气需求回升；日本作为最大的液化天然气进口国，在2020年冬季经历了电力危机之后，极有可能提高进口量以增加储备；韩国受其最大核电厂因故关闭的影响，可能将增加天然气进口作为替代。如果冬季特别寒冷，天然气价格有可能再次翻番。2022年春季，全球天然气供给紧张状况将被缓解，天然气价格可能在高位震荡回调，但在碳中和目标的驱动下，天然气作为重要的过渡性能源将受到追捧，这为天然气价格的高位运行提供了长期支撑。

煤炭的价格因供给短缺在2021年第四季度将继续上涨，在2022年将趋于稳定或略有下滑。由于全球电力需求强劲，而煤炭供给增长受制于产能而放缓，加之天然气价格上涨的带动，预计煤炭价格在2021年第四季度继续上涨。煤炭的未来走势在很大程度上由亚洲国家的需求决定。中国、日本、韩国、印度以及东南亚国家的煤炭消费份额达75%，其中中国的煤炭消费份额约为50%。2022年，随着煤炭产能的上升和煤炭消费增长趋缓以及可再生能源消费的增加，煤炭价格将趋于稳定或略有下滑。

粮食价格将因供需缺口缩小而趋于稳定。全球粮食种植气候条件正在改善，疫情趋缓将有助于增加种子、化肥的供应，并促进农业劳动力国际流动，粮食供应缺口将会缩小。据美国农业部的估计，2021~2022年，美国的玉米、大豆、小

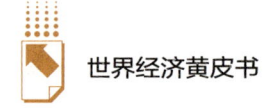

麦的种植面积将分别比 2020 年增加 2%、5%、5%，这将有助于促进主要农产品供给增加。另据联合国预计，2021~2022 年全球粮食储备将增加 2.4%。

工业金属类价格将出现分化，铜、锂等"碳中和"概念金属价格具有长期上行空间，铁矿石价格将因中国控制粗钢产能而出现下降。铁矿价格预计在 2022 年开始出现下降趋势，原因是我国限制钢铁产量导致需求减少，以及 2018~2020 年主要铁矿石产地增加上游投资而推动供给增加。铜是金属类商品中最有可能存在长期供需错配的商品。这一轮对于铜的需求增长叠加了来自向绿色工业转型的需求和各国疫情后的经济刺激项目的拉动。根据伯恩斯坦研究公司 2020 年 9 月的报告，要达到气候变化《巴黎协定》的目标，到 2030 年，全球铜产量需要每年增长 3%~6%。但由于铜矿资本支出到产能释放一般需要 3~4 年时间，前期投资不足将导致产能增长慢于需求，且后期投资的铜矿面临矿石品质下降和因环保标准提高而审批更严格的问题。基于绿色工业对铜的需求预期以及全球铜矿投资周期分析，中长期铜矿供给前景趋紧，长期铜价上行概率较大。另据 IEA（2021）的预测，若 2050 年实现全球碳中和目标，2040 年金属需求将比 2020 年增长 6 倍多；电动汽车和储能电池的金属需求在 2040 年将会至少增加 30 倍；锂需求将迅猛增长，2040 年将增长 40 多倍，紧随其后的将是石墨、钴和镍，增长 20~25 倍。全球铝产能将因我国环境标准提高而下降，而全球对车辆以及其他铝制商品需求持续增长，预计铝价在 2021 年将继续上行，2022 年趋于平稳。

参考文献

王永中、周伊敏：《国际大宗商品市场形势回顾与展望："V"形波动》，载张宇燕主编《2021 年世界经济形势分析与预测》，社会科学文献出版社，2021。

Bogmans Christian, Andrea Pescatori, and Ervin Prifti, "Four Facts about Soaring Consumer Food Prices," IMF Blog, June 24, 2021.

International Monetary Fund, "Global Recovery Continues, but the Momentum has

Weakened and Uncertainty has Increased," World Economic Outlook, October 2021.

OECD, "Keeping the Recovery on Track," Interim Economic Outlook, September 2021.

World Bank Group, "Commodity Markets Outlook," April 2021.

热 点 篇
Hot Topics

Y.15 国际碳中和的发展现状、实施路径及前景

田慧芳[*]

摘　要： 近年来，新冠肺炎疫情和极端天气风险的上升使应对气候变化和可持续发展在发达和发展中经济体都受到前所未有的关注。许多国家已经根据《巴黎协定》要求作出了碳中和承诺，并出台了一系列支持碳达峰与碳中和的政策和工具箱。从已提交给UNFCCC的各国自主贡献文件与国际碳中和的最新进展看，大多数国家都将能源、电力、工业、交通和建筑等重点部门的减排、增加碳汇、创新技术、提高投资等作为迈向碳中和的战略重点。随着世界各国和企业加快"脱碳"进程，全球实现碳中和的前景令人期

---

[*] 田慧芳，中国社会科学院世界经济与政治研究所副研究员。

待。但对发展中国家来讲，挑战却不容忽视，比如如何实现能源结构的重大转型，如何缓解工业化和城市化推进带来的减排压力，如何破解技术和资金难题，如何提升经济的抗风险能力和韧性等。各国政府在碳中和进程中应发挥引领作用，在国内层面将更多绿色因素纳入经济刺激方案和长期发展战略，激发地方政府和非政府行为体的减排潜力，在国际层面加强绿色低碳产品和技术的国际对话交流与合作。

关键词： 碳中和　碳达峰　绿色增长　国家自主贡献

气候风险叠加疫情的破坏性影响，不仅对全球公共卫生、安全和福祉构成严重与直接的威胁，还深刻影响全球经济未来发展的前景，凸显了建设具有抗风险能力和强劲韧性经济体的紧迫性。欧盟、中国、日本、韩国、加拿大等经济体在疫情前后相继公布了碳中和时间表，在政策制定和实施中将经济和环境优先事项相融合，积极发展绿色产业，推动低碳和绿色交通以及低碳和智慧城市建设，大量的技术突破也增加了一系列能源供应选择的可行性，推动全球低碳发展进入新常态。

一　国际碳中和的最新进展

近年来，全球二氧化碳排放量虽然仍保持正增长，但增速大体呈现下降趋势（见图1）。特别是2020年，受疫情影响，全球二氧化碳排放量下降了5.8%。2021年，随着全球对煤炭、石油和天然气的需求反弹，碳排放又出现大幅增加。国际能源署（IEA）预计，2021年全球煤炭消费，特别是亚洲燃煤发电的迅速增加，将推动全球二氧化碳排放量增加约6.4亿吨，比2019年高0.4%。建筑和工业用天然气产生的碳排放也将增至历史最高的73.5亿吨，占全球碳排放总量的22%。从地区看，新兴市场和发展中经济体的碳排放量占全球碳排放总额的2/3以上，而发达经济体的排放量则处于结构性下降阶段。

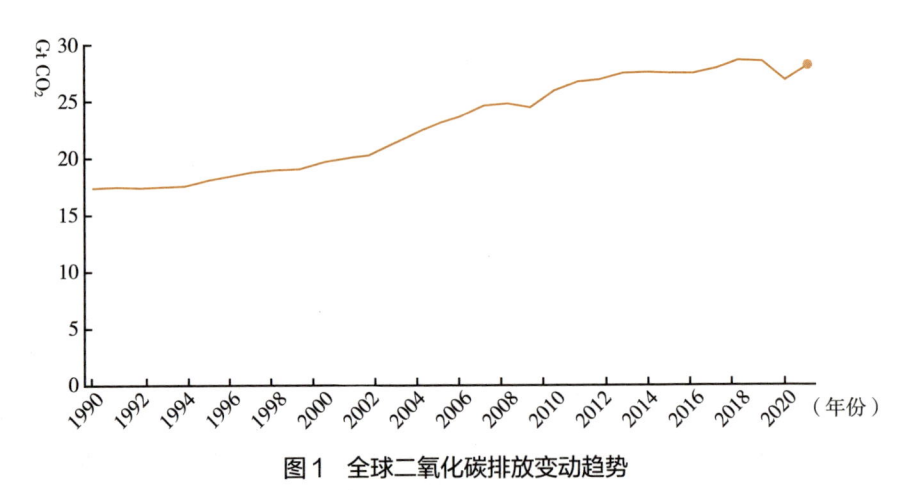

图1　全球二氧化碳排放变动趋势

资料来源：国际能源署《2021年全球能源评论》。

温室气体排放上升的连锁效应已经导致全球平均气温上升，天气模式发生重大且难以预测的变化。极端天气、气候应对行动失败和人为环境风险已经被认为是当前发生概率最高、后果最严重的全球前三大风险。为应对气候变化，各国于2015年12月通过了《巴黎协定》，为减少排放和建立气候适应能力的气候行动提供了路线图。随着越来越多的国家采取发展可再生能源与一系列其他减排和适应气候变化的政策措施，全球碳中和的步伐大大加快，集中表现在以下层面。

政府气候雄心不断提升。根据政府间气候变化专门委员会（UNFCCC）于2021年9月14日发布的《国家自主贡献综合报告》，截至2021年7月30日，113个《巴黎协定》缔约方提交了国家自主贡献信息，约占全球温室气体排放量的49%，其中有86个成员对国家自主贡献信息进行了更新，70个国家表示将在21世纪中叶左右实现碳中和。印度和澳大利亚虽然没有正式准备宣布净零目标，但提交了如何通过更激进的能源部门转型提高国家自主贡献雄心的计划。

表 1 主要经济体的国家自主贡献目标与碳中和承诺
（截至 2021 年 7 月 30 日）

主要国家或地区	最新承诺和目标概要	长期排放发展战略承诺
欧盟	到 2030 年比 1990 年减少至少 55% 的排放量	2050 年碳中和
美国	在 2025 年实现较 2005 年水平减少 26%~28% 的减排目标 到 2030 年将温室气体净排放量在 2005 年的基础上减少 50%~52% 到 2035 年实现 100% 无碳污染电力的目标	2050 年碳中和
加拿大	到 2030 年比 2005 年碳排放量至少减少 40%~45%	2050 年碳中和
新加坡	在 2030 年左右达到 65 亿吨二氧化碳当量的排放峰值 排放强度到 2030 年实现比 2005 年的水平减少 36%	在 21 世纪中叶后尽早实现碳中和
新西兰	到 2030 年碳排放量比 2017 年的水平减少 10% 到 2050 年，将生物成因甲烷的排放量比 2017 年的水平减少 24%~47%	2050 年实现碳中和
日本	到 2030 年，碳排放量比 2013 年下降 26%	2050 年碳中和
韩国	2017 年温室气体排放总量 7.09 亿吨二氧化碳当量，到 2030 年减少 24.4% 2021 年 6 月，韩国执政党提议将目前的 2030 年目标从 24.4% 的减排量提高到 40%（相比 2017 年水平）。提议尚未讨论通过	2050 年碳中和
中国	二氧化碳排放在 2030 年达到峰值 非化石能源的份额 2030 年达到 20% 森林储量：到 2030 年比 2005 年增加 45 亿立方米 碳强度：到 2030 年比 2005 年降低 60%~65%	2060 年左右碳中和
澳大利亚	到 2030 年，比 2005 年下降 26%~28%	—
印度	到 2030 年将其排放强度在 2005 年的水平基础上降低 33%~35%，非化石能源发电占比提高到 40%	2070 年碳中和
南非	2021~2025 每年温室气体排放量将在 398~510 公吨二氧化碳当量 2026~2030 年温室气体排放量将在 350~420 公吨二氧化碳当量	—

资料来源：根据 UNFCCC 官网上各国的 NDCs 报告整理。

清洁能源成本下降为加强气候行动提供了契机。在过去十年里，低碳发电技术的平准化度电成本正在下降，并且越来越低于传统化石燃料发电的成本。根据彭博新能源财经的数据,截至2021年6月,全球范围内的可再生能源领域的新投资达到1740亿美元,同比增长2%。2021年上半年,投资于可再生能源的资金比其他任何一年同期都多。许多新兴国家正在采取以具有竞争力的低碳产业和绿色技术为基础的发展模式,中国和印度是变革中的关键。中国已经成为世界上风力涡轮机和太阳能热系统安装最多的国家,印度正通过使用可再生能源证书扩大生物燃料、太阳能和其他形式的低碳能源。

交通行业迈入绿色转型通道,中国和欧洲引领全球电动汽车市场。根据IEA最新发布的《2021年全球电动汽车报告》,2020年全球电动汽车保有量突破1000万辆大关,环比增长43%。2020年电池电动汽车(BEV)注册量和存量占新电动汽车的2/3。中国的电动汽车拥有量为450万辆,位列全球第一,2020年中国销售的两轮/三轮车中有近60%是电动车。由于采取了严格的CO_2排放标准,并出台了对电动汽车的补贴计划,2020年欧洲电动汽车的销售也出现大幅增长。

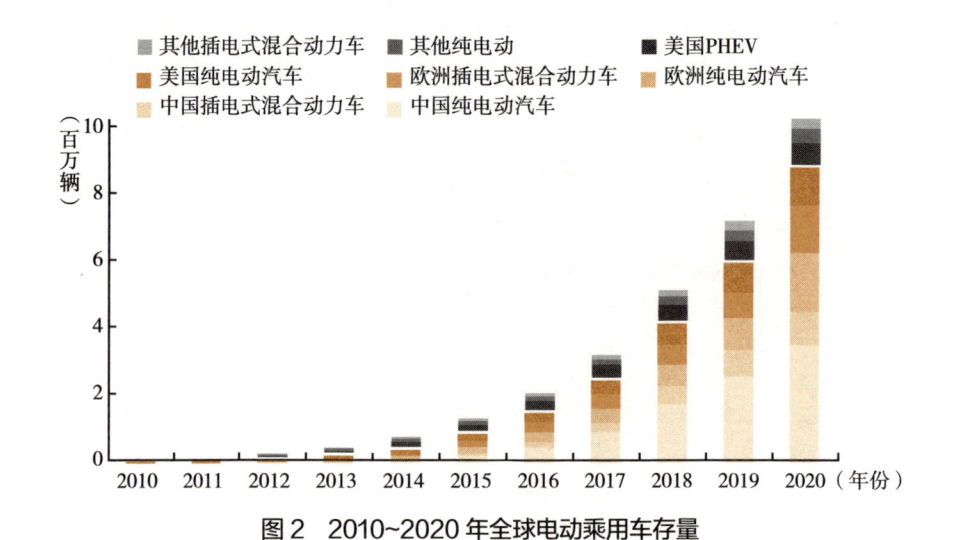

图2 2010~2020年全球电动乘用车存量

资料来源:IEA 2021。

绿色债券市场在发行和规模上快速增长，欧洲、中国和美国成为最活跃的市场。2020年，在各行各业充满不确定性的一年里，全球绿色债券发行量达创纪录的2695亿美元，连续九年保持增长态势，累计发行金额超1万亿美元。其中，中国是全球第四大绿色债券发行国，若考虑所有发行的贴标绿色债券，则为第二大绿色债券发行国。绿色建筑是境外绿色债券投向的最大领域（35%），其次是低碳交通（29%）。2021年全球发行的绿色债券再次呈现强劲势头，仅上半年的发行已经达到2481亿美元，超过2020年全年的水平（见图3）。中国绿色债券发行量上半年也同比增长58%。

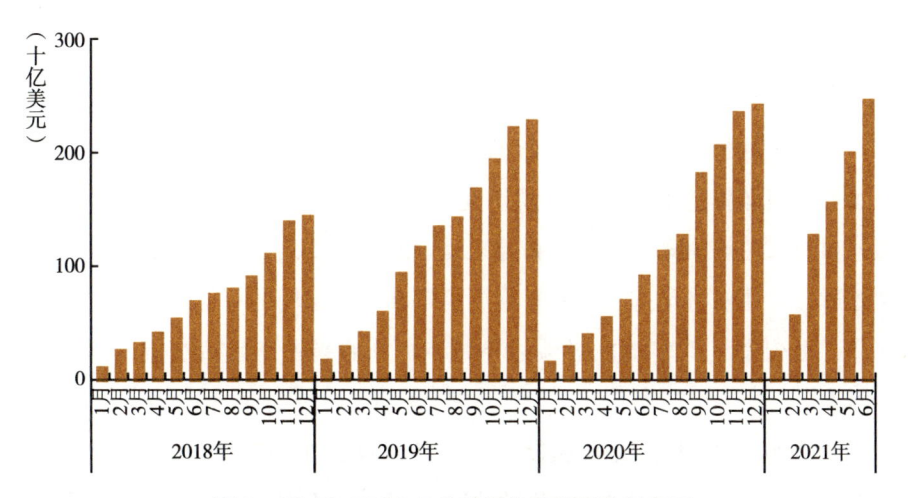

图3 2018~2021年全球绿色债券累计发行量

资料来源：Bloomberg NEF,"New Energy Outlook 2021"。

越来越多的发展中经济体开始构建可持续金融体系框架。2019年9月，由新兴市场银行业监管机构和银行业协会组成的可持续银行网络（SBN）正式启动，致力于推进新兴市场金融机构的ESG管理和可持续金融合作。到2021年，SBN已拥有43个成员，占新兴市场银行总资产的86%，其中25个成员推出可持续金融发展的政策、原则或路线图。中国是绿色金融的核心参与者。减缓气候变化是中国绿色金融政策的优先事项。2016年，中国人民银行等七部门联合发布《关于构建绿色金融体系的指导意见》，进一步呼吁在七个领域采取政策和行动，包括绿色债券、绿色信贷、绿色发展基金、绿色保险、国际合作等。2021年4月，中国人民银行等三部门印发《绿色债券支持项目目录（2021年版）》。目前，中国本外币绿色贷款余额已超过13万亿元，规模位居世界第一，同时绿色债券余额也在1万亿元以上，居世界第二。

全球碳定价政策日渐严格。尽管疫情造成了经济和社会动荡，大多数政府仍然持续推出或提高自身的碳定价目标。根据世界银行的碳定价仪表板，截至2021年4月，全球共实施或计划实施64项碳定价举措，涵盖46个国家，覆盖了全球21.4%的温室气体排放量，比2020年的15.1%显著增加。这主要归因于中国全国碳市场第一个履约周期的正式启动。2021年8月13日，中国碳市场碳排放配额累计成交量651.88万吨，累计成交额超3.29亿元，成为全球最大的碳市场。欧洲绿色复苏计划及2030年减排目标的提升引发了欧盟碳排放交易体系大规模变动，配额价格创下历史新高，加拿大、德国和爱尔兰等国家的碳价也日益上涨。欧盟还计划将碳排放交易体系扩展到海运，并评估将碳排放交易扩展到运输和建筑部门的可能性。气候目标的提高，也引发了许多地区对碳边界调节机制的兴趣，包括欧盟、美国、日本等。

越来越多的利益攸关方参与碳中和行动。由联合国环境署金融倡议（UNEP FI）牵头的《负责任银行原则》已有占全球银行业1/3以上的240多家银行的签署，《负责任投资原则》有1500个签署成员，其中亚洲的资产所有者和投资经理占了近12%。2021年4月，联合国召集成立"格拉斯哥净零金融联盟"（GFANZ），来自28个国家、占全球银行资产的近1/4的55家银行加入了该联盟。根据世界银行的统计，截至2020年12月，已有127个国家、823个城市、101个地区和1541家公司承诺在21世纪中叶之前实现脱碳。作为实现"2030年突破"的第一步，来自110个国家或地区的6200多名成员，包括4470家公司、799个城市、35个地区、220家金融机构、731家教育机构和45家医疗机构加入了联合国"净零碳排放竞赛"运动（见表2）。

表2 加入"净零碳排放竞赛"的行业及公司代表

行业	占行业总收入百分比	目标	代表企业
清洁能源	21%的主要公用事业公司	2050年碳中和	Engie、Enel SpA和肯尼亚发电公司PLC
内燃机	39%的主要重型货车制造商	到2040年（通过RouteZero）实现100%零排放销售	福特、沃尔沃、宝马和日产
	24%的主要巴士汽车制造商	2030年（通过RouteZero）实现100%零排放巴士销售	通用汽车
食品、森林和土地利用	28%的主要食品供应商	实施无森林砍伐的供应链，全面采用再生农业和到2030年的土地恢复实践	—
时尚	49%的主要时尚公司	2050年碳中和	Burberry和H&M
水泥、混凝土	28%的主要水泥/混凝土生产商	2050年碳中和	Cemex、海德堡和蒂森克虏伯
消费品	36%的主要消费品公司	2050年碳中和	朝日和联合利华
冷却	24%的主要家用空调制造商	2050年碳中和	伊莱克斯、施耐德电气、飞利浦、日立
零售	23%的主要零售公司	2050年碳中和	沃尔玛和乐购
移动和电信	33%的主要移动和电信公司	2050年碳中和	—
医疗制药	30%的主要制药和医疗技术公司	2050年碳中和	葛兰素史克、阿斯利康和飞利浦
ICT	40%的主要ICT公司	2050年碳中和	苹果、微软和谷歌
水	占全球供水量23%的主要供水和污水处理公用事业公司	2050年碳中和	苏伊士和伊瓜萨内门托

资料来源：UNFCCC网站。

二 迈向碳中和的路径选择

迈向碳中和是一场广泛而深刻的经济社会变革。为了实现《巴黎协定》确立的全球净零排放目标，签署和批准《巴黎协定》的每个国家都必须考虑

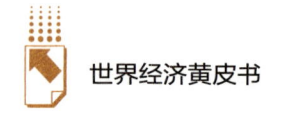

如何以更雄心勃勃的国家自主贡献来实现这一目标。联合国气候变化框架公约（UNFCCC）指出，要想在2030年达到碳净排放量的峰值，必须做到以下几点：短期内加快能源供应的快速和深度脱碳；所有终端使用部门开展减缓需求方面的努力，例如运输和住宅部门使用的能源从化石燃料转向电力；投资模式发生重大转变，减少对碳密集型能源生产的支持，转向提高能源效率、减少需求和低碳技术开发。

由于各国资源禀赋不同、文化传统不同、发展阶段也不同，即使各国支持同一套目标，实现包容性、可持续和有韧性的发展也有不同的途径。国家自主贡献是使各国能够制定其各自的战略和执行计划的机制。当前各国已经根据《巴黎协定》要求作出了宏观层面的碳减排承诺，并制定了一系列政策和工具。从已提交战略的实施路径看，各国提出的重点减排领域和配套政策较为类似，大多数战略都将能源／电力、工业、交通、建筑等重点部门的减排，增加碳汇，创新技术，提高投资等作为长期战略的重点，但侧重点有所不同。

（一）欧盟

欧盟温室气体排放中的28％来自交通运输，26％来自工业，23％来自电力，13％来自建筑，13％来自农业。2020年3月5日欧盟理事会通过《欧盟长期低温室气体排放发展战略》，明确提出欧盟将通过能源、建筑、交通、工业、农业等领域的深度转型，引领全球应对气候变化行动。该战略从投资和金融支持、研发创新、公众参与、气候公平等角度提出了实现碳中和的支撑条件。2020年10月，欧盟又通过《2030年气候目标计划》，进一步将2030年的减排目标从之前的40％提高到55％。2021年6月《欧洲气候法》正式生效，随后7月14日欧盟更新碳中和实施计划，主要变化是扩大欧盟的排放交易计划。欧盟希望逐步取消航空业的免费排放配额，并首次将航运也包括在内。为保护欧盟的贸易竞争力，欧盟还提出针对高排放部门的碳边境调整机制，以促进第三国遵守最高的国际环境和安全标准。

目前已经有五个欧盟国家在法律上设定了碳中和目标，比如瑞典是到2045年实现净零排放，而丹麦、法国、德国和匈牙利等是2050年。欧盟允许成员国根据国情、资源禀赋、行业状况和消费者偏好等定制最终实施途径，并从 7500 亿欧元的刺激计划和 1.1 万亿欧元的 2021~2027 年预算中安排了约 30% 用于气候友好型投资，以确保实现公正、公平、平衡的转型。欧盟还推动设立"公正过渡基金"（JTF），为欧盟国家的绿色转型提供资金支持。

表 3 欧盟迈向碳中和的战略重点及 2030 年气候行动优先事项

2050 年战略重点	2030 年气候目标计划
● 最大限度提高能源效率，包括零排放建筑 ● 最大限度部署可再生能源电力，使欧洲能源供应完全脱碳 ● 可再生能源和能源系统的电气化 ● 构建清洁、低碳、安全、高效的能源互联体系 ● 推出无碳、互联和自动化的道路交通出行 ● 打造具有竞争力的欧盟产业和循环经济 ● 开发足够智能、高效、互联的基础设施 ● 促进可持续的生物经济发展，创造必要碳汇 ● 通过碳捕集和封存解决剩余的碳排放 ● 进行研究、创新和部署 ● 动员和引导可持续金融和投资，投资绿色基础设施	● 提高现有欧盟排放交易体系的雄心 ● 对市场稳定储备进行必要调整 ● 将 EU ETS 扩展到海事部门 ● 建立新的 ETS 以涵盖建筑物和道路运输中使用的燃料的排放 ● 以公平和具有成本效益的方式提升成员国减排目标 ● 改革土地利用、土地利用变化和林业条例 ● 保护和扩大欧洲的森林

资料来源：欧盟官网。

（二）美国

美国温室气体排放中的 29% 来自交通运输部门，其中运输用汽油和柴油的燃烧是最大来源。化石燃料发电是美国第二大碳排放源，约占美国温室气体排放总量的 24%。工业排放占 16%，商业和住宅占 13%，农业占 10%。因此，在制定低碳战略时，美国充分考虑了各个部门的减排路径，包括减少能源浪费，转向无碳无污染电力，实现汽车、建筑和部分工业的电气化，以及扩大新能源和载体的规模，如无碳氢。目前已有 32 个州发布气候行动计划或正在修订或制定气候行动计划。作为应对气候变化的同时提振美国经济蓝图

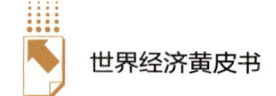

的一部分，拜登上台后，宣布将在未来8年内投资约2.25万亿美元用于基础设施建设，旨在加强对电动汽车、可再生能源和电网的投资。

根据美国提交的最新国家自主贡献文件，其电力部门的发展目标是到2035年实现100%清洁电力，由联邦政府与州、地方政府合作共同部署清洁能源发电资源、传输和能源储存。交通运输的减排途径的政策包括：提高燃油效率和尾气排放标准；对零排放个人车辆的激励措施；为支持多单元住房、公共充电和长途旅行的充电基础设施提供资金；支持超低碳新一代可再生燃料的应用，如航空和其他尖端交通技术的跨模式应用。建筑行业的减排则通过资助改造项目、投资于减少建筑相关排放的新技术、更广泛地使用热泵和感应炉，以及对新建筑采用现代能源法规等展开。重工业部门重点支持研究、开发、示范、商业化与部署低碳和零碳的工业过程和产品，并利用政府采购能力支持这些极低和零碳工业产品的早期市场。除了这些努力，美国还将增加气候智能型农业措施、加大力度减少灾难性野火的范围和强度、支持基于自然的沿海恢复力项目，包括灾前规划，以及通过追求"蓝碳"来强化航道和海洋的封存。[①] 拜登还承诺将美国在国际气候融资方面的支出增加一倍，到2024年提高到57亿美元（等待国会批准）。

（三）日本

2020年12月，日本发布《2050年碳中和绿色增长战略》，将降低碳排放和数字经济作为后疫情时代经济发展的两大重要引擎，五大政策工具共同发力，构建日本绿色经济政策生态体系（见表4）。

长期战略明确提出了14个优先发展的领域：海上风电、氨燃料、氢能、核能、汽车和蓄电池、半导体和通信产业、船舶、交通物流和基建、食品农林和水产、航空、碳循环、下一代住宅、商业建筑和太阳能、资源循环以及生活方式。根据该战略，日本将通过新技术的研发应用，加快重点行业清洁

---

① 2009年联合国环境规划署（UNEP）、联合国粮农组织（FAO）和联合国教科文组织政府间海洋学委员会（IOC-UNESCO）联合发布的《蓝碳：健康海洋固碳作用的评估报告》特指那些固定在红树林、盐沼和海草床等海洋生态系统中的碳。

表4 《2050年碳中和绿色增长战略》的五大政策工具

政策工具	具体内容
财政支持	◇ 绿色创新基金:10年2万亿日元（约1227亿元人民币） ◇ PPP刺激价值15万亿日元的私人研发和投资 ◇ 加大政府采购力度
税收激励	◇ 新税法修正案对投资研发新型燃料电池、风力发电、半导体等项目的企业减免5%~10%的法人税 ◇ 税收优惠计划在10年内刺激价值1.7万亿日元的私人投资 ◇ 鼓励海上风力发电、氢能源等先进技术出口，提高出口贸易保险额度，履赔额从90%增至100%
金融指导政策	◇ 制定转型融资指导方针，建立长期资金贴息计划（按业务规模计算，3年1万亿日元） ◇ 吸引全球ESG投资
监管改革	◇ 考虑在氢、海上风力发电和移动/电池等领域进行监管改革 ◇ 讨论碳边界调整及相关政策，以确保全球公平竞争环境
国际合作	◇ 与发达国家和新兴国家开展创新政策合作，包括第三国在内的合作项目；开展标准化和规则制定；提供多种多样的脱碳解决方案 ◇ "东京零碳周"全球宣传活动

能源替代、能效提升，促进资源利用效率提升和二氧化碳回收利用，目标是到2050年可再生能源发电占比达到50%~60%，同时还将最大限度地利用核能、氢、氨等清洁能源。零碳交通的目标是到2030年将氢能源使用提高到300万吨，2050年提高到2000万吨，推动氢能源在交通、发电等领域的普及应用。电力脱碳方面，全面引入海上风电，并推动碳捕集、利用和储存（CCUS）和碳回收技术在火电领域的应用，并探索氢和氨作为发电替代燃料的潜力。

2021年，日本第204届国会制定《全球变暖对策促进法》部分修改案（2021年第54号法案），从法律上确认了2050年碳中和目标，加强了日本政策的连续性和可预测性。2021年9月日本又通过一个更具雄心的目标，将2030年的温室气体减排目标（在2013财年基础上）从之前承诺的26%提高到至少40%。根据此目标，到2030年日本可再生能源将占到该国发电能源结构的36%~38%，核电的比例达到20%~22%。

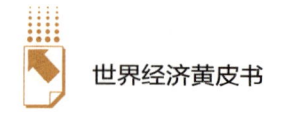

（四）韩国

韩国政府公布的"2050长期低碳发展战略"重点推动以化石燃料发电为主的电力供应体制，向以可再生能源和绿色氢能为主的能源系统转换，并着力改变钢铁、水泥、石油化学、炼油等碳排放量较多的4个产业的结构。疫情期间，韩国提出370亿美元的绿色新政计划，致力于推动城市的绿色转型，培育可再生能源、氢能源、能源IT等三大能源新产业，具体目标包括：到2025年实现113万辆电动汽车和20万辆氢动力汽车的拥有量，建立可再生能源发电和储能系统，在12个地区进行海上风电可行性研究，扩大电动汽车和氢燃料汽车的供应，建立低碳绿色工业园区，研发碳捕集、利用和储存（CCUS）等。

（五）中国

近年来，中国在降低碳强度方面取得了巨大成功，碳强度仅为印度的76.1%、俄罗斯的64.9%和越南的60.3%，但却分别是美国、德国、英国和法国的2.8倍、3.6倍、5.5倍和6倍。[①] 因此，"十四五"规划（2021~2025年）提出了以控制碳强度为主、控制碳排放为辅的方案。但如何快速降低碳强度，转向低碳发展模式，仍是一项艰巨的挑战。在2021年4月22日举行的气候领导人峰会上，中国领导人表示，中国将严格控制燃煤发电项目，严格控制"十四五"期间煤炭消费增长，"十五五"期间逐步减少煤炭消费。这标志着中国真正走上了能源转型的快车道。

能源领域是中国实现碳达峰与碳中和的重中之重，中国的"十四五"规划明确提出2021~2025年要将单位GDP碳排放强度降低18%，能源强度降低13.5%。其中能源电力部门将从火电主导向清洁电力主导转型，具体目标包括：煤炭产量到2025年将限制在41亿吨，煤炭消费量控制在42亿吨；风能和太阳能装机容量从目前的535吉瓦提高到1200吉瓦以上，燃煤发电占比从当前的55%下降到2035年的26%和2060年的8%。交通领域主要通过优

[①] 周牧之：《全球碳排放格局和中国的挑战》，中国网，2021年4月26日。

化交通运输结构、提高交通运输工具效率和提升低碳能源的利用水平来实现。具体目标包括：到2025年电动汽车占新车销量的约20%，到2035年纯电动汽车成为新销售车辆的主流，公共领域用车全面电动化。钢铁和有色金属部门则基于产业结构调整、能效提升、用能清洁化和加装CCUS等方式，实现到2030年钢铁行业减排30%的目标。建筑部门将大力推进低碳技术在建筑中的应用，加大清洁能源利用力度，普遍推广绿色建筑。

为调动足够的资源突破气候融资瓶颈，2020年10月，生态环境部等五部门联合发布《关于促进应对气候变化投融资的指导意见》，首次对气候变化领域的建设投资、资金筹措和风险管控进行了全面部署，明确支持绿色金融的深化，鼓励碳金融衍生品交易和创新，还特别强调要推动气候投融资融入"一带一路"建设，鼓励金融机构加大对"一带一路"和"南南合作"低碳项目的支持力度。

（六）其他

发展中国家和最不发达国家在疫情期间主要政策重心为对抗疫情、扶持弱势企业和居民保障等，少量的绿色投资集中在植树、可再生电力、汽车、石油和天然气、煤炭等领域，比如印度提供66亿美元用于煤炭基础设施建设，通过税收优惠促进煤炭气化，加快审批程序，清理用作工业用途的森林区域。

总的来看，全球多数国家都将能源/电力、工业、交通、建筑等重点部门的减排、增加碳汇、创新技术、增加投资等作为长期战略的重点，但在实施路径上呈现不同差异。美国、加拿大、日本、欧盟等发达经济体拥有先进的基础设施、法规和熟练的人力资源，高度关注长期减排对经济竞争力的影响，重视先进低碳产业和高新技术的发展，并对投资、就业、价格、市场或贸易等问题较为关注，在开发氢燃料等替代能源领域具有创新的技术潜力，在能源效率、融资和数字服务应用方面也处于更有利的地位。中等收入国家如中国、印度、印度尼西亚等新兴经济体的重点是跨越"中等收入陷阱"，低碳行动往往需要在环境保护和可持续发展的需求之间进行平衡。但作为全球价值链的重要供应商，其也具备低碳研发并将新技术部署到国外的能力和潜力。比如作为太阳能电池板和电动汽车电池等关键清洁能源技术的最大制造商，中国的诸多优势使其有能力成功实现碳中和转型，同时也展示了其在技术和能源政策制定方面的国际领先地位。低收入国家则优先考虑追赶增长，但也意识到推动低碳增长的重要性，有实现跨越式发展的需求，而在实现净零排放增长方面，其确实面临严峻的技术和资金挑战。因此虽然强调适应气候变化的重要性，但更关注减排背后的资金、技术需求和国际援助。

三　碳中和的前景与挑战

从目前形势看，迈向净零碳经济是大势所趋。未来几十年脱碳行动，将给全球经济带来广泛、深远且持久的影响，涉及经济发展、技术进步、健康与民生、生态环境等各个领域，并衍生出巨大的低碳投资需求。根据不同机构的测算，仅中国未来三十多年推动低碳至零碳路径所需的总投资就在70万亿元到140万亿元不等，涉及再生资源利用、能效提升、终端消费电气化、零碳发电技术、储能、氢能和数字化等多个领域。OECD估计，到2030年，全球对新基础设施的需求将为57万亿~95万亿美元。亚开行也估计，2016~2030年，亚太地区的基础设施需求为23万亿美元，相当于每年1.5万亿美元，主要集中在电力、运输、电信、水和卫生等部门。尽管前景可期，但挑战依然不容忽略，尤其对于发展中国家，挑战不仅有政治层面的，还有社会、环境及资金和技术层面的。

第一，不确定性冲击可能会给碳中和进程带来不确定性。比如疫情的影响仍然未消散，对于很多国家来说目前的重要挑战仍然是控制公共卫生危机。各国政府的综合应对措施可分为三个阶段，即紧急救援、经济复苏和向新的可持续增长模式转变。三个阶段相互重叠、相互交织，涉及三种交叉的政策工具：健康与社会保障、经济刺激和绿色增长。这一过程中，发达国家和发展中国家的绿色刺激占比存在明显分歧（见表5）：欧盟的绿色投入总额和比例明显更高，而发展中国家更偏向于社会保障和经济刺激。

表 5　主要经济体经济刺激计划中的绿色占比

单位：十亿美元，%

项目	总刺激计划 总额	总刺激计划 GDP占比	绿色刺激计划 总额	绿色刺激计划 占总刺激计划比重
欧盟	1357.78	10.61	847.00	62.38
哥伦比亚	26.58	5.31	4.39	16.52
丹麦	47.66	13.76	5.60	11.75
智利	28.28	12.96	3.05	10.79
瑞典	86.91	16.35	8.82	10.15
法国	665.31	25.90	42.28	6.35
德国	1472.12	38.88	90.40	6.14
澳大利亚	242.61	17.97	13.64	5.62
韩国	249.70	15.33	11.47	4.59
新西兰	45.58	21.77	1.64	3.60
芬兰	31.33	11.78	1.06	3.38
挪威	27.09	8.08	0.42	1.55
加拿大	369.27	22.53	4.71	1.28
英国	886.21	32.71	8.6	0.97
爱尔兰	31.00	7.46	0.30	0.97
日本	2453.68	48.87	19.32	0.79
美国	4031.30	19.24	26.00	0.64
西班牙	236.62	18.62	1.15	0.49
印度	232.98	8.83	0.82	0.35
中国	1135.43	7.56	1.54	0.14
意大利	798.21	42.73	0.06	0.01
全球总额	16133.12	12.74	1092.27	6.77

资料来源：IMF 2021，Vivid economics，https://abcnews.go.com，https://www.carbonbrief.org，https://www.abc.net.au。

第二，能源需求与结构调整的挑战。作为传统能源占很大比例的经济体，新旧能源结构在替代过程中不可能实现无缝连接。本轮全球能源短缺危机也暴露出新能源的稳定性和波动性要比预期的更大，因此在低碳转型过程中，不能低估新旧能源结构替代过程中的风险。IEA预测，到2030年全球能源需求还将增长50%~60%，尤其是东南亚地区，能源消费量将以每年约6%的速度增长，中国、印度、印度尼西亚、日本和韩国都是全球十大能源消费国，其能源需求和能源相关的碳排放可能在2020~2040年翻一番。在碳中和背景下，这些国家需要尽快从根本上改变其能源结构，但考虑到需求水平、以煤炭为主的资源禀赋、新的可行供应来源和技术突破这四重效应，挑战尤为突出。

第三，城市化约束。城市是绿色转型、振兴地方经济和构建社会凝聚力的重要组成部分，未来的建设需要采取循环经济模式，通过有管理的扩张和/或城市改造规划，建设更多人性化、绿色化、低碳化的宜居城市，还需要加大对城市绿色基础设施和技术的投资，如快速公交、自行车高速公路、电动汽车、智能电网、节能建筑，以及基本的水、卫生和垃圾处理服务。而目前，城市能源消耗约占全球的70%，与能源相关的温室气体排放约占80%，发展中国家的城市尤其面临环境压力，包括不断恶化的空气污染以及对低效、碳密集型发电方式的依赖。如果不加强对减少碳足迹的关注，它们的扩张将威胁到全球应对一系列环境挑战的进展。

第四，技术瓶颈和技术差距。快速转向低碳经济是实现《巴黎协定》目标同时实现经济增长雄心所必需的，需要在现有技术的渐进式改进基础上进行彻底的创新。在全球范围内，与建筑、运输和能源发电等低碳绿色产业相关的几项专利发明在2000~2015年增加了两倍。然而自2015年以来，这些技术领域的发明活动在绝对数量及其占总发明的份额方面开始下降，在2020年大流行病暴发期间明显下降。尽管全球在能源储存、燃料电池、氢、光伏等领域取得了一些进展，但目前的低碳创新水平仍不足以满足中国等主要东亚经济体达到净零经济的需求，大多数绿色技术需要更多的进展，这需要依据国情设计支持性政策，推动低碳绿色创新。

第五，资金缺口。根据亚洲发展银行的测算，到2030年，履行国家自主贡献承诺所需的区域投资每年超过300亿美元，到2050年实现净零排放估计需要50万亿美元的投资。在发达国家，私人融资占2/3，各国政府、国有投资机构和国家开发银行的公共财政提供了剩余资金。而中低收入国家更多的是依赖公共资金满足减缓和适应气候变化的资金需求。目前发达国家尚未就履行每年向发展中国家提供 1000 亿美元用于实现国家自主贡献的承诺形成具体计划。虽然近年来公共和私人来源的气候融资显著增加，但仍达不到改变能源和运输系统、提升能源效率和保护森林所需的融资规模。要克服这一障碍，需要包括央行、国家开发银行、商业银行、保险公司、资本和债券市场等重要参与者在内的金融体系的重塑，以实现融资的低碳包容性增长。其中，调动私营部门的投资填补融资缺口至关重要。

四　结语

新冠肺炎疫情和极端天气风险的上升使应对气候变化和可持续发展在发达和发展中经济体都受到前所未有的关注。疫情也给各国提供了重新调整增长重点的机会。要实现全球碳中和目标，必须将增长、气候变化、贸易和社会包容发展融合在一起，将更多绿色因素纳入经济复苏方案和长期发展战略。

迈向碳中和需要各国根据国情设计支持性政策，推动低碳绿色创新，包括：充分发挥财政、金融等政策工具的作用，为低碳绿色技术的发展提供更多公共财政支持，特别是在电动汽车、氢燃料、碳捕集、利用和储存等领域，构建国内绿色经济政策生态体系；发挥价格机制的资源配置作用，加快推进碳市场和碳定价。考虑到私营部门是实现《巴黎协定》目标或净零排放所需技术和资金的关键合作伙伴，还要通过更好的资源配置和风险分担机制，帮助其克服技术、资金和创新障碍，提高资源效率。

迈向碳中和，需要包括央行、国家开发银行、商业银行、保险公司、资本和债券市场等重要参与者在内的金融体系的重塑，实现融资的低碳包容性增长。在这一进程中，央行要加强对金融系统气候风险的监管，制定路线图和战略，确保向低碳经济的转型不会对金融稳定造成不利影响。金融机构和投资者要加强气候变化的风险评估和信息披露相关工作的能力建设，降低与气候变化相关的资产配置风险，同时增强气候金融产品的创新能力，加大对

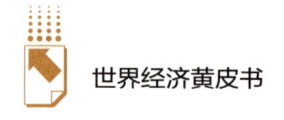

低碳项目的支持力度。

碳中和的推进也需要授权城市和地方政府规划和实施低碳、气候适应型和循环行动计划。通过有管理的扩张和/或城市改造规划，建设更多人性化、绿色化、低碳化的宜居城市；同时加大对城市可持续基础设施和技术的投资，如快速公交、自行车高速公路、电动汽车、智能电网、节能建筑，以及基本的水、卫生和垃圾处理服务。

全球碳中和的实现还离不开国际和区域合作。在碳中和的背景下，各国可以通过贸易和投资自由化、碳市场一体化、增加区域对低碳产品和服务创新的投资等方式来促进长期经济增长。减少能源产品贸易壁垒是一项重要的任务。持续存在的低碳技术贸易壁垒，将影响各国清洁能源转型的步伐和潜力。研发、知识共享和能力建设也是迈向碳中和的重要举措，特别是在资源约束、资金不足、技术短缺、缺乏能源替代等情况下，国际集体行动和合作有助于创新技术的突破和加速商业化。

参考文献

项目综合报告编写组：《〈中国长期低碳发展战略与转型路径研究〉综合报告》，《中国人口·资源与环境》2020年第11期。

周牧之：《全球碳排放格局和中国的挑战》，中国网，2021年4月26日。

WEF (World Economic Forum), "The Global Risks Report 2021," https://www.weforum.org/reports/the-global-risks-report-2021.

UNFCCC, "Full NDC Synthesis Report: Some Progress, but Still a Big Concern, 2021," UN Climate Press Release, https://unfccc.int/process-and-meetings/the-paris-agreement/nationally-determined-contributions-ndcs/nationally-determined-contributions-ndcs/ndc-synthesis-report, 17, Sep. 2021.

IEA, "An Energy Sector Roadmap to Carbon Neutrality in China," https://www.iea.org/reports/an-energy-sector-roadmap-to-carbon-neutrality-in-china, 2021.

IEA, "Global EV Outlook 2021," https://www.iea.org/reports/global-ev-outlook-2021/introduction, 2021.

IEA, "Roadmap for Carbon Neutrality 2050," https://www.iea.org/policies/12026-roadmap-for-carbon-neutrality-2050-rnc2050, 2020.

World Bank, "Carbon Pricing Dashboard," https://carbonpricingdashboard.worldbank.org/, 2021.

Y.16
中欧全面投资协定：进展、内容与前景

韩冰　潘圆圆　高凌云[*]

摘　要： 中欧互为重要的经贸伙伴，合作潜力巨大。2020年12月30日，中欧领导人共同宣布历时7年的中欧全面投资协定（CAI）如期完成谈判。CAI对标高标准国际经贸规则，涵盖市场准入、国有企业、技术转让、补贴透明度以及国家间争端解决机制等与企业运营密切相关的规则。CAI如生效，有助于进一步推动中欧投资合作，夯实中欧全面战略伙伴关系的基石。但是，中欧全面投资协定目前被欧洲议会单方面暂停。我们希望欧盟彻底摒弃把中方取消制裁与审批中欧投资协定挂钩的无理要求，首先取消对中国的、不合理的人权制裁，与中国一同携手推动中欧合作迈向更加广阔的空间。

关键词： 中欧全面投资协定　市场准入　争端解决机制

2012年2月，中国与欧盟达成启动双边投资协定谈判的共识，此后历时7年35轮谈判，最终在中欧建交45周年的2020年，宣布达成了平衡、高水平、互利的中欧全面投资协定（EU-China Comprehensive Agreement on Investment，以下简称"CAI"）。然而，2021年3月以来，中欧关系因欧盟错误的制裁措施急转直下，欧洲议会通过非立法决议"冻结"有关中欧投资

---

[*] 韩冰，中国社会科学院世界经济与政治研究所副研究员，研究领域为国际经济法；潘圆圆，中国社会科学院世界经济与政治研究所副研究员，研究领域为国际投资；高凌云，中国社会科学院世界经济与政治研究所研究员，研究领域为国际投资。

协定审批的讨论。欧盟委员会官员事后说明，有关中欧 CAI 翻译和法律校正等技术性工作仍在进行。在前述背景下，本报告拟在分析当前中欧经贸合作概况的基础上，通过对中欧 CAI 谈判进程、主要动因与核心条款内容进行分析，探究其在政治、经济与法律层面对我国的潜在影响，并对其未来前景进行展望。

一 中欧双边经贸合作概况

中欧双边经贸合作是推动中欧 CAI 谈判的基石，而中欧 CAI 的达成与生效有助于进一步促进中欧双边经贸关系的发展。虽然中欧 CAI 谈判以投资为主，但是这关涉中欧未来能否致力于进行双边贸易协定谈判的更宏远目标。

（一）中欧相互投资

欧洲国家是中国重要的直接投资来源地之一。商务部数据显示，[①]2019 年欧洲国家对中国直接投资额为 80.7 亿美元，占中国吸引外商投资总额的 5.8%。除了中国香港，欧洲几乎是中国内地直接投资资金最大的来源地，也是中国最重要的投资伙伴国。2019 年对中国投资额最大的三个欧洲国家分别为荷兰（18 亿美元）、德国（16.6 亿美元）、英国（8.6 亿美元）。欧盟对中国投资额最大的行业是制造业、租赁和商务服务业以及批发零售业。

欧洲同样是中国重要的投资目的地。商务部数据显示，[②]从流量看，2019 年中国对欧洲的直接投资流量为 105 亿美元，占中国对外投资流量的 7.7%，中国对欧洲直接投资占欧洲吸引投资的比重为 2.5%。从存量看，欧洲同样是中国最重要的投资目的地之一。2019 年中国对欧洲的投资存量为 1144 亿美元，占中国对所有国家投资存量的比重为 5.2%。不过，中国尚不是欧洲最重要的直接投资来源地，2019 年中国对欧洲的投资存量占欧洲吸引外资存量的比重为 0.9%。2019 年中国对欧洲投资存量排前三位的国家分别是荷兰（239 亿美

---

① 数据来源于《中国外资统计公报》。
② 数据来源于《中国对外直接投资统计公报》。

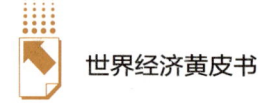

元）、英国（171亿美元）、德国（142亿美元），对欧洲投资存量排前三位的行业则分别是制造业、金融业和采矿业。

（二）中欧双边贸易

中国和欧盟之间贸易往来日益紧密。中国与欧盟的前身——欧洲经济共同体于1975年建交，当年的货物贸易额只有24亿美元；而2020年，中欧双方货物贸易克服疫情影响实现逆势增长，贸易总额约为6495.3亿美元，同比增长4.9%。中国在欧盟对外贸易总额中占比达到16.1%，同比上升2.3个百分点，首次取代美国成为欧盟最大贸易伙伴。其中，欧盟从中国进口约3909.8亿美元，同比增长6.7%，占欧盟进口总额的比重为22.4%，同比增长3.7个百分点，是欧盟最大的进口来源地。中国作为欧盟第三大出口市场的位次虽然没有改变，但是占比有所增长。2020年，欧盟向中国出口约2585.5亿美元，同比增长2.3%，占欧盟出口总额的比重为10.5%，同比增加了1.2个百分点。2021年前9个月，中国对欧盟进出口额约5993.4亿美元，继续保持欧盟第一大贸易伙伴地位。其中，欧盟向中国出口商品约2323.2亿美元，同比增长27.9%；从中国进口商品约3670.1亿美元，同比增长32.0%。[①]

二 中欧CAI谈判的动因与进程

为更深入地全面理解中欧CAI的意义与潜在影响，有必要回顾一下中欧启动CAI谈判的背景与进程。下文拟对中欧CAI谈判的政治、经济和法律驱动因素做简要分析，并对中欧CAI谈判进程中重要节点进行梳理。

（一）中欧CAI谈判的动因

中欧寻求达成一项"雄心勃勃和全面"的投资协定是基于一系列的战略考虑和动机的。达成中欧CAI不仅有可能进一步加强中欧全面战略伙伴关系，

[①] 2020年中国和欧盟之间的贸易数据来源为中国海关总署网站统计月报。

更好地规范流入各方的投资，为双方投资者提供公平的竞争环境，还有助于增加中国与欧盟在全球经济中的竞争力。上述理由虽不全面，但都是摆在中欧 CAI 谈判桌上的重要考量。

1. 政治动因

中欧 CAI 可能发挥更重要意义的是，与现有的双边和区域投资协定相比，包含规范投资创新条款的中欧 CAI 这一协定自身将在国际投资治理中发挥重要作用。在这方面，中欧 CAI 也许能够在全球直接投资治理中争取全球领导地位。但是，如何实现在全球直接投资治理领域的领导作用，最终还要取决于围绕该协议的经济和政治背景。

更值得关注的是，近年来欧盟成员国受单边主义、贸易保护主义抬头等趋向的影响，政治环境趋向保守，中国企业在欧盟的发展面临着外资安全审查日益趋严、中国企业开展业务与扩张受到限制等挑战。[1] 因此，通过 CAI 增强中欧政治互信，弱化欧盟成员国受单边主义、贸易保护主义抬头等趋向的影响，在对中国企业进行外资安全审查时能够公平对待，特别是强调对国有企业的非歧视原则，从而减少中国企业对欧投资面临的监管不确定性挑战。

2. 经济动因

破除市场准入壁垒是中欧双方致力于中欧 CAI 谈判的重要经济驱动力。在中欧 CAI 谈判中，欧盟在市场准入方面主要寻求在金融业、电信、信息通信技术、制造业、工程和生物技术等关键领域更好的市场准入条件和公平竞争环境。[2] 欧盟委员会在 2018 年发布了其委托独立咨询公司对中欧 CAI 可持续性影响进行评估的报告。[3] 该报告对运输设备、采矿和能源开采、化工、食品和饮料制造、金融和保险以及通信和电子设备六个产业部门的评估认为，

---

[1] 韩冰:《〈中欧全面投资协定〉市场准入谈判与应对建议》，《中国发展观察》2020 年第 Z6 期。
[2] 韩冰:《〈中欧全面投资协定〉市场准入谈判与应对建议》，《中国发展观察》2020 年第 Z6 期。
[3] European Commission, "Sustainability Impact Assessment (SIA) in Support of an Investment Agreement between the European Union and the People's Republic of China (Final report)," Prepared by Ecorys Nederland, Oxford Intelligence, TNO, Reichwein China Consult, November-2017, https://trade.ec.europa.eu/doclib/docs/2018/may/tradoc_156862.pdf,2021 年 10 月 20 日访问。

中国如减少对上述这六个关键行业外国产品和服务的限制和投资壁垒，所有这些行业均将从中欧CAI中受益，而欧盟在这些行业产出的增加则会导致欧盟低技能和高技能就业人数增加，并且一些产业部门的开放，还会使欧盟之外的国家也受益，如汽车业。此外，欧盟和中国的中小企业也将从中欧CAI中受益，因为它们通常会因投资相关障碍而面临不成比例的成本。欧盟和中国的本地中小企业都有望获得积极的市场准入和生产率溢出效应。

从我国的角度来看，中国企业对欧投资一直存在"大门开、小门关"的现象，欧盟内部存在诸多限制，隐形壁垒大量存在，如技术标准壁垒。欧盟外资安审制度化与扩大化也有可能成为中国企业对欧投资准入壁垒。因此，在欧洲较高市场准入开放度的情况下，我国与欧盟的投资协定谈判不是聚焦具体领域的开放，而是希望通过CAI的达成破除欧盟内部存在的大量隐形壁垒。

3. 法律动因

目前，中国与欧盟对国际投资的国际法保护机制尚不完备并且缺乏协调性。中国与欧盟之间的国际投资可适用的国际条约主要包括多边与双边两个层面的投资协定。从多边投资协定层面看，主要包括《解决国家与他国国民之间投资争端公约》（ICSID公约）、《多边投资担保机构公约》（MIGA公约）以及WTO协定。ICSID公约主要解决外国投资者与投资所在国之间的投资争议，MIGA公约主要规定为国际投资的政治风险提供安全保障，这两个公约都是解决国际投资的某一方面问题的国际条约。在WTO协定中《与贸易有关的投资措施协定》《服务贸易总协定》《与贸易有关的知识产权协定》《补贴与反补贴措施协定》等协定虽与国际投资直接相关，但这些协定并非专门处理投资问题，其仅涉及某些与货物贸易有关的投资措施及服务贸易。因此，这三项国际投资协定都不是一般性的、全方面地处理投资问题的多边投资协定，并不能有效保护与促进中国与欧盟之间的国际直接投资。

从双边协定层面看，主要包括1985年中欧《贸易与经济合作协定》以及中国与27个欧盟成员国中26个国家（爱尔兰除外）签订的25项（比利时与卢森堡一个协定）双边投资协定。前者是当前中国与欧盟之间签订的主要双边协定，该协定第 12 条规定中国与欧盟应当在公平与对等的基础上，扩大在促进和保护投资方面的安排。但从该协定具体内容方面看，其仅是一个框架性协定，并未对保护和促进投资流动做出任何具体设计与规范。而中国与不同欧盟成员国缔结的双边投资条约，虽然具有相似性，但由于缔约主体、签订时间等不同，协定的核心条款内容如待遇标准、货币兑换、争端解决等规定也存在较大的差异。这些差异在实践中必然会给投资者带来很大的困扰。以上是中国与欧盟有必要启动一个新的全面的投资保护协定谈判的重要法律因素。

（二）中欧CAI谈判进程

2013 年 11 月 21 日在北京举行的第十六次中欧峰会期间，中欧双方正式宣布启动中欧 CAI 谈判。在双方共同制定的《中欧合作 2020 战略规划》中，倡议"商谈并达成一份全面的中欧投资协定，涵盖双方各自关心的问题，包括投资保护和市场准入。……通过确保双方长期可预见的市场准入，为双方投资者提供更为简单、安全的法律环境，并为投资者及其投资提供有力保护。这一涵盖所有欧盟成员国的全面投资协定将取代中国与欧盟成员国之间现有的双边投资协定"。[1]

从谈判进展来看，自 2014 年中欧 CAI 开启首轮谈判以来，2016 年 1 月双方就协议的谈判范围达成一致。此后，双方进入基于文本的具体谈判阶段，讨论了关于协定各条款的各自提案。2018 年 7 月，双方首次交换外商投资负面清单，谈判进入文本与负面清单并进的新阶段，并在 2019 年 4 月的中欧峰会之后获得了进一步的发展动力。双方的讨论集中在市场准入、公平竞争环境、可持续发展和争端解决等问题上。2019 年 12 月双方第二次交换市场准入清单。

从谈判内容来看，双方对定义（投资、合格投资、投资者、司法上的人/企业、国民/自然人）、业绩要求、公平与公正待遇/最低待遇标准、征收、准

---

[1] 《第十六次中国欧盟领导人会晤发表〈中欧合作 2020 战略规划〉》，《人民日报》2013 年 11 月 24 日。

301

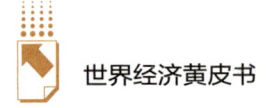

入后阶段国民待遇的适用例外、国内规定、许可与资质要求、金融服务、国有企业、可持续发展、保护伞条款、透明度规则、资金转移、争端解决、高级管理人员和董事会成员适用国民待遇以及出于商业目的自然人入境和临时居留等文本内容进行了谈判。

从谈判过程来看，在一些双边投资保护协定的传统议题与内容上，双方的分歧并不大。双方的争议主要集中在新增的议题上，包括负面清单、国有企业、投资争端解决机制等问题上。

表1 中欧 CAI 谈判主要进程一览

时间	关键进程	内容
2012年2月	第十四次中国—欧盟领导人会晤	中欧双方达成进行双边投资协定谈判共识
2013年11月	第十六次中国—欧盟领导人会晤	正式宣布启动
2014年1月	第一轮谈判	谈判的安排、可能涉及议题等
2015年6月	第十七次中国—欧盟领导人会晤	在2015年底前，争取就协定范围达成一致，并形成合并文本
2016年1月	第九轮谈判	双方对协定谈判范围与合并文本初步达成一致，并开始进入具体文本谈判阶段
2016年9月~2018年7月	第十二轮至第十八轮谈判	定义（投资、合格投资、投资者、司法上的人/企业、国民/自然人）、业绩要求、准入后阶段国民待遇的适用例外、公平与公正待遇/最低待遇标准、征收、透明度规则、许可与资质要求、国内规定、金融服务、国有企业、保护伞条款、可持续发展、争端解决和欧盟关于国有企业的文本提案以及与竞争有关的程序和标准制定中的程序公平
2018年7月	第二十次中国—欧盟领导人会晤	第一次交换市场准入清单
2019年4月	第二十一次中国—欧盟领导人会晤	双方承诺2019年将在谈判中，特别是投资自由化承诺方面，取得结束谈判所必需的决定性进展，以便在2020年达成高水平的中欧投资协定
2019年12月	第二十五轮谈判	第二次交换市场准入清单
2020年1月~2020年5月	第二十六轮至第二十九轮谈判	投资自由化、国有企业、可持续发展、争端解决

续表

时间	关键进程	内容
2020年6月	第二十二次中国—欧盟领导人会晤	强调在2019年中欧峰会上作出的承诺需要取得进展
2020年7月	第8次中欧经贸高层对话（HED）	在多个领域取得进展，同时查明悬而未决的问题
2020年9月	中德欧领导人会晤	确认公平竞争规则进展
2020年12月	中欧领导人宣布原则上完成谈判	

资料来源：笔者根据新闻媒体与欧盟委员会（European Commission）发布的信息整理。

综上，从上述中欧CAI谈判进程来看，中欧领导人会晤对于推动中欧CAI谈判按时完成发挥了关键性作用。因此，未来中欧CAI能否顺利签署生效将仍然取决于中欧双方是否站在战略高度看待中欧CAI的作用，而中欧能否在政治上的相向而行则是决定因素。

三 中欧CAI主要内容评述

2021年上半年欧盟陆续公布了中欧CAI协定的文本内容与附录。欧盟委员会指出，"文本仅出于提供信息的目的而发布，并且可能会由于法律和技术修订的过程而进行进一步的修改，包括最终结构（例如编号、序列或文章标题或任何重复）"。因此，下文的分析主要基于欧盟已发布的有关中欧CAI的内容。根据目前公布的信息，中欧CAI包括序言和6个章节以及附录，下面对其中比较重要的条款内容予以介绍与分析。

（一）序言与一般规定

在序言中，双方同意重申对《联合国宪章》（1945年6月26日）的承诺，并考虑到《世界人权宣言》（1948年12月10日）中所阐述的原则。此外，双方同意以支持高水平的环境和劳工权利保护的方式促进投资，包括应对气候变化和强迫劳动，承诺鼓励企业尊重企业社会责任或负责任的商业行为。

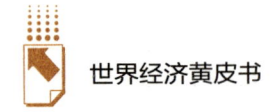

第一节"目标与一般定义"部分阐述了协定的目标,重申缔约方有权为实现合法的政策目标进行监管,如保护公共卫生、社会服务、公共教育、安全、环境、应对气候变化、隐私和数据保护或促进和保护文化多样性等。第一节还列出了整个协定中适用的概念的定义清单。

在定义清单中,值得注意的是,没有规定投资的定义。国际投资协定中对投资的定义,一般包括基于资产的定义和基于企业的定义两种方式。其中,基于资产的定义方式是国际投资协定采用的较为传统的方式,并为多数国家所采用。其一般概括性规定投资包括投入的各种资产,然后辅之以"包括但不限于"的列举资产种类的方式进一步解释投资的含义。基于企业的定义方式是把投资定义为企业,规定投资是由一国的实体企业在另一个国家建立的实体企业基于收益目的投入的财产。基于资产的定义法与基于企业的定义方法相比,前者更为开放与宽泛。从投资者的角度看,"投资"定义的扩大有利于其在东道国利益的保护;而对于东道国而言,则意味着其需要承担更大的责任,其管制跨国投资的权力会受到一定的限制。[①] 但是,近年来,国际投资协定立法强调为东道国监管权力预留足够空间,因此,中欧 CAI 中仅规定"缔约方投资者"、"非缔约方投资者"、"企业"以及"一方的企业"等定义。

(二)市场准入与投资自由化

有关市场准入与投资自由化的规则主要规定在第二节中,包括市场准入、国民待遇和最惠国待遇方面的义务,以及业绩要求清单。业绩要求指的是缔约方不能施加的投资条件,中欧 CAI 中的规定与 WTO《与贸易有关的投资措施协定》的规定相比,范围显著扩大,不仅包括与货物贸易有关的投资措施,而且扩展至服务业。与此同时,不能施加的投资限制措施内容也更为细化。此外,投资自由化规定还体现在对高级管理层和董事会的规定,即对企业的高级管理层和董事会成员不施加国籍要求。

但是,需要指出的是,一些部门被明确排除在市场准入与投资自由化

[①] 韩冰、姚枝仲:《冲突与趋同:中美双边投资协定谈判研究》,中国社会科学出版社,2016,第156页。

规定的范围之外，包括：(1) 视听服务；(2) 大部分航空运输服务（除特定辅助航空服务投资，包括飞机维修和保养服务、航空运输服务销售和市场营销、计算机预订系统 CRS 服务及地勤服务）；(3) 为行使政府权力开展的活动。本节规定也不适用于政府采购和补贴（为了履行要求规定的目的除外）。

对于自由化承诺的安排，中欧 CAI 采用了准入前国民待遇加负面清单模式，各方可在具体的附件中对国民待遇、最惠国待遇、高级管理层和董事会以及履行要求采取负面清单的方法做出保留。这意味着缔约方承诺不在各部门之间进行歧视，例如，不实施外国投资禁令、合资企业要求或国籍要求，除非在清单中为此作出具体保留。中欧 CAI 是中国在服务和非服务等所有领域以负面清单形式作出承诺的第一份经贸协议，与中国《外商投资法》建立的外商投资负面清单管理制度相衔接。

中欧 CAI 还专设市场准入条款，规定不施加数量限制的义务，如限制许可证或分支机构的数量，保留垄断权或施加经济需求测试。这意味着双方都承诺不施加数量限制，但仅限于在相关附表中包含的特定部门和承诺水平。

在入境和临时居留方面，允许欧盟或中国公司的雇员、经理和专家在对方设立的子公司工作三年，不受劳动力市场测试或配额等限制。此外，允许欧盟或中国投资者的代表在进行投资前自由访问。

（三）公平竞争规则

中欧 CAI 中公平竞争规则主要体现在三个方面：一是国有企业；二是强制技术转让；三是补贴的透明度。从前述中欧 CAI 谈判进程可知，这部分内容应是中欧 CAI 谈判中双方分歧较大的部分，直至谈判完成前才最后达成一致。

1. 国有企业

中欧 CAI 中并未直接使用"国有企业"这一术语，而是采用了"涵盖实体"（Covered Entities）这一表述。涵盖实体指缔约一方直接或间接：(1) 拥有该企业 50% 以上的股份资本；(2) 通过所有权益控制该企业50%以上投票权的行使；（3）拥有任命该企业大多数董事会或其他同等管理机构成员的权力；或者（4）可通过其他所有权益方式（包括少数股权）控制企业决策。本定义相较于《全面与进步跨太平洋伙伴关系协定》（CPTPP）中国有企业定义而言，增加了第四款规定，而与《美墨加协定》中国有企业定义保持一致。总体而言，中欧CAI中的"涵盖实体"要比CPTPP中国有企业定义更为宽泛。

对于涵盖实体，中欧CAI规定缔约方应确保其在从事商业活动时，按照商业考量购买及销售货物或服务，但不违反非歧视待遇要求的以满足公共服务的指令行为例外。缔约方还应确保涵盖实体在购买、销售货物或服务时，对另一方投资者及其投资给予本国投资者及其投资同等的待遇。此外，缔约一方若认为另一方涵盖实体对其在该条款下的利益造成不利影响，可以要求另一方提供相应实体的信息。信息包括：该企业的股权结构、组织架构、年收入、依法享有的免责和豁免以及监管机构等信息。缔约方应尽最大努力确保涵盖实体尊重公司治理及透明度国际良好实践相关要求。

此外，缔约方应确保监管机构或其他行使监管职能的实体在同等情况下对涵盖实体及其他企业一视同仁，确保执法活动的一致性与非歧视性；确保监管机构或其他行使监管职能的实体在法律上与其监管的涵盖实体相独立。相关义务不适用于中国在附件I减让表中列出的禁止外国投资者投资的领域。此外，涵盖实体条款规定在第二节投资自由化中，因此，有关投资自由化的例外规定也适用于涵盖实体，从而在一定程度上限缩了涵盖实体的适用范围。石静霞等认为，涵盖实体的规制基于企业行为，强调对特定类型企业的特定行为进行规制，体现了中欧双方在所有权非歧视基础上构建国有企业规制纪律的尝试，反映了国企规制的新思路和规制逻辑的新变化，可被视为杰克逊教授在二十世纪七八十年代提出的接合面理论（interface theory）在新时期的运用。[1] 特别是有助于解决在WTO规则下有关对公共机构进行定义及就公共机构问题所涉及的争论。

---

[1] 石静霞、陈晓霞：《〈中欧全面投资协定〉：我国商签经贸条约的新范式》，《国际法研究》2021年第5期。

2. 强制技术转让

中欧 CAI 中规定了一些反对强制转让技术的非常明确的规则。例如，规定缔约方不得以遵守向其境内的自然人或企业转让技术、生产工艺或其他专有知识的任何要求为条件，作为在其境内设立或运营所有企业时获得或继续获得某种优惠的条件。中欧 CAI 也禁止直接或间接干预技术许可的合同自由，如规定缔约方不得直接或间接要求、强迫、施压或以其他方式干扰一方的自然人和企业与另一方的自然人和企业之间的技术转让或许可。这种技术的转让或许可应在市场条件下基于自愿并合意完成。这方面规则还包括行政机构不得擅自披露其收集的商业机密信息的规定。中欧 CAI 中有关强制技术转让的规定，并不是我国第一次在国际经贸协定中作出上述承诺。在 2020 年 1 月 15 日中美达成的《中美经济贸易协议》中都有所涉及。此外，从近些年我国外商投资立法来看，这些规定已经被写入 2020 年生效的《外商投资法》与《外商投资法实施条例》中。

3. 补贴的透明度

在中欧 CAI 第三节"规制框架"的透明度规则中，专门规定补贴透明度。补贴被定义为只要满足 WTO《补贴与反补贴措施协定》第 1.1 条规定的条件，即应视为存在补贴，而无论其是授予在服务或非服务部门经营的企业。这一规定将补贴范围扩展至服务及投资领域。缔约方应保证附件 X 服务部门中的补贴的透明度。每一项补贴应在当年 12 月 31 日前有效公布。公布的内容包括补贴的目的、法律基础、形式、预算数额以及被补贴对象。

补贴透明度规定的适用范围是符合补贴定义，具有 WTO《补贴与反补贴措施协定》第二条规定的专向性，并且具有专项性的补贴与市场中经济行为（提供货物或服务）相关。这一规则的适用例外，包括补偿自然灾害的补贴、WTO《农业协定》附件一下与渔业及渔产品相关的补贴、为视听服务提供的补贴等。

如果一缔约方认为补贴对其投资利益构成负面影响，可提出书面请求表达关切并请求进行磋商。在磋商过程中，申请方可以要求被申请方提供补贴目的及金额等相关信息。磋商后，若一方仍然认为另一方补贴对其投资构成

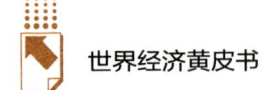

负面影响，另一方应尽最大努力寻求解决方案。缔约方与此规定相关的争议不适用 CAI 中的国家与国家争端解决机制。

综上，CAI 有关公平竞争的规则，一方面反映了近年来欧盟企业在华提出的公平竞争环境的诉求，另一方面也一定程度上有助于破除我国国有企业对欧投资中因"国有企业"身份而面临的投资准入壁垒。但是，也要看到 CAI 中的这些规则虽然与我国的改革方向相一致，但要完全落地实施，仍有待于我国国有企业的深化改革与营商环境的进一步优化。从欧盟方面来看，要完全实施这些规则，也需要其成员国能够摒弃单边主义与贸易保护主义的影响。

（四）争端解决机制

国际投资是很复杂的过程，在这一活动中难免发生事与愿违的事情。当争端发生后，通过何种方式解决至关重要。当前解决国际投资争端的方式主要包括磋商或谈判、调解、东道国当地救济、外国法院诉讼、外交保护以及国际仲裁等，其中磋商与调解的方法，被视为是争端双方友好解决争端的两种方式，有助于双方之间的合作关系继续维持与发展。[1]

中欧 CAI 中也规定了当发生争端时，争端双方应首先寻求通过磋商或调解的方式达成双方同意的解决方案。在没有解决方案的情况下，诉诸仲裁小组程序。中欧 CAI 中规定的是国家间争端解决机制。一般认为，相较于投资者与国家争端解决机制（ISDS 机制），国家间投资争端解决机制并非能够使双边投资保护协定发挥投资保护作用的关键内容。投资者与东道国争端解决机制被形象地称为 BITs 的"牙齿"。通过这一机制，外国投资者可以在其认为东道国违反双边投资保护协定义务时将争端提交到国际投资仲裁机构解决，从而使双边投资保护协定中的所有保护外国投资者利益方面的规定落到实处。[2] 根据中欧 CAI 的规定，中欧双方会在现有成果的基础上继续就投资保

---

[1] 韩冰、姚枝仲:《冲突与趋同：中美双边投资协定谈判研究》，中国社会科学出版社，2016。

[2] 韩冰、姚枝仲:《冲突与趋同：中美双边投资协定谈判研究》，中国社会科学出版社，2016。

护和投资争端解决议题进行协商。双方应努力在中欧 CAI 签署后两年内完成谈判。

四 中欧 CAI 对中国的潜在影响

中欧 CAI 展现了中方推进高水平对外开放的决心和信心，不仅有助于进一步推动中欧投资合作，夯实中欧全面战略伙伴关系的基石，也有助于为中欧投资者提供稳定可预期的投资环境，并在后疫情时代，为中欧实现超预期的经济复苏奠定坚实的基础，为构建开放型世界经济作出中欧两大经济体的重要贡献。

（一）政治层面

CAI 谈判完成说明欧盟国家在我国是全球重要经济力量这一点上达成了共识，并通过行动确认了这一点。二战后欧洲国家实力持续下降，体现在经济、科技、金融、军事、国际组织份额等方方面面。欧盟一体化和区域内政策协调的程度始终难以提高，作为一个相对松散的联合体对国际制度的话语权下降，在国际政治中的主要诉求是维持现有的多边制度安排。为了实现这个目的，欧盟不得不调整近半个世纪以来依赖"大西洋关系"的传统，调整思路，真正把亚洲当作合作伙伴，处理好对华关系是其中的重要一步。CAI 签订之前，欧盟对我国的定位包括"合作伙伴"、"竞争对手"和"系统对手"等稍显矛盾的表述。CAI 和"一带一路"、中欧班列一样，是欧盟从自身利益出发调整对外政策的务实举措。

CAI 虽然是投资协定，但其效果不仅限于"保护和促进我国对欧投资"，以投资为基础推动其他领域合作的可能性更大。未来的合作至少可能包括以下几方面：在投资和贸易结算中推广人民币使用，加强美元之外的清算支付系统建设，突破美元垄断地位。中欧在维护多边贸易体系、发展数字经济、应对气候变化、伊朗核问题、非洲发展等多个领域都有广阔的合作空间。

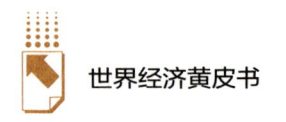

（二）经济层面

中国对欧盟投资量有一定的上升空间。商务部数据显示，2019年我国对欧盟直接投资流量为105亿美元。除去脱欧的英国和最终目的地不明确的离岸中心（荷兰、爱尔兰、卢森堡），我国对欧投资流量仅为50亿美元，占我国ODI流量的3.6%。此前十年我国对欧盟20多个国家的年度投资平均约为30亿美元，与我国对澳大利亚一个国家的投资水平接近。2019年我国对欧盟投资存量为380亿美元，约为中国对美国和加拿大投资存量的40%，占中国ODI存量的1.7%。

欧盟的数据同样说明了中国对欧盟的投资有上升空间，[1]2019年中国占欧盟吸引直接投资流量的3%、存量的0.8%。相比之下美国这两个值分别为15%和9%。与其他经济指标（贸易量、GDP、人口）相比，中国对欧盟的投资量尤显不足，促进中国对欧盟投资的持续增长显然是CAI的一个目标。

虽然总体来说CAI利好我国对欧盟的投资，但能否显著促进我国对欧盟的投资还有待观察。通过市场开放、促进和保护投资、商定纠纷解决机制能在多大程度上促进缔约国之间的投资，对这个问题现有研究有不同的结论。CAI能否在多大程度上促进中国和欧洲之间的投资，也存在较大的不确定性，或者说需要满足较多的条件才能促进投资的显著增长。

（三）法律层面

中欧CAI谈判启动有一个重要的立法背景是欧盟根据2009年12月1日生效的《里斯本条约》取得了"外国直接投资"（FDI）的专属权能，即在该领域仅有欧盟可以立法和制定具有法律约束力的文件。另据2012年12月12日欧盟议会和理事会通过的《关于欧盟成员国与第三国之间双边投资条约过渡性安排条例》，在不损抑成员国承担的其他欧盟法义务的情况下，欧盟成员国与第三国签订的提供投资保护的双边投资协定按规定履行通知义务后，继

---

[1] 数据来源于欧盟数据库 https://ec.europa.eu/eurostat/data/database。

续有效或生效,直至欧盟与该第三国缔结的双边投资协定生效。同时条例也指出这些双边投资协定将逐步被由欧盟与该第三国缔结的提供更高投资保护待遇的投资协定所取代。因此,中欧 CAI 达成后取代中国与 27 个欧盟成员国中的 26 个国家(除爱尔兰以外的所有国家)之间已经订立的双边投资保护协定是谈判的既定目标之一。显而易见的是,由于与中国的谈判是在欧盟行使新权能的初期,因此其与中国的谈判经验和缔结的投资条约条款将对未来十年欧盟协调其投资条约政策并代表其成员国谈判投资条约的谈判方式产生重大影响。

然而,由于中欧 CAI 中目前未规定 ISDS 机制,中国与欧盟成员国间缔结的 25 项 BIT 中的 ISDS 规则将继续有效。这意味着中欧 CAI 既不能取代旧的双边投资条约,也无助于国际投资体制的全面改革。因此,Axel Berger 和 Manjiao Chi 认为中欧 CAI 正处于半途而废的状态,双方都应利用接下来的两年弥补这一遗漏。[①]

五 结语:中欧 CAI 前景展望

中欧 CAI 被欧洲议会单方面暂停。按照原定流程,中欧 CAI 在成为欧盟法律之前,需要对协定文本进行核对和翻译,后经过欧洲议会批准,再由在 2022 年法国担任欧盟轮值主席国期间由 27 个成员国首脑组成的欧洲理事会批准。但是,欧洲议会在 2021 年 5 月 20 日决议中宣布,冻结有关批准中欧投资协定的讨论,缘由则是中方为维护自身权益,针对欧盟公然违反国际法和国际关系基本准则、以涉疆等问题为由制裁中方官员提出反制措施。不仅如此,部分欧洲政客固执于自身的意识形态偏见,出台所谓"欧盟—台湾政治关系与合作"报告,严重违背一个中国原则,损害了中欧互信与合作。

"解铃还须系铃人。"中欧投资协定是双方经过七年艰苦磋商谈判共同孕育出的成果,来之不易。中欧合作对双方来说都是互利共赢的选择,不可能

[①] Axel Berger, Manjiao Chi:《中欧全面投资协定:半途而废?》,《哥大国际投资展望》No.299,2021 年 3 月 8 日。

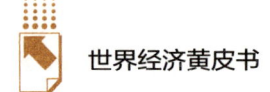

完全立足于价值观和意识形态，中欧在政治制度和意识形态方面的不同并不是双方关系发展不可逾越的障碍。而且，欧洲议会的决议没有法律约束力，使用的表述只是"冻结"，而不是否决。此外，无论从欧盟、各成员国，还是企业层面上看，近期中欧关系的"裂痕"都并未影响双方在一系列议题上的互动与合作以及中欧经济的深度交融，中欧关系积极的一面仍是主流。事实上，中欧合作的未来不仅仅取决于中欧 CAI，更关键的是实质性经济关系持续加强。因此，我们希望欧盟以更加务实的态度营造政治空间，彻底摒弃把中方取消制裁与审批中欧投资协定挂钩的无理要求，首先取消对中国的、不合理的人权制裁，与中国一同携手推动中欧合作迈向更加广阔的空间，切实增进双方人民和世界人民的福祉。

参考文献

韩冰：《〈中欧全面投资协定〉市场准入谈判与应对建议》，《中国发展观察》2020 年第 Z6 期。

韩冰、姚枝仲：《冲突与趋同：中美双边投资协定谈判研究》，中国社会科学出版社，2016。

韩冰：《加速推进中欧全面投资协定谈判》，《经济参考报》2020 年 10 月 9 日。

Axel Berger, Manjiao Chi：《中欧全面投资协定：半途而废？》，《哥大国际投资展望》No.299,2021 年 3 月 8 日。

Alicia García-Herrero and Jianwei Xu, "How to Handle State-owned Enterprises in EU-China Investment Talks," Bruegel Policy Contribution,Issue No.18, June 2017.

Julien Chaisse, China-European Union Investment Relationships, "Towards a New Leadership in Global Investment Governance?" Edward Elgar Publishing,2018.

Michael D. Sampson, "The Downstream Implications of the EU-China Investment Agreemeng:Lessons from Trade," Balsillie Papers Volume 3 Issue 5.

Y.17
全球通胀形势分析与展望：短期波动加剧与长期中枢上行

崔晓敏 肖立晟 栾稀[*]

摘　要： 2021年，全球通胀压力上升，但国别分化明显。在疫苗接种和政策刺激的双重支撑下，发达经济体经济加速复苏，通胀水平快速抬头。其中，美国通胀进程领先于其他发达经济体，阿根廷、土耳其等部分新兴经济体通胀飙升、经济恐陷滞胀。疫情和政策带来的供需错配是促使本轮通胀快速抬升以及短期波动加剧的主要原因。主要经济体央行坚称"暂时性通胀"观点，对通胀前景保持"谨慎乐观"，但通胀高企持续时间或超预期。预计随着疫情形势好转、供应链瓶颈缓解，美欧通胀有望在2022~2023年显著回落。但全球经济重建、产业转型升级以及"碳中和"下全球能源结构调整，将加剧相关商品的供求紧张关系，带动中长期通胀中枢相较疫情前上行，其中与半导体和新能源相关的有色金属、清洁能源等商品价格仍有上行空间。

关键词： 通胀形势　短期因素　长期因素

---

[*] 崔晓敏，经济学博士，中国社会科学院世界经济与政治研究所副研究员，主要研究领域为国际贸易；肖立晟，经济学博士，中国社会科学院世界经济与政治研究所副研究员，主要研究领域为宏观经济；栾稀，经济学博士，中国社会科学院世界经济与政治研究所助理研究员，主要研究领域为货币政策。

在疫情防控和疫苗普及作用下，世界范围的疫情形势逐步向好，但疫情所带来的经济格局以及抗疫所形成的政策格局仍将持续，并促使后疫情时期[①]的世界经济进入另一种"新常态"。其中，随着全球经济的恢复，全球通胀快速上行，成为当前世界经济复苏进程中最突出的问题之一。2021年第二季度，美国核心CPI和PPI同比均达到近二十年来的高点，欧盟、加拿大等发达经济体通胀亦有不同程度的抬升，全球大宗商品价格指数也明显高于疫情前水平。无论是通胀的深度还是广度，本轮通胀表现都明显超出2008年全球金融危机时期，并在区域和国别层面呈现出分化的局面。如何看待当前的通胀压力，通胀上行还将持续多久，并将带来哪些风险？这些问题关乎各国货币和财政政策的制定，也是正确认识后疫情时期经济"新常态"的基础。本报告将在梳理本轮全球通胀特征和驱动因素的基础上，进一步研判全球通胀的发展前景和潜在风险。

一 全球通胀上升，国别分化明显

新冠肺炎疫情前，全球经济周期总体处于触底回升的阶段。根据全球摩根大通制造业PMI，全球经济景气程度在2019年7月达到49.3%的底部，随后在中美一阶段贸易协定、全球货币政策偏向宽松的作用下，回升至荣枯线以上。2012~2019年，主要经济体普遍处于低通胀或温和通胀状态。从CPI同比均值看，美国、欧盟、中国分别为1.6%、1.3%和2.2%；从PPI同比均值看，三者分别为0.6%、0.5%和-0.3%。[②] 这一时期，主要经济体PPI和CPI价格指数走势呈现分离。在工业品供给相对过剩、服务需求相对旺盛的背景下，2014~2015年主要经济体PPI呈现通缩，制造业占比越高的国家通缩压力越大。

[①] 汤铎铎等将疫情冲击后或者疫情常态化的时期定义为"后疫情时期"。详见汤铎铎、刘学良、倪红福、杨耀武、黄群慧、张晓晶《全球经济大变局、中国潜在增长率与后疫情时期高质量发展》，《经济研究》2020年第8期。

[②] 无特别说明，报告中数据均来自笔者基于Wind数据库中原始数据的整理。

全球通胀形势分析与展望：短期波动加剧与长期中枢上行

2020年以来，全球经济形势、通胀进程与疫情进展[1]、政策刺激等紧密相关。由于疫情前全球经济本就较弱，疫情又从需求和供给两侧产生冲击，使得疫情初期全球经济前景急剧恶化、通胀水平和资产价格大幅下跌。2020年4月全球制造业PMI跌至2010年以来的最低水平（39.6%），实际GDP增速等多项重要宏观经济指标跌幅超出2008年金融危机时期。为应对疫情对经济的冲击，美欧等财政和货币政策空前发力，而多数新兴经济体经济基本面脆弱、政策空间较窄。[2] 在疫苗接种和政策刺激的双重支撑下，发达经济体经济加速复苏，通胀水平快速抬头。而除中国外的发展中国家，由于疫苗接种不足、疫情控制不佳，经济复苏进程仍然受到疫情的制约。其中，一部分新兴经济体受内需制约而通胀表现低迷，而另一部分新兴经济体受疫情和大宗商品影响而通胀高企。

（一）美国引领发达经济体通胀进程

美国通胀冲高，服务消费呈现涨价苗头。自2020年5月以来，美国经济逐步修复，各类价格指数持续回升。其中，生产者价格指数变动最早、波幅最大。美国PPI同比自2020年2月开始下滑，4月降至-6.6%，随后上升至2021年8月的14.2%；CPI同比从2020年3月开始明显回落，5月降至0.1%，随后上升至2021年6~7月的5.4%，8月保持高位盘旋（5.3%）。从CPI分项看，因基期效应大多数分项同比均呈现回升，但新涨价因素主要来自能源、出行、住房、服务等顺周期项目。其中，美国住宅CPI环比连续7个月维持在0.3%及以上水平，2021年8月住宅CPI同比已逼近2007~2008年次贷危机时期水平；

---

[1] 全球疫情经历多轮起伏，当前总体向好但区域分化。2020年，疫情突袭而至，欧洲、北美、亚洲、南美、非洲相继暴发。2021年初，随着疫苗研制成功并投产接种，全球疫情得到有效遏制。然而，3~4月德尔塔变异毒株导致全球疫情反弹并超过上一波高峰，特别地印度疫情形势严峻。5~6月，发达经济体疫苗接种加速，全球疫情形势再度得到有效遏制。7~8月以来，美欧疫苗接种率达到较高水平，并逐步解除防疫限制，转向与疫情共存的策略。尽管这些地区新增确诊病例出现反弹，但发病率、死亡率下降，疫情形势总体可控。而大部分新兴经济体由于疫苗供给不足、接种率较低，疫情仍未得到有效控制，其中第二季度以来东南亚国家疫情明显恶化。

[2] 我国由于疫情防控形势向好、总体受影响较小，也未采取大规模的刺激政策。

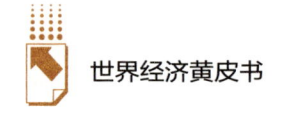

能源价格连续9个月环比上涨,二手车和机票CPI环比(季调,下同)第二季度平均为9.3%和6.6%,7~8月因确诊病例增多而出现回调。随着疫情缓解,劳动力成本上升开始向服务消费价格传导。家政服务、搬家运输服务等劳动密集型服务消费2021年5月环比一度分别达到6.4%和5.5%。

其他发达经济体与美国通胀差距进一步拉大。除日本外,主要发达经济体通胀水平维持上行(见图1),但由于疫情前这些经济体的经济基本面就弱于美国,疫情后政策力度和疫苗普及又存在差距,使其通胀普遍不及美国且差距扩大。其中,韩国、新加坡与美国CPI同比变化趋势保持一致,但二者自2021年5月起既进入持平阶段,与美国通胀差距扩大至约3个百分点。欧洲通胀进程也较美国滞后,欧盟调和CPI自2020年11月见底回升,2021年8月升至3.2%。欧洲主要经济体中,意大利早期受疫情影响最大,CPI同比最低降至-0.6%,英国、德国CPI同比抬升速率明显快于法国、意大利。加拿大、澳大利亚通胀亦有不同程度抬升。2021年8月日本通缩收窄至-0.4%,但其消费者价格指数总体仍呈现低迷。剔除基期效应,欧盟通胀的新涨价因素主要来自能源、交通、住宅维护和住宿餐饮,住房租金、非耐用品、家庭服务、娱乐文化也呈现温和上涨。其中,接触性消费价格与其防疫政策高度同步,如住宿餐饮CPI环比自2020年9月以来持续上升。值得注意的是,2021年第二季度以来,除美国外发达经济体核心通胀也出现明显上扬,反映其经济从疫情中得到实质性修复。与各国CPI表现存在明显时滞和水平差异不同,主要发达经济体(包括美国)PPI走势呈现较高同步性,且在大宗商品推动下与美国的差距收敛。

(二)新兴经济体通胀分化,部分国家通胀飙升

中国、印尼、泰国、马来西亚和越南CPI呈现温和通胀。2021年8~9月,这些经济体CPI同比增速均在2%或2%以下。其中,中国CPI受猪肉价格拖累,2020年呈现回落,2021年表现低迷。2021年8月猪肉价格同比下降44.9%,考虑到其在CPI篮子中权重为2.39%,可推算猪肉对CPI同比拖累达1.07个百分点;非食品CPI同比自2021年第一季度起持续回升,但近期因内需不足而上升乏力。泰国和马来西亚CPI同比自2020年5月触底回升,2021

年上半年受国际大宗商品价格推动加速上涨，4月一度分别达到4.7%和3.4%。然而，5月以来，德尔塔变异毒株带来的新一轮疫情使得东南亚国家内需复苏中断，价格水平回落或呈现低迷。与发达经济体类似，上述新兴经济体PPI同比增速修复节奏较为同步且近期均攀升至高位。其中，中国、马来西亚和泰国2021年8月PPI同比增速分别为9.5%、7.1%和4.9%。

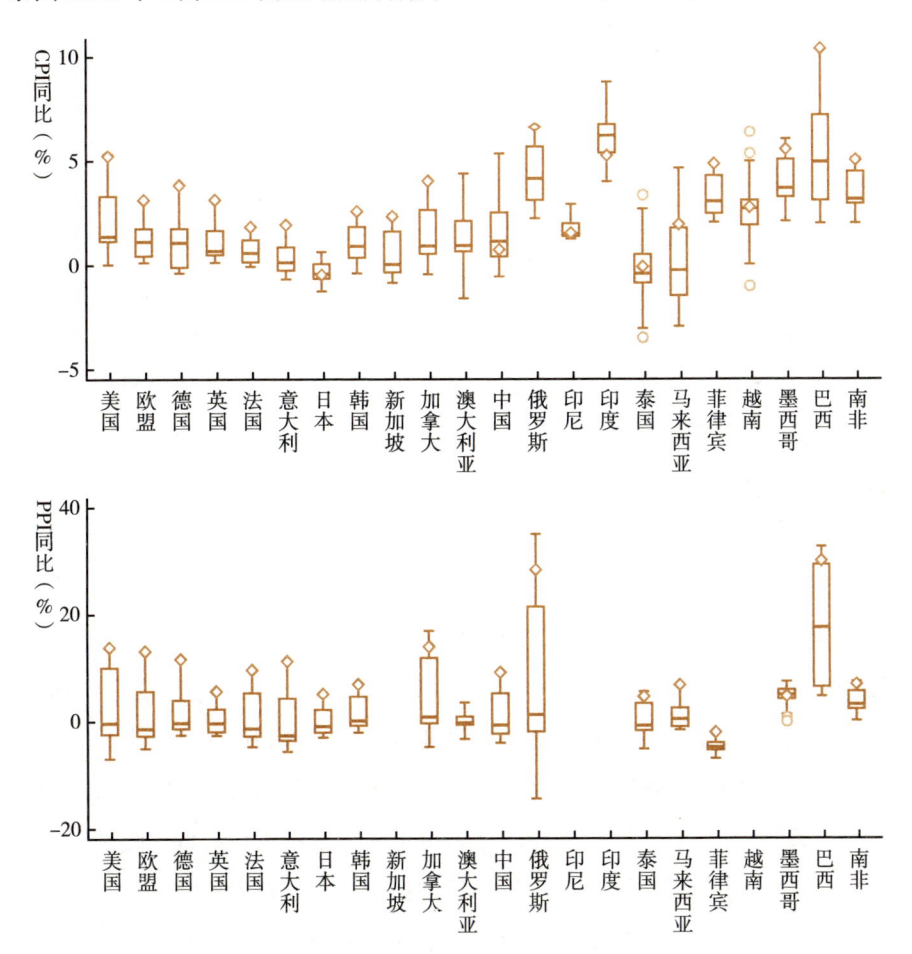

图1 2020年1月至2021年8月主要经济体CPI和PPI同比分布特征

注：图1分别绘制了主要经济体2020年1月至2021年8月CPI和PPI同比增速的箱型图，包括上边缘（或最大值）、下边缘（或最小值）、中位数和两个四分位数。当取值超出上下边缘时记为异常值，以空心圆点表示。空心菱形点表示2021年8月主要经济体CPI和PPI同比增速。新加坡、印尼、印度和越南PPI同比数据缺失。

资料来源：Wind数据库。

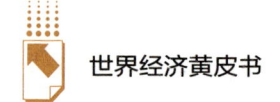

阿根廷、土耳其、巴西、俄罗斯等通胀快速上行，经济恐陷滞胀。其中，阿根廷和土耳其已陷入恶性通货膨胀，2021年8月两国CPI同比分别高达51.4%和19.3%，PPI同比增速则分别高达63.1%和45.5%。疫情前，土耳其和阿根廷经济已较为脆弱，2018~2019年两国曾先后陷入货币危机，CPI同比最高分别达到25.2%和57.3%。疫情使得两国再度陷入货币贬值、资本外流、通胀高企的困境。在全球流动性泛滥、大宗商品价格走高以及疫情限制本国生产能力的背景下，巴西、俄罗斯等国家通胀也快速上行，2020年以来两国CPI同比最大涨幅分别达到8.4个和4.4个百分点。此外，墨西哥、印度、南非和菲律宾2021年8月CPI同比也都达到5%~6%。从分项看，能源、食品、交通运输等涨幅普遍居前，而教育、住房、个人服务等涨幅相对靠后。这是因为：与美国相比，这些新兴经济体服务业社会化程度本就较低，疫情反复对其内需修复形成压制、拖累价格回升；而与中国相比，这些新兴经济体国内制造业供给能力不强，国内价格容易受到国际价格影响，疫情反复进一步加剧供需紧张关系、支撑价格走高。为应对通胀高企和资本外流压力，巴西、土耳其、俄罗斯、墨西哥、泰国已率先加息，马来西亚、阿根廷、南非等加息预期增强。

综合主要经济体通胀表现，可发现本轮通胀演变呈现以下特征。首先，从全球层面看，疫情本身对总需求有抑制作用，但是美欧等纾困和刺激政策以及疫情导致的供给冲击，对全球需求和通胀上行形成了更强支撑。其次，经济基本面、疫情形势和政策刺激差异使得各国经济和通胀走势分化。美国由于疫苗普及较快、政策刺激力度较大，引领发达经济体通胀进程。阿根廷、土耳其、巴西、俄罗斯等新兴经济体则由于经济基本面较脆弱、疫情下供应能力下降以及输入型通胀压力，较早显现通胀压力。最后，防疫政策、供需失衡以及疫情带来的供应链冲击使得产品和服务通胀走势分化。一方面，疫情期间居住、与保持社交距离相关的耐用品等价格上涨，而随着疫苗普及、封锁解除，接触性商品和服务消费价格也呈现上涨。另一方面，原材料、交通运输等顺周期且供求关系较为紧张的项目领涨，然后逐步向产业链中下游传导，并导致各国PPI增速涨幅显著高于CPI。

全球通胀形势分析与展望：短期波动加剧与长期中枢上行

二 全球通胀的影响因素

全球通胀的影响因素包括短期和长期两方面。其中，短期通胀抬升的主要原因是基期效应以及疫情和政策带来的供需错配。长期通胀的决定力量包括：一是技术进步、通胀目标制等仍将对通胀长期抬升形成抑制。二是老龄化和全球化对通胀的作用发生改变，其中中国人口老龄化和全球化倒退或将推高全球通胀水平。三是全球经济重建、产业转型升级以及"碳中和"下全球能源结构调整，将加剧相关商品供求紧张关系，带动中长期通胀中枢相对疫情前上行。

（一）通胀抬升的短期因素

疫情和政策带来的供需错配是促使本轮通胀快速抬升的主要原因。疫情引发全球公共卫生危机，使得全球经济同步遭受重创并同步触底反弹，为应对疫情主要经济体均出台宽松政策，其中美国刺激政策最为突出。在宽松性财政和货币政策支撑下，全球流动性泛滥、利率处于极低水平，同时美国家庭部门资产负债表受损有限，随着疫苗逐步普及和疫情形势好转，前期被抑制的需求快速释放，而上游原材料供应相对刚性，加之疫情使得新兴经济体供给能力下降，全球供求失衡引发原材料和能源价格快速上涨并向产业链中下游传导。

1. 基期效应

受疫情影响，2020年主要经济体CPI和PPI均出现增速放缓甚至下滑，低基期水平对2021年价格指数增速反弹形成支撑。基于两年复合增速估算，2021年3~5月基期效应对美国CPI同比增速的贡献从21%上升至50%，6~8月随着基期抬升而逐步回落至38%，预计后续还将进一步回落。随着基期效应对美国CPI同比增速的作用逐步弱化，CPI同比增速的上涨更多来自供需失衡、大宗商品等新涨价因素的支撑。基期效应对欧盟CPI同比增速的贡献总体与美国CPI类似，但由于欧盟CPI同比增速的最低点发生在2020年11月，

319

2021年3~8月基期效应对欧盟CPI同比增速的贡献上升至44%,且后续还有进一步上升空间。随着2020年基期水平的抬升,新涨价因素将接棒基期效应成为欧洲通胀的主要推动力量。

2. 疫情错位

受德尔塔变异毒株影响,2021年8月全球疫情再度反弹,9~10月有所缓解,但新兴经济体疫情形势仍然严峻。尽管存在少数"突破性感染"情况,疫苗仍是预防重症和死亡的最有效工具,但全球疫苗分配极为不公平。根据IMF 2021年7月的报告,发达经济体近40%的人口已完全接种疫苗,而新兴市场的接种比例仅为11%。疫苗分配的不平等,使得疫情在不同人群、不同国家间呈现"双轨大流行"。[1] 疫情形势和防控政策差异导致各国复苏路径分化。随着美欧逐步实现"群体免疫",经济将加速复苏且需求释放快于供给,而世界范围的"群体免疫"仍要2~3年,疫情反复仍将制约新兴市场供给,供需失衡支撑全球通胀上行。此外,疫情导致全球供应链紊乱,如供应中断、港口拥堵、生产和运输效率下降等,海运和仓储成本大幅上涨,加剧通胀上行压力。

3. 政策刺激

新冠肺炎疫情期间,主要经济体推出大规模的纾困和刺激政策。与以往不同,此次纾困和刺激政策中财政政策发挥重要作用,主要包括税费减免、现金补贴以及货币信贷政策等。根据IMF Policy Tracker 的统计,[2] 截至2021年6月底,美国共推出六项累计5.7万亿美元的财政支出计划(占美国2019年GDP的26.6%),欧盟共推出三轮1.33万亿欧元的财政支出计划(占欧元区2019年GDP的11.2%),其中欧洲复兴基金是欧盟有史以来规模最大的财政支出计划。此外,欧盟委员会对2021年财政纪律的态度相对宽松,尤其对意大利等财政困难国家。更重要的是,纾困政策主要面向边际消费倾向较高[3]、疫情

---

[1] UN News, "WHO Warns of 'Two-track Pandemic' as Cases Decline but Vaccine Inequity Persists," https://news.un.org/en/story/2021/06/1093472.

[2] https://www.imf.org/en/Topics/imf-and-covid19/Policy-Responses-to-COVID-19#U.

[3] 据Bayer等(2020)测算,2020年第二季度CARES法案针对个人转移支付的累计乘数效应接近0.5。

期间遭受冲击的企业和个人，这有助于修复家庭部门的收入和消费，支撑需求、推高通胀。从历史上看，1930年以来美国共经历了14次经济危机，其中在1929~1933年"大萧条"、2008年全球金融危机以及2020年疫情3次危机应对中，同时采用货币（含"量宽"和降息）和财政政策。与其他时期相比，货币和财政政策同时、同向发力，有助于经济修复以及通胀水平抬升（见图2）。特别地，面向家庭部门的财政支持以及疫情带来的供给冲击，加速了本轮通胀抬升速度。

4. 劳动力市场供求紧张

疫情冲击下，劳动力供给下降、失业率上升，但因纾困政策支撑，美国薪资水平维持上升势头，其中休闲酒店、批发零售、教育医疗等私人服务业自2020年1月以来累计涨幅较大。随着疫情好转、经济重启，就业逐步增加，但美国失业人员返工意愿不高，离职与职位空缺均创新高，劳动力市场供求紧张，并带来薪资上涨和通胀压力。尽管美国失业率从2020年4月的14.7%下降至2021年8月的5.2%，但劳动参与率尚未回归疫情前水平，离职率和职位空缺率（季调）分别从2020年4月的1.6%和3.4%攀升至2021年7月的2.7%和6.9%，且职位空缺创历史新高并超过失业人数。随着各州失业救济金相继到期，美国劳动力供给有望改善，但由于疫情反复、儿童保育等问题，就业市场完全恢复仍尚需时日，甚至还存在永久流失的可能性，这意味着美国劳动力市场供求紧张仍将持续一段时间。此外，由于工资向下刚性，疫情还通过提高技能不匹配度和工会议价能力，增加工资和价格上升风险。

5. 大宗商品价格上涨

随着疫情形势好转，主要经济体经济复苏，叠加政策环境宽松，大宗商品需求快速释放。根据国际能源署2021年6月的报告，在美国、中国和欧洲经济修复带动下，全球石油需求将在2022年底恢复至疫情前水平。然而，受疫情影响，主要大宗商品供给国供应能力受限，使得供给短期缺乏弹性，供需错配下石油、有色等大宗商品价格快速上涨。此外，主要经济体对环境问题和绿色转型关注上升，"碳中和"压力下传统能源供应受限，而新能源未能完全填补缺口，导致能源市场供求关系紧张，并促使石油、天然气、煤炭等

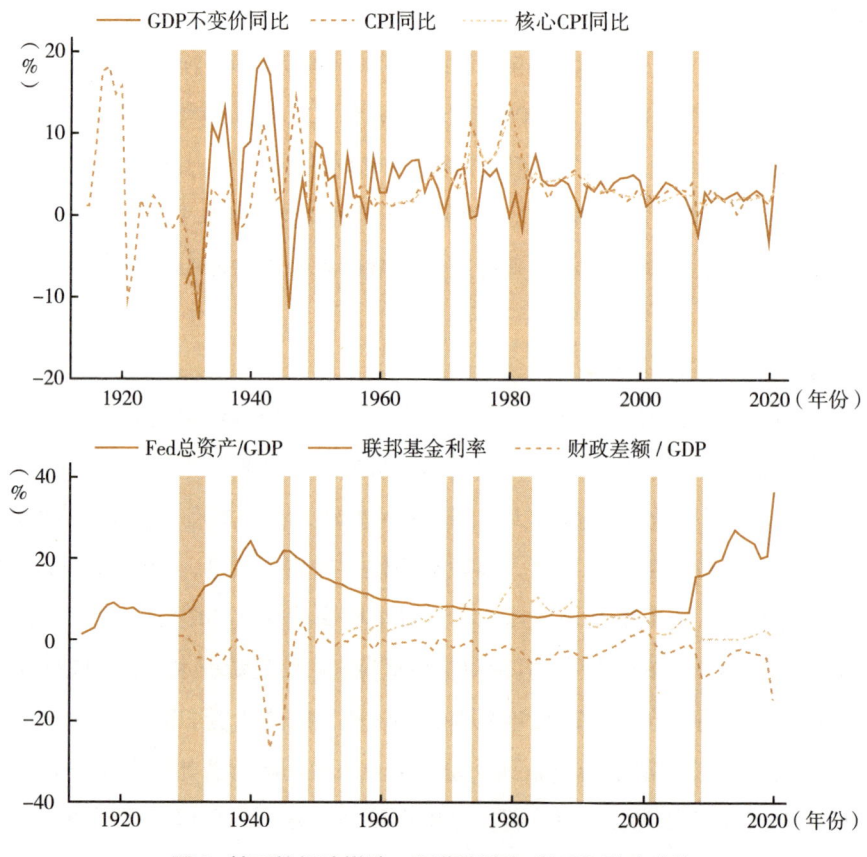

图 2 美国的经济增速、通货膨胀与货币和财政政策

注：财政差额/GDP 来自圣路易斯联邦储备银行提供的联邦盈余或赤字占 GDP 比重（未季调）。Fed 总资产/GDP 为美国货币当局金融资产总额与其现价 GDP 之间的比值。图中灰色阴影区表示美国经济衰退（危机）期，疫情造成的经济衰退未标记阴影。实际 GDP 增速和 CPI 同比增速数据时间为截至 2021 年上半年，货币和财政政策数据时间为截至 2020 年。

资料来源：美国经济分析局、美国劳工部、美联储、Wind 数据库和笔者整理。

相关产品价格短期走高。截至 2021 年 9 月底，RJ/CRB 商品价格指数较 2020 年 4 月最低水平上涨 115% 并已超过疫情前水平。其中，布伦特原油、IPE 英国天然气①和郑交所动力煤 2021 年 9 月底较 2020 年 4 月初分别上涨了 415%、

---

① IPE，伦敦国际石油交易所；郑交所，郑州商品交易所。

1466% 和 276%。此外，干旱、洪涝、飓风等极端天气以及苏伊士运河堵塞等突发事件，也在一定程度上加剧了全球供需失衡和通胀上涨压力。

（二）通胀的长期决定力量

自 20 世纪 70 年代以来，全球通胀稳步下行，而全球金融危机以后，主要发达经济体甚至进入低通胀时代。尽管疫情和政策带来的短期供需失衡使得全球通胀快速上行，但技术进步、老龄化、绿色转型等结构性因素仍然是决定长期通胀走势的主要力量。在各类长期结构性因素中，总体上导致中长期通胀中枢相对疫情前上行的结构性因素相对影响更大，包括中国人口老龄化、全球经济重建以及"碳中和"下全球能源结构调整等。

1. 抑制通胀抬升的因素

（1）技术进步。随着技术的不断进步，计算机科技、电子商务、智能手机应用技术、人工智能等迅猛发展，技术要素的相对价格不断下降，进而降低各行业的生产成本。Davis 通过运用美国经济分析局（BEA）的行业投入产出数据，对比包含科技因素的生产成本（PPI）和不包含科技因素的生产成本，发现自 2001 年以来科技对通胀的影响相当突出，大约拉低了年均通货膨胀率 0.5 个百分点。相关效应对技术密集型产业最为明显，如信息和通信、专业服务及制造业等，其通过连锁反应对医疗保健、教育、零售贸易等的影响也不容忽视。[1] Borio 认为包括技术进步在内的实际因素对通胀的影响可能还被低估了。[2]

（2）通胀预期维持低位促使低通胀自我实现。Blanchard 通过测算美国菲利普斯曲线斜率发现，1985 年后美国的通胀主要取决于长期通胀预期，而这种长期通胀预期又几乎不依赖于过去的通胀。长期无法实现通胀目标，则会损害央行的公信度，进而影响货币政策的相关传导，并进一步加深低迷的通胀预期。在极低的通胀率下，人们可能不会关注通胀，因此可能不会

---

[1] Davis, J., "Global Macro Matters: Why is Inflation so Low?" The Growing Deflationary Effects of Moore's Law, Vanguard Research, October 4, 2017.

[2] Borio, C., "Through the Looking Glass, OMFIF City Lecture," London, 2017.

根据通胀的变化调整预期。但 Kiley[①]、Boivin 等[②] 指出以货币政策规则的形式对价格稳定做出更明确的承诺，大幅度稳定了通胀预期、缓解了通胀波动。Stephen 等[③] 也强调了通胀预期的作用，认为通胀预期下行是抵消劳动力市场收紧对工资正向效果的主要因素之一。Yellen 表示美联储具备灵活通胀目标制[④] 的大部分关键特征，同时强调锚定通胀预期有助于稳定和降低通胀水平。

（3）严重衰退时期，工资向下刚性约束增强。Daly 和 Hobijn 认为名义工资向下刚性使得菲利普斯曲线平坦化，也导致了大危机之后的低通胀率。在严重的经济衰退中，工资向下刚性变得更有约束力，企业更多通过减少就业而不是通过紧缩工资来应对衰退。名义工资向下刚性会导致经济衰退时期的工资通缩被抑制。即使经济从衰退中修复、失业率开始下降后，名义工资刚性仍处于高位，并使得经济恢复时期失业率下降和工资通胀减速同时发生。他们发现在经济大萧条之后，创纪录的高就业率并没有使得美国工人得到任何加薪，而在 2008 年金融危机后，全球经济也持续陷入低通胀。[⑤]

（4）低利率环境下僵尸企业增加。一方面，僵尸企业创造过剩产能，压低商品价格。Acharya 等通过分析 12 个欧洲国家的通胀率和微观数据表明，对僵尸企业的"便宜"信贷具有抑制通胀的作用。这类"僵尸信贷"通过帮助陷入困境的企业维持生存，创造过剩产能，进而对价格造成下行压力。他们估算如果 2012 年后"僵尸信贷"没有上升，2012~2016 年欧洲的年度通胀

---

① Kiley, Michael T., "Inflation Expectations, Uncertainty, the Phillips Curve, and Monetary Policy-Comments, in Fuhrer," Jeffrey et al. (eds.), *Understanding Inflation and the Implications for Monetary Policy: A Phillips Curve Retrospective*, The MIT Press, Cambridge, MA.

② Boivin, J., Kiley M., and Mishkin F. S., "How Has the Monetary Transmission Mechanism Evolved over Time?" in: Benjamin M. Friedman & Michael Woodford (ed.), Handbook of Monetary Economics, Edition 1, Volume 3, Chapter 8, 2010.

③ Lin Stephen, Kaede Johnson, and Tyler Powell, "Why has Wage Growth been Subdued in the Advanced Foreign Economies?" Feds Notes, 2020.

④ 关于通胀目标制的介绍参见 Scott Roger《通胀目标制步入第 20 个年头》，https://www.imf.org/external/chinese/pubs/ft/fandd/2010/03/pdf/Roger.pdf.

⑤ Daly M. C., Hobijn B., "Downward Nominal Wage Rigidities Bend the Phillips Curve," *Journal of Money, Credit and Banking*, 2014, 46 (S2).

率将高出 0.45 个百分点。另一方面，僵尸企业占用大量劳动力，降低薪资增速。[1] 根据 CNBC 报道，高负债的僵尸企业占据美国超 200 万个就业岗位。[2] Daly 和 Hobijn 发现 2011 年薪资零增长的劳动力占比较 2006 年明显上升，同时发达经济体僵尸企业占比也在快速上升。[3] BIS 计算了 15 个主要发达经济体的僵尸企业占比，2016 年发达经济体僵尸企业占比达 12%，较 2007 年上升约 5 个百分点。[4]

2. 老龄化和全球化对通胀作用发生改变

（1）人口老龄化。随着出生率下降和寿命延长，全球老龄化趋势日益明显。主流经济学认为人口老龄化可通过拉低潜在产出、消费倾向下降（储蓄意愿提升）、自然利率下降等多个途径降低通货膨胀率。比如，Ozimek 分析了 27 个国家在 1962~2015 年的数据，发现人口增长对物价水平的影响是长期且非对称的，人口增速下降的总体影响大于人口增速上升。人口增速每减少 1%，通胀降低 0.32~0.65 个百分点，而人口增速每增加 1%，通胀只增加 0.1~0.14 个百分点。[5] 但也有学者认为人口老龄化通过储蓄和投资对通胀的影响可能是短期的，但若货币政策不对低通胀做出反应，就可能产生长期通缩压力。[6]

然而，以往人口结构出现快速"老龄化"的主要是发达经济体，其主要是全球的消费国或需求国，而当前人口正经历迅速"老龄化"的主要是全球的重要供给国，包括东亚和东南亚地区，特别是中国。[7] 与需求国的"老龄化"导致通缩不同，供给国的"老龄化"将通过降低供给造成通胀。特别地，

---

[1] Acharya V. V., Crosignani M., Eisert T., et al., "Zombie Credit and (Dis-) Inflation: Evidence from Europe," NBER Working Papers No. 27158, 2020.

[2] "Highly Indebted 'Zombie' Companies Control More than 2 Million U.S. Jobs," CNBC, https://www.cnbc.com/2020/05/20/highly-indebted-zombie-companies-control-more-than-2-million-us-jobs.html，2020-5-20.

[3] Daly M. C., Hobijn B., "Downward Nominal Wage Rigidities Bend the Phillips Curve," *Journal of Money, Credit and Banking*, 2014, 46 (S2).

[4] BIS, "The Rise of Zombie Firms: Causes and Consequences," *BIS Quarterly Review*, September 2018.

[5] Ozimek, A., "Population Growth and Inflation," Moody's Analytics Report, 2017.

[6] Draghi M., "How Central Banks Meet the Challenge of Low Inflation?" Financial Market Research, 2016.

[7] Grawe, Nathan D., *The Agile College: How Institutions Successfully Navigate Demographic Changes*, Johns Hopkins University Press, 2021.

Goodhart 和 Pradhan 认为中国人口老龄化将逆转过去 30 年的低通胀进程，导致全球经济进入高通胀时代。[1]

（2）全球化。在全球化背景下，全球产出缺口、进口价格等因素对国内通胀率的重要性增加。[2] Forbes 等根据 1996~2017 年 30 个发达经济体的通胀、失业率以及全球失业率数据，验证了国际因素对国内核心通胀的显著影响。[3] 全球化通过拉低可贸易品价格影响通胀。新兴经济体生产成本低，随着其逐步融入全球分工体系，可贸易商品和服务价格走低，并对长期通胀形成下行压力。[4] 但随着国家间劳动力成本差异缩小，相关影响可能在中长期内缓解。[5] 此外，全球化还通过汇率渠道影响通胀。当国内失业率下降、非贸易品价格上涨、央行收紧货币政策时，汇率升值将压低可贸易品价格，进而压低本国通胀率。[6]

然而，2008 年全球金融危机后，贸易保护主义和单边主义抬头，发达经济体实施"再工业化"战略，产业链全球发展出现倒退。此外，新冠肺炎疫情、国家间竞争加剧，特别是中美战略竞争，促使主要经济体注重提高产业链自主可控能力。在此背景下，全球化对通胀的遏制作用下降，逆全球化甚至推升短期通胀水平。Amiti 等[7]、Cerutti 等[8] 均发现中美贸易摩擦期间因关

---

[1] Goodhart, Charles, Pradhan Manoj, *The Great Demographic Reversal: Ageing Societies, Waning Inequality, and Inflation Revival*, Palgrave Macmillan Press, 2020.

[2] BIS, "Growth and Inflation: Drivers and Prospects," 84th Annual Report, Chapter 3, 2014.

[3] Forbes, K., Gagnon J. E., and Collins C. G., "Low Inflation Bends the Phillips Curve around the World," https://www.piie.com/publications/working-papers/low-inflation-bends-phillips-curve-around-world, PIIE Working Paper, 20-6, 2020.

[4] IMF, "Global Disinflation in an Era of Constrained Monetary Policy," World Economic Outlook, Chapter 3, October, 2016.

[5] Borio, C., "Through the Looking Glass, OMFIF City Lecture," London, 2017.

[6] Geerolf, Francois, "The Phillips Curve: A Relation between Real Exchange Rate Growth and Unemployment," Unpublished manuscript, Department of Economics, University of California, Los Angeles, 2020.

[7] Amiti, M., Redding, S. J., and Weinstein, D. E., "The Impact of the 2018 Tariffs on Prices and Welfare," *Journal of Economic Perspectives*, 2019, 33 (4).

[8] Cerutti, Eugenio, Gopinath, Gita, and Mohommad, Adil, "The Impact of US-China Trade Tensions," IMF Blog, https://blogs.imf.org/2019/05/23/the-impact-of-us-china-trade-tensions/, 2019.

税上升而增加的成本几乎全部由美国进口商承担。Naisbitt 和 Whyte 进一步表明关税上升 15% 使得美国通胀率较基准情形提高 0.2 个百分点。[①]

3. 提高通胀中枢的因素

（1）设备投资扩张。在全球信贷扩张和流动性宽松环境下，全球经济重建和产业转型升级，将推动设备投资进入扩张周期，进而将推动原材料价格上涨。2020 年第二季度以来，中国电子设备、专用设备等制造业固定资产投资明显提速，主要工业设备产量快速提升。其中，工业机器人、污染防治设备和发动机产量 2021 年以来累计同比增长分别为 63.9%、17.7% 和 6.6%（见图 3）。当前，全球正处于新一轮科技革命和经济社会绿色转型的重要机遇期。特别地，后疫情时期半导体和新能源产业或将进入景气周期，加剧相关商品供求紧张关系。数字经济[②]崛起和国家间竞争加剧（特别是中美战略竞争），使得半导体行业需求快速增加，而由于半导体扩建和投产周期长，供求失衡已导致主要半导体企业普遍上调芯片价格，并向上游原材料（如铜、锂等有色金属）和下游产业（如汽车、消费电子等）传导。

（2）经济绿色转型。当前，全球对环境问题和经济绿色转型的关注度明显提升，欧盟、美国、英国、中国等主要经济体均出台"减碳"计划，且与早期的计划相比新计划的"减碳"幅度更为激进。在全球能源结构调整的大背景下，传统能源企业资本开支意愿降低，导致传统能源产品供给弹性下滑；绿色新能源产业发展加快，但其生产供应易受气象因素影响，加之储能技术和市场尚不成熟、成本较高，导致绿色新能源供应波动较大且存在明显季节性。而随着疫情形势好转，加之政策刺激作用，全球经济特别是发达经济体经济修复加快，带动能源相关产品需求快速回升。考虑到传统能源在全球能源供应中占比较高，绿色新能源难以快速并完全填补传统能源缺口，供需错配使得 9 月以来能源相关产品价格急剧上涨。考虑到 2030 年前美欧等仍需实

---

① Naisbitt, B., Whyte, K., "The Effects of the Trade War on Inflation," *National Institute Economic Review* (U.K.), https://www.niesr.ac.uk/publications/effects-trade-war-inflation，2020.
② 半导体是数字经济的核心，如新能源汽车、物联网和 5G 等都需要用到大量的半导体设备和元器件。据中金测算，2019 年集成电路在中国进口总额中的比重（14.7%）已超过石油。

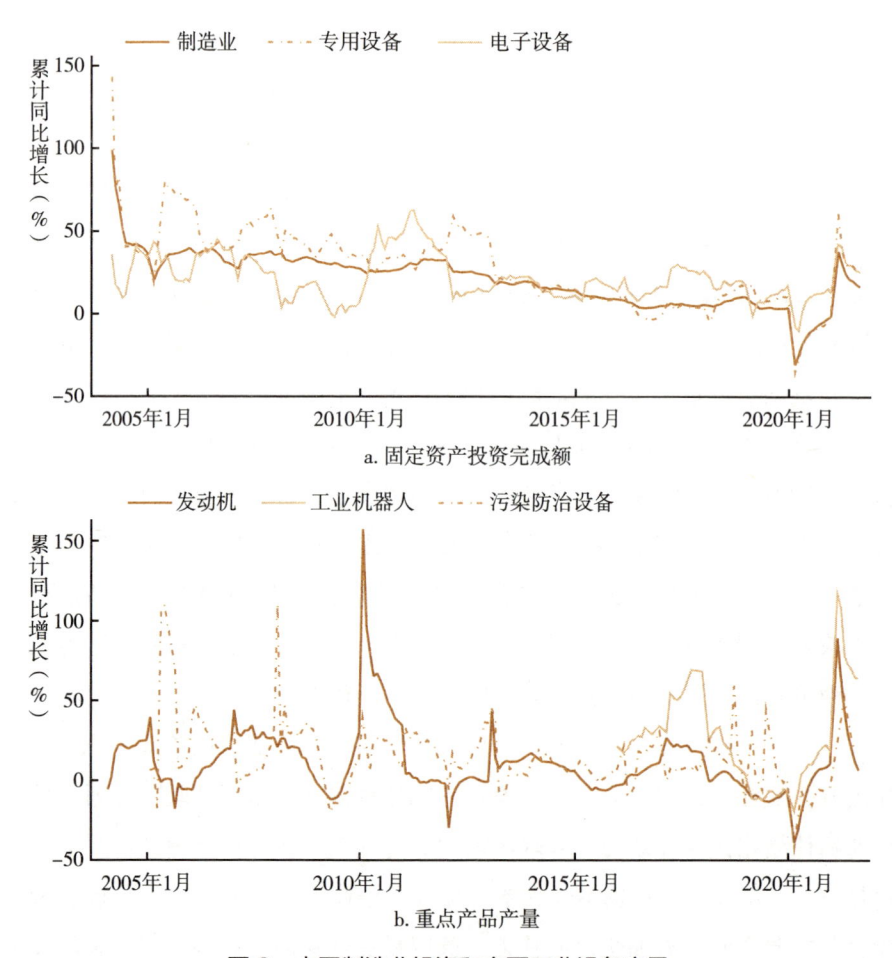

图3 中国制造业投资和主要工业设备产量

资料来源：Wind数据库。

现较大"减排"计划、中国则要实现"碳达峰"，在传统能源产能萎缩、绿色新能源供给波动较大、储能技术和市场不完备等多方因素的相互作用下，能源相关产品供求仍将较为紧张、价格有望保持高位，甚至不排除在极端天气和自然灾害冲击下发生能源危机的可能。能源产品涨价压力将通过产业链和供应链推动全球通胀中枢相对疫情前上升。

三　全球通胀展望及风险

主要经济体央行坚称"暂时性通胀"观点，但通胀高企持续时间超出原有预期。在欧央行2021年9月28~29日线上会议中，美联储主席鲍威尔、欧央行行长拉加德、英国央行行长贝利、日本央行行长黑田东彦坚称"暂时性通胀"观点，对通胀前景保持"谨慎乐观"。他们认为供应瓶颈恶化和商品需求强劲是推高通胀的主要原因，未来随着供应瓶颈缓解，通胀压力有望回落，但仍需警惕疫情反复和供应中断风险。美联储主席鲍威尔表示美国通胀仍将持续数月甚至到2022年。欧央行行长拉加德认为欧元区通胀仍将暂时地上升，供应链瓶颈问题有望在2022年上半年消退。据欧央行预测，欧元区2021年调和CPI同比将达到2.2%，较6月预测提高0.3个百分点，其中第四季度将上升至3.1%的高位，但2022~2023年将逐步回落。欧央行将继续维持"鸽派"货币政策立场，以避免融资条件收紧和变异病毒扩散对经济复苏的二次冲击。此外，由于疫情和政策等方面原因，全球需求和供给的不稳定性增加，在市场出清、价格再平衡的过程中短期通胀的波动性将明显上升。

国际大宗商品价格短期仍将处于高位运行，半导体和新能源相关商品价格仍有上行空间。全球经济复苏推动大宗商品需求快速释放，而供给受疫情反复、投资不足等制约，短期存在刚性，难以快速响应，叠加流动性泛滥和金融投机的推动作用，2021年国际大宗商品价格保持高位运行，特别是能源、有色金属等商品供求关系尤为紧张。随着发达经济体实现"群体免疫"、新兴经济体疫苗接种率提高，因疫情造成的供应短缺问题有望在2022年改善，供需缺口收窄将降低全球商品价格上涨压力。此外，随着美国经济在2022~2023年回落，原油等国际大宗商品价格上行也将失去需求支撑。但全球经济重建、产业转型升级以及"碳中和"下全球能源结构调整将加剧相关商品供求紧张关系，带动中长期通胀中枢相对疫情前上行，其中与半导体和新能源相关的有色金属、清洁能源等商品价格仍有上行空间。

当前，世界经济面临两方面突出风险。一是高通胀压力下美联储超预期紧缩冲击资产价格。由于美国通胀持续处于高位，美联储提早缩减购债（Taper），内部对加息的支持也有所增加。根据2021年9月联邦公开市场委员会（FOMC）会议，美联储18位委员中支持2022年加息1次和2次的分别有6人和3人，较FOMC 6月会议分别增加1人。2021年11月，美联储如期宣布削减资产购买（Taper）。如果美国通胀继续维持高位，不排除有更多中立的票委或转为支持加息的"鹰派"，届时美联储加息风险将进一步上升。美联储收紧流动性将促使资本回流美国，加剧资产价格波动，对全球经济产生紧缩影响，甚至可能触发新兴市场发生金融危机。上一轮美联储加息至1.5%并启动缩表之后，标普500指数、MSCI新兴市场指数、上证综指累计最大跌幅分别达10%、20%、25%，造成了所谓的"缩减恐慌"。

二是部分新兴经济体经济和金融脆弱性上升。阿根廷、土耳其、巴西、俄罗斯等新兴经济体通胀压力高企。随着美联储缩表和加息预期前置，新兴经济体货币贬值和资本外流压力加大。为应对高通胀和资本外流压力，巴西、土耳其、俄罗斯、墨西哥、泰国已率先加息，但加息并不一定能有效阻止资本外流和货币贬值，还可能加深经济衰退。此外，阿根廷、土耳其等新兴经济体外债规模较大、外汇储备水平较低，面临较大的债务清偿压力。随着美国通胀和名义利率上升，高债务新兴经济体资本外流、货币贬值加剧，外债负担将快速上升。在内需低迷、供给不足、通胀高企、货币贬值下，部分新兴经济体经济滞胀、债务危机和货币危机风险明显上升。

中国通胀压力或将增加，但政策空间和应对工具充足。一方面，随着猪肉价格企稳回升，2022年中国CPI同比有望明显上行，但提升速率仍受内需制约。另一方面，在"碳中和"、极端天气影响下，国内电力和能源供需依旧紧张，2021年第二季度以来PPI同比保持高位运行，预计2022年才会有较大幅度回落。但考虑到我国率先从疫情中恢复，拥有充足的政策空间和丰富的政策工具，外部经济风险对我国影响总体可控。面对短期通胀压力，宏观政策应增强通胀容忍度，更加关注实际需求和就业市场改善情况，不宜因短期通胀跳升而改变政策倾向。面对大宗商品涨价压力，应用好经济和法律手段，加强预期管理和市场调节，避免供求矛盾激化、过剩落后产能堆积，加强农产品供应链和流通体系建设,着力管控输入性通胀压力。面对海外金融风险,应增强人民币汇率市场化水平和汇率弹性,发挥汇率对资本流动的调节作用,加强对跨境资本流动和金融市场的宏观审慎管理。

参考文献

栾稀:《疫情下的失业困局:主要经济体的纾困政策及效果》,载张宇燕主编《世界经济黄皮书:2021年世界经济形势分析与预测》,社会科学文献出版社,2021。

汤铎铎、刘学良、倪红福、杨耀武、黄群慧、张晓晶:《全球经济大变局、中国潜在增长率与后疫情时期高质量发展》,《经济研究》2020年第8期。

Barrero Jose Maria, Nicholas Bloom, and Steven J. Davis, "COVID-19 is Also a Reallocation Shock," NBER Working Paper No. 27137, 2020.

Acharya V. V., Crosignani M., Eisert T., et al., "Zombie Credit and (Dis-)Inflation: Evidence from Europe," NBER Working Papers No. 27158, 2020.

Amiti, M., Redding, S. J., and Weinstein, D. E., "The Impact of the 2018 Tariffs on Prices and Welfare," *Journal of Economic Perspectives*, 2019, 33 (4).

BIS, "Growth and Inflation: Drivers and Prospects," 84th Annual Report, Chapter 3, 2014.

BIS, "The Rise of Zombie Firms: Causes and Consequences," *BIS Quarterly Review*, September 2018.

Borio, C., "Through the Looking Glass, OMFIF City Lecture," London, 2017.

Borio, C., "How Much Do We Really Know about Inflation?" The BIS Annual General Meeting," Basel, 2017.

Boivin, J., Kiley M., and Mishkin F. S., "How has the Monetary Transmission Mechanism Evolved over Time?" in: Benjamin M. Friedman & Michael Woodford (ed.), Handbook of Monetary Economics, Edition 1, Volume 3, Chapter 8, 2010.

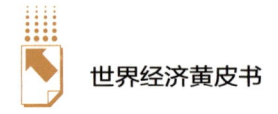

Carney, M., "Globalization and Inflation," Speech at 2017 IMF Michel Camdessus Central Banking Lecture, International Monetary Fund, Washington, D.C., September, 2017.

Cerutti, Eugenio, Gopinath, Gita, and Mohommad, Adil, "The Impact of US-China Trade Tensions," IMF Blog, https://blogs.imf.org/2019/05/23/the-impact-of-us-china-trade-tensions/, 2019.

Daly M. C., Hobijn B., "Downward Nominal Wage Rigidities Bend the Phillips Curve," *Journal of Money, Credit and Banking*, 2014, 46 (S2).

Davis, J., "Global Macro Matters: Why is Inflation so Low?" The Growing Deflationary Effects of Moore's Law, Vanguard Research, October 4, 2017.

Draghi M., "How Central Banks Meet the Challenge of Low Inflation?" Financial Market Research, 2016.

Forbes, K., Gagnon J. E., and Collins C. G., "Low Inflation Bends the Phillips Curve around the World," https://www.piie.com/publications/working-papers/low-inflation-bends-phillips-curve-around-world, PIIE Working Paper, 20-6, 2020.

Geerolf, Francois, "The Phillips Curve: A Relation between Real Exchange Rate Growth and Unemployment," Unpublished manuscript, Department of Economics, University of California, Los Angeles, 2020.

Goodhart, Charles, Pradhan Manoj, *The Great Demographic Reversal: Ageing Societies, Waning Inequality, and Inflation Revival*, Palgrave Macmillan Press, 2020.

Grawe, Nathan D., *The Agile College: How Institutions Successfully Navigate Demographic Changes*, Johns Hopkins University Press, 2021.

IMF, "Global Disinflation in an Era of Constrained Monetary Policy," World Economic Outlook, Chapter 3, October, 2016.

Kiley, Michael T., "Inflation Expectations, Uncertainty, the Phillips Curve, and Monetary Policy-Comments, in Fuhrer," Jeffrey et al. (eds.), *Understanding Inflation and the Implications for Monetary Policy: A Phillips Curve Retrospective*, The MIT Press, Cambridge, MA.

Lin Stephen, Kaede Johnson, and Tyler Powell, "Why has Wage Growth been Subdued in the Advanced Foreign Economies?" Feds Notes, 2020.

Naisbitt, B., Whyte, K., "The Effects of the Trade War on Inflation," National *Institute Economic Review* (U.K.), https://www.niesr.ac.uk/publications/effects-trade-war-inflation, 2020.

Ozimek, A., "Population Growth and Inflation," Moody's Analytics Report, 2017.

Yellen, J., Panel Discussion on "Monetary Policy: Many Targets, Many Instruments, Where Do We Stand?" Remarks at "Rethinking Macro Policy II" IMF Conference, https://www.federalreserve.gov/newsevents/speech/yellen20130416a.htm, 2013.

Y.18
拜登经济政策：内容、进展及影响

栾 稀　肖立晟[*]

摘　要： 根据拜登竞选时及其上任后的政策主张，拜登经济政策主要包括疫情期间对中低收入群体纾困、基础设施建设投资、气候变化和清洁能源投资、制造业产业链重塑以及对人力资本的投资等五个方面，其主要政策措施是财政增支增税。拜登政府的大规模财政支出计划实际落地难度较大，实际效果有限。若基建计划能最终落地，新兴经济体能从美国财政刺激推动的需求复苏中受益，但仍需关注基建产业链贸易审查、大宗商品价格上涨、美联储紧缩等带来的风险。

关键词： 拜登经济政策　美国财政　基建计划

拜登政府上台于美国内外部环境焦灼之时。对内，美国新冠肺炎疫情持续发酵，种族问题、贫富差距问题日益突出，多州实施封锁，经济低迷；对外，特朗普政府的单边政策使得美国与盟友之间的互信下降，中美关系陷入

---

[*] 栾稀，经济学博士，中国社会科学院世界经济与政治研究所助理研究员，主要研究方向为货币政策；肖立晟，经济学博士，中国社会科学院世界经济与政治研究所副研究员、全球宏观研究室主任，研究方向为全球宏观与国际金融。

拜登经济政策：内容、进展及影响

瓶颈。面对这一系列问题，拜登在竞选之时提出"重建美好未来"计划，[1]并在上任后连续推动大规模财政刺激计划，誓言要强化抗疫、恢复经济。本报告分析了拜登经济政策的主要内容、当前进展及落地可能性，[2]并研究了拜登经济政策对我国的外溢效应。

一　拜登经济政策的主要内容

"重建美好未来"计划是拜登经济政策的核心计划，其目的为美国增加就业、降低工作家庭的成本，并通过税法改革使得分配更加公平。[3]大规模财政刺激是实施该计划的主要措施。拜登政府上台之后也按照其竞选时的承诺试图推出一系列的财政计划。本报告按照政策目的将拜登经济政策分为疫情期间对中低收入群体纾困、基础设施建设投资、气候变化和清洁能源投资、制造业产业链重塑以及对人力资本的投资等五个方面。[4]

（一）疫情期间对中低收入群体纾困

拜登政府延续了特朗普政府在疫情期间的纾困政策思路，对中低收入群体提供大量现金补贴。2021年3月11日，拜登总统签署了美国有史以来最大规模的纾困计划——1.9万亿美元的经济救助计划。该计划的主要内容包括：为每周失业救济金增加300美元额外福利，扩大失业救济范围并将适用时间

---

[1] "Build Back Better: Joe Biden's Jobs and Economic Recovery Plan For Working Families," https://joebiden.com/build-back-better/. 拜登自称，该计划将与美国前总统富兰克林·罗斯福的"新政"（New Deal）以及林登·约翰逊的"伟大社会"（Great Society）一样宏大。根据其竞选时的方案，该计划包括制造业创新、供应链重塑（关键供应链回流）、现代基础设施建设、清洁能源、建设现代化的护理教育队伍（降低妇女家庭负担）、推进种族平等、缩小贫富差距、增加可负担住房、提高最低工资、扶助疫情中的中小企业、税收制度改革等。
[2] 文章成文于2021年10月底，仅对10月底之前推出或拟推出的拜登经济政策和各项法案进行分析。
[3] "The Build Back Better Agenda," https://www.whitehouse.gov/build-back-better/.
[4] 未提及贸易政策主要是因为贸易政策仍需观察。拜登政府于2021年10月才对外明确对华贸易政策，称对华经贸要"再挂钩"，但实际落地还需观察。本报告在产业链重塑部分中提及了美国的对外经贸政策不再采用特朗普的单边主义。

335

延长至2021年9月6日；为州和地方政府注入约3500亿美元资金；为学校重新开放提供约1700亿美元等；协助低收入及失业人士支付房租、水、电费用；年收入低于7.5万美元的个人或年收入低于15万美元的家庭都将获得1400美元/人的救助金，每位儿童将获得额外1400美元补贴。该救助计划可覆盖绝大多数美国家庭。

美国现金补贴的发放速度极快，并迅速刺激了消费。法案签署后第一周就已将第一批1400美元的补助发放至居民账户。[①] 根据美国经济分析局（BEA）的测算，疫情后美国个人收入提高主要依靠财政补贴和救助。此轮现金补贴的发放对美国居民收入和消费支出的影响也立竿见影。2021年3月当月，美国个人转移支付总收入（折年数）达8.1万亿美元，环比上升196%、同比上升147%。同期，美国人均可支配收入（折年数、不变价）上升至5.78万美元，环比上升23%、同比上升28%。因1400美元的现金补贴为一次性的现金发放，随着大部分州现金发放的结束，美国人均可支配收入也逐渐回落至补贴发放前的水平（约4.6万美元）。美国个人消费支出也呈现类似的趋势。3月以来，美国个人消费支出恢复同比正增长，4月消费支出（不变价）同比增幅一度高达25%，随后增速逐渐回落。2021年9月，美国个人消费支出不变价同比增速已回落至6.25%。

值得注意的是，该1.9万亿美元经济救助计划因无一名共和党人支持，在参议院利用了"预算和解"（Budget Reconciliation）[②]才获得通过。

[①] 《美国疫情救助计划首批补助将于2021年3月第三个周末直接存入美国人账户》，https://www.reuters.com/article/us-covid-aid-subsidy-0313-idCNKBS2B501Z，2021年3月13日。

[②] 一般来讲，美国大多数法案在两院投票中是按"简单多数"的原则来通过的。但由于美国参议院对讨论议题没有时间限制，少数党议员可以通过发表冗长辩论（Filibuster）来阻止提名或者议案通过。结束辩论需要60票，也称为超级多数（Super Majority）。但如果启用预算和解（Budget Reconciliation）程序，参议院仅需在20小时之内完成讨论付诸决并且以简单多数的形式（即51票通过制）进行投票。在支出法案以"预算和解"程序通过后，将会在新财年预算法案中添加该法案的和解指引。原则上，针对预算支出、收入以及债务上限，国会一年分别只能使用一次和解程序（"Budget Reconciliation: The Basics，" https://budget.house.gov/publications/fact-sheet/budget-reconciliation-basics）。

（二）基础设施建设投资

不同于共和党总统一贯推行的小政府和减税政策，民主党政府一贯支持"增支增税"，认为政府推动经济会比市场力量更有效。[1]2021年4月初，拜登政府宣布计划推出两项大规模的财政支出计划。其中一项是2.3万亿美元的就业计划，该计划将在未来8年支出2.3万亿美元，主要用于基础设施建设投资。另一项是约2万亿美元的家庭计划。

但在两党博弈过程中，就业计划规模大幅缩水为1.2万亿美元的基建投资与就业法案。两党无法对2.3万亿美元就业计划中的非传统基建支出达成一致，民主党为了争取共和党的支持，在规模上做出了很大让步。就业计划全线缩水，计划中的基建部分由最初3月的9820亿美元妥协至6月的5790亿美元。8月，拜登政府提交参议院的规模约1.2万亿美元的基建投资与就业法案（Infrastructure Investment and Jobs Act，以下简称"基建法案"，就业计划的缩水版）中仅有5500亿美元的新支出用于基础设施建设，其余的支出来自现有的基础设施基金和其他领域的再利用资金。从计划支出明细中可以看出，5500亿美元新增基建投资当中，超过3000亿美元的投资均用于交通、水利、水务等传统基建项目，清洁能源投资支出较少。

表1 1.2万亿美元基建计划中新增5500亿美元基建投资明细

单位：亿美元

类别	计划规模
交通等基础设施	2840
道路和桥梁	1100
公共交通	390
铁路	660
交通安全	110
机场	250

---

[1] 张帆、肖诗阳：《美国政府财政预债务危机——对中国的借鉴》，北京大学出版社，2016。

续表

类别	计划规模
港口和水运	170
充电桩	75
电动巴士	75
重新连接社区	10
水务基建（更换铅水管、确保洁净的饮用水）	550
西部水利工程	83
宽带基础设施	650
清洁能源	730
清洁旧矿产地和油田上的土地和地下水	210
弹性设施	460
合计	5523

资料来源：美国白宫网站。

（三）气候变化和清洁能源投资

与特朗普政府不同，拜登政府具有强烈的气候政策偏好。或为特朗普政府时期的气候单边主义政策纠偏，拜登政府将气候政策融入国内经济和对外交往，其政策举措比奥巴马政府时期更为鲜明。在国内经济政策方面，目前拜登政府以建立标准促进需求、投资基础设施建设为手段，使清洁能源融入美国整体经济发展进程。

一是通过行政命令方式提高绿色经济标准，此举将使得部分制造业企业不得不为满足标准进行再投资。美国政府通过行政手段鼓励在整个经济体系中应用清洁技术。例如，在汽车行业实施美国清洁汽车计划。拜登政府宣布一系列措施，进一步收紧汽车排放和油耗规定，加速美国汽车从燃油转向清洁能源驱动的进程，并设定了到2030年清洁能源汽车销量占比达到一半的目标。白宫发表的声明称，这些措施除了应对气候危机之外，还会"增加高收入的国内就业，使美国的电动汽车领先全球，并为美国消费者省钱"。

二是推出与清洁能源相关的财政支出计划，推动清洁技术在经济复苏中的广泛应用。气候适应性与环境正义是拜登政府十分重视的国内气候议题之一。从就业计划到基建法案，尽管共和党持续反对，但拜登政府一直在极力推动财政资金投资于清洁能源、清洁社区、清洁矿地及地下水等应对气候变化项目，应对气候变化的一系列投资已经成为拜登政府财政支出计划中的重要部分。

（四）制造业产业链重塑

拜登政府执政以来，一直以"共同安全观"为由，打造关键产业回归国内、重要产业迁向盟友、一般产业迁往非"竞争对手"国家的产业链新格局。与特朗普政府相同，拜登政府也要推动重塑制造业产业链，但与特朗普政府不同的是，拜登政府并不奉行单边主义政策。[1]

美国商务部、能源部、国防部、卫生与公共服务部6月9日发布了《建立供给链弹性、振兴美国制造、促进广泛增长》联合评估报告，认定美国半导体制造及封装、电动汽车电池、稀土等关键矿产及其他战略原材料、药品和活性药物成分等4个关键供应链存在漏洞和风险。为此，报告强调美国必须通过重建生产和创新能力、提升产业链可持续性、加大政府采购和支持力度、强化国际贸易规则、加强盟友伙伴合作、监控供应链中断情况等方式，修补关键供应链漏洞，夯实长期产业基础。白宫还正式组建"美国供应链中断工作组"，作为政府提升经济竞争力和供应链弹性的第一步。

除此以外，拜登政府也加大了对自身产业链重塑的投资。与特朗普侧重于单边主义打压中国不同，拜登政府更强调加大对美国自身的投入，以保持赢在未来的实力基础。拜登政府计划动用政府资源重塑产业链，加大在电池、半导体等关键领域投资。在拜登政府曾经拟推动的就业计划中，原定计划1800亿美元的财政资金投向研发和前沿技术、3000亿美元的资金用于振兴制造业、1000亿美元用于相关劳动力培训。但在修改后提交国会的基建及就业法案中，这些用于产业链重塑的资金均未有体现。

---

[1] 2021年10月，美国贸易代表戴琪表示，美国将努力在不同的基础上与中国"再挂钩"或"重新连接"（recouple），而不是"脱钩"（decouple）。

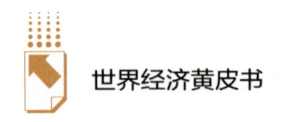

（五）对人力资本的投资

在约2万亿美元的家庭计划中，拜登政府计划在未来10年支出约2万亿美元，重点为家庭医疗、育儿和教育方面的投资。一方面，"照护经济"本身就是拉动就业的引擎，是服务业的重要组成部分；另一方面，白宫经济顾问委员会主席劳斯（Cecilia Rouse）辩护称，"照护经济"也是拜登政府致力解决经济不平等积疾的关键环节，可以使得劳动力更加心无旁骛地工作。[①]

（六）相关财政和货币配套政策

1. 计划增税以支持大规模财政支出

拜登政府计划通过增税支持其大规模财政支出计划。2021年9月13日，美国国会众议院民主党人公布了增税草案的细节，该增税草案已经是民主党内妥协的产物，在企业所得税、高收入税率以及海外收入所得税等许多方面都不及拜登政府于3月末公布的税改方案。

此次增税草案中，民主党计划提高富人和大企业的所得税、提高企业海外利润的税率。民主党计划将应税收入超过500万美元的大企业面临的企业所得税率从21%提高至26.5%，将个人所得税的顶格税率从37%提高至39.6%，超过500万美元的个人收入还将面临3%的附加税。众议院民主党人还计划将美国企业海外收入的最低税率从10.5%提高到16.5%，资本利得税的顶格税率也将由23.8%提高到28.8%。这些提案将从企业和高收入家庭筹集数万亿美元，以筹集民主党财政支出法案所需资金并改善美国内部的财富不平等状况。根据国会税收联合委员会的估算，民主党的增税方案将在未来10年为政府新增2.1万亿美元的税收；负责起草法案的众议院筹款委员会估计增税总额最高可达2.9万亿美元。虽然增税规模已经十分可观，但还是难以覆盖原计划约4万亿美元的新增支出。

[①] 王磬：《人力资源算基础设施吗？拜登发展照护经济引争议》，https://www.jiemian.com/article/5975816.html，2021年4月19日。

2. 美联储量化宽松主要用来配合财政刺激计划

新冠肺炎疫情暴发以来，美联储推出无限量量化宽松政策。与 2008 年金融危机之后的美联储量化宽松不同，此次疫情期间推出的美联储量化宽松主要用来支持财政扩张，而非简单的流动性支持和压低长期利率。2020 年 3 月至 2021 年 8 月底，美国已经推出的财政刺激法案规模累计达 5.7 万亿美元、新增发行国债规模累计约 7 万亿美元。同期，美联储新增购买国债规模约为 2.9 万亿美元，占上述财政刺激规模的 50% 以上、占新发行国债规模的 42%。

二 拜登政府经济政策实施评估及展望

截至 2021 年 9 月底，拜登政府计划的经济政策中，除了应对疫情的财政救助计划，其他均未落地兑现。拜登政府已经触及政府债务上限，且国会中期选举在即、共和党对拜登政策落地的阻挠将更为激烈，拜登政府的经济政策如期落地难度极大。

（一）债务上限问题成为两党博弈筹码，基建法案被搁置

拜登政府的大规模财政支出计划均被搁置。按原定计划，1.2 万亿美元的基建法案于 2021 年 9 月 27 日前在众议院通过。[①] 但是因美国政府触及债务上限，债务上限问题成为民主党更为棘手的问题，基建法案的投票也被搁置。同月，拜登政府还推出总规模约 3.5 万亿美元的预算支出法案。[②] 但该法案还需扩充修订为草案，再依次经由参议院和众议院审核。因民主党内温和派对该预算支出法案规模的反对，3.5 万亿美元的预算支出法案已经面临缩水。在与反对的民主党人谈判后，10 月 28 日白宫正式宣布了《重建美好未来的法案

---

① 2021 年 8 月 10 日，该法案已获参议院通过。
② 2021 年 4 月，拜登政府推出共计约 4 万亿美元的就业计划和家庭计划。9 月，民主党将就业计划与家庭计划分拆为"两步走"：一是希望通过常规投票程序推进两党共识较多的 1 万亿美元基建法案；二是希望在 2021~2022 财年通过预算和解程序单边强推 3.5 万亿美元的预算法案。

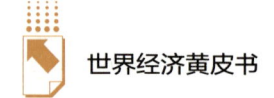

框架》，①公布的框架规模1.75万亿美元，较此前提出的3.5万亿美元计划砍半，主要内容与改善儿童保育和社会安全网、扩大医保福利覆盖范围，以及应对气候变化有关。②

债务上限问题可能使得拜登政府一系列财政支出计划流产。表面上看，债务上限问题和预算法案的审议并无关联，但事实上债务上限问题与预算法案已经紧密关联，并成为两党博弈的重要筹码。一方面，财政支出计划必然需要通过政府举债支持。另一方面，由于提高债务上限与大规模财政支出计划都是共和党反对的目标，若民主党想要在某一领域寻求与共和党达成一致，则必然要在另一领域做出妥协。事实上，债务上限问题已经成为共和党有力的博弈工具。2021年10月7日，共和党与民主党就政府债务问题暂时达成一致，参议院投票通过了将短期债务上限延长至2021年12月3日，并允许债务限额增加4800亿美元，以维持政府正常运转，避免债务违约。与此同时，民主党力图推出的各项支出法案均被搁置审议和讨论，甚至遭遇党内反对。

需要注意的是，目前两党仅是对2021年12月3日前的债务问题达成了一致，以避免在此之前政府债务违约。但关于之后的债务问题，仍需两党再次达成共识，或是民主党使用"预算和解程序"独自解决，因此债务上限问题仅仅是被延后了，而非完全解决。并且，伴随着中期选举临近，共和党对债务上限和大规模支出计划的反对声浪会越来越强。

（二）基建法案的实际执行力度不乐观

基建法案的年均支出金额有限。目前基建法案只是被搁置，1.2万亿美元的支出内容两党基本已经达成共识，众议院依然有通过基建法案的可能性。但是即便法案通过，基建法案能够提供的支出金额也十分有限。1.2万亿美元

---

① "The Build Back Better Framework: President Biden's Plan to Rebuild the Middle Class," https://www.whitehouse.gov/build-back-better/.
② 预算和解程序要求参议院中所有的民主党都投"赞成票"，但两位温和派的民主党参议员乔·曼钦(Joe Manchin)和柯尔丝滕·西内马(Kyrsten Sinema)公开表示，如果不缩减开支将不会支持这项支出法案。拜登政府必须考虑缩减开支以赢得党内共识，3.5万亿美元的支出法案已缩减至1.75万亿美元，未来可能更低。

的基建计划中，仅 5500 亿美元为新增基建，计划支出五年、每年支出金额非常有限。

联邦与地方政府以及地方政府之间的利益冲突也会成为基建计划落地的新阻力。美国采取的是联邦制，每个州都有自己的法律。美国郡县在美国的交通和基础设施网络中发挥着重要作用，拥有和经营 44% 的公共道路和 38% 的桥梁，比任何其他级别的政府都要多。同时，各郡县直接支持 78% 的公共交通系统和 34% 的机场，每年各郡县均要投资 1340 亿美元用于基础设施建设和公共工程的维护和运营。[1]如果联邦政府的基建项目触动了地方政府的利益，或者地方政府之间存在利益纷争，均会给项目建设带来影响——穿越美国 15 个州的 95 号州际公路修了 61 年就是最好的例子。

（三）增税法案通过难度极大，两党博弈将加剧美国财政失衡

增税提议必然将遭遇共和党、工商团体、跨国公司和反税组织的反对。为了增加增税提案通过的可能性，民主党除了公布增税提案外，还计划加强对儿童和中低劳动收入的税收抵免。根据美国国会税收联合委员会估计，按照民主党的计划，年收入低于 20 万美元的低收入阶层在 2023 年缴纳的税款将大大减少，但收入超过 20 万美元[2]的人支付的税款将在 2023 年小幅上升，收入超过 100 万美元的人的税款将上升 10.6%。

增税触犯的利益群体庞大，共和党的反对将得到选民的支持，有利于其中期选举争抢两院席位。如果不动用"预算和解"程序或与其他法案捆绑，增税计划被两院通过的可能性极低。而民主党若在中期选举前动用"预算和解"程序通过增税计划，可能将在中期选举时失去众多选民以及选举献金的支持。从这一角度出发，民主党最终只能在增支不增税或增支少增税中进行妥协，这将进一步加剧美国财政失衡和政府债务压力。

---

[1] "Legislative Analysis for Counties: The Infrastructure Investment & Jobs," https://www.naco.org/resources/legislative-analysis-counties-infrastructure-investment-jobs-act.
[2] 在 2021 年 10 月 28 日白宫公布的《重建更好的法案框架》中，增税的收入门槛被提高至 40 万美元。该框架明确表明，年收入低于 40 万美元的人不会多缴税。

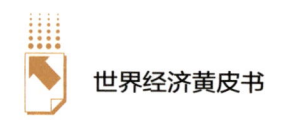

（四）美联储减少资产购买、加息前置，制约政府债务融资

美联储在2021年9月议息会议中进一步释放减少资产购买的信息。基准情形下，美联储将在2021年11月或12月宣布减少资产购买。当前美国通胀率高企，为了避免通胀预期的自我实现，美联储必须兑现其在议息会议中释放的预期，非农就业不及预期并不会影响美联储减少购债。如果美联储以150亿美元/月的速度减少对金融资产的购买（其中100亿美元为国债，50亿美元为MBS），减少资产购买将于2022年第三季度结束，整个过程将持续8个月。

减少资产购买结束后，美联储资产负债表将不会再出现大规模扩表的情形（除非美联储再次量化宽松或创造出新的扩表工具），美联储资产购买将仅限于借新还旧的债券回购。当前美国政府债务压力较大，2020年美国联邦政府财政赤字占GDP比重已经达到14.9%，美国联邦政府债务也再一次触及债务上限。美联储减少资产购买，名义利率抬升、用于购买国债的货币供给下降，也将影响美国进一步财政扩张的空间。同时，减少资产购买落地释放出美联储逐步退出量化宽松的预期，加息预期也随之上升，主要期限的名义利率抬升也将增加政府再融资的成本。美联储扩表的停止基本意味着美国财政刺激计划的退潮。

三 对新兴经济体的机遇和挑战

（一）基建产业链将整体受益

基建法案总体有益于全球基建产业链。美国大规模基建投资一旦落地，新兴经济体基建产业链将全面收益，相关上游原材料价格可能进一步上升。需要关注的是，拜登政府希望改变目前美国工业集中在供应链末端、初级产业和就业大量流失的情况，美国两党在制造业回流美国、保障产业链安全上高度一致。若制造业回流美国效果不佳、基建计划主要让新兴经济体得益，不排除美国政府在钢铁、船舶、玻璃等领域开展反倾销调查，或炮制理由、炒作事端对关键产品进行供应链审查。但当前美国通胀高企，对来自新兴经济体的供应链打压也会进一步加剧其通胀压力。

（二）大宗商品涨价挤压中下游利润空间

美国财政刺激将进一步提振全球需求，而印度、巴西等大型新兴经济体依然深陷疫情，全球供需缺口扩大，加速大宗商品价格上涨。大宗商品价格持续快速上涨挤压处在产业链中下游的新兴经济体加工业利润空间。2021年前三季度，原油等上游原材料价格上涨约60%，标普高盛商品指数涨幅达45%。由于上游原材料上涨幅度明显大于中下游加工业、工业品通胀强于消费品通胀，上游原材料期货投机性交易进一步推动价格实时上涨，而中下游制造品出厂价格调整具有菜单成本、价格调整不够及时，大宗商品涨价或挤压中下游制造业利润空间。若上游大宗商品快速上涨和下游产品涨价动能较弱的格局持续，部分新兴经济体上下游出厂价增速的剪刀差将进一步扩大、中下游制造业利润空间将继续受到挤压。

（三）资本流出风险可控，关注美联储紧缩后的资产价格波动

伴随着美联储减少资产购买，美元流动性供给减少、名义利率抬升，资本将进一步回流美国。根据美联储的研究，因美联储紧缩、资本外流爆发危机的新兴经济体主要是基本面本就脆弱的经济体，如1980年代的拉美、1998年代的东南亚等。因大宗商品价格上涨将改善巴西等能源出口国的经常项目，此次美联储货币政策转向期间，建议关注个别深陷疫情、贸易逆差扩大、外债规模大、外汇储备规模低的经济体的债务风险，如土耳其等。我国经济运行稳定、经常项目盈余、外汇储备规模可观、外债规模较小，当前资本外流风险基本可控。关注美联储紧缩后的资产价格调整风险。当前，美股巴菲特指数（市值/美国GDP）已超过200%，高于2000年互联网泡沫峰值，美股泡沫化程度较高。上一轮美联储加息至1.5%并启动缩表之后，标普500指数、MSCI新兴市场指数累计最大跌幅分别达10%、20%。

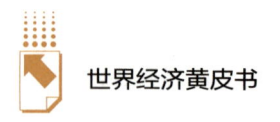

参考文献

Ahmed, Shaghil, Ozge Akinci, Albert Queralto, "U.S. Monetary Policy Spillovers to Emerging Markets: Both Shocks and Vulnerabilities Matter, International Finance Discussion Papers 1321," Board of Governors of the Federal Reserve System, July 2021.

Budget Reconciliation, "The Basics," https://budget.house.gov/publications/fact-sheet/budget-reconciliation-basics, 2021-08-11.

Build Back Better, "Joe Biden's Jobs and Economic Recovery Plan for Working Families," https://joebiden.com/build-back-better/.

Iacoviello, Matteo and Gaston Navarro, "Foreign Effects of Higher U.S. Interest Rates," International Finance Discussion Papers 1227, Board of Governors of the Federal Reserve System, May 2018, National Association of Counties, Legislative Analysis For Counties-The Infrastructure Investment & Jobs, https://www.naco.org/resources/legislative-analysis-counties-infrastructure-investment-jobs-act, 2021-08-16.

The Build Back Better Framework, "President Biden's Plan to Rebuild the Middle Class," https://www.whitehouse.gov/build-back-better/.

White House, "The Build Back Better Agenda," https://www.whitehouse.gov/build-back-better/.

《美国疫情救助计划首批补助将于2021年3月第三个周末直接存入美国人账户》，https://www.reuters.com/article/us-covid-aid-subsidy-0313-idCNKBS2B501Z，2021年3月13日。

王磬:《人力资源算基础设施吗？拜登发展照护经济引争议》，https://www.jiemian.com/article/5975816.html，2021年4月19日。

张帆、肖诗阳:《美国政府财政预债务危机——对中国的借鉴》，北京大学出版社，2016。

Y.19
疫情后的全球债务概况、风险识别与治理挑战

熊婉婷*

摘　要： 新冠肺炎疫情冲击下，全球债务规模大幅扩张，整体债务负担再创历史新高。与2008年全球金融危机相比，本轮债务积累潮来势更凶、幅度更大。从债务规模的扩张幅度看，政府部门的债务积累速度快于私人部门，发达经济体快于发展中经济体。后疫情时代，需要重点关注三大风险：一是部分新兴市场和发展中国家的主权债务风险。目前已有一半低收入国家陷入债务困境，疫苗分配不均、全球复苏不同步、美联储退出宽松政策等因素可能导致危机国家的范围进一步扩大。二是企业部门的破产率可能在政府退出逆周期政策后迅速上升，各国当局需要慎重选择逆周期政策退出时机。三是企业违约潮还将对有关金融机构造成负面冲击。发达经济体需要高度重视非银行金融部门的脆弱性，发展中经济体更需要警惕全球复苏不均衡所引发的资本外流和货币贬值风险。

关键词： 全球债务　风险识别　债务治理

新冠肺炎疫情冲击下，全球债务规模大幅扩张，整体债务负担再创历

---

* 熊婉婷，中国社会科学院世界经济与政治研究所全球宏观经济室助理研究员，研究领域：全球宏观经济、债务问题。

史新高。与2008年全球金融危机相比，本轮债务积累潮来势更凶、幅度更大。这一背景下，有必要对疫情后的全球债务变化趋势、债务风险来源和债务治理挑战进行全面审视。本报告试图回答三个问题。第一，疫情后各国各部门的债务水平和偿债负担发生了怎样的变化？第二，不同经济体的风险来源有何差异？第三，后疫情时代的全球债务治理工作需要应对哪些挑战？

一 疫情后的债务变化趋势

新冠肺炎疫情冲击下，全球债务大幅扩张，整体偿债负担加剧。2020年全球债务[①]飙升至创纪录的284万亿美元，达到全球GDP的345%。与2019年同期相比，全球债务规模扩张了9.3%，债务占GDP比重增加了37.7个百分点。本轮债务积累不仅打破了近10年来债务占GDP比重的下降趋势，而且债务规模扩张幅度远高于2008~2009年全球金融危机期间（债务规模增速仅为5.4%）。在目前刺激性政策的支持下，全球金融市场整体流动性仍较为宽松，全球债券发行量仍高于疫情前的水平。短期内预计本轮债务积累潮将进一步持续。不过，在全球性经济复苏的支持下，2021年债务占GDP比重的上升幅度大概率会比2020年更为温和，偿债负担加剧的压力将有所缓解。

分部门看，政府部门的债务扩张速度大于私人部门，反映出疫情后纾困政策所带来的影响。2020年，全球政府债务规模为83.6万亿美元，同比增速达17.4%，远高于私人部门同期增速。与2019年相比，2020年全球政府债务占GDP比重增加了7个百分点至101.6%。大规模纾困政策的使用是政府债务扩张的主要原因。2020年非金融私人部门债务占GDP比重从2019年的147.7%增至161.3%。其中家庭债务规模增加了5.4%，达到GDP的62.5%，部分增长由疫情后的房地产市场繁荣所驱动。非金融企业债务规模增加了7.2%，达到GDP的98.8%。企业部门的债务增长与各类政府支持措施息息相

---

① 包括所有部门（政府、企业、家户、非金融企业和金融部门）和所有国家（可得数据，具体国家详见表1）。

关，包括延期偿债和贷款担保计划等。此外，疫情纾困政策的影响也体现在金融企业负债率的增长上。在各国央行普遍降低利率或量化宽松的政策支持下，2020 年金融企业的债务增长了 6.1%，达到 GDP 的 82.3%。这是自 2007 年以来的最大增幅，也是自 2016 年以来的首次年度增长。

整体而言，发展中经济体的债务扩张幅度远小于发达经济体，主要原因在于前者政策空间不足、纾困政策力度更为有限，因而导致实体经济融资难度更大。2020 年发达经济体的债务同比增速高达 11.4%，比新兴经济体和前沿经济体[1]高了 7~8 个百分点。不同经济体之间的差异在政府部门最为明显。在发达经济体政府部门债务以 20.3% 的年均增速快速扩张的同时，新兴和前沿经济体政府部门的债务增速分别只有 8.7% 和 6.1%。私人部门也存在类似差距。无论是家庭、非金融企业还是金融企业，发达经济体的债务增速均普遍高于发展中经济体。在前沿经济体，非金融企业甚至还出现了债务规模不增反减的现象，反映出有关企业在疫情期间的融资困难。

疫情后各国债务负担均大幅增加，但债务上涨幅度和债务积累主体各有不同。发达经济体中，欧洲国家的涨幅居前，特别是法国、西班牙和希腊。这三个国家的非金融部门债务占 GDP 比重较 2019 年同期至少提高了 50 个百分点，其中政府部门是推动债务增长的主力。美国债务比重的扩张幅度在发达国家中处于中等偏高水平，2020 年的非金融部门债务占 GDP 比重较 2019 年提高了约 35 个百分点，债务增长同样主要由政府部门主导。新兴经济体中，处于货币危机和经济动荡中的黎巴嫩债务上涨幅度最大，其私人部门债务无序扩张，政府无所作为，呈现出典型的危机特征。新加坡、中国、土耳其的非金融部门债务占 GDP 比重涨幅居前。不同于发达国家政府债务主导的债务积累，中国、黎巴嫩等新兴市场国家非金融企业的债务增加幅度比政府部门更大。在前沿经济体方面，马尔代夫、巴林、赞比亚、阿曼等国家债务占 GDP 比重提高最快。这些国家的债务上涨主要由政府部门主导，部分国家企业部门的债务甚至有所下降。

---

[1] 具体国别详见表 1 注释。

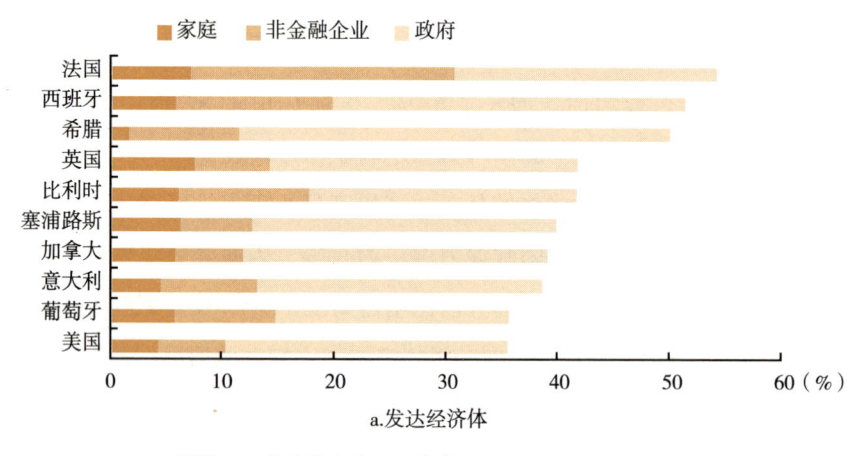

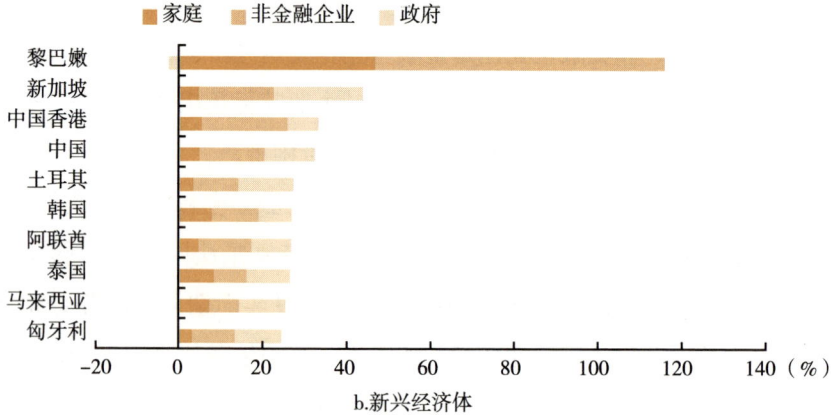

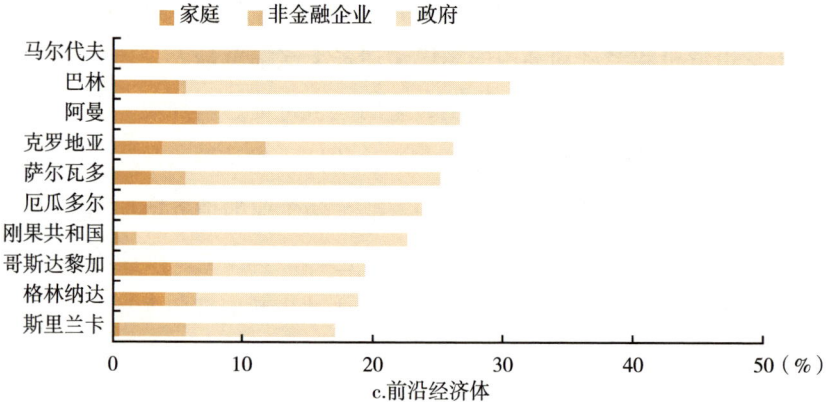

图1 不同类型经济体2020年债务占GDP比重相对2019年的变化

注：不包括金融企业，仅显示各类经济体中债务占GDP比重排名前10的国家和地区

表1　全球债务规模变化

单位：万亿美元，%

	债务存量	全球	发达经济体	新兴经济体	前沿经济体
所有部门	2020年第四季度	284.0	203.7	77.7	2.5
	2019年第四季度	259.9	182.8	74.6	2.5
	同比增速	9.3	11.4	4.2	2.6
	2008~2009年年均增速	5.4	4.1	13.7	13.2
	2010~2019年年均增速	3.4	1.5	10.3	6.5
政府	2020年第四季度	83.6	63.5	18.8	1.3
	2019年第四季度	71.3	52.8	17.3	1.3
	同比增速	17.4	20.3	8.7	6.1
	2008~2009年年均增速	13.0	13.0	13.3	12.7
	2010~2019年年均增速	4.8	3.7	9.2	10.3
家庭	2020年第四季度	51.1	37.3	13.7	0.4
	2019年第四季度	48.9	34.9	13.6	0.4
	同比增速	5.4	6.9	0.7	2.4
	2008~2009年年均增速	2.1	1.1	11.8	10.1
	2010~2019年年均增速	2.8	0.7	12.5	5.3
非金融企业	2020年第四季度	81.3	47.3	33.3	0.8
	2019年第四季度	75.9	43.2	32	0.8
	同比增速	7.2	9.5	4.1	-2.8
	2008~2009年年均增速	6.1	2.9	18.2	21.6
	2010~2019年年均增速	4.6	1.8	10.5	4.8

世界经济黄皮书

续表

债务存量		全球	发达经济体	新兴经济体	前沿经济体
金融企业	2020年第四季度	67.7	55.6	11.9	0.2
	2019年第四季度	63.8	52	11.7	0.2
	同比增速	6.1	6.9	1.7	0.2
	2008~2009年年均增速	1.7	1.3	7.1	4.5
	2010~2019年年均增速	1.3	0.1	9.5	-1.1

注：发达经济体包括61个国家，分别是澳大利亚、奥地利、比利时、塞浦路斯、加拿大、丹麦、爱沙尼亚、芬兰、法国、德国、希腊、爱尔兰、意大利、日本、拉脱维亚、立陶宛、卢森堡、马耳他、荷兰、新西兰、挪威、葡萄牙、斯洛伐克、斯洛文尼亚、西班牙、瑞典、瑞士、美国、英国等。新兴经济体包括32个国家或地区，分别是阿根廷、巴西、智利、中国内地、哥伦比亚、捷克共和国、埃及、加纳、中国香港、匈牙利、印度、印度尼西亚、以色列、肯尼亚、黎巴嫩、马来西亚、墨西哥、尼日利亚、巴基斯坦、秘鲁、菲律宾、波兰、俄罗斯、沙特阿拉伯、新加坡、南非、韩国、泰国、土耳其、乌克兰、阿联酋、越南。前沿经济体包括42个国家，分别是安哥拉、巴林、孟加拉国、贝宁、喀麦隆、刚果共和国、哥斯达黎加、科特迪瓦、克罗地亚、多米尼加共和国、厄瓜多尔、萨尔瓦多、埃塞俄比亚、冈比亚、格林纳达、洪都拉斯、牙买加、约旦、哈萨克斯坦、科威特、老挝人民共和国、马尔代夫、蒙古、摩洛哥、莫桑比克、阿曼、巴布亚新几内亚、罗马尼亚、卢旺达、塞内加尔、塞尔维亚、斯里兰卡、塔吉克斯坦、坦桑尼亚、特立尼达和多巴哥、突尼斯、乌兹别克斯坦、赞比亚等。

资料来源：IIF Global Debt Statistics。

表2 全球债务占GDP比重变化

单位：%，个百分点

债务占GDP比重		全球	发达经济体	新兴经济体	前沿经济体
所有部门	2020年第四季度	345.3	418.9	250.5	117.5
	2019年第四季度	307.6	381.6	220.6	108.8
	同比增量	37.7	37.3	29.9	8.7
	2008~2009年年均增量	12.9	15.2	17.8	8.4
	2010~2019年年均增量	-1.1	-0.2	6.1	3.1
政府	2020年第四季度	101.6	130.4	63.5	61.7
	2019年第四季度	94.4	109.7	52.4	55.3
	同比增量	7.2	20.7	11.1	6.4
	2008-2009年年均增量	7.6	11.9	5.0	5.2
	2010-2019年年均增量	0.9	1.5	1.5	2.8

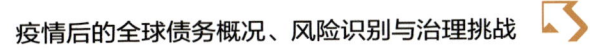

续表

债务占GDP比重		全球	发达经济体	新兴经济体	前沿经济体
家庭	2020年第四季度	62.5	76.8	43.8	17.2
	2019年第四季度	57.9	72.5	40.2	16.0
	同比增量	4.6	4.3	3.6	1.2
	2008-2009年年均增量	0.7	2.6	3.0	1.7
	2010-2019年年均增量	-0.5	-1.0	1.6	0.4
非金融企业	2020年第四季度	98.8	98.2	103.5	30.6
	2019年第四季度	89.8	91.1	93.1	30.1
	同比增量	9.1	7.1	7.4	0.5
	2008-2009年年均增量	4.0	0.6	10.7	0.9
	2010-2019年年均增量	0.7	0.7	2.0	0.3
金融企业	2020年第四季度	82.3	113.5	39.8	8.0
	2019年第四季度	75.5	108.3	34.9	7.5
	同比增量	6.8	5.2	4.9	0.5
	2008-2009年年均增量	0.7	0.1	-0.9	0.6
	2010-2019年年均增量	-2.1	-1.5	0.9	-0.4

注：债务占GDP比重为对应国别和行业分类的债务总额与所有国家GDP总额的比重。增量数据单位均为百分点。

资料来源：IIF Global Debt Statistics。

二 疫情后的债务风险识别

疫情后全球债务的快速积累预示着金融脆弱性的上升。由于纾困政策的普遍使用，公共部门债务比重上升已成为所有国家面临的共同挑战。虽然发达国家债务扩张幅度比发展中国家更大，但发展中经济体爆发债务危机的风险反而更高，目前已有近一半低收入国家陷入主权债务困境。造成二者债务承受能力差异的因素包括发达国家的融资稳定性更高、资金来源更广、资金成本更低、债务治理能力更强、金融安全网设施更为完善等。受全球复苏分

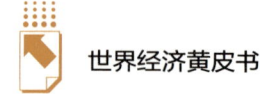

化、美联储退出货币宽松政策等因素影响，未来两年内新兴和发展中经济体所面临的主权债务风险可能进一步上升。在私人部门，风险主要集中于企业部门和与之密切相关的金融机构。在逆周期政策退出前，企业部门风险将更多表现为僵尸企业数量上升。随着逆周期政策的逐步退出，全球各大经济体将迎来一波企业破产潮，以及有关金融部门资产负债表的恶化。

（一）公共部门的债务风险

中短期内，发达经济体爆发主权债务危机的概率并不大。首先，尽管债务有所增加，但鉴于市场利率的下降趋势，发达经济体的平均利息支出总体上处于较低水平。而且由于负利率的存在，甚至可能出现新增债务越多而偿债负担越小的反常现象。其次，发达经济体在疫情前的初始通胀水平较低，日本、欧洲等发达经济体通胀水平远低于2%。价格上涨的空间更大，以美联储为代表的部分中央银行还提高了通胀容忍度。换而言之，尽管债务扩张幅度更大、经济刺激力度更强，但发达经济体的财政空间更大。最后，发达经济体的经济复苏更为强劲，有助于维持利率低于经济增速的局面。只要利率与经济增速之差为负，即使债务继续增加，一国的债务比重不会爆发式增长，而是最终稳定在一定水平。此外，随着经济的快速复苏，发达国家的政府还可以通过适度缩减财政赤字或增加财政盈余的方式来稳定债务比重。不过，欧盟国家的情况可能出现国别分化。由于货币一体化但各国复苏步骤不一，意大利、西班牙等的边缘国家可能比德国和法国等核心国家面临更高债务风险。

与此相对，很多发展中国家的主权债务风险更为严峻。与发达经济体相比，发展中经济体的融资成本更高、政府利息支出占GDP比例更大。由于对外部融资依赖性更强，这些国家也更容易受到国际金融市场波动的影响，尤其需要警惕由美联储加息引发的资本外流和货币贬值风险。在疫情造成的巨大经济冲击下，已经约有一半的低收入国家陷入主权债务困境。如表3所示，疫情后债务可持续性风险评级恶化的国家数量还在进一步增加。很多低收入国家同时面临债务可持续性和融资可持续性的双重挑战。一方面，疫情冲击导致低收入国家的融资缺口进一步扩大。国际货币基金组织预计，低收入国家在未来5年内的总融资需求高达2000亿~3500亿美元。[①]另一方面，信用评级的恶化导致这些国家融资更为困难。随着各国疫苗接种和经济复苏速度差距的拉大，美国等发达国家可能在2022~2023年退出货币宽松政策，届时疫情尚未得到完全控制、经济依然疲软、债务负担高企的发展中国家将面临更为严峻的资本外流和货币贬值威胁。

表3 2019~2021年中低收入发展中经济体的主权债务可持续性风险评级变化

国家	2019年	2020年	2021年
贝宁	中	中	中
布基纳法索	中	中	中
布隆迪	高	高	高
喀麦隆	高	高	高
佛得角	高	高	高
中非共和国	高	高	高
乍得	高	高	高
科摩罗	中	中	中
刚果共和国	危机中	危机中	危机中
刚果民主共和国	中	中	中
科特迪瓦	中	中	中
吉布提	高	高	高
厄立特里亚	危机中	危机中	危机中
埃塞俄比亚	高	高	高
冈比亚	危机中	高	高
加纳	高	高	高
几内亚	中	中	中
几内亚比绍	中	中	高
肯尼亚	中	高	高
莱索托	中	中	中

① "Funding the Recovery of Low-income Countries After COVID-IMF Blog," https://blogs.imf.org/2021/04/05/funding-the-recovery-of-low-income-countries-after-covid/.

续表

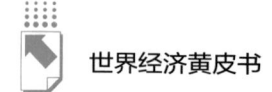

国家	2019年	2020年	2021年
利比里亚	中	中	中
马达加斯加	低	中	中
马拉维	中	中	中
马里	中	中	中
毛里塔尼亚	高	高	高
莫桑比克	危机中	危机中	危机中
尼日尔	中	中	中
卢旺达	低	中	中
圣多美和普林西比	危机中	危机中	危机中
塞内加尔	低	中	中
塞拉利昂	高	高	高
索马里	危机中	危机中	危机中
南苏丹	危机中	危机中	危机中
苏丹	危机中	危机中	危机中
坦桑尼亚	低	低	低
多哥	中	中	中
乌干达	低	低	低
赞比亚	高	高	高
津巴布韦	危机中	危机中	危机中
高风险或危机中国家数	34	36	37
中低风险国家数	35	33	32

资料来源：国际货币基金组织债务可持续性分析报告对各国的风险评级，笔者汇总整理。

（二）私人部门的债务风险

从全球层面看，非金融企业既是疫情后私人部门债务积累的主体，也是私人部门债务风险的主要来源。截至2020年底，全球非金融企业部门债务总额约为81.3万亿美元，其中约20%是公司债券。自2008年以来，全球公司

疫情后的全球债务概况、风险识别与治理挑战

债券市场规模飙升，疫情冲击进一步推高了全球公司债券发行规模。2020年上半年全球非金融企业债券发行量达到创纪录的 2 万亿美元，较 2019 年同期增长了 49%。但是，公司债券市场的整体质量不断下降。2019 年，全球非金融公司债券中只有 30% 被评为 A 级或以上。低质量公司债的积累在发达经济体最为明显。以美国为例，未来五年到期的公司债券几乎有一半低于投资级，投资级评级最低的企业债券评级 BBB 数量也处于历史高点。随着疫情后美联储逐步退出货币宽松政策，发行高风险债券的公司将面临更大的破产威胁。在巴西、智利和墨西哥等新兴市场经济体，公司债券市场近年来也成为更加重要的私人部门融资来源，未偿非金融企业债券的年增长率远高于 10%。由于国家风险较高，这些新兴市场公司债券的评级普遍较低，金融脆弱性更强。参照 1997 年亚洲金融危机经验，新兴市场经济体企业部门的债务积累可能进一步转化为银行危机或全面金融危机。

疫情期间的纾困政策暂时缓解了企业部门的债务风险，但有关脆弱性并未消失，反而会随着纾困政策的退出而逐步暴露。疫情期间很多企业遭到重创，只是因为政府纾困政策的支持下才得以勉强维持。如果政府在经济尚未稳定的情况下就退出纾困政策，很可能迎来一波企业破产潮。反之，如果纾困政策持续时间过长，则会面临"僵尸企业"拖累经济增长的困境。安联研究全球破产报告显示，[①] 近一半国家会在 2020~2021 年遭遇 2008 年全球金融危机以来最大的一波企业破产潮。预计纾困政策的永久退出将导致全球破产率增加 5%~6%。美国、巴西、中国、英国、西班牙、意大利、比利时和法国等国家破产率指数涨幅居前。面对这些挑战，政府部门必须准确把握退出时机，在维护经济稳定和恢复市场化破产机制之间取得平衡。

与 2008 年全球金融危机类似，企业部门的违约会进一步波及与之密切相关的金融部门。在美欧等发达国家，非银行金融部门的脆弱性比银行部门更值得关注。2008 年全球金融危机后，这些国家普遍加强了宏观审慎监管的

---

① "The Insolvency Time Bomb: Prepare for a Record-high Increase in Insolvencies, The Collateral Damage of the COVID-19 Crisis," https://www.allianz.com/en/press/news/studies/200720_Allianz-Euler-Hermes-covid19-and-global-insolvency-time-bomb.html.

力度，银行资本充足率大幅提高，整个银行业应对危机能力普遍增强。然而，在传统银行业受到监管强化冲击的同时，许多高风险投资活动并未消失，只是转移到了非银行金融部门。以美国为例，在新冠肺炎疫情之前，贷款抵押债券（Collateralized Loan Obligations, CLOs）数量不断上升。这种金融工具是2008年引发次贷危机的抵押担保证券的"近亲"。如果说2008年全球金融危机期间信用违约掉期的基础是次级抵押贷款，那么今天的信用违约掉期的主要成分之一就是公司垃圾债券。CLOs把高风险的公司贷款收集起来，然后组织成一组新的证券。一旦作为基础资产的高风险企业违约，所有债权人都有连带违约风险。这种金融工具的普遍使用是美国影子银行体系繁荣的一个体现，也是金融机构为了规避监管和满足投资者资产收益需求的产物。后疫情时代，CLOs市场可能因为企业信用降级、违约升级等事件开始瓦解，甚至出现更深层次的抛售，这将放大现有的经济压力。2020年已经出现了第一批被CLOs工具放大的企业违约案例。尽管市场内部人士坚持认为CLOs内置了减震器，这会将风险内部化并加以控制，但这种工具的复杂性和杠杆效应确实与2008年的危机动态有着强烈的呼应。即使CLOs不会导致后疫情时代经济衰退，但它们会放大危机。

在新兴市场和发展中经济体，金融部门的脆弱性不仅与国内企业违约率上升高度相关，而且面临更为严峻的资本外流和汇率波动挑战。自2008年全球金融危机以来，发展中国家的债权人构成发生了实质性变化，不仅私人债权人在总债务中的占比大幅上升，而且更多国内债务由国外投资者持有。对新兴市场经济体的投资往往采取跟踪基准指数的被动管理战略，如跟踪摩根大通主权债券EMBI指数、摩根士丹利MSCI股票指数等基准指数。这种基于基准指数的被动投资战略不仅容易因羊群效应而出现恐慌抛售，而且对全球金融状况的变化高度敏感，往往会通过触发发展中国家投资组合流动的同步运动来放大负面冲击。后疫情时代，发达经济体和发展中经济体的不均衡复苏可能加剧新兴市场国家所面临的资本外流和货币贬值压力。由于高债务和高通胀限制，部分经济体的货币和财政政策空间更为有限。随着纾困政策的退出，这些经济体将迎来一波企业违约潮和相关金融部门资产负债表的恶化，甚至引发金融危机。

综上所述，疫情后需要重点关注的风险主要有三类。一是低收入和新兴市场国家的主权债务风险。目前部分国家已经处于危机之中，疫苗分配不均、全球复苏不同步、美联储退出宽松政策等因素可能导致危机国家的范围进一步扩大。二是企业部门的破产率可能在政府退出纾困政策后迅速上升，较早退出纾困政策的国家已出现类似趋势。在货币宽松和财政刺激政策的支持下，企业部门的风险将更多表现为"僵尸企业"数量增加。随着纾困政策的逐步退出，各大经济体将迎来一波企业破产潮。三是企业破产可能波及有关金融机构。发达经济体非银行金融部门的脆弱性较高。发展中经济体需要高度重视资本外流和货币贬值风险。

三 疫情后的债务治理挑战

在全球经济下行、央行货币政策普遍宽松、财政刺激力度加大的影响下，全球已进入"低利率、高债务、低增长"时代。在这一背景下，如何评估公共债务可持续性成为争议焦点。主要争议包括三个方面。

一是低利率如何影响公共债务可持续性。Blanchard 提出，在利率低于增长率的情况下，增加政府债务的财政成本和福利成本都很低。换而言之，更大规模的公共债务也是可持续的。[1]但是，实证研究显示，无论经济增长率是否高于利率，只要公共债务水平超过一定阈值，发生债务危机的可能性就会大幅飙升。

二是是否应该从政府部门净资产的角度来评估公共债务可持续性。王燕和林毅夫指出，投向基础设施建设的主权贷款不仅会增加受援国的公共债务，同时也会形成政府部门的公共资产。[2]因此，从净资产的角度看，与不能够形成公共资产的债务相比，能够形成公共资产的债务对受援国债务可持续性的危害更小。这一观点与世界银行和IMF所提出的债务可持续性分析框架并不

---

[1] Blanchard O., "Public Debt and Low Interest Rates," *American Economic Review*, 2019, 109 (4).
[2] Lin J., Wang Y, "A Turning Point for Development Aid," Project Syndicate, Dec. 30, 2019.

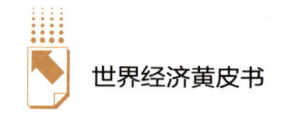

一致。后者认为，公共资产的流动性不足，政府很难通过变卖资产的方式来偿还债务，因此不应该从净资产的角度来评估公共债务的可持续性。

三是如何兼顾发展可持续性和债务可持续性。在 IMF 和世界银行的债务可持续性框架下，债务国需要保证债务负担不超过经验性阈值。一旦债务国的资源不足以偿还外债，就会被认为债务不可持续。这一观念只关注借款国是否具备偿付能力，而不考虑贷款是否服务于债务国的长期发展战略。与此相对，联合国提出，债务可持续性应当是可持续发展的组成部分，而非最终发展目标。按照这一观念，应当从整个发展周期而非每个时点角度评估发展中国家的债务可持续性。在发展的早期阶段，发展中国家普遍面临资金缺口，往往需要依赖外部融资才能完成可持续性发展目标所需要的投资。这一阶段的本质是以信用创造带动经济发展，因此必然出现债务恶化的表现。只有在债务国实现经济发展目标的情况下，债务比重才能再次下降。

除了关于债务可持续性判别方法的争议以外，疫情后的全球债务治理工作还面临四大政策挑战。

一是如何优化 IMF 的紧急援助机制以缓解当前流动性危机。目前 IMF 已为 70 个国家提供紧急资金，并为 29 个国家提供立即债务减免。但是，现有的快速信贷便利和快速融资工具等不能满足成员国需求。根据 IMF 测算，在经济下行情景下，成员国对基金组织资金的总需求将超过 2 万亿美元，远超基金组织 1 万亿美元的现有资源。为了给全球经济体系补充流动性，中国人民银行行长易纲、IMF 总裁格奥尔基耶娃等纷纷呼吁增加对 IMF 特别提款权（SDR）的使用，为有关国家提供 SDR 的普遍分配。此外，IMF 还需要决定是否将获取《缓债倡议》援助支持作为申请新增贷款的前提条件。目前部分低收入国家因害怕信用评级下降而不愿意参与《缓债倡议》，这一条件的设置将会决定债务国能否使用 IMF 援助资金偿还其他债权人债务。

二是如何提高债务信息透明度。不准确债务的信息会导致对债务风险大小的误判，低报债务数字所形成的债务缺口会造成危机应对的准备不足。世界银行指出，债务数据质量受制于诸多因素，如缺乏债务管理和信息统计的能力、法律框架存在局限性、债务统计口径和定义不明、金融市场格局快速演变、复杂债务工具的普及等。目前世界银行已公布《缓债倡议》国家的双边债务数据，并提出五项数据透明度原则，包括：(1) 详细说明贷款合同条件和偿还时间表；(2) 充分披露公共和公共担保债务存量；(3) 帮助借款国寻求免除过度保密条款；(4) 监督债权人有效和审慎地使用主权债务中的抵押权和留置权；(5) 坚持要求借贷双方避免违反其他债权人的法定要求（如负抵押条款），承诺对该框架下可延期的债务偿还数据提供详尽和及时的公共信息披露。

三是如何保证对发展中国家的可持续融资支持。在疫情冲击前，发展中国家本就面临国内外融资不足以支持实现可持续发展目标的困境。疫情冲击将扩大融资缺口，尤其是具有顺周期特征的私人部门融资将受到巨大冲击。经合组织预计，私人部门对发展中国家的外部融资支持较2019年将下降7000亿美元，降幅超过2008年全球金融危机。此外，债权国财政空间的缩减可能导致官方融资支持的缩减。作为短期应对，IMF已宣布1000亿美元紧急援助贷款和1万亿美元流动性支持。世界银行宣布在未来15个月内发放1600亿美元贷款。经合组织官方发展援助委员会成员国承诺"尽力保持官方发展融资预算"。

四是如何构建更具包容性的多边债务协商机制。近年来发展中国家的融资结构发生了巨大变化，对传统债务协商机制提出了挑战。在双边债务方面，新兴债权国的影响力不断上升，传统债权国对发展中国家贷款整体呈下降趋势。目前，传统双边债权人组织巴黎俱乐部的主要成员国是发达国家。为了使当前债务协商机制更具包容性，联合国贸发会议呼吁在联合国框架下建立一个国际发展中国家债务管理局（IDCDA），作为发展中国家主权债务重组和减免的制度基础。

参考文献

Kregel J., "Rethinking Debt Sustainability in the Context of the Millennium

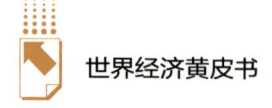

Development Goals," BNL, 2006.

World Bank, "January 2020 Global Economic Prospects: Slow Growth, Policy Challenges," https://www.worldbank.org/en/news/feature/2020/01/08/january-2020-global-economic-prospects-slow-growth-policy-challenges, 2020.

Furman J. & Summers L., "A Reconsideration of Fiscal Policy in the Era of Low Interest Rates," https://www.piie.com/system/files/documents/furman-summers2020-12-01paper.pdf.

Blanchard O., "Public Debt and Low Interest Rates," *American Economic Review*, 2019, 109(4).

Lin J., Wang Y, "A Turning Point for Development Aid," Project Syndicate, Dec. 30, 2019.

熊婉婷、常殊昱、肖立晟:《IMF债务可持续性框架:主要内容、问题及启示》,《国际经济评论》2019年第4期。

Y.20
疫情防控常态化下的全球经济展望

熊婉婷 徐奇渊 栾 稀[*]

摘 要： 后疫情时代，供给侧复苏面临高度不确定性，疫情反复、供应链阻塞、极端天气等负向冲击不断。一方面，叠加前期货币宽松和财政刺激政策带来的需求扩张，全球经济面临一定程度的滞胀风险。另一方面，疫情冲击导致全球主权债务规模进一步扩张，绝对规模和相对规模都达到了一个历史高位。在此背景下，滞胀和债务危机风险并存，并成为后疫情时代全球经济的重要挑战。本报告认为，在基准情形下，各国所面临的滞胀压力和债务危机风险均有望缓解。但是，仍需警惕负向的供给冲击进一步持续、各国经济复苏分化加剧、主要经济体逆周期政策退出时点选择不当的风险事件。在极端情形下，局部地区乃至更多国家可能因上述风险事件而陷入滞胀或爆发债务危机。作为应对，我国应坚持"以我为主"的宏观经济政策框架，同时积极加强卫生和金融领域的国际合作。

关键词： 全球经济 滞胀 债务危机

---

[*] 熊婉婷，中国社会科学院世界经济与政治研究所全球宏观经济室助理研究员，研究领域：全球宏观经济、债务问题；徐奇渊，中国社会科学院世界经济与政治研究所研究员，研究领域：中国和全球宏观经济；栾稀，经济学博士，中国社会科学院世界经济与政治研究所助理研究员，主要研究领域为货币政策。

受疫情冲击，各国债务迅速扩张，通胀压力普遍上升，全球经济呈现不均衡复苏态势。在这一背景下，美国经济学家努里尔·鲁比尼警告，滞胀性债务危机或迫在眉睫。鲁比尼认为，在20世纪70年代和2008~2009年金融危机两个时期，滞胀和债务危机只是单独出现。但是在疫情冲击之下，全球经济可能同时面临上述两类危机的挑战。

20世纪70年代，石油危机这样的负向供给冲击造成了滞胀，但是当时没有发生债务危机，这是因为当时发达经济体和大多数新兴市场的债务比重相当之低，甚至通胀还减轻了许多发达经济体的公共债务负担。而在2007~2008年金融危机期间，私人和公共部门的高杠杆导致了严重的债务危机、房地产泡沫破裂，但是由于当时的信贷紧缩、经济衰退，总需求受到冲击，经济进入低通胀状态。

而在疫情冲击之下，当前全球经济面临比较严峻的负面供给冲击，同时主要发达经济体的货币政策，特别是财政政策处于极度宽松的状态，当前主要经济体的债务比重远高于20世纪70年代。因此，鲁比尼认为，大笔举债的财政政策宽松和负向供给冲击两者的结合，可能会加剧通胀而不是通缩，甚至为未来几年严重的滞胀型债务危机埋下祸根。

全球经济是否会走向严重的滞胀？主要经济体是否会爆发严重的债务危机？如果两者同时发生，这将超越20世纪70年代滞胀、2008年金融危机之后的债务危机，对各国的经济政策实践、理论研究构成巨大挑战。回顾20世纪70年代末，1979年美国通货膨胀高达13%的时候，卡特总统任命保罗－沃尔克担任美联储主席。在其领导下，美联储强硬的货币政策取向将联邦基金利率推升到了20%左右，其后美国通胀率降至3%以下，结束了通胀时代。

但是，在疫情冲击之下，主要经济体极度宽松的宏观政策，特别是财政政策导致国债余额与GDP之比大幅上升。各国政府债务率屡创新高，但债务清偿压力较小，主要拜低利率环境所赐。在此高债务率的背景之下，多种问题的叠加会使得经济状况恶化，假如全球经济再次面临负向供给冲击导致的滞胀，则美联储的相应紧缩可能导致比较严重的债务危机。这种危机可能发生在主要发达经济体，也可能发生在新兴市场和发展中经济体。本报告关注的新兴市场和发展中经济体特指中国以外的国家。此外，本报告主要关注滞胀和主权债务危机的可能性。因此本报告将区分前述两类经济体，分析当前两类经济体面临的增长、通胀、债务形势，在此基础上对滞胀以及滞胀型债务危机的可能性进行分析，最后是对我国潜在影响机制进行梳理并提出政策建议。

一 当前全球经济的滞胀压力和债务风险并存

在后疫情时代，疫苗普及状况、社会秩序正常化共同决定了一国经济的恢复进程。总体上发达国家的疫苗普及显著快于发展中国家。截至2021年7月，发达经济体近40%的人口已完成疫苗接种，新兴市场经济体的接种比例为11%，而低收入发展中国家仅不到2%。在此背景下，全球经济的复苏将呈现不平衡状态，而且这种状态预计还将持续数年。

尽管国家间的经济复苏步伐迥异，但是宽松政策引发的总需求扩张，进而引发的全球范围内的通胀压力在国际间具有比较通畅的扩散、传导机制。因此全球复苏的失衡将伴随着部分经济体出现更加严重的滞胀现象，甚至可能危及其主权债务的安全。总体而言，新兴经济体和发展中国家在前述方面的压力甚于发达国家。

（一）发达经济体：经济强劲复苏、短期通胀压力较大、杠杆率快速攀升

首先，发达经济体强劲复苏。逆周期政策的支撑和疫苗普及的利好是本轮复苏的主要动力。2021年10月IMF预计发达经济体2021年和2022年经济增速分别为5.2%和4.5%，较此前预测分别下调0.4个和上调0.1个百分点。其中，2021年美国、欧洲和日本经济增速分别为6%、5.0%和2.4%。发达经济体复苏呈现分化，主要原因是疫情形势、疫苗普及和防控政策差异。当前，发达经济体面临的最大不确定性是疫情反复和货币政策的转向时点。

其次，从通胀走势来看，发达经济体的短期内压力较大。2021年5~9月，美国CPI通胀率维持在5%以上，这也是近20年的高位。2021年8月欧元区CPI同比增速3%，连续8个月回升。其他发达经济体通胀率也有不同程度的上升。与CPI相比，生产者价格指数（PPI）在主要发达经济体普遍上涨且幅度更大。2021年7~8月，美国、欧元区的PPI同比增速分别达到8.3%和12.1%。通胀持续上涨的主要原因是供需缺口扩大。除基期效应外，此轮通胀快速上升主要源于需求恢复快于供给。因疫苗接种、大规模刺激政策使需求持续高涨，但与此同时疫情反复导致供应链恢复较慢、个别供应链甚至面临断链风险。货船堵塞、到港滞留、供货延误事件频频发生，航运价格指数居高不下。

最后，发达经济体杠杆率快速攀升。根据BIS数据，2020年第四季度，发达经济体非金融部门杠杆率高达321.3%，较疫情前提高近50个百分点。其中，政府部门杠杆率高达135.9%，较疫情前上升了27个百分点。非金融企业部门杠杆率升至104.4%，较疫情发生前上升了13个百分点。其中，美国债务积累问题尤为严峻。2020年，公众持有的美国联邦债务总额达21万亿美元，同比增长25%，增速仅次于2009年的30%。美国国会预算办公室（CBO）预测，未来十年美国联邦政府债务率将保持在100%以上，2030年将升至107%，超越二战时水平。

（二）新兴市场和发展中国家：疫苗分配不均、逆周期政策支持力度有限、滞涨和债务危机风险高于发达经济体

疫情冲击下，这类国家大部分债务扩张速度加快，还款能力也因经济下滑而下降。同时，这类国家往往疫苗接种率更低，面临疫情反复风险更大。而且，这类经济体的通胀压力更大，债务风险更高，逆周期政策空间也更为有限。此外，发达经济体货币政策可能提前转向，这一冲击可能造成新兴市场和发展中国家面临资本外流、货币贬值。届时疫苗尚未普及、经济疲软、外债高企的发展中经济体将面临更大风险。

首先，后疫情时代，这类国家的疫苗普及相对滞后，宏观政策空间较小，

疫情防控常态化下的全球经济展望

总体复苏态势趋弱。新兴市场和发展中国家的财政刺激措施普遍都在2020年到期，同时为了应对通胀压力，巴西、匈牙利、墨西哥、俄罗斯和土耳其等国家已经开始收紧货币政策。2021年6月，世界银行预计，剔除中国后的新兴市场和发展中经济体在2021~2022年的经济增速分别为4.4%、4.2%。可见在未来两年，剔除中国后的新兴市场和发展中国家的整体经济增速，可能与发达经济体相当，甚至弱于发达经济体经济增速。

其次，新兴市场和发展中经济体通胀整体上行。截至2021年5月，新兴市场和发展中经济体的中位数通胀率攀升至4.1%。截至2021年7月，俄罗斯和巴西央行分别加息4次和3次，吉尔吉斯斯坦、塔吉克斯坦、格鲁吉亚等国央行加息2次，墨西哥、土耳其、智利等国央行加息1次。相比发达经济体，通胀上行会对这类经济体带来更大威胁。一方面，新兴市场经济体的产业结构更为单一，更容易受到大宗商品价格上涨的影响（见图1）。此外，部分政府信誉较差，更容易出现高通胀、资本外流和货币贬值的恶性循环。另一方面，发展中经济体应对通胀上升的政策空间更为有限。加息有助于抑制通胀，但也会推高再融资成本，加剧债务风险。尽管巴西等经济体已提前加息，但如果国际通胀势头进一步持续，这些国家将陷入"加息可能引发债务

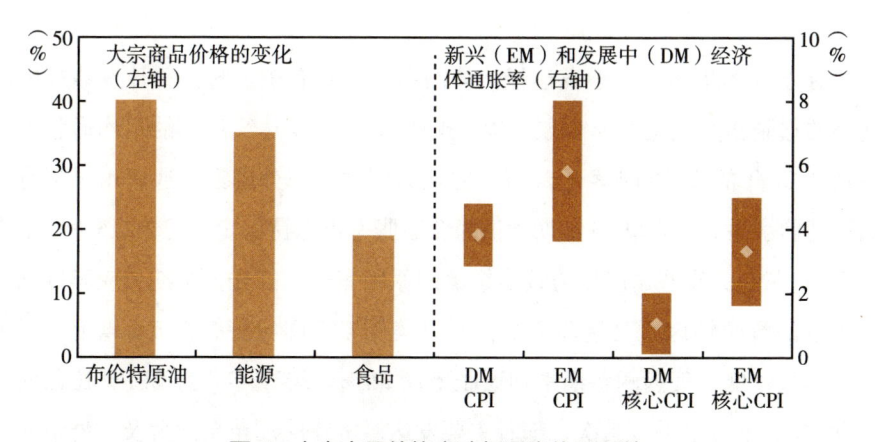

图1 大宗商品价格变动与通胀传导系数

注：大宗商品价格为截至2021年6月的年度变化率，通胀率为年化数据。
资料来源：Haver和IIF，2021。

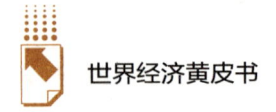

危机、不加息无法遏制通胀"的两难困境。

最后，疫情恶化了这类国家的债务状况，部分国家已陷入债务困境。从外债负担水平来看，新兴市场和发展中经济体的债务风险已超过2008年全球金融危机前的水平。截至2019年，除中国外的新兴市场和发展中经济体的平均外债存量占国民总收入比重、外债还本付息额占出口创汇比重、基于利息占外债总额计算的平均利率，均已经显著超过2008年金融危机期间水平（但是总体上好于1980~1990年代的情况）。

从债务总量来看，部分经济体已经陷入债务困境或正面临高债务风险。根据国际货币基金组织的债务可持续性评估，截至2021年6月，处于债务危机中的有刚果共和国、莫桑比克、索马里、南苏丹、苏丹、津巴布韦等9国；面临高风险的国家有阿富汗、布隆迪、喀麦隆、中非共和国、乍得、吉布提、多米尼加、埃塞俄比亚、冈比亚、加纳、几内亚比绍、海地、肯尼亚、老挝、马尔代夫、塞拉利昂、塔吉克斯坦、赞比亚等28国。此外，外债比例较高、外部融资需求较大的阿根廷、厄瓜多尔和黎巴嫩在2020年也出现了债务拖欠问题。

二 基准情形：滞胀风险和债务危机压力有望缓解

在基准场景下，主要发达经济体的滞涨风险有望缓解。预计发达经济体面临的通胀压力只是暂时现象。IMF预计2022年发达经济体的平均通胀水平将从2021年的2.4%回落至2.1%，并认为届时大部分国家的通胀水平都将回到疫情前水平。[①] 美国10年期国债隐含通胀率也保持稳定，已由2.5%以上降至2.3%左右。支持通胀压力逐步缓解的原因有三。首先，基期效应等推动通胀上行的暂时性因素会逐步消除。尽管美国CPI同比持续在5%以上，但因上年基数较低，美国两年期平均通胀率仅2.7%，2021年8月CPI环比已回落至0.2%的正常水平。其次，随着主要发达经济体的疫苗全面普及，疫情对供

---

① https://www.imf.org/en/Publications/WEO/Issues/2021/07/27/world-economic-outlook-update-July，2021.

给侧的负面影响将不断减弱。根据美国 CDC 的数据，8 月美国 70% 的成年人至少接种了一剂疫苗。美国、英国等发达经济体已逐步解除封锁。欧盟推出"疫苗护照"，内部各成员国开始互相开放边境。最后，发达经济体央行有充足的货币政策工具和经验来抑制通胀上升，并且发达经济体长期低通胀的结构性因素没有消失，如替代能源可以缓解油价上涨带来的威胁、人工智能技术有助于对冲劳动力短缺影响等。

短期内，发达经济体爆发债务危机的可能性也不大，主要原因有三点。第一，发达经济体宏观政策调控经验更为丰富，单纯因通胀压力而收紧货币政策、触发债务危机的可能性小。2008 年金融危机后，发达经济体央行在面临流动性危机和偿债能力危机时均会及时出手稳定市场，以防止危机蔓延成债务危机、陷入更深的经济衰退。央行的救市举措能够在短期内稳定市场，支持经济复苏。虽然近期通胀上升趋势可能导致货币政策收紧，但以美联储为代表的主要发达经济体央行均表示通胀上升只是暂时现象。疫情暴发后，美联储和欧央行均对传统通胀目标制进行了修改，将其拓展为"平均目标制"或"对称目标制"，允许通胀率在必要时高于 2%。对于具有国际货币储备地位的发达经济体而言，其货币政策空间不容易受到汇率波动影响，因此具备在经济复苏企稳后再收紧货币政策的条件。这些条件降低了发达经济体央行单纯因通胀压力而收紧货币政策的可能性，预计政策转向决策和时点将更多由实体经济复苏进程决定。此外，基于 2013 年"缩减恐慌"经验，美联储在本轮货币政策转向过程中的政策沟通和信号释放显然更为充分，国际协调沟通也进一步加强。日欧的通胀压力更小，短期未见加息可能。

第二，低利率环境的持续有助于降低债务危机风险。债务动力学方程表明，只要利率低于增长率，债务负担就不会呈现爆发式增长。2008 年全球危机后，发达经济体利率长期保持低位，G7 国家中除意大利外所有经济体的利率－增长率差值（r-g）均为负值。在这种情况下，债务占 GDP 比重最终会趋于稳定。以美国政府为例，虽然其公共债务因数轮纾困救助计划而大幅攀升，但在低利率环境下美国政府利息净额不升反降。根据美国国会预算办公室(CBO)的预测,2021~2026年美国政府年利息净额为2800亿~3600亿美元,低于2019年的水平(3750亿美元)。企业部门的利息负担也在下降,美国低评级企业债收益率已降至3.2%左右,非金融票据利率接近0,均低于2008年金融危机后美联储量化宽松期间。虽然美国的长期利率在过去几个月一直在上升,但即使按照2008年后的标准,它们仍然很低。

第三,主要发达经济体的宏观杠杆率在疫情后经济复苏的支持下已开始下降。2021年第二季度,主要发达经济体的总债务占GDP比重均值为418.5%,较上季度下降了11个百分点。其中美国的总债务占GDP比重已从2020年第四季度的历史高点回落至367.1%,降幅高达8.7个百分点。家庭部门、非金融企业部门、金融部门和政府杠杆率较历史高点分别下降0.2个、4个、1.7个和2.7个百分点。

从新兴经济体和发展中国家来看,除了少数已经陷入债务危机的国家以外,滞涨型债务危机蔓延至其他经济体的可能性并不大。

图2 美国各部门杠杆率变化

资料来源:IIF。

第一，这类国家通胀压力也将逐步缓解。国际货币基金组织预计，新兴市场和发展中经济体的平均通胀率将从2021年5%的高点降低至2022年的4.1%，并在未来5年内进一步回落至3.8%左右。预期通胀回落的主要原因包括疫苗的全面普及有助于产出缺口的修复、逆周期政策逐步退出、政策刺激效果减弱等。

第二，低利率环境的持续有助于缓解融资压力。尽管疫情冲击加剧了新兴和发展中经济体的债务积累速度，但全球性货币宽松使得这些经济体获得融资的成本较低。虽然新兴市场经济体政府债务占GDP比重从2020年的64.4%上升至2021年的65.1%，但平均利息支出占GDP比重从2.15%下降至2.07%。类似地，低收入经济体政府利息支出占GDP比重从1.87%下降至1.79%。

第三，针对疫情冲击的国际债务援助有助于避免危机范围扩散。疫情期间，二十国集团（G20）于2020年4月共同签署了《债务偿还暂停倡议》（以下简称《缓债倡议》），允许最贫穷国家从2020年5月起至2021年末暂停偿还双边官方债务。G20还将在《缓债倡议后续债务处理共同框架》下为危机国家提供债务重组和减免援助。截至2021年10月，申请该援助国家包括乍得、埃塞俄比亚和赞比亚。除了国别援助以外，国际货币基金组织将新增6500亿美元等值的SDR为各国补充流动性。

第四，这类国家大多数的"双赤字"状况好转，并采用了更为稳健的宏观政策管理框架。与2008年相比，很多经济的外汇储备更为充足、财政赤字和外部失衡状态均有所好转。此外，2008年以来，很多经济体都采用了更为稳健的宏观政策管理框架，包括更为严格的财政纪律、通胀目标制和汇率自由浮动等。这些变化都有助于增强新兴市场和发展中经济体应对汇率波动和资本外流冲击的能力。

第五，国际货币政策协调加强，美联储的频繁政策沟通有助于避免市场剧烈波动。基于过去危机经验，美联储将进行清晰而频繁地沟通，按照金融危机后缩减购债—加息—缩表的顺序安排货币政策未来走向。另外，新兴经济体已吸取2013年"缩减恐慌"教训，对美联储缩减购债提前有所准备，市场剧烈震荡风险降低。

三 极端情形下的滞胀和伴随的债务危机风险

2022年仍需高度关注负向供给侧冲击导致的滞胀压力。德尔塔等变种病毒的蔓延使得疫情再次反扑，供给恢复速度可能不及预期。一是与航运有关的货物价格可能继续上升。UPS等航运巨头认为，2022年供应链中断的程度不会比2021年低，黑天鹅事件频发、疫情反复导致供应链中断和港口封锁，港口拥堵、集装箱回流难等问题难以缓解。根据Flexport的数据，从上海经洛杉矶/长滩港到芝加哥的运输时间从35天增加到73天、一个集装箱需要146天才能回到始发地，相当于运力减少50%。中集集团、DFIC和CXIC这三家中国公司生产了全球约八成的集装箱。尽管面对市场需求飙升，集装箱产量急剧上升，但是预计2021年集装箱运力仅能增长6%~8%。航运运价还将继续上涨，集装箱短缺问题仍会存在，甚至到2023年都很难缓解。

二是芯片、金属等关键中间品的供应短缺短期难以缓解。为缓解芯片短缺，台积电、英飞凌、格芯等芯片制造巨头或代工厂均表示扩大投资、增加产能，但扩大产能落地需要时间，难以在短期内缓解芯片的供需紧张问题。美国最大的代工芯片制造商格芯（GlobalFoundries）表示公司2021年有望将汽车芯片产量提高至少一倍，并斥资60亿美元扩大整体产能，但其芯片产能扩张计划预计要到2023年才能初见成效，汽车行业面临的芯片短缺危机将"一直持续到2022年"。此外，此次芯片供需紧张不仅仅因为供应链中断，还因为疫情使得智能产品及其芯片的需求上升。根据市场研究公司高德纳（Gartner）的研究，2024年全球芯片需求将从2020年的4500亿美元增加到约6000亿美元。

三是劳动力供给恢复受阻带来工资上涨压力。以美国为例，6月全国职位空缺率达6%，创有数据以来的最高值，但每个职位空缺仅对应0.9个求职者。劳动力供给不足将推升工资水平。由于美国工会力量较强，工资上涨后很难下调，可能对通胀产生永久性影响。

（一）极端情形一：新兴市场和发展中经济体爆发系统性债务危机

与发达经济体相比，新兴市场和发展中经济体在疫情后面临更大挑战。其中最为主要的风险有以下两类。

第一类风险是疫情扩散导致经济复苏不及预期。由于疫苗普及滞后、疫情防控不力，这类国家面临更大的疫情风险。如果变种病毒导致疫情再度失控，新兴市场和发展中国家的经济增长可能下滑，尤其是接种率整体较低且政策空间已然用尽的国家经济复苏前景与发达经济体的差距或进一步拉大。对外债负担沉重的国家，经济增速的下滑是债务违约的重要导火索。以赞比亚为例，2020年疫情冲击导致其经济增速降至-3.5%。在债务违约和低增长的双重困境下，赞比亚没能按时支付4250万美元的欧洲债券利息，成为自疫情暴发后首个债务违约的非洲国家。

第二类风险是美联储货币政策提前转向。如果发达经济体的通胀压力持续，美联储货币政策可能提前转向，导致融资环境迅速收紧，对新兴市场和发展中经济体造成大规模资本外流和货币贬值冲击。2013年，在伯南克首次提到缩减规模后，主要新兴市场经济体也连续数月出现资本外流。主要新兴市场货币兑美元汇率平均下跌了6%，股市贬值幅度超过8%，90%的新兴市场经济体当年出现经济增速放缓。[1]2021年8月美联储释放年底缩减量宽信号，新兴市场已经开始出现资本外流趋势。国际金融协会（IIF）公布的最新数据显示，2021年8月除中国以外的新兴市场股市、债市双双面临国际资本离场，这也是2020年3月以来的首次。

上述两类风险可能相互叠加，形成更为严峻的经济困境，导致更多国家陷入危机。从通胀的角度看，预计2021年阿根廷、尼日利亚和土耳其的通胀率都将高于10%（阿根廷为45%）。从汇率角度看，土耳其和阿根廷可能出现货币危机，巴西比索、南非兰特和泰铢的贬值幅度可能进一步加大。从债务角度看，未来一年内土耳其、阿根廷、乌克兰、南非和智利的外债到期额均已超

---

[1] IMF, "Emerging Market Volatility: Lessons from the Taper Tantrum," 2014.

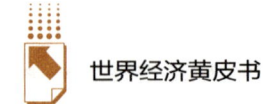

过其央行外汇储备，可能出现外债违约风险。其中，土耳其的到期外债是其央行外汇储备的4倍有余。从疫情角度看，疫情防控形势和德尔塔、拉姆达等变种病毒扩散导致印度、印尼、马来西亚等亚洲新兴市场经济体的经济增长前景恶化。

（二）极端情形二：南欧国家主权债务危机重现，私人部门债务风险上升

疫情冲击下，意大利等南欧经济体政府债务水平进一步上升。根据BIS数据，2020年12月，意大利、西班牙、葡萄牙的政府杠杆率分别达177%、139%、149%，普遍较疫情前上升20~30个百分点。根据2020年约翰霍普金斯大学和IMF的两名经济学(Presbitero和Wiriadinata)的预测，疫情后，欧元区的财政赤字和主权债务将急剧恶化。[1]2020~2021年，欧央行对欧元区所有经济体发债融资提供资产购买支持，使得此类经济体不会因名义利率上升而发生主权债务危机。但欧元区货币政策统一和财权的分裂注定了欧央行不可能持续为此类高风险国家提供流动性。一旦欧央行因通胀上升而减少或停止购买南欧国家的债券，此类经济体仍有可能爆发主权债务危机。

（三）极端情形三：美联储连续加息引发私人部门债务危机

当投资者开始担心财政空间可能会耗尽时，高债务水平下的市场利率可能突然调整，导致偿债压力激增。据BIS数据，美国的总杠杆率为286.1%。在假设所有债务都是浮动利率的情况下，如果利率提升1个百分点，仅利息支出就要增加GDP的2.86%。理论和经验研究表明，高额公共债务和风险溢价之间存在强化机制，[2]并可能导致主权债务困境的发生。[3]

---

[1] Presbitero, Andrea, Ursula Wiriadinata, "Public Debt and r-g at Risk," IMF Working Paper, No.20/137, 2020.

[2] Alcidi, Cinzia, Daniel Gros, "Public Debt and the Risk Premium: A Dangerous Doom Loop," VoxEU.org, https://voxeu.org/article/public-debt-and-risk-premium, 2021-10-8.

[3] Mauro, Paolo and Jing Zhou, Rminus Gnegative, "Can We Sleep More Soundly?" IMF Working Paper, No. 20/52. IMF, 2020.

从现实来看，市场预计美联储最早将于 2021 年底减少资产购买，美联储也已经释放出 2021 年计划减少资产购买的信号。如果供给链迟迟无法恢复，通胀在 2022 年上半年依然保持 4% 以上的高位，也不排除美联储在就业市场未稳定之时提前加息。

截至 2021 年 9 月，非金融企业部门杠杆率达 84.6%，较上一轮美联储准备退出量宽时的 2013 年高出近 20 个百分点。同时，企业及企业债的质量出现恶化。美联储数据显示，疫情之后美国"僵尸企业"占比连续两年上升，2020 年已经接近 10%。同时接近一半的美国企业债为 BBB 级垃圾债。一旦美联储紧缩导致"僵尸企业"爆发债务风险，其债券和股票将遭到抛售，并导致抵押品价值下跌，这可能引发美元流动性危机。若此时供给仍未恢复、通胀仍在高位，美国货币政策将在抑制通胀和危机救助间面临两难选择。

（四）极端情形四：美联储加息刺破美股泡沫

2021 年 9 月，道琼斯指数创 35000 点新高，市盈率接近 30 倍、分位点持续处在历史 95% 以上，当前美股泡沫化程度已经超过了互联网泡沫时期。2000 年互联网泡沫破灭并非由于美国经济基本面不佳，而是源于互联网企业股票估值过高。1999~2000 年，美联储为应对经济过热，连续六次加息。当时思科、高通、甲骨文等互联网科技巨头的市盈率达到 100 倍以上。面对连续加息对股票估值的打击，大量投资机构在 2000 年 3 月 13 日集中清盘，导致互联网泡沫破灭。以史为鉴，当前需要重点关注美联储紧缩对美股的冲击。在美联储持续加息的情况下，如果美国经济复苏势头较好，美股回调不一定会对其经济基本面造成冲击，这将类似于互联网泡沫破灭的情景。但如果美国经济复苏势头不佳，美股回调将直接导致相关企业信用利差扩大，影响其再融资能力和偿债能力，甚至导致美国企业债务风险爆发。

在极端情形三、四发生的情况下，如果美国未能及时出台救助政策、稳定金融市场信心，则其金融市场动荡可能通过国际贸易、国际资本流动渠道对全球经济产生冲击，甚至引发全球金融危机。这时，美国金融资产价格泡

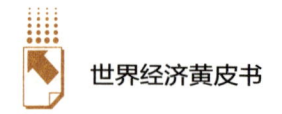

沫破灭将进一步加剧极端情形一、二的严重程度，并对我国的外部经济、金融环境产生重大影响。

四 对我国潜在影响机制和政策建议

展望后疫情时代的全球经济，全球性滞胀以及主要发达经济体货币政策退出可能引发的债务风险仍然值得关注。一方面，全球价格水平上升会对我国造成输入型通胀压力。自疫情暴发以来，国际大宗商品价格在生产端供给疲软、海运不畅导致国际物流紧张和货币政策普遍宽松等因素作用下持续走高。受煤炭、化工和钢材等产品价格持续上涨影响，2021年8月我国工业生产者出厂价格（PPI）同比上涨9.5%，涨幅比上个月扩大了0.5个百分点，创年内新高。国内部分上游行业产品供求关系尤为紧张，2021年8月生产资料价格同比上涨了12.7%，涨幅比上月扩大了0.7个百分点。如果输入型通胀压力持续，中下游企业利润或进一步压缩，尤其是中小制造企业的生产经营受到不利影响。

另一方面，如果美联储因通胀上升而收紧货币政策，甚至引爆部分国家的债务风险，则我国也可能面临资本外流、货币贬值和资产价格下跌压力。叠加国内经济形势变化，中资美元债市场进入风险高发期，企业部门的海外融资风险和偿债压力或进一步加剧。尽管当前美元流动性仍然充裕，美债长端收益率逐渐下行。但中期来看，随着美联储货币政策正常化，美债收益率将重回上行趋势，中资美元债的融资环境将随之收紧。中资企业将在未来两年迎来偿债高峰。2021年和2022年，中资美元债到期量分别为1919亿美元和2473亿美元，较2020年分别增长9%和40%。[①] 集中到期考验发行主体的偿债能力，特别是经营能力不佳、现金流脆弱、再融资难度大的弱资质企业将明显承压，中资美元债迎来风险高发期。

虽然外部经济体系统性爆发滞胀性债务危机的可能性较小，但不排除

---

① http://bond.10jqka.com.cn/20210806/c631629309.shtml。

出现极端风险事件的可能。如果外部经济体陷入危机，将通过国际贸易流、国际资本流、海外资产三个渠道对我国造成负面影响。其一，国际贸易渠道。随着我国深度融入全球供应链，来自其他国家的需求和供给冲击可能通过国际贸易渠道对我国出口以及中间品零部件进口带来负面影响。其二，海外资产渠道。截至2021年6月，按照国际投资头寸表口径，我国海外资产规模为8.9万亿美元，其中债权资产规模约6.3万亿美元。如果债务国发生危机，无论是债务违约还是重组，我国海外资产都会遭受损失，这种损失会随着危机的蔓延而进一步扩大。其三，国际资本渠道。如果其他新兴市场经济体陷入危机，投资者可能集中抛售新兴市场指数类资产，导致我国面临融资成本上升、资本外流或资产减值压力。如果美国、南欧等发达经济体发生危机，也会对投资者预期产生冲击，导致全球风险资产价格共振式下跌。

面对外部经济体危机可能带来的威胁，我国应坚持推动构建"以国内大循环为主体、国内国际双循环相互促进的新发展格局"。

第一，坚持"以我为主"的宏观经济政策，适度提高通胀容忍度。长期来看，我国没有通胀风险。但考虑到大宗商品持续上涨和美国通胀对外输出对我国内通胀造成压力，我国短期有一定通胀压力。面对可能的通胀跳升，需对通胀结构、形成原因仔细甄别，对通胀长期趋势科学判断。宏观政策应增强通胀容忍度，更加关注实际需求和就业市场改善情况，不宜因短期通胀跳升而改变政策倾向。同时，我国应保持货币政策的灵活性，避免融资环境过快收紧。对可以持续经营但入市融资渠道有限、暂时面临流动性或偿付风险的企业，我国还可以通过减税降费等商务促进措施为具体企业提供定向政策支持。

第二，加强宏观审慎管理，防范海外金融风险外溢效应。加强跨境资本流动和金融市场的宏观审慎管理，实现跨境资本流动全面监测，合理管控外债规模，建好"防火墙"、避免资本短时间内大进大出。健全房地产金融、外汇市场、债券市场、影子银行等重点领域宏观审慎监测、评估和预警体系。进一步推动国内资本市场发展，通过新成立北交所等举措，鼓励企业增加股

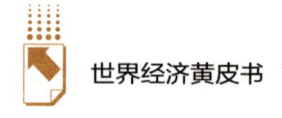

权融资比例。

第三，增强人民币汇率市场化水平和汇率弹性，提高汇率波动容忍度，从而发挥汇率对资本流动的调节作用，同时加强外汇衍生品和保险等金融衍生品市场建设。一般认为，美联储加息将会将使中美利差显著收窄，并对人民币汇率、跨境资本流动产生影响。但是缪延亮等的研究发现，中国跨境资本流动历史上主要是由套汇而非套息资本决定；随着人民币汇率弹性增强，中美利差和美元指数对中国跨境资本流动的解释力都会边际减弱。[①] 因此，保持人民币汇率充足的弹性，是我国应对外部环境可能发生变化的重要缓冲机制。

第四，增加疫苗供应，在实现本国疫苗普及的基础上为其他国家提供医疗、技术援助。疫情仍然是全球经济的最大不确定性，疫苗普及和疫情防控已成为影响各国经济复苏和开放程度的重要因素。如果疫苗分配不均的局面进一步持续，发达国家和发展中国家的经济复苏差距恐将进一步扩大。为了缓解这一趋势，我国应发挥自身优势，增加疫苗产能，在本国疫苗接种普及的同时，积极参与全球疫情防控合作，为其他发展中国家提供有关医疗援助，以减轻疫情对这些国家造成的负面影响。

第五，积极参与针对发展中国家的国际债务治理合作，与国际社会共同合作以缓解低收入经济体的债务负担。"一带一路"国家的主权风险不仅局限于其自身，而且可能通过资产负债表、国际金融市场和国际贸易等渠道对我国进行反向溢出。具体而言，我国应继续在 G20《债务暂停偿还倡议》框架下为申请国际援助的低收入国家提供缓债援助，以及在《缓债倡议后续共同框架》下处理有关国家的主权债务重组申请。此外，我国还应该积极推动国际区域金融安全网建设，推动国际货币基金组织新增 SDR 的再分配和债务重组工具的创新，为面临债务困境的国家提供更多流动性和更为多元化的国际援助方案。

[①] 缪延亮、郝阳、费璇：《利差、美元指数与跨境资本流动》，《金融研究》2021 年第 8 期。

参考文献

缪延亮、郝阳、费璇：《利差、美元指数与跨境资本流动》，《金融研究》2021年第8期。

Alcidi, Cinzia, Daniel Gros, "Public Debt and the Risk Premium: A Dangerous Doom Loop," VoxEU.org, https://voxeu.org/article/public-debt-and-risk-premium, 2021-10-8.

Mauro, Paolo and Jing Zhou, Rminus Gnegative, "Can We Sleep More Soundly?" IMF Working Paper, No. 20/52. IMF, 2020.

Presbitero, Andrea, Ursula Wiriadinata, "Public Debt and r-g at Risk," IMF Working Paper, No.20/137, 2020.

Y.21
全球智库重点关注的经济议题

吴立元　常殊昱[*]

摘　要：2020~2021年，在疫情冲击缓解和极度宽松的财政和货币政策刺激下，世界经济逐渐复苏，通胀快速上升。2021年召开的领导人气候峰会使气候问题再次成为全球热点。本报告主要选题于中国社会科学院世界经济与政治研究所全球宏观经济研究室编译的《全球智库半月谈》，选题的时间范围为2020年10月至2021年9月，主要聚焦三个在选题期间被全球智库广泛讨论的热点问题。第一，随着疫情的缓解与经济逐步复苏，全球通胀快速上升，美国通胀已经连续数月超过美联储目标水平。智库主要关注了通胀预期、疫情、气候变化等因素与通胀的关系，同时讨论了本轮通胀是否需要担忧的问题。第二，疫情背景下的宏观经济政策。智库研究主要涉及货币政策、财政政策等刺激政策是否会导致金融风险。第三，气候变化问题。智库文章主要关注了气候变化对经济的影响以及相应的政策问题。

关键词：通胀上升　货币政策　财政政策　气候变化

---

[*] 吴立元，经济学博士，中国社会科学院世界经济与政治研究所助理研究员，主要研究领域为国际金融、货币政策、财政政策、经济增长；常殊昱，经济学博士，中国社会科学院世界经济与政治研究所助理研究员，主要研究领域为开放宏观、国际金融。

全球智库重点关注的经济议题

2020 年世界经济的明显特征是新冠肺炎疫情冲击下呈现深度衰退，而 2021 年经济的重要特征则是在宏观经济政策刺激下逐渐复苏，通胀快速上升。另外，在大国竞争加剧、逆全球化等背景下，人类在应对气候变化的合作上却迈出了重要步伐。本报告回顾了 2020 年 10 月至 2021 年 9 月全球智库重点关注的全球经济热点问题。议题包括后疫情时代全球通胀快速上升、疫情下的宏观经济政策以及相应的风险、气候变化对经济的影响以及相应的政策问题。

一 后疫情时代全球通胀快速上升

2021 年，伴随着疫情的缓解与经济复苏，全球通胀快速上升。截至 2021 年 9 月，美国劳工统计局（BLS）公布的 CPI 同比增速从 2021 年 4 月起已经连续 6 个月超过 4%，核心 CPI 也已经连续 6 个月超过 3%，而在疫情前，美国已经持续 20 多年处于低通胀状态。智库主要研究了两方面的问题：一是进一步深化对通胀影响因素与决定机制的认识；二是本轮通胀是暂时的还是会持续下去甚至引发大通胀。

（一）通胀的影响因素与决定机制

虽然人们已经对影响通胀的很多因素进行了深入研究，但对另一些影响通胀的因素还知之甚少，智库文章重点关注了通胀预期、疫情与气候变化等因素。人们对通胀预期的认识还相当不足，而疫情与气候变化对通胀的影响是疫情以来的热点问题。

1. 通胀预期

通胀预期是影响通胀的重要因素，其形成机制非常复杂。Powell 和 Wessel 分析了通胀预期的相关问题。[1] 他们介绍了衡量通胀预期的三种常见

---

[1] Powell, T. & Wessel, D., "What are Inflation Expectations, and Why do They Matter?" https://www.clevelandfed.org/en/newsroom-and-events/cleveland-fed-digest/ask-the-expert/ate-20190528-rich.aspx, 2021.

方法。（1）对消费者和企业的调查。例如密歇根大学的调查与纽约联储的调查，他们会询问家庭或者企业预期在未来的一年、五年、十年中价格会变化多少。（2）专家预测调查（Survey of Professional Forecasters, SPF），是专业的经济预测者对CPI或PCE前景的预测。（3）基于市场的预期度量，典型代表是所谓盈亏平衡通胀率（Break-even Inflation Rates, BEI），即特定期限（如10年期或5年期）美国国债名义收益率与相应期限的美国国债通胀保护证券（TIPS）的收益率之差。为了综合以上各种方法的优点，克服其缺点，美联储的经济学家们近期构建了一个新的指标，即共同通胀预期指数（Common Inflation Expectations, CIE），该指数综合了21个通胀预期指标，包括消费者调查、市场和经济学家预测的数据。该指数显示，疫情以来的通胀预期似乎相当稳定，甚至没有超过2%的水平。与通胀预期相关的另一个问题是美联储如何影响通胀预期。最典型的方法就是利用货币政策工具将通胀预期维持在目标水平。另一个方法就是描述其未来的行动计划来引导人们的预期，例如美联储于2020年8月将其政策框架修改为平均通胀目标制（AIT），这意味着美联储可以忍受通胀短期高于2%的目标水平，从而趋向于推高通胀预期。Kliesen详细测算了基于市场的通胀预期（文章用BEI衡量），观察了近几年美国的货币与财政政策，认为这两者会共同推动BEI的上升。[①]

2. 疫情与通胀

疫情对通胀的影响是一个重要的新问题。Bonam和Smǎduz用14世纪以来六个欧洲国家的历史数据探讨了流行病对欧洲通胀的长期影响，发现除西班牙外，其他国家的通胀在流行病之后都出现了长期下降然后回到疫情前水平的过程，这可能是由疫情增加了预防性储蓄并降低投资需求导致的。虽然历史数据显示流行病在长期对通胀有抑制效应，但研究认为，这次疫情可能有所不同。首先，这次疫情后，财政和货币政策刺激力度空前。其

[①] Kliesen, L. K., "Measuring Market-Based Inflation Expectations," https://research.stlouisfed.org/publications/economic-synopses/2021/04/14/measuring-market-based-inflation-expectations, 2021.

次，疫苗的迅速普及可能导致疫情缓解速度超过过去。再次，尽管零售和公共场所的关闭对某些部门带来了影响，但还有很多行业没有受到很大的影响，如居家办公等。最后，疫情导致的运输成本上涨（反映在大宗商品价格的飙升）的影响最终可能会落到消费者身上，特别是如果企业无法降低价格的时候。[1]Armantier 等用纽约联储发布的消费者预期调查数据分析了疫情暴发后的前六个月通胀预期的变化。文章的研究显示，家庭平均通胀预期对疫情的反应较慢，但人们对通胀不确定性的分歧出现史无前例的加剧。人们对通胀的看法出现两极分化，有些人认为疫情会导致通缩，有些人认为疫情会导致通胀飙升，而在疫情前，人们的看法相对来说更加一致。[2]Wahidah 和 Antriyandarti 研究了疫情对印度尼西亚通胀的影响，发现新冠肺炎确诊人数对总通胀与食品通胀有抑制效应，而治愈人数对通胀有正向效应。[3]

3. 气候变化与通胀

气候变化与相关的气候政策对通货膨胀的影响也是一个受到广泛关注的重要问题，回答这个问题对于各国央行努力实现物价稳定而言至关重要。Mukherjee 和 Ouattara 基于 1961~2014 年发达国家与发展中国家的数据用包含固定效应的面板向量自回归模型（panel-VAR method）研究了全球气温冲击对通胀的影响。研究发现，全球气温冲击带来通胀压力，而且这种效应在发展中国家持续时间更长，更值得担忧。[4]Konradt 和 Mauro 通过分析加拿大和欧洲在过去 30 年中引入的现有二氧化碳税的经验研究了这一问题。研究基于两种不同的实证方法，发现碳税不一定会导致通货膨胀，甚至可能会产生通缩效应。特别是，研究证据表明，能源价格上涨的影响被服务和其他非贸易

---

[1] Bonam, D. and Smăduz, A. I., "The Long-run Effects of Pandemics on Inflation: Why This Time may be Different," https://www.sciencedirect.com/science/article/pii/S0165176521003426, 2021.

[2] Armantier, O., Koşara, G., Pomerantz, R., Skandalis, D., Smith, K., Topa, G. & Klaauw, W., "How Economic Crises Affect Inflation Beliefs: Evidence from the COVID-19 Pandemic," https://www.sciencedirect.com/science/article/pii/S0167268121001839, 2021.

[3] Wahidah, N.L. & Antriyandarti, E., "Impact of Climate Change and Coronavirus Disease (COVID-19) on Inflation in Indonesia," https://iopscience.iop.org/article/10.1088/1755-1315/724/1/012105/meta, 2021.

[4] Mukherjee, K. & Ouattara, B., "Climate and Monetary Policy: Do Temperature Shocks Lead to Inflationary Pressures?" https://link.springer.com/article/10.1007/s10584-021-03149-2, 2021.

产品价格的下降所抵消。这一结果在欧洲和加拿大以及一些不同的国家分组中都很稳健。至少在不列颠哥伦比亚省，家庭收入和支出的收缩，特别是富裕家庭的收缩，可以解释上述通缩效应。[1]

（二）通胀的持续性与未来走势

经历了二十多年的低通胀后，近来通胀的快速攀升再次让人们对于通胀如何演化问题的分歧加剧。总体上，研究者们对通胀走势存在两种不同的观点。

1. 观点一：通胀上升值得担忧

当美国参议院通过预算决议，要求各委员会追加1.9万亿美元用于疫情救济时，美国著名经济学家拉里·萨默斯在《华盛顿邮报》专栏发表文章表达了对这一政策刺激计划的担忧。他指出，该刺激计划的规模已经接近第二次世界大战水平，至少达到美国产出缺口的三倍，规模明显过大。这不仅有可能引发我们这一代人未曾见过的通胀压力，还会对美元价值和金融稳定产生影响。他认为虽然如果美联储采取有效的货币政策，有能力控制可能发生的严重通胀，但对美联储与政府的态度颇为忧虑，美联储承诺忍受更高通胀水平，美联储官员甚至否认存在真正的通胀，同时，想要国会支持增税或者削减支出也很困难。这些都会提高人们的通胀预期。[2] IMF也表达了对通胀持续性的担忧。[3] Dabrowski从货币数量方程式角度分析了通胀问题，指出过去之所以通胀较低是由于货币乘数与货币流通速度减慢，货币有效供给下降，而未来货币乘数与货币流通速度难以进一步降低，因而宽松货币政策将加剧通胀风险。[4]

---

[1] Konradt, M. & Beatrice Weder di Mauro, "Carbon Taxation and Inflation: Evidence from the European and Canadian Experience," https://cepr.org/active/publications/discussion_papers/dp.php?dpno=16396., 2021.

[2] Lawrence H. Summers, "Opinion: The Biden Stimulus is Admirably Ambitious, But It Brings Some Big Risks, Too," https://www.frbsf.org/economic-research/publications/economic-letter/2005/february/productivity-and-inflation/, 2021.

[3] https://www.cnbc.com/2021/07/27/imf-warns-that-inflation-could-prove-to-be-persistent.html, 2021.

[4] Dabrowski, M., "Monetary Arithmetic and Inflation Risk," https://www.bruegel.org/2021/09/monetary-arithmetic-and-inflation-risk/, 2021.

2. 观点二：通胀上升是暂时的，无须担忧

针对萨默斯的担忧，Weissmann 表达了不同的看法。他指出，美国已经较长时期处于低通胀状态，通缩可能才是需要担心的问题。他认为，没有人能准确估计真实的产出缺口是多少，因而说拜登刺激计划达到产出缺口的三倍似乎并不可靠。同时，虽然美联储确实表达了对更高通胀的容忍以及对恢复充分就业的更多重视，但并没有承诺对持续的高通胀置之不理。如果通胀达到一定水平并持续下去，美联储还是会采取有效措施。此外，当前经济对石油的依赖已经显著下降，而且工会力量也没有20世纪70年代那样强大。因而，不必对未来通胀形势过度担忧。[1]Gagnon 部分赞同萨默斯的观点，他认为拜登刺激计划的确会导致通胀短期飙升，但不会持续下去，而且央行有足够的能力控制通胀形势。Gagnon 指出，人们常常将拜登刺激计划与1960年代越南战争时期的情况相比是不恰当的，当前的情形与朝鲜战争更为相似，因为越南战争期间的开支是长期的，而朝鲜战争期间的支出是短期的。他认为拜登刺激计划之所以可能引发通胀飙升的主要原因是得到补贴的中低收入者边际消费倾向很高以及疫情的缓解将释放积压的消费。但是他强调，只要消费繁荣被视为一种短期的调整，并且美联储将继续维持其控制通胀的长期承诺，通胀率就会迅速下降。[2]美联储主席 Powell 在2021年杰克逊霍尔全球央行年会上的讲话中专门谈及通胀问题，应该说代表了美联储对通胀的看法和态度。Powell 表示，美国 PCE 通胀已经明显超过美联储的目标水平，当然值得引起一定的担忧，但一些因素表明，本轮通胀上升是暂时性的。他还指出，关于通胀的判断也是不断变化的，美联储会密切监控未来的数据。Powell 还从通胀指标、高通胀产品部门近来通胀的缓和、工资增长率、更长期通胀预期、造成过去低通胀的趋势性因素等方面详细阐述了

---

[1] Weissmann, J., "Larry Summers Has Some Weird Fears About the Biden Relief Plan," https://www.frbsf.org/economic-research/publications/economic-letter/2005/february/productivity-and-inflation/, 2021.

[2] Gagnon, E. J., "Inflation Fears and the Biden Stimulus: Look to the Korean War, not Vietnam," https://www.piie.com/blogs/realtime-economic-issues-watch/inflation-fears-and-biden-stimulus-look-korean-war-not-vietnam, 2021.

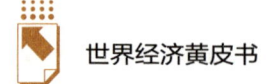

为什么说当前通胀仍然在美联储2%的目标区间之内。[1] Budianto等对不同产品通胀进行了更仔细的分析，发现通胀的上升在很大程度上归因于基数效应，也在一定程度上受到疫情期间商品和能源价格上涨的影响，它们对通胀的影响都是暂时的。更持续的通胀上升需要劳动力成本的实质性上升和通胀预期的脱锚。然而，工资增长仍受限制，专业预测人士和金融市场的中期通胀预期几乎没有脱锚的迹象。这些显然与Powell讲话中的分析是一致的。[2]

二 疫情下的宏观经济政策以及相应的风险

疫情冲击下，以美联储为代表的全球主要央行实施了极度宽松的货币政策与财政政策。这些宏观经济政策具体包括哪些内容？其有效性如何？如此大规模的刺激政策是否伴随着金融风险甚至危机？这些都是全球智库十分关注的问题。

（一）货币政策

金融危机以来，主要发达经济体总体呈现低增长、低通胀、低利率状态，传统货币政策作用受到了巨大限制。在此背景下，一些非常规货币政策工具受到全球智库的高度关注。

1. 量化宽松政策（QE）

疫情暴发后，以美联储为代表的主要经济体快速采用量化宽松政策为市场提供流动性支持。Cortes等比较了金融危机期间与疫情冲击后以量化宽松政策为代表的非常规货币政策影响的差异，发现金融危机期间，美国非常规货币政策对其他国家产生负向溢出效应，而疫情冲击后则产生正向溢出效应，

---

[1] Jerome H. Powell, "Monetary Policy in the Time of COVID, "Macroeconomic Policy in an Uneven Economy," An Economic Policy Symposium Sponsored by the Federal Reserve Bank of Kansas City, 2021.

[2] Budianto, F., Lombardo, G., Mojon, B. & Rees, D., "Global Reflation?" https://www.bis.org/publ/bisbull43.htm, 2021.

主要原因可能是疫情冲击后更多国家均采用了量化宽松政策。[1]Fatouh 等研究了英国量化宽松政策对银行向实体经济贷款的影响，研究发现，纯粹的量化宽松未必能有效刺激银行向实体经济贷款，而对企业贷款的较低资本充足率要求与政府对企业的支持计划能够大大促进银行向非金融企业的借贷，尤其是向中小企业的贷款。这表明，量化宽松政策与其他信贷宽松政策的配合使用非常重要。[2] Dedola 等研究了量化宽松政策对汇率的影响及其机制，发现量化宽松措施对美元兑欧元汇率有巨大而持久的影响，这些影响主要通过货币风险溢价来传递，即央行资产负债表的扩张给风险承受能力有限的中介机构带来了更大风险。与此同时，货币市场的流动性效应、信号效应等机制也能部分解释量化宽松对汇率的影响。[3]Rebucci 等研究了 2020 年 3~4 月全球 21 个央行 30 次宣布实行量化宽松政策对政府债券收益率和美元汇率的影响。研究发现，在发达国家，QE 尚未失效，其国际影响主要可通过长期非抛补利率平价与疫情中美元短缺冲击解释。在新兴市场国家，量化宽松对政府债券收益率影响更大，其对汇率的传导与发达国家显著不同。此外，QE 还可以通过降低长期利率对产出产生重要影响。[4]

2. 平均通胀目标制

2020 年 8 月，美联储将货币政策框架调整为平均通胀目标制，实质上就是表明其可以忍受短期的更高通胀水平。这一调整受到智库的广泛关注。Reifschneider 和 Wilcox 系统研究了这一政策，发现提高美联储货币政策目标可以使经济出现一个短暂但相当显著的繁荣期，产出会显著增加，失业率会显著下降。随着时间的推移，这一效应会逐渐减弱以至消失。研究建议美联

---

[1] Cortes, G., Gao, G., Silva, F. & Song, Z. G. ，"Unconventional Monetary Policy and Disaster Risk: Evidence from the Subprime and COVID-19 Crises，" https://papers.ssrn.com/sol3/papers.cfm?abstract_id=3642970，2021.

[2] Mahmoud Fatouh, M., Simone Giansante, S. & Ongena, S.，"Economic Support during the Covid Crisis，Quantitative Easing and Lending Support Schemes in the UK，" 2021.

[3] Dedola, L., Georgiadis, G. Gräb, J. & Mehl, A.，"Does a Big Bazooka Matter? Quantitative Easing Policies and Exchange Rates，" https://www.ecb.europa.eu/pub/economic-research/resbull/2020/html/ecb.rb201020~85fb68a983.en.html，2021.

[4] Rebucci, A., Hartley, S.J. & Jiménez, D.，"An Event Study of COVID-19 Central Bank Quantitative Easing in Advanced and Emerging Economies，" https://www.nber.org/papers/w27339，2021.

储货币政策委员会将短期通胀目标提高到3%的水平，但也指出这可能导致通胀预期失控的风险并带来高通胀的成本。伯南克等经济学家就表达了对此的忧虑[①]。提高通胀目标的另一个风险是可能损害金融稳定性。在更高通胀目标带来的低利率情况下，企业可能举借更多债务，投资者也可能更加冒险，这些都会增加金融风险。尽管有这些风险和成本，Reifschneider和Wilcox依然认为这一政策利大于弊。[②] Seppo和Nigel研究了平均通胀目标制的稳健性问题。现实中，经济主体往往存在不完全信息，尤其是货币政策制定与实施的细节往往并不公开。研究发现，在这种情况下，当利率在零下限附近时，平均通胀目标制不一定优于传统的通胀目标制。在平均通胀目标制下，央行可以通过两方面措施提升政策效果，一是在计算平均通胀目标时考虑对过去数据的贴现，二是加强央行与公众的沟通。[③] Jia和Wu研究了关于美联储平均通胀目标制的一个有趣问题，即美联储没有明确提出其平均通胀目标的期限是多少，即到底是多长时间的平均通胀。他们为这一沟通上的故意模糊提出了解释，研究发现，平均通胀目标制是一种时间不一致的政策，央行有动机背离这一政策而采用标准的通胀目标制。当人们对真实的经济基本面并不清楚时，央行故意模糊平均通胀的期限反而有助于让公众更加相信央行会真的采取平均通胀目标制，从而带来福利改进。[④]

（二）财政政策

1. 各国应对疫情的财政政策

Moos将美国2020年3~4月的财政计划作为案例从政治经济学角度进行了研

---

① Bernanke 2015年4月15日在IMF会议上就改变通胀目标水平发表评论。
② Reifschneider, D. & Wilcox, D., "Another Reason to Raise the Fed's Inflation Target: An Employment and Output Boom," https://www.piie.com/publications/policy-briefs/another-reason-raise-feds-inflation-target-employment-and-output-boom，2021.
③ Seppo, H. & Nigel, M., "On Robustness of Average Inflation Targeting," Bank of Finland Research Discussion Paper No. 6/2021, Available at SSRN: https://ssrn.com/abstract=3831745, April 21, 2021.
④ Jia, C. & Wu, J., "Average Inflation Targeting: Time Inconsistency And Intentional Ambiguity," Federal Reserve Bank of Cleveland, Working Paper No. 21-19. https://doi.org/10.26509/frbc-wp-202119，2021.

究，认为美国联邦政府通过对居民发放补贴来应对疫情，无助于实现其长期的社会再生产承诺，也没有缓解家庭承担的日益加剧的社会再生产负担，以及雇主在工薪阶层社会再生产中作用的日益下降问题。[1] Congreve 等介绍了英国应对疫情的财政政策，指出财政政策是英国疫情恢复政策的核心。研究将这些政策细分为四类：（1）增量财政刺激，即专门为了应对疫情的政府支出增加，包括向带薪病假者的支付，向企业提供赠款，通过扩大普遍抵免和工作税收抵免范围对弱势群体的支持，为促进求职、技能和学徒的支持等。（2）提前实施过去准备实施的支出计划，即将过去准备实施的一些财政计划提前实施。例如英国首相鲍里斯·约翰逊承诺，将 56 亿英镑的基础设施支出提前执行。（3）税收豁免或者降低税率，例如对受影响的企业减免 12 个月的税收。（4）工资补贴，即对劳动者直接进行补贴，其典型代表是冠状病毒保留工作计划（CJRS）[2] 和自雇收入支持计划（SEISS）[3]。[4] Christl 等的报告用详细的劳动市场数据评估了欧盟对雇员和个体户发放补贴政策应对衰退的效应，发现这一政策大大缓解了疫情对劳动者收入与需求的冲击，同时有效防止了收入不平等的扩大与贫困问题的加剧。[5]

2. 财政刺激带来的高债务问题

疫情后主要经济体政府债务普遍提升，尤以美国为甚。一些研究者认为，高债务问题不必担忧，经济复苏才是当前首要问题。Sheiner 研究了联邦债务问题。其首先简要概述了美国的财政与债务状况，指出 2020 财年的债务占 GDP 的 98%，预计到 2023 年将攀升至 GDP 的 107%，将超过二战后创下的历史纪录。他认为，虽然政府最终需要削减开支或提高税收以解决债务问题，

---

[1] Moos, K. A., "Coronavirus Fiscal Policy in the United States: Lessons from Feminist Political Economy," https://www.tandfonline.com/doi/abs/10.1080/13545701.2020.1870707.
[2] 如果企业因运营受到疫情的严重影响而无法维持目前的员工队伍，企业可以让员工休假，并申请补助。
[3] 个体经营者等自雇人士因感染新冠病毒而失去收入，可以通过该计划获得补助。
[4] Congreve, E., Haldane, S. & Kumwenda, M., "The Policy Response to Coronavirus: Theory and Application," 2021.
[5] Christl, M., De Poli, S., Figari, F., Hufkens, T., Leventi, C., Papini, A. & Tumin, A., "The Cushioning Effect of Fiscal Policy in the EU during the COVID-19 Pandemic," JRC Working Papers on Taxation and Structural Reforms No. 02/2021, https://ec.europa.eu/jrc/sites/default/files/jrc125567.pdf, 2021.

但当前情况下，经济复苏才是最重要的，应加强公共投资及对困难家庭的援助力度。① Shearing 也认为，在经济完全复苏前，应继续维持对经济的财政刺激，并抵制那些要求立即采取措施应对不断上升的债务负担的呼声。而在经济复苏后，应有步骤地退出财政刺激周期，并确保市场在后疫情时代的经济转型中发挥主导作用。② Furman 和 Summers 也认为高债务问题不必担忧。在低利率时代下应当放弃债务占 GDP 比重指标，因为它在衡量国家财政状况时具有误导性。他们提出了债务占 GDP 现值比重、偿债额占 GDP 比重、财政缺口等另外三种衡量财政状况的替代指标。考虑到长期预测的主观性和不确定性，偿债额占 GDP 比重是减少不确定性和为制定最佳财政目标提供背景参考的最佳方法。③

另一些研究者则认为，高债务问题值得担忧。Papadopoullos 指出，央行资产购买计划不会减少政府债务，而是用一种负债交换另一种负债。④ Makina 和 Layton 在详细描述疫情对全球宏观经济、财政赤字与债务影响的基础上，通过历史比较分析了全球财政政策对疫情的反应，指出一些财政政策过于激进，具体政策形式也不正确。研究强调了疫情导致的公共债务水平过高带来的未来宏观经济风险，认为要解决危机带来的财政遗留问题，需要财政整顿，而不是进一步的财政"刺激"。⑤ Zahariev 等分析了欧盟的债务可持续性与风险，指出虽然财政稳定政策在短期降低了疫情冲击带来的经济衰退，但随着时间的推移，危机的加深以及越来越多的还本付息需求将加剧中期财政风险。⑥

---

① Sheiner, L., "Federal Debt Policy in an Era of Low Interest Rates: A Guide to the Issues," 2021.
② Shearing, N., "Fiscal Policy and the Post-COVID-19 Recovery: A Roadmap for Domestic Policy and International Coordination," 2021.
③ Furman, J, & Summers, L., "A Reconsideration of Fiscal Policy in the Era of Low Interest Rates," 2021.
④ Papadopoullos, C., "Reserves System Puts Independence at Risk," https://www.omfif.org/wp-content/uploads/2021/04/BTN_Q2.21_web.pdf, 2021.
⑤ Makina, J. A. & Layton, A., "The Global Fiscal Response to COVID-19: Risks and Repercussions," https://www.sciencedirect.com/science/article/abs/pii/S031359262030463X, 2021.
⑥ Andrey, Z., Aneliya, R., Aleksandrina, A. & Mariana, P., "Fiscal Sustainability and Fiscal Risk in the EU: Forecasts and Challenges in Terms of COVID-19," Entrepreneurship and Sustainability Issues, 2021(3), http://doi.org/10.9770/jesi.2021.8.3(39), Available at SSRN: https://ssrn.com/abstract=3828912, 2021.

（三）强刺激政策与金融风险

为了应对疫情冲击，各国实施了空前宽松的财政与货币政策，其中以美国最为激进。一个备受关注的问题是，这种强刺激政策以及随之而来的紧缩是否会导致金融风险甚至危机？特别是，是否会加剧新兴市场国家的金融风险？

Hoek 等研究了美国利率上升是否会破坏新兴市场的金融稳定问题。研究发现，结论是不确定的，主要取决于两个关键因素，即美国利率变化的原因和新兴市场经济体的状况。具体来说，由乐观增长前景推动的利率上升可能对新兴金融市场产生相对良性的影响，而美联储政策强硬转向导致的加息对新兴市场的影响可能是具有破坏性的。同时，宏观经济脆弱性较高的经济体的金融状况往往对美国利率上升更为敏感。[1] Ahmed 等用严格的宏观经济模型研究了美国货币政策对新兴市场的溢出效应，也发现溢出效应与冲击类型以及新兴市场经济体的脆弱性有关。[2] Patel 讨论了美国极度宽松货币政策与财政刺激政策退出后新兴经济体可能面临的风险。研究认为，新兴市场经济体将面临相当大的风险，这可能在通胀开始持续回升时就初见端倪。各国的疫情形势及各国政府在封锁、疫苗接种、加强注射等方面的反应不同。从当前情况来看，新兴市场国家从疫情影响中走出来可能需要更长时间，这种不同步性就是风险的来源之一。另一个导致新兴市场风险的重要原因是新兴市场国家的货币不是储备货币，因而其财政回旋空间有限。[3]

Schularick 等研究了可否通过逆周期政策化解日益上升的金融风险问题。

---

[1] Hoek, J. & Yoldas, E., "Are Rising U.S. Interest Rates Destabilizing for Emerging Market Economies?" https://www.federalreserve.gov/econres/notes/feds-notes/are-rising-u-s-interest-rates-destabilizing-for-emerging-market-economies-20210623.htm, 2021.

[2] Ahmed, S., Akinci, O. & Queralto, A., "U.S. Monetary Policy Spillovers to Emerging Markets: Both Shocks and Vulnerabilities Matter," https://econpapers.repec.org/paper/fipfedgif/1321.htm,2021.

[3] Patel, U., "Beware Rolling Back Fiscal and Monetary Stimulus," https://www.omfif.org/2021/08/beware-rolling-back-fiscal-and-monetary-stimulus/, 2021.

研究基于19世纪以来发达经济体的金融周期和危机的特点，估计了在"繁荣状态"下，意外政策加息可能导致金融危机的概率和严重程度。研究发现，逆周期政策更可能引发危机，而不是防止危机。全样本估计结果表明，1个百分点的政策性加息会使金融危机风险增加3.6个百分点，这是一个相当大的影响。[1]

三 气候问题对经济的影响以及相应的政策问题

2021年4月召开的领导人气候峰会无疑是人类应对气候变化合作史上的重大事件，主要大国纷纷制定了相当有雄心的减排与绿色转型计划，气候问题成为2021年无可争议的焦点问题。那么，气候问题对经济与政策意味着什么？全球智库对此高度关注。

（一）气候问题的经济影响

气候变化及其应对绝不仅仅是一个技术过程或者产业层面的问题，而是一个重要的宏观问题，将对经济增长、就业和金融稳定产生重要影响。

1. 气候问题对经济增长的影响

Winne和Peersman关注了气候变化通过食品价格渠道对宏观经济的可能影响。研究估算了75个国家经济活动对全球食品价格上涨10%后的反应，发现实际GDP在六个季度后达到最大降幅0.53%。这是一个相当大的影响，因为事实上，全球食品价格上涨幅度可能高达30%。此外，研究还发现气候变化带来的极端天气增多对发达国家的影响甚至大于发展中国家。[2] Dietrich等的研究援引了克利夫兰联储赞助的一项对消费者的每日调查，结果发现，预期气候变化带来的经济损失高达GDP的1.5%，同时预期与气候相关的更大灾

---

[1] Schularick, M., Steege, L. & Ward, F. , "'Leaning Against the Wind' and the Risk of Financial Crises," https://voxeu.org/article/leaning-against-wind-and-risk-financial-crises,2021.

[2] Winne, D. J. & Peersman, G., "Global Weather Disruptions, Food Commodity Prices, and Economic Activity: A Global Warning For Advanced Countries," https://voxeu.org/article/global-weather-disruptions-food-commodity-prices-and-economic-activity,2021.

害（经济损失达到 GDP 的 5%）的发生概率达到 12%~15%。研究特别强调，气候变化何时发生、以何种方式发生固然重要，人们预期其如何发生也至关重要。[1]Pisani-Ferry 研究了气候政策的经济影响，认为气候政策是一种宏观经济政策，其对经济的影响被大大低估了。首先，政府多强调零排放政策会带来绿色发展，能创造更多更好的岗位，但没有注意到该政策可能伴随着较大的负向供给冲击。向碳中和的转型未必有利于经济增长。其次，碳中和政策将带来投资热潮，却可能减少消费。[2]

2. 气候问题对就业的影响

Tagliapietra 关注了欧盟的减排政策对就业的影响。应对气候变化固然对社会整体是有利的，但也自然会使一些人受益而另一些人受损。尤其是从化石燃料到可再生能源的转变将不可避免地淘汰一些产业，从而破坏与其相关的大量就业岗位。研究强调，如果政策制定者没有注意到这些问题并相应采取有效措施，将会导致不平等的加剧。[3] Malerba 和 Wiebe 研究了气候政策对就业与贫困的影响，发现绿色转型能带来就业的净增长，但具有跨国异质性，尤其是对中低收入国家的部分行业的就业造成不利影响，加剧部分贫困问题。[4]

3. 气候问题与金融风险

国际清算银行的报告探讨了与气候相关的金融风险是如何产生并影响银行和银行体系的。报告指出，气候变化可以通过物理气候风险因子与转型气候风险因子两种渠道影响银行与银行体系。前者是指实际的气候灾害会导致银行遭受损失，从而引发一定的金融风险；后者则是指随着各经济体减少二氧化碳的排放，政府的政策、技术发展或投资者和消费者情绪会发生变化，

---

[1] Dietrich, A., Müller, G. & Schoenle, R., "Climate Change and Central Banks: Introducing the Expectations Channel," https://voxeu.org/users/schoenle, 2021.

[2] Pisani-Ferry, J., "Climate Policy is Macroeconomic Policy, and the Implications Will be Significant," PIIE Policy Brief, 2021.

[3] Tagliapietra, "How to Protect Workers Hurt by the Fight Against Climate Change," 2021.

[4] Malerba, D.& Wiebe, S. K., "Analysing the Effect of Climate Policies on Poverty Through Employment Channels," https://iopscience.iop.org/article/10.1088/1748-9326/abd3d3/meta, 2021.

由此给银行体系带来的巨大成本和损失。值得注意的是，某些经济部门对气候相关的严重物理风险或向低碳经济转型风险具有更高的敏感性。[1]Brainard指出，不仅要考虑到潜在的气候冲击，还要考虑这些气候变化如何使金融系统变得更加脆弱。不同于周期性或者暂时性冲击，气候变化具有长期性和累积性，还会带来其他冲击。应对气候变化的政策具有很大不确定性，这会给金融系统稳定性带来挑战。金融机构利用合同或者加杠杆的方式将气候相关风险转嫁出去，即使是获取信息能力较强的投资者也会低估气候变化带来的大型冲击的可能性，这些都可能增加金融脆弱性。[2]

（二）气候问题对政策的影响

既然气候问题会对经济产生重要影响，必然也会具有重要的政策含义。智库研究主要关注了货币政策、气候政策不确定性、审慎管理与气候问题政策的国际协调等方面。

1. 气候问题与货币政策

Dietrich 等研究了气候变化对央行货币政策制定的影响，强调了预期渠道的重要性，即如果人们普遍预期气候变化可能发生，而且会对经济产生重要影响，无论其何时发生，以什么方式发生，都会对经济产生重要影响，央行应采取有效的应对措施。研究将人们对气候变化的预期当成一种未来的坏消息，或者说灾难预期，这种预期会影响自然利率，央行应调整利率以便与自然利率的变化同步来稳定经济。其还建立了数理模型研究这一问题。用实际数据校准模型参数后发现，灾难预期能使自然利率下降 65 个基点，这是一个非常显著的影响。研究还提出了在实际货币政策应对中央行面临的沟通悖论问题，即央行为了有效应对人们的灾难预期，会频繁地与公众进行沟通，但这种沟通过程可能助长了媒体对气候变化的关注，进一步加剧人们的灾难预

---

[1] BIS Working Paper, "Climate-related Risk Drivers and Their Transmission Channels," https://www.bis.org/bcbs/publ/d517.htm, 2021.

[2] Brainard, L., "Financial Stability Implications of Climate Change," https://www.federalreserve.gov/newsevents/speech/brainard20210323a.htm, 2021.

期。[1]法兰西银行的研究报告系统分析了气候变化对货币政策的影响，提出了多种影响机制。例如，气候变化会影响金融机构的资产负债表、资产估值进而影响货币政策的传导机制、央行在进行经济预测和宏观分析时需要将气候风险考虑在内、央行的货币政策设计也要考虑气候变化的挑战。[2] Main 也认为，气候问题会影响价格稳定与金融稳定，因而央行必须予以应对。[3]

2. 气候问题与审慎管理

既然气候问题会带来金融风险，那么加强审慎管理应对这些风险自然十分重要。事实上，美联储已经成立了一个气候监督委员会（Supervision Climate Committee，SCC）以识别并评估气候变化带来的金融风险并确保受监管的公司具备应对这些风险的能力。OECD 的报告认为，东亚新兴市场国家应该强化宏观审慎管理以应对气候变化带来的风险。与气候变化相关的风险可能严重破坏亚洲新兴国家金融体系的稳定。因此，各国央行需要采取果断行动，政策制定者需要修改或扩大其宏观审慎政策工具包，以应对与气候变化相关的系统性风险，并支持低碳投资。政策选项包括将气候相关风险纳入宏观审慎压力测试，以及有效限制银行对高碳行业的贷款额，同时将信贷重新引导到气候友好型投资。[4] Grónewald 分析了气候问题相关的金融风险（Climate-related Financial Risks，CRFR）的特性，并讨论了宏观审慎管理部门面对这些风险时的政策选择。研究指出，绿色转型的宏观审慎管理无论是认识论、方法论还是具体行为层面都对政策提出了重大挑战。[5] Quang 和 Scialom 讨论了疫情与气候变化对宏观审慎政策的影响。研究指出，当前

---

[1] Dietrich, A., Müller, G. & Schoenle, R.,"Climate Change and Central Banks: Introducing the Expectations Channel," https://voxeu.org/users/schoenle, 2021.

[2] NGFS Technical document, Banque De France,"Climate Change and Monetary Policy Initial Takeaways," 2021.

[3] Main, F.,"Climate Change and Monetary Policy," https://www.ecb.europa.eu/press/blog/date/2021/html/ecb.blog210831~3a7cecbf52.en.html,2021.

[4] OECD,"Strengthening Macroprudential Policies in Emerging Asia: Adapting to Green Goals and Fintech," https://www.oecd.org/dev/emerging-asia-macroprudential-policies-climate-change-rise-fintech.htm,2021.

[5] Grónewald S.,"Climate Change as a Systemic Risk in Finance: Are Macroprudential Authorities Up to the Task?" https://doi.org/10.1007/978-3-030-71834-3_7,2021.

以《巴塞尔协议》为核心的审慎管理框架对极端风险事件的应对严重不足，而气候风险与疫情就属于这一类。研究详细分析了为什么当前的审慎管理框架不足以应对来自金融体系以外的风险，同时探讨了宏观审慎监管改革的路径。[1]

3. 气候应对的国际协调

Carey 等指出，《巴黎协定》发布以来，世界发生了很大变化，气候问题将无法通过具有法律约束力的国际条约来解决，强调了美国发挥领导力及与中国合作的重要性。研究认为，疫情带来的经济与地缘政治的混乱反而为解决气候问题提供了一些短期机会，并提出了 G20 的三项倡议，包括帮助发展中国家增加绿色投资、启动对发展中国家的绿色债务减免以及推动各国采取更积极的绿色产业政策。[2] Hufbauer 关注了主要大国在气候政策问题上的冲突。美国、中国与欧盟都担心自己实施力度更大的减排政策而使其他两国获得在贸易中的不公平优势。欧盟和美国都发布了关税提案，试图阻止其他国家基于较低的碳排放成本而抢走本国企业的市场。但这一政策可能变成变相保护，反而可能阻碍减少碳排放的全球合作。研究指出，美国和欧盟提出的边界碳关税政策可能引起更多贸易争端，甚至引发贸易战，同时建议应在 WTO 框架内予以协调。[3] Garcia-Herrero 讨论了欧盟碳边界税的潜在争议问题。2021 年 7 月 14 日，欧盟委员会发布了 55% 适应政策（Fit for 55 Policy），其中包含了很多建议，旨在升级现有的气候、能源和交通法案以实现碳中和目标。在这些提议中，新的碳边界调整机制（CBAM）可能是最具争议的。该机制旨在缓解欧洲工业因欧盟严格的环境保护政策而面临的竞争劣势。欧盟对进口产品的碳含量征税，使其在碳定价方面等同于欧盟生产的产品。这一机制相当

---

[1] Quang, G. & Scialom, L., "Better Safe than Sorry: Macroprudential Policy, COVID-19 and Climate Change," http://www.chair-energy-prosperity.org/wp-content/uploads/2021/02/publication2021-macroprudential-policies-covid19-climate_lequang-scialom.pdf, 2021.

[2] Carey, L., Ladislaw, S. & Tsafos, N., "U.S. Climate Leadership at the G20: A Strategy for Investment, Debt Relief, and Industrial Policy," 2021.

[3] Hufbauer, G. C., "Divergent Climate Change Policies Among Countries Could Spark a Trade War," https://www.piie.com/blogs/trade-and-investment-policy-watch/divergent-climate-change-policies-among-countries-could, 2021.

于对进口商品征税，受到了包括中国和美国在内的多个国家政府的批评，也受到了国际货币基金（IMF）等国际组织的批评。[①]

四 小结

本报告通过对中国社会科学院世界经济与政治研究所编译的《全球智库半月谈》进行回顾，总结了智库和国际组织在三个方面的关注热点，分别为全球通胀随着疫情缓解与政策刺激而快速上升；疫情下的宏观经济政策以及相应的风险；气候变化对经济的影响以及相应的政策问题。政策刺激带来了经济复苏，但这种复苏能否在刺激政策退出后持续仍悬而未决，强刺激下通胀的快速上升与风险的加速积聚也让人们越来越担忧，气候变化与绿色转型带来了许多新的问题和挑战，上述这些问题既是2021年的热点，也将是未来数年值得关注的重大议题。

---

① Garcia-Herrero, A., "Why China Should Fear the EU's Carbon Border Tax," https://www.bruegel.org/2021/07/why-china-should-fear-the-eus-carbon-border-tax/, 2021.

世界经济统计与预测

Statistics of the World Economy

Y.22
世界经济统计资料

熊婉婷[*]

目 录

（一）世界经济形势回顾与展望

表1-1 世界产出简况（2017~2026年）

表1-2 GDP不变价增长率回顾与展望：部分国家和地区（2013~2022年）

表1-3 市场汇率计GDP：部分国家和地区（2014~2022年）

表1-4 人均GDP：部分国家和地区（2020~2022年）

（二）世界通货膨胀、就业形势回顾与展望

表2-1 通货膨胀率回顾与展望：部分国家和地区（2016~2026年）

---

[*] 熊婉婷，中国社会科学院世界经济与政治研究所全球宏观经济室助理研究员，研究领域：全球宏观经济、债务问题。

表 2-2　失业率：部分发达经济体（2016~2026 年）

(三) 世界财政形势回顾与展望

表 3-1　广义政府财政余额与 GDP 之比：部分发达经济体（2014~ 2026 年）

表 3-2　广义政府财政余额与 GDP 之比：部分新兴市场和发展中国家（2014~2026 年）

表 3-3　广义政府债务与 GDP 之比：部分国家和地区（2014~2026 年）

(四) 世界金融形势回顾与展望

表 4-1　广义货币供应量年增长率：部分国家和地区（2016~2020 年）

表 4-2　汇率：部分国家和地区（2014~2021 年）

表 4-3　股票价格指数：全球主要证券交易所（2016~2020 年）

(五) 国际收支形势回顾与展望

表 5-1　国际收支平衡表：部分国家和地区（2016~2020 年）

表 5-2　经常项目差额与 GDP 之比：部分国家和地区（2016~2026 年）

(六) 国际贸易形势回顾

表 6-1　货物贸易进出口：部分国家和地区（2017~2020 年）

表 6-2　服务贸易进出口：部分国家和地区（2017~2020 年）

表 6-3　原油进出口量：部分国家和地区（2013 年和 2020 年）

(七) 国际投资与资本流动回顾

表 7-1　国际投资头寸表：部分国家和地区（2016~2020 年）

表 7-2-1　FDI 流量：部分国家和地区（2018~2020 年）

表 7-2-2　FDI 存量：部分国家和地区（2018~2020 年）

(八) 全球大公司排名

表 8-1　2021 年《财富》全球 50 强公司排名

说　明

一　统计体例

1. 本部分所称"国家"为纯地理实体概念，而不是国际法所称的政治实

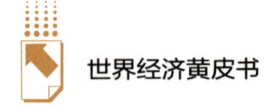

体概念。

2. 除非特别说明，2021年及以后的数据为估计值或预测值。未来国际组织可能会对预测做出调整，本部分仅报告编制时能获得的最新数据。

3. 1996~2005意为1996~2005年的平均值，两年度间的平均值表示法以此类推。"—"表示数据在统计时点无法取得或无实际意义，"0"表示数据远小于其所在表的计量单位。

4. 部分表格受篇幅所限无法列出所有国家和地区，编制时根据研究兴趣有所选择。

二 国际货币基金组织的经济预测

本部分预测数据均来自国际货币基金组织（IMF）的《世界经济展望数据库》（World Economic Outlook Database），预测的假设与方法参见报告原文。数据访问时间是2021年10月。

三 国家和地区分类

《世界经济展望》将国家和地区分为发达经济体、新兴市场和发展中国家两大类。为了便于分析和提供更合理的集团数据，这种分类随时间变化亦有所改变，分类标准并非一成不变。详见国际货币基金组织网站[①]介绍。

（一）世界经济形势回顾与展望

表1-1 世界产出简况（2017~2026年）

单位：%，十亿美元

类 别	2017年	2018年	2019年	2020年	2021年***	2022年	2026年
实际GDP增长率							
世界	3.8	3.6	2.8	-3.1	5.9	4.9	3.3
发达经济体	2.5	2.3	1.7	-4.5	5.2	4.5	1.6
美国	2.3	2.9	2.3	-3.4	6.0	5.2	1.7

---

① https://www.imf.org/external/pubs/ft/weo/2021/02/weodata/groups.htm.

续表

类　别	2017年	2018年	2019年	2020年	2021年[***]	2022年	2026年
欧元区	2.6	1.9	1.5	-6.3	5.0	4.3	1.4
日本	1.7	0.6	0.0	-4.6	2.4	3.2	0.5
其他发达经济体[*]	3.1	2.8	1.9	-1.9	4.6	3.7	2.3
新兴市场和发展中国家	4.8	4.6	3.7	-2.1	6.4	5.1	4.4
亚洲新兴市场和发展中国家	6.6	6.4	5.4	-0.9	7.2	6.3	5.3
欧洲新兴市场和发展中国家	4.1	3.4	2.5	-2.0	6.0	3.6	2.6
拉美与加勒比地区	1.4	1.2	0.1	-7.0	6.3	3.0	2.4
撒哈拉以南	3.0	3.3	3.1	-1.7	3.7	3.8	4.2
人均实际GDP增长率[**]							
发达经济体	2.0	1.8	1.3	-4.9	5.0	4.3	1.4
新兴市场和发展中国家	3.3	3.3	2.3	-3.4	5.1	4.0	3.3
世界名义GDP							
基于市场汇率	80823	85883	87391	84972	94935	102404	127391
基于购买力平价	121736	129000	134916	131980	144636	155835	194217

注："[*]"指除去美国、欧元区国家和日本以外的发达经济体；"[**]"按购买力平价计算；"[***]"2021年及以后为预测值。

资料来源：IMF，World Economic Outlook Database，2021年10月。

表1-2　GDP不变价增长率回顾与展望：部分国家和地区（2013~2022年）

单位：%

国家和地区	2013年	2014年	2015年	2016年	2017年	2018年	2019年	2020年	2021年	2022年
阿根廷	2.4	-2.5	2.7	-2.1	2.8	-2.6	-2.1	-9.9	7.5	2.5
澳大利亚	2.1	2.6	2.3	2.7	2.4	2.8	1.9	-2.4	3.5	4.1
巴西	3.0	0.5	-3.5	-3.3	1.3	1.8	1.4	-4.1	5.2	1.5
加拿大	2.3	2.9	0.7	1.0	3.0	2.4	1.9	-5.3	5.7	4.9
中国	7.8	7.4	7.0	6.9	6.9	6.8	6.0	2.3	8.0	5.6
埃及	3.3	2.9	4.4	4.3	4.1	5.3	5.6	3.6	3.3	5.2
芬兰	-0.9	-0.4	0.5	2.8	3.2	1.1	1.3	-2.9	3.0	3.0
法国	0.6	1.0	1.0	1.0	2.4	1.8	1.8	-8.0	6.3	3.9

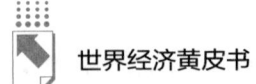

续表

国家和地区	2013年	2014年	2015年	2016年	2017年	2018年	2019年	2020年	2021年	2022年
德国	0.4	2.2	1.5	2.2	2.7	1.1	1.1	-4.6	3.1	4.6
希腊	-2.7	0.7	-0.4	-0.5	1.3	1.6	1.9	-8.2	6.5	4.6
中国香港	3.1	2.8	2.4	2.2	3.8	2.8	-1.7	-6.1	6.4	3.5
冰岛	4.6	1.7	4.4	6.3	4.2	4.9	2.4	-6.5	3.7	4.1
印度	6.4	7.4	8.0	8.3	6.8	6.5	4.0	-7.3	9.5	8.5
印度尼西亚	5.6	5.0	4.9	5.0	5.1	5.2	5.0	-2.1	3.2	5.9
爱尔兰	1.3	8.7	25.2	2.0	8.9	9.0	4.9	5.9	13.0	3.5
意大利	-1.8	0.0	0.8	1.3	1.7	0.9	0.3	-8.9	5.8	4.2
日本	2.0	0.3	1.6	0.8	1.7	0.6	0.0	-4.6	2.4	3.2
韩国	3.2	3.2	2.8	2.9	3.2	2.9	2.2	-0.9	4.3	3.3
马来西亚	4.7	6.0	5.0	4.5	5.8	4.8	4.4	-5.6	3.5	6.0
墨西哥	1.4	2.9	3.3	2.6	2.1	2.2	-0.2	-8.3	6.2	4.0
新西兰	2.3	3.7	3.6	3.9	3.5	3.4	2.4	-2.1	5.1	3.3
尼日利亚	5.4	6.3	2.7	-1.6	0.8	1.9	2.2	-1.8	2.6	2.7
挪威	1.0	2.0	2.0	1.1	2.3	1.1	0.9	-0.8	3.0	4.1
菲律宾	6.8	6.3	6.3	7.1	6.9	6.3	6.1	-9.6	3.2	6.3
葡萄牙	-0.9	0.8	1.8	2.0	3.5	2.8	2.7	-8.4	4.4	5.1
俄罗斯	1.8	0.7	-2.0	0.2	1.8	2.8	2.0	-3.0	4.7	2.9
沙特阿拉伯	2.7	3.7	4.1	1.7	-0.7	2.4	0.3	-4.1	2.8	4.8
新加坡	4.8	3.9	3.0	3.3	4.5	3.5	1.3	-5.4	6.0	3.2
南非	2.5	1.4	1.3	0.7	1.2	1.5	0.1	-6.4	5.0	2.2
西班牙	-1.4	1.4	3.8	3.0	3.0	2.3	2.1	-10.8	5.7	6.4
瑞典	1.2	2.7	4.5	2.1	2.6	2.0	2.0	-2.8	4.0	3.4
瑞士	1.9	2.4	1.6	2.0	1.7	2.9	1.2	-2.5	3.7	3.0
中国台湾	2.5	4.7	1.5	2.2	3.3	2.8	3.0	3.1	5.9	3.3
泰国	2.7	1.0	3.1	3.4	4.2	4.2	2.3	-6.1	1.0	4.5
土耳其	8.5	4.9	6.1	3.3	7.5	3.0	0.9	1.8	9.0	3.3
英国	2.2	2.9	2.4	1.7	1.7	1.3	1.4	-9.8	6.8	5.0
美国	1.8	2.3	2.7	1.7	2.3	2.9	2.3	-3.4	6.0	5.2
越南	5.6	6.4	7.0	6.7	6.9	7.2	7.2	2.9	3.8	6.6

注：2021年及以后为预测值。

资料来源：IMF，World Economic Outlook Database，2021年10月。

表 1-3　市场汇率计 GDP：部分国家和地区（2014~2022 年）

单位：亿美元

2020年位次	国家和地区	2014年	2015年	2016年	2017年	2018年	2019年	2020年	2021年	2022年
1	美国	175507	182060	186951	194796	205272	213726	208938	229396	247961
2	中国	105242	111135	112269	122653	138418	143406	148667	168630	184631
3	日本	48970	44449	50037	49308	50369	51359	50451	51031	53837
4	德国	38901	33579	34689	36896	39791	38888	38433	42302	45574
5	英国	30671	29334	27032	26647	28610	28333	27097	31084	34422
6	印度	20391	21036	22941	26515	27011	28705	26602	29461	32501
7	法国	28522	24382	24713	25890	27897	27288	26244	29404	31400
8	意大利	21626	18368	18766	19611	20931	20051	18849	21202	22723
9	加拿大	18058	15565	15280	16493	17218	17416	16440	20160	21898
10	韩国	14845	14660	14994	16231	17254	16514	16383	18239	19077
11	俄罗斯	20488	13567	12807	15751	16530	16901	14786	16476	17035
12	巴西	24561	18001	17966	20635	19169	18778	14447	16458	18106
13	澳大利亚	14574	12348	12662	13852	14212	13923	13594	16106	16775
14	西班牙	13716	11957	12326	13121	14216	13932	12805	14400	15709
15	墨西哥	13154	11719	10785	11589	12224	12694	10739	12855	13716
16	印尼	8911	8607	9321	10155	10427	11200	10596	11503	12474
17	荷兰	8924	7657	7838	8336	9145	9103	9131	10076	10708
18	伊朗	4331	3850	4181	4455	4566	5813	8354	10814	11367
19	瑞士	7347	7022	6954	7048	7361	7325	7519	8108	8628
20	土耳其	9385	8641	8693	8589	7797	7605	7199	7960	8445
21	沙特阿拉伯	7564	6543	6449	6886	7865	7930	7001	8426	8761
22	中国台湾	5353	5345	5431	5907	6092	6122	6682	7856	8505
23	波兰	5426	4775	4723	5266	5874	5972	5959	6553	7204
24	瑞典	5820	5051	5157	5410	5555	5339	5411	6224	6609
25	比利时	5355	4624	4759	5026	5439	5333	5149	5818	6192
26	泰国	4074	4011	4135	4565	5064	5442	5017	5462	5856
27	奥地利	4427	3820	3957	4171	4553	4451	4325	4812	5203
28	尼日利亚	5685	4924	4046	3757	4217	4481	4294	4805	5553

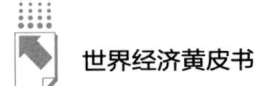

续表

2020年位次	国家和地区	2014年	2015年	2016年	2017年	2018年	2019年	2020年	2021年	2022年
29	爱尔兰	2590	2916	2988	3353	3852	3992	4255	5163	5505
30	以色列	3109	3001	3190	3553	3736	3979	4071	4675	5014
31	阿根廷	5636	6425	5568	6439	5244	4518	3891	4552	4838
32	埃及	3056	3321	3325	2365	2503	3023	3632	3963	4383
33	挪威	4984	3858	3688	3984	4370	4055	3625	4455	4584
34	菲律宾	2975	3064	3186	3285	3468	3768	3615	3857	4061
35	阿联酋	4031	3581	3570	3856	4222	4172	3589	4102	4279

注：2021年及以后为预测值。
资料来源：IMF，World Economic Outlook Database，2021年10月。

表1-4 人均GDP：部分国家和地区（2020~2022年）

市场汇率计人均GDP（美元）				购买力平价计人均GDP（国际元）			
2020年位次	国家和地区	2020年	2021年	2022年	2020年位次	国家和地区	2020年	2021年	2022年
1	卢森堡	116921	131302	137948	1	卢森堡	117984	126569	132535
2	瑞士	87367	93515	98771	2	新加坡	98512	107677	113635
3	爱尔兰	85206	102394	108163	3	卡塔尔	96607	100037	104764
4	挪威	67326	82244	84119	4	爱尔兰	95994	111360	117358
5	美国	63358	69375	74725	5	瑞士	73246	78112	82048
6	丹麦	61154	67920	70769	6	阿联酋	71139	74245	77444
7	新加坡	59795	66263	69129	7	挪威	65841	69859	74256
8	冰岛	59643	68844	72318	8	美国	63358	69375	74725
9	卡塔尔	54185	61791	64768	9	文莱	62306	65675	69064
10	澳大利亚	52905	62619	64895	10	圣马力诺	60490	65446	69532
11	荷兰	52456	57715	61159	11	中国香港	59656	65403	69166
12	瑞典	52129	58639	61681	12	丹麦	59136	63405	66904
13	芬兰	48786	53523	56833	13	荷兰	57665	61816	65337
14	奥地利	48593	53793	57879	14	冰岛	56066	59268	62422
15	中国香港	46657	49485	51895	15	中国台湾	55856	61371	65284
16	圣马力诺	46282	50934	53800	16	奥地利	55453	59406	63470

世界经济统计资料

续表

市场汇率计人均GDP（美元）					购买力平价计人均GDP（国际元）				
2020年位次	国家和地区	2020年	2021年	2022年	2020年位次	国家和地区	2020年	2021年	2022年
17	德国	46216	50788	54653	17	中国澳门	54943	67475	93532
18	比利时	44688	50413	53452	18	德国	54551	58150	62404
19	以色列	44181	49840	52504	19	瑞典	54480	57425	60420
20	加拿大	43295	52791	56740	20	安道尔	51989	55764	58928
40	捷克	22943	25806	28077	40	西班牙	38443	42075	45796
41	科威特	22684	27927	28822	41	爱沙尼亚	37277	41892	44854
42	阿鲁巴岛	22483	25701	27955	42	波多黎各	35660	37170	38541
43	葡萄牙	22149	24457	26404	43	波兰	34165	37323	40341
44	沙特阿拉伯	19996	23762	24224	44	葡萄牙	33712	36543	39544
45	立陶宛	19981	22412	24209	45	巴哈马群岛	33233	34732	38116
46	斯洛伐克	19145	21383	23323	46	匈牙利	33045	36849	39806
47	希腊	17657	19827	21155	47	斯洛伐克	32866	35547	38375
48	拉脱维亚	17549	19539	21489	48	拉脱维亚	31485	34169	37009
49	圣基茨和尼维斯	17173	16917	18729	49	阿曼	31312	32327	33234
50	乌拉圭	16023	16965	17931	50	罗马尼亚	30517	33833	36446
64	中国	10511	11891	12990	70	马尔代夫	19682	23838	27271
70	格林纳达	9130	9575	10194	78	中国	17104	19090	20667
100	斐济	4995	5127	5507	100	巴拉圭	12852	13724	14440
120	乌克兰	3741	4384	4958	120	史瓦帝尼	9041	9409	9726
180	冈比亚	770	819	847	180	多哥	2222	2353	2499
185	也门	580	585	587	185	乍得	1612	1637	1672

注：本表只列出部分国家和地区，排名时以所展示年份有数据的国家和地区为准。各国购买力平价（PPP）数据参见IMF, World Economic Outlook Database, IMF并不直接计算PPP数据，而是根据世界银行、OECD、Penn World Tables等国际组织的原始资料进行计算。2021年及以后为预测值。

资料来源：IMF, World Economic Outlook Database, 2021年10月。

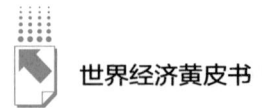

（二）世界通货膨胀、就业形势回顾与展望

表 2-1 通货膨胀率＊回顾与展望：部分国家和地区（2016~2026 年）

单位：%

2020年位次＊＊	国家和地区	2016年	2017年	2018年	2019年	2020年	2021年	2022年	2026年
1	委内瑞拉	254.9	438.1	65374.1	19906.0	2355.2	2700.0	2000.0	—
2	津巴布韦	-1.6	0.9	10.6	255.3	557.2	92.5	30.7	10.0
3	苏丹	17.8	32.4	63.3	51.0	163.3	194.6	41.8	8.0
4	黎巴嫩	-0.8	4.5	4.6	2.9	84.9	—	—	—
5	阿根廷	—	25.7	34.3	53.5	42.0	—	—	—
6	伊朗	9.1	9.6	30.2	34.6	36.4	39.3	27.5	25.0
7	苏里南	55.5	22.0	6.9	4.4	34.9	54.4	31.7	12.8
8	南苏丹	379.8	187.9	83.5	51.2	24.0	23.0	24.0	11.4
9	也门	21.3	30.4	27.6	12.0	23.1	40.7	31.5	8.4
10	海地	13.4	14.7	12.9	17.3	22.9	16.2	15.5	11.6
18	土耳其	7.8	11.1	16.3	15.2	12.3	17.0	15.4	12.5
32	印度	4.5	3.6	3.4	4.8	6.2	5.6	4.9	4.0
60	沙特阿拉伯	2.0	-0.8	2.5	-2.1	3.4	3.2	2.2	2.0
61	波兰	-0.6	2.0	1.6	2.3	3.4	4.4	3.3	2.5
62	墨西哥	2.8	6.0	4.9	3.6	3.4	5.4	3.8	3.0
63	俄罗斯	7.0	3.7	2.9	4.5	3.4	5.9	4.8	4.0
64	匈牙利	0.4	2.4	2.8	3.4	3.3	4.5	3.6	3.0
69	巴西	8.7	3.4	3.7	3.7	3.2	7.7	5.3	3.1
70	捷克	0.7	2.5	2.1	2.8	3.2	2.7	2.3	2.0
73	智利	3.8	2.2	2.3	2.3	3.0	4.2	4.4	3.0
78	冰岛	1.7	1.8	2.7	3.0	2.9	4.3	3.1	2.5
91	中国	2.0	1.6	2.1	2.9	2.4	1.1	1.8	2.0
96	印尼	3.5	3.8	3.3	2.8	2.0	1.6	2.8	3.0
97	斯洛伐克	-0.5	1.4	2.5	2.8	2.0	2.4	3.0	2.0
107	新西兰	0.6	1.9	1.6	1.6	1.7	3.0	2.2	2.0
113	奥地利	1.0	2.2	2.1	1.5	1.4	2.5	2.4	2.0

世界经济统计资料

续表

2020年位次**	国家和地区	2016年	2017年	2018年	2019年	2020年	2021年	2022年	2026年
115	挪威	3.6	1.9	2.8	2.2	1.3	2.6	2.0	2.0
116	美国	1.3	2.1	2.4	1.8	1.2	4.3	3.5	2.3
121	荷兰	0.1	1.3	1.6	2.7	1.1	1.9	1.7	1.9
122	立陶宛	0.7	3.7	2.5	2.2	1.1	3.0	2.8	2.2
126	澳大利亚	1.3	2.0	1.9	1.6	0.9	2.5	2.1	2.4
127	英国	0.7	2.7	2.5	1.8	0.9	2.2	2.6	2.0
133	加拿大	1.4	1.6	2.3	1.9	0.7	3.2	2.6	2.0
135	瑞典	1.1	1.9	2.0	1.7	0.7	2.0	1.6	1.9
140	韩国	1.0	1.9	1.5	0.4	0.5	2.2	1.6	2.0
142	法国	0.3	1.2	2.1	1.3	0.5	2.0	1.6	1.3
145	比利时	1.8	2.2	2.3	1.2	0.4	2.4	2.2	1.8
148	芬兰	0.4	0.8	1.2	1.1	0.4	1.9	1.6	1.9
149	德国	0.4	1.7	1.9	1.4	0.4	2.9	1.5	2.0
150	丹麦	0.0	1.1	0.7	0.7	0.3	1.4	1.6	2.0
157	拉脱维亚	0.1	2.9	2.6	2.7	0.1	2.6	3.0	2.1
159	卢森堡	0.0	2.1	2.0	1.7	0.0	2.7	1.4	1.9
160	日本	−0.1	0.5	1.0	0.5	0.0	−0.2	0.5	1.0
161	斯洛文尼亚	−0.1	1.4	1.7	1.6	−0.1	1.4	1.8	2.2
162	葡萄牙	0.6	1.6	1.2	0.3	−0.1	1.2	1.3	1.4
163	意大利	−0.1	1.3	1.2	0.6	−0.1	1.7	1.8	1.4
165	新加坡	−0.5	0.6	0.4	0.6	−0.2	1.6	1.5	1.5
168	西班牙	−0.2	2.0	1.7	0.7	−0.3	2.2	1.6	1.7
171	爱尔兰	−0.2	0.3	0.7	0.9	−0.5	1.9	1.9	2.0
173	以色列	−0.5	0.2	0.8	0.8	−0.6	1.4	1.8	1.6
176	爱沙尼亚	0.8	3.7	3.4	2.3	−0.6	3.8	4.9	2.1
178	瑞士	−0.4	0.5	0.9	0.4	−0.7	0.4	0.6	1.0
186	希腊	0.0	1.1	0.8	0.5	−1.3	−0.1	0.4	1.9

注:"*"以消费者物价指数衡量的通货膨胀率,年度平均值。"**"按照当年的数值从高到低进行排序,排序仅考虑在当年有相应数据的国家。2021年及以后为预测值。

资料来源: IMF, World Economic Outlook Database, 2021年10月。

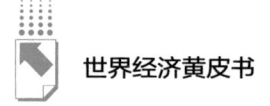

表 2-2 失业率：部分发达经济体（2016~2026 年）

单位：%

国家和地区	2016 年	2017 年	2018 年	2019 年	2020 年	2021 年	2022 年	2026 年
澳大利亚	5.7	5.6	5.3	5.2	6.5	5.2	4.8	4.7
奥地利	6.5	5.9	5.2	4.8	5.4	6.4	6.0	5.0
比利时	7.8	7.1	6.0	5.4	5.6	6.3	6.1	5.7
加拿大	7.1	6.4	5.9	5.7	9.6	7.7	5.7	5.0
塞浦路斯	13.0	11.1	8.4	7.1	7.6	7.5	6.9	5.4
捷克	3.9	2.9	2.2	2.0	2.5	3.4	3.2	2.8
丹麦	6.0	5.8	5.1	5.0	5.6	5.4	5.3	5.0
爱沙尼亚	6.8	5.8	5.4	4.4	6.8	6.5	6.0	4.8
芬兰	9.0	8.8	7.4	6.7	7.8	7.8	6.8	6.5
法国	10.1	9.4	9.0	8.4	8.0	8.1	8.3	7.8
德国	4.1	3.8	3.4	3.2	3.8	3.7	3.6	3.4
希腊	23.6	21.5	19.3	17.3	16.4	15.8	14.6	11.7
中国香港	3.4	3.1	2.8	2.9	5.8	5.6	4.6	3.5
冰岛	3.3	3.3	3.1	3.9	6.4	7.0	5.0	4.0
爱尔兰	8.4	6.7	5.8	5.0	5.8	7.8	7.0	5.7
以色列	4.8	4.2	4.0	3.8	4.3	5.1	4.6	3.8
意大利	11.7	11.3	10.7	10.0	9.3	10.3	11.6	11.0
日本	3.1	2.8	2.4	2.4	2.8	2.8	2.4	2.3
韩国	3.7	3.7	3.8	3.8	3.9	3.8	3.7	3.7
拉脱维亚	9.6	8.7	7.4	6.3	8.1	7.7	7.2	7.0
立陶宛	7.9	7.1	6.1	6.3	8.5	6.5	6.1	5.7
马耳他	4.7	4.0	3.7	3.6	4.3	3.6	3.5	3.5
荷兰	6.0	4.9	3.8	3.4	3.8	3.6	4.0	3.6
新西兰	5.2	4.8	4.3	4.2	4.6	4.3	4.4	4.5
挪威	4.7	4.2	3.9	3.7	4.6	4.3	4.0	3.8
葡萄牙	11.5	9.2	7.2	6.6	7.0	6.9	6.7	5.9
圣马力诺	8.6	8.1	8.0	7.7	7.3	6.7	6.4	5.9
新加坡	2.1	2.2	2.1	2.3	3.0	2.7	2.5	2.2
斯洛伐克	9.7	8.1	6.5	5.8	6.7	6.8	6.1	5.7
斯洛文尼亚	8.0	6.6	5.2	4.5	5.0	4.5	4.3	4.1

续表

国家和地区	2016年	2017年	2018年	2019年	2020年	2021年	2022年	2026年
西班牙	19.6	17.2	15.3	14.1	15.5	15.4	14.8	13.7
瑞典	7.0	6.7	6.3	6.8	8.3	8.9	7.9	7.2
瑞士	3.3	3.1	2.5	2.3	3.1	3.1	3.0	2.9
英国	4.9	4.4	4.1	3.8	4.5	5.0	5.0	4.2
美国	4.9	4.4	3.9	3.7	8.1	5.4	3.5	3.3

注：2021年及以后为预测值。
资料来源：IMF，World Economic Outlook Database，2021年10月。

（三）世界财政形势回顾与展望

表3-1　广义政府财政余额与GDP之比：部分发达经济体（2014~2026年）

单位：%

国家和地区	2014年	2015年	2016年	2017年	2018年	2019年	2020年	2021年	2022年	2026年
澳大利亚	-2.9	-2.8	-2.4	-1.7	-1.3	-4.4	-8.7	-8.5	-5.8	-2.0
奥地利	-2.7	-1.0	-1.5	-0.8	0.2	0.6	-8.8	-5.8	-2.9	-1.0
比利时	-3.1	-2.4	-2.4	-0.7	-0.8	-1.9	-9.4	-7.0	-4.4	-5.0
加拿大	0.2	-0.1	-0.5	-0.1	0.3	0.5	-10.9	-7.5	-2.2	0.4
塞浦路斯	-0.2	0.2	0.2	2.0	-3.5	1.5	-5.7	-5.1	-1.4	1.0
捷克	-2.1	-0.6	0.7	1.5	0.9	0.3	-6.1	-8.0	-5.5	-3.0
丹麦	1.1	-1.3	-0.1	1.8	0.8	4.1	-0.6	-1.9	0.1	0.0
爱沙尼亚	0.7	0.1	-0.6	-0.7	-0.5	0.5	-4.9	-2.9	-2.4	0.3
芬兰	-3.0	-2.4	-1.7	-0.7	-0.9	-1.0	-5.5	-4.6	-2.6	-1.6
法国	-3.9	-3.6	-3.6	-3.0	-2.3	-3.1	-9.2	-8.9	-4.7	-3.4
德国	0.6	1.0	1.2	1.3	1.9	1.5	-4.3	-6.8	-1.8	0.5
希腊	-4.1	-3.0	0.3	0.9	0.8	0.2	-10.5	-10.2	-4.3	-1.6
中国香港	3.6	0.6	4.4	5.5	2.4	-0.6	-9.2	-3.7	-1.9	-0.7
冰岛	0.3	-0.4	12.5	1.0	0.9	-1.5	-8.6	-8.7	-6.4	-0.7
爱尔兰	-3.6	-2.0	-0.8	-0.4	0.0	0.3	-5.0	-5.3	-3.4	-1.5
以色列	-2.3	-1.1	-1.4	-1.1	-3.5	-3.9	-11.4	-6.8	-4.3	-3.1

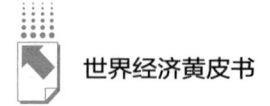

续表

国家和地区	2014年	2015年	2016年	2017年	2018年	2019年	2020年	2021年	2022年	2026年
意大利	-3.0	-2.6	-2.4	-2.4	-2.2	-1.6	-9.5	-10.2	-4.7	-2.4
日本	-5.9	-3.9	-3.8	-3.3	-2.7	-3.1	-10.3	-9.0	-3.9	-2.2
韩国	0.4	0.5	1.6	2.2	2.6	0.4	-2.2	-2.9	-2.8	-2.0
拉脱维亚	-1.7	-1.5	-0.4	-0.8	-0.7	-0.4	-3.9	-8.6	-3.6	0.0
立陶宛	-0.7	-0.2	0.3	0.5	0.6	0.3	-7.4	-5.2	-2.7	-0.3
马耳他	-1.7	-1.0	0.9	3.1	1.9	0.4	-9.9	-11.6	-6.3	-2.8
荷兰	-2.2	-2.0	0.0	1.3	1.4	2.5	-4.3	-6.1	-2.0	0.2
新西兰	-0.4	0.3	1.0	1.3	1.1	-2.3	-6.0	-7.4	-5.9	0.0
挪威	8.6	6.0	4.1	5.0	7.8	6.4	-6.1	-5.9	0.0	3.3
葡萄牙	-7.3	-4.4	-1.9	-3.0	-0.3	0.1	-5.7	-4.8	-3.0	-1.3
圣马力诺	1.1	-3.3	-0.2	-3.4	-1.6	0.5	-34.7	-18.3	-2.1	-2.0
新加坡	4.6	2.9	3.7	5.3	3.7	3.9	-8.9	-0.2	2.0	2.2
斯洛伐克	-3.1	-2.7	-2.6	-1.0	-1.0	-1.3	-6.1	-7.5	-4.0	-2.0
斯洛文尼亚	-5.5	-2.8	-1.9	-0.1	0.7	0.4	-8.3	-7.0	-3.8	-0.4
西班牙	-5.9	-5.2	-4.3	-3.0	-2.5	-2.9	-11.0	-8.6	-5.0	-4.3
瑞典	-1.5	0.0	1.0	1.4	0.8	0.5	-3.1	-2.6	-0.8	0.3
瑞士	-0.2	0.5	0.2	1.1	1.3	1.3	-2.8	-2.1	-0.3	0.0
英国	-5.5	-4.5	-3.3	-2.4	-2.2	-2.3	-12.5	-11.9	-5.6	-2.9
美国	-4.0	-3.5	-4.3	-4.6	-5.4	-5.7	-14.9	-10.8	-6.9	-5.3

注：广义政府财政余额对应的英文统计口径为 General Government Net Lending/Borrowing，等于政府财政收入和财政支出之差。取值为正代表财政盈余，为负代表财政赤字。2021年及以后为预测值。

资料来源：IMF，World Economic Outlook Database，2021年10月。

表 3-2　广义政府财政余额与 GDP 之比：部分新兴市场和发展中国家（2014~2026年）

单位：%

国家和地区	2014年	2015年	2016年	2017年	2018年	2019年	2020年	2021年	2022年	2026年
阿根廷	-4.3	-6.0	-6.7	-6.7	-5.4	-4.4	-8.6	—	—	—
孟加拉国	-3.1	-4.0	-3.4	-3.3	-4.6	-5.4	-5.5	-5.9	-6.1	-5.0

续表

国家和地区	2014年	2015年	2016年	2017年	2018年	2019年	2020年	2021年	2022年	2026年
玻利维亚	-3.4	-6.9	-7.2	-7.8	-8.1	-7.2	-12.7	-9.2	-7.3	-5.8
巴西	-6.0	-10.3	-9.0	-7.9	-7.1	-5.9	-13.4	-6.2	-7.4	-4.4
智利	-1.5	-2.1	-2.7	-2.6	-1.5	-2.7	-7.1	-7.9	-1.6	0.6
中国	-0.9	-2.8	-3.7	-3.8	-4.7	-6.3	-11.2	-7.5	-6.8	-4.5
埃及	-11.3	-10.9	-12.5	-10.4	-9.4	-8.0	-7.9	-7.3	-6.3	-4.4
印度	-7.1	-7.2	-7.1	-6.2	-6.4	-7.4	-12.8	-11.3	-9.7	-7.8
印尼	-2.1	-2.6	-2.5	-2.5	-1.8	-2.2	-5.9	-6.1	-4.8	-2.5
伊朗	-1.1	-1.6	-1.9	-1.8	-1.9	-5.1	-5.7	-6.5	-7.3	-9.7
伊拉克	-5.6	-12.8	-14.5	-1.5	7.8	0.8	-12.8	-1.5	-2.5	-3.9
马来西亚	-2.6	-2.5	-2.6	-2.4	-2.6	-2.2	-5.2	-5.9	-4.1	-4.0
墨西哥	-4.5	-4.0	-2.8	-1.1	-2.2	-2.3	-4.5	-4.2	-3.5	-2.8
蒙古	-3.7	-5.0	-15.3	-3.8	3.0	0.8	-9.8	-5.6	-1.7	-4.5
缅甸	-1.3	-2.8	-3.9	-2.9	-3.4	-3.9	-5.6	-7.8	-7.0	-5.2
菲律宾	0.8	0.6	-0.4	-0.4	-1.6	-1.7	-5.7	-7.6	-6.2	-2.1
罗马尼亚	-1.7	-1.4	-2.4	-2.8	-2.8	-4.6	-9.6	-6.7	-5.6	-5.1
俄罗斯	-1.1	-3.4	-3.7	-1.5	2.9	1.9	-4.0	-0.6	0.0	-0.5
南非	-3.9	-4.4	-3.7	-4.0	-3.7	-4.8	-10.8	-8.4	-7.0	-6.8
泰国	-0.8	0.1	0.6	-0.4	0.1	-0.8	-4.7	-6.9	-3.4	-3.7
土耳其	-1.4	-1.3	-2.3	-2.2	-3.8	-5.6	-5.3	-4.9	-5.6	-6.2
乌克兰	-4.5	-1.2	-2.2	-2.3	-2.2	-2.0	-6.0	-4.5	-3.5	-2.4
阿联酋	1.9	-3.4	-2.8	-1.7	1.9	0.6	-5.6	-0.5	-0.2	0.7
乌兹别克斯坦	1.9	-0.2	0.8	1.2	1.7	-0.2	-3.1	-3.5	-3.4	-1.3
委内瑞拉	-15.6	-10.7	-10.8	-23.0	-31.0	-10.0	-5.0	—	—	—
越南	-5.0	-5.0	-3.2	-2.0	-1.0	-3.3	-3.9	-4.7	-4.7	-3.6

注：广义政府财政余额对应的英文统计口径为 General Government Net Lending/Borrowing，等于政府财政收入和财政支出之差。取值为正代表财政盈余，为负代表财政赤字。2021年及以后为预测值。

资料来源：IMF，World Economic Outlook Database，2021年10月。

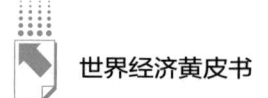

表 3-3　广义政府债务与 GDP 之比：部分国家和地区（2014~2026 年）

单位：%

2020年位次*	国家和地区	2014年	2015年	2016年	2017年	2018年	2019年	2020年	2021年	2022年	2026年
1	委内瑞拉	25.1	11.0	5.1	26.0	180.8	232.8	304.1	—	—	—
2	苏丹	84.4	93.2	109.9	152.9	186.7	200.3	272.9	209.9	176.6	129.7
3	日本	233.5	228.4	232.5	231.4	232.5	235.4	254.1	256.9	252.3	251.9
4	希腊	181.5	179.0	183.4	182.4	189.9	184.9	211.2	206.7	199.4	179.6
5	厄立特里亚	136.6	180.7	167.5	202.5	185.6	189.4	184.9	175.1	159.3	124.8
6	佛得角	115.9	126.6	128.4	127.2	125.6	124.9	158.1	160.7	152.1	117.4
7	巴巴多斯	139.3	147.0	149.5	158.3	126.0	124.8	156.8	138.3	126.6	100.7
8	意大利	135.4	135.3	134.8	134.1	134.4	134.6	155.8	154.8	150.4	146.5
9	新加坡	97.8	102.2	106.5	107.8	109.8	129.0	154.9	137.9	139.0	143.9
10	黎巴嫩	138.3	140.5	145.7	149.2	154.0	171.1	150.4	—	—	—
14	葡萄牙	132.9	131.2	131.5	126.1	121.5	116.6	135.2	130.8	125.7	114.7
15	美国	104.5	104.9	106.9	106.0	107.1	108.5	133.9	133.3	130.7	133.5
21	西班牙	100.7	99.3	99.2	98.6	97.5	95.5	119.9	120.2	116.4	117.5
23	加拿大	85.6	91.2	91.7	88.8	88.8	86.8	117.5	109.9	103.8	89.7
25	法国	94.9	95.6	98.0	98.3	98.0	97.6	115.1	115.8	113.5	116.9
26	比利时	107.0	105.2	105.0	102.0	99.8	98.1	114.1	113.4	112.9	119.7
30	英国	86.1	86.7	86.8	86.3	85.8	85.2	104.5	108.5	107.1	111.6
31	阿根廷	44.7	52.6	53.1	57.0	85.2	88.7	102.8	—	—	—
35	巴西	62.3	72.6	78.3	83.6	85.6	87.7	98.9	90.6	90.2	92.4
41	印度	67.1	69.0	68.9	69.7	70.4	74.1	89.6	90.6	88.8	85.2
51	奥地利	83.8	84.4	82.5	78.6	74.0	70.5	83.2	84.2	81.1	72.2
54	匈牙利	76.7	75.8	74.9	72.2	69.1	65.5	80.4	76.6	75.6	65.3
55	斯洛文尼亚	80.3	82.6	78.5	74.1	70.3	65.6	79.8	77.2	74.9	65.1
61	冰岛	115.2	97.2	82.4	71.6	63.1	66.1	77.1	75.8	75.4	59.0
68	以色列	65.6	63.8	62.0	60.2	60.4	59.5	72.0	73.2	73.2	72.4
72	芬兰	59.8	63.6	63.2	61.2	59.8	59.5	69.5	72.2	72.2	75.1
74	德国	75.7	72.3	69.3	65.0	61.6	59.2	69.1	72.5	69.8	60.9
83	中国	40.0	41.5	48.2	51.7	53.8	57.1	66.3	68.9	72.1	80.1
90	墨西哥	48.9	52.8	56.7	54.0	53.6	53.3	61.0	59.8	60.1	61.5
93	斯洛伐克	53.6	51.9	52.4	51.6	49.7	48.2	60.3	61.4	62.0	56.8

续表

2020年位次*	国家和地区	2014年	2015年	2016年	2017年	2018年	2019年	2020年	2021年	2022年	2026年
99	爱尔兰	104.3	76.7	74.3	67.8	63.2	57.3	58.5	57.4	58.8	54.7
101	波兰	51.1	51.3	54.2	50.6	48.8	45.6	57.5	55.5	53.3	50.1
102	澳大利亚	34.0	37.7	40.5	41.1	41.6	46.6	57.3	62.1	66.4	64.3
109	荷兰	68.0	64.6	61.9	56.9	52.4	47.4	52.5	58.1	56.2	49.2
124	韩国	39.7	40.8	41.2	40.1	40.0	42.1	47.9	51.3	55.1	66.7
128	立陶宛	40.5	42.7	39.9	39.3	33.7	35.9	47.1	47.4	45.5	37.6
140	新西兰	34.2	34.2	33.4	31.1	28.0	32.0	43.6	52.0	56.9	55.3
141	拉脱维亚	41.6	37.1	40.4	39.0	37.1	37.0	43.5	47.6	47.1	38.2
143	瑞士	41.6	41.7	40.5	41.2	39.2	39.8	42.4	42.7	41.6	38.3
145	丹麦	44.3	39.8	37.2	35.9	34.0	33.6	42.1	38.8	38.5	39.1
146	挪威	29.9	34.5	38.1	38.6	39.7	40.9	41.4	42.7	42.4	40.1
149	土耳其	28.5	27.4	28.0	28.0	30.2	32.7	39.8	37.8	37.9	41.1
155	捷克	41.9	39.7	36.6	34.2	32.1	30.0	37.8	45.0	47.9	53.7
156	瑞典	44.9	43.7	42.3	40.7	38.9	34.9	37.3	39.6	39.9	34.6
159	印尼	24.7	27.0	28.0	29.4	30.4	30.6	36.6	41.4	43.3	42.4
167	智利	15.0	17.3	21.0	23.6	25.6	28.3	32.5	34.4	37.3	40.5
168	沙特阿拉伯	1.6	5.8	13.1	17.2	19.0	22.8	32.5	29.7	30.8	27.2
172	卢森堡	22.7	22.0	20.1	22.3	21.0	22.0	24.8	26.3	26.7	26.3
179	俄罗斯	15.1	15.3	14.8	14.3	13.6	13.8	19.3	17.9	17.9	17.5
181	爱沙尼亚	10.6	10.1	10.0	9.1	8.2	8.6	18.5	20.0	21.4	21.0

注:"*"本表按照当年的数值从高到低进行排序,排序仅考虑在当年有相应数据的国家。2021年及以后为预测值。

资料来源:IMF,World Economic Outlook Database,2021年10月。

(四)世界金融形势回顾与展望

表4-1 广义货币供应量年增长率:部分国家和地区(2016~2020年)

单位:%

国家和地区	2016年	2017年	2018年	2019年	2020年
澳大利亚	6.7	4.5	2.4	14.1	13.7
巴西	11.4	4.2	7.1	8.1	17.0

续表

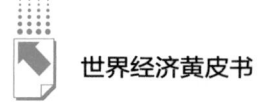

国家和地区	2016年	2017年	2018年	2019年	2020年
智利	4.9	0.6	4.2	12.2	14.1
中国	11.3	8.1	7.0	8.9	10.0
捷克	6.5	10.4	6.3	6.4	10.0
丹麦	-7.2	5.2	1.5	5.8	9.2
匈牙利	7.2	7.8	11.8	8.1	21.0
冰岛	-4.6	5.0	7.0	6.6	7.4
印度	6.8	10.4	10.5	10.5	12.5
印度尼西亚	10.0	8.3	6.3	6.5	12.4
日本	3.9	3.5	2.3	2.1	7.5
韩国	7.1	5.1	6.7	7.9	9.8
墨西哥	12.3	11.2	4.5	4.7	13.4
新西兰	7.7	7.3	6.4	4.7	12.2
挪威	11.2	6.1	5.2	4.0	12.2
俄罗斯	-0.9	7.4	12.3	5.1	16.7
沙特阿拉伯	0.5	0.2	—	—	—
南非	6.1	6.4	5.6	6.1	9.4
英国	8.7	8.3	5.3	-1.4	9.7
美国	3.8	4.8	4.0	8.4	17.2

资料来源：IMF，International Financial Statistics，2021年10月。

表4-2 汇率：部分国家和地区（2014~2021年）

单位：本币/美元

币种	2014年	2015年	2016年	2017年	2018年	2019年	2020年	2021年
欧元	0.75	0.90	0.90	0.89	0.85	0.89	0.88	0.83
日元	105.94	121.04	108.79	112.17	110.42	109.01	106.77	107.68
英镑	0.61	0.65	0.74	0.78	0.75	0.78	0.78	0.72
阿根廷比索	8.08	9.23	14.76	16.56	28.09	48.15	70.54	91.22
澳大利亚元	1.11	1.33	1.35	1.30	1.34	1.44	1.45	1.30
巴西里尔	2.35	3.33	3.49	3.19	3.65	3.94	5.16	5.38

续表

币种	2014年	2015年	2016年	2017年	2018年	2019年	2020年	2021年
加拿大元	1.10	1.28	1.33	1.30	1.30	1.33	1.34	1.25
人民币	6.14	6.23	6.64	6.76	6.62	6.91	6.90	6.47
印度卢比	61.03	64.15	67.20	65.12	68.39	70.42	74.10	73.33
韩元	1052.84	1130.95	1160.77	1131.00	1100.16	1165.36	1180.27	1117.37
墨西哥比索	13.29	15.85	18.66	18.93	19.24	19.26	21.49	20.17
俄罗斯卢布	38.38	60.94	67.06	58.34	62.67	64.74	72.10	74.28
南非兰特	10.85	12.76	14.71	13.32	13.23	14.45	16.46	14.54
土耳其里拉	2.19	2.72	3.02	3.65	4.83	5.67	7.01	7.87

注：2014~2020年为年内均值，2021年为前两个季度均值。
资料来源：IMF 国际金融统计，2021年10月。

表4-3　股票价格指数：全球主要证券交易所（2016～2020年）

国家	指标名称	2016年	2017年	2018年	2019年	2020年
美国	标准普尔500指数	2095	2449	2746	2913	3218
英国	金融时报100指数	6474	7380	7363	7276	6276
法国	CAC40指数	4419	5178	5294	5458	5078
德国	DAX指数	10196	12435	12270	12109	12339
瑞士	苏黎士市场指数	8037	8915	8904	9748	10143
比利时	BFX指数	3457	3873	3772	3644	3412
荷兰	AEX指数	442	521	543	559	560
挪威	OSEAX指数	664	811	976	978	922
意大利	ITLMS指数	19090	23263	23724	23380	21891
西班牙	SMSI指数	879	1034	971	922	753
瑞典	OMXSPI指数	493	570	576	610	675
俄罗斯	RTS指数	919	1102	1163	1312	1259
以色列	TA-100指数	1256	1288	1396	1483	1438
日本	日经225指数	16920	20209	22311	21697	22705
印度	孟买Sensex30指数	26373	30929	35400	38355	37941
菲律宾	马尼拉综合指数	7296	7842	7740	7909	6341

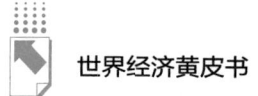

续表

国家	指标名称	2016年	2017年	2018年	2019年	2020年
马来西亚	吉隆坡指数	1661	1745	1780	1631	1514
印度尼西亚	雅加达综合指数	5030	5739	6087	6296	5249
韩国	KOSPI指数	1987	2311	2325	2106	2220
新加坡	海峡时报指数	2813	3235	3318	3220	2711
澳大利亚	普通股指数	5351	5854	6104	6539	6238
新西兰	股市NZ50指数	6848	7607	8728	10310	11547
多伦多	股票交易所300指数	14046	15544	15748	16315	16017
墨西哥	MXX指数	45605	49035	47200	42972	39127
巴西	IBOVESPA指数	53258	68030	81639	100660	98706
阿根廷	MERV指数	14469	22676	30355	34330	42381
中国	上证综合指数	3004	3250	2943	2920	3128
中国香港	恒生指数	21438	26223	28850	27576	25302
中国台湾	台湾加权指数	8763	10208	10620	10790	12075

资料来源：Wind数据库，2021年10月。

（五）国际收支形势回顾与展望

表5-1 国际收支平衡表：部分国家和地区（2016~2020年）

单位：亿美元

国家	2016年	2017年	2018年	2019年	2020年
美 国					
经常项目差额	-3976	-3617	-4382	-4721	-6161
货物贸易差额	-7498	-7993	-8787	-8615	-9220
服务贸易差额	2683	2866	2978	2852	2453
主要收入差额	1970	2595	2591	2319	1885
次要收入差额	-1131	-1085	-1164	-1277	-1279
资本项目差额	-66	124	-43	-64	-55
金融项目差额	-3636	-3446	-3484	-4804	-6530
直接投资—资产	2998	4094	-1300	1222	3117
直接投资—负债	4744	3808	2143	3022	2113

续表

国家	2016年	2017年	2018年	2019年	2020年
证券投资—资产	363	5694	3353	−135	2200
证券投资—负债	2313	7908	3031	1772	7102
金融衍生品差额	78	240	−204	−417	−58
其他投资—资产	−30	2135	1736	2036	2686
其他投资—负债	10	3876	1944	2764	5351
储备资产变动	21	−17	50	47	90
误差与遗漏	406	47	941	−18	−314
中　国					
经常项目差额	1913	1887	241	1029	2740
货物贸易差额	4889	4759	3801	3930	5150
服务贸易差额	−2331	−2589	−2922	−2611	−1453
主要收入差额	−549	−165	−614	−392	−1052
次要收入差额	−95	−119	−24	103	95
资本项目差额	−3	−1	−6	−3	−1
金融项目差额	4161	−1095	−1727	−73	778
直接投资—资产	2164	1383	1430	1369	1099
直接投资—负债	1747	1661	2354	1872	2125
证券投资—资产	1028	948	535	894	1673
证券投资—负债	505	1243	1604	1474	2547
金融衍生品差额	54	−4	62	24	114
其他投资—资产	3499	1008	1418	549	3142
其他投资—负债	332	1527	1214	−437	579
储备资产变动	−2185	−2066	−1774	−1292	−1681
误差与遗漏	−4436	915	189	−193	280
日　本					
经常项目差额	1970	2032	1773	1768	1645
货物贸易差额	512	438	106	14	288
服务贸易差额	−107	−62	−92	−100	−350
主要收入差额	1763	1845	1941	1980	1946
次要收入差额	−197	−189	−182	−126	−239

417

续表

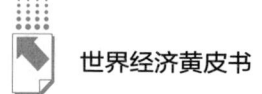

国家	2016年	2017年	2018年	2019年	2020年
资本项目差额	-66	-25	-19	-38	-17
金融项目差额	2,701	1,442	1,591	2,020	1,326
直接投资—资产	1786	1738	1602	2585	1711
直接投资—负债	410	188	253	399	660
证券投资—资产	3008	1036	1883	1849	1593
证券投资—负债	327	1528	953	982	1249
金融衍生品差额	-152	306	11	34	85
其他投资—资产	1357	65	1478	-95	1557
其他投资—负债	2561	-13	2176	965	1705
储备资产变动	-53	236	239	247	86
误差与遗漏	743	-329	77	543	-210
德 国					
经常项目差额	2951	2885	3127	2896	2685
货物贸易差额	2798	2881	2664	2425	2175
服务贸易差额	-234	-275	-204	-230	40
主要收入差额	838	852	1242	1244	1062
次要收入差额	-451	-572	-574	-543	-592
资本项目差额	24	-35	10	-6	-56
金融项目差额	2888	3126	2923	2278	2680
直接投资—资产	1118	1458	1867	1531	1115
直接投资—负债	647	1095	1585	676	1126
证券投资—资产	1101	1321	997	1533	2147
证券投资—负债	-1100	-1000	-807	721	1579
金融衍生品差额	316	127	266	276	1117
其他投资—资产	1982	1467	1654	-534	3639
其他投资—负债	2101	1138	1088	-875	2631
储备资产变动	19	-15	5	-6	-1
误差与遗漏	-87	275	-214	-612	51

资料来源：IMF 国际收支统计，2021年10月。

表 5-2 经常项目差额与 GDP 之比：部分国家和地区（2016~2026 年）

单位：%

国家和地区	2016年	2017年	2018年	2019年	2020年	2021年	2022年	2026年
阿根廷	-2.7	-4.8	-5.2	-0.8	0.9	1.0	0.8	0.9
澳大利亚	-3.3	-2.6	-2.1	0.7	2.7	3.6	1.3	-0.5
巴西	-1.4	-1.1	-2.7	-3.5	-1.8	-0.5	-1.7	-3.3
加拿大	-3.1	-2.8	-2.3	-2.1	-1.8	0.5	0.2	-1.8
中国	1.7	1.5	0.2	0.7	1.8	1.6	1.5	0.5
埃及	-6.0	-6.1	-2.4	-3.6	-3.1	-3.9	-3.7	-2.6
芬兰	-2.0	-0.8	-1.8	-0.3	0.8	-0.1	0.4	1.7
法国	-0.5	-0.8	-0.8	-0.3	-1.9	-1.7	-1.4	-0.7
德国	8.5	7.8	7.8	7.4	6.9	6.8	6.9	6.7
中国香港	4.0	4.6	3.7	5.9	6.5	6.0	5.6	4.0
冰岛	8.1	4.2	3.5	5.8	0.9	1.0	1.2	2.0
印度	-0.6	-1.8	-2.1	-0.9	0.9	-1.0	-1.4	-2.5
印尼	-1.8	-1.6	-2.9	-2.7	-0.4	-0.3	-1.0	-2.2
意大利	2.6	2.6	2.5	3.2	3.5	3.7	3.6	3.6
日本	4.0	4.1	3.5	3.4	3.3	3.5	3.3	3.2
韩国	6.5	4.6	4.5	3.6	4.6	4.5	4.2	4.3
马来西亚	2.4	2.8	2.2	3.5	4.2	3.8	3.7	3.4
墨西哥	-2.3	-1.8	-2.1	-0.3	2.4	0.0	-0.3	-1.0
新西兰	-2.1	-2.8	-4.0	-2.9	-0.8	-3.3	-2.5	-3.1
菲律宾	-0.4	-0.7	-2.6	-0.8	3.6	0.4	-1.8	-1.8
葡萄牙	1.2	1.3	0.6	0.4	-1.1	-1.7	-2.1	-1.1
俄罗斯	1.9	2.0	7.0	3.9	2.4	5.7	4.4	2.9
沙特阿拉伯	-3.7	1.5	9.2	4.8	-2.8	3.9	3.8	-1.4
新加坡	17.6	17.3	15.4	14.3	17.6	15.9	15.7	14.9
南非	-2.6	-2.3	-3.2	-2.7	2.0	2.9	-0.9	-2.4
西班牙	3.2	2.8	1.9	2.1	0.7	0.4	1.4	1.2
瑞典	2.4	3.0	2.6	5.5	5.7	4.8	4.3	3.0
瑞士	9.0	7.2	6.7	6.7	3.8	7.2	7.5	7.5
中国台湾	13.1	14.1	11.6	10.6	14.2	15.6	15.2	10.8
土耳其	-3.1	-4.8	-2.8	0.9	-5.2	-2.4	-1.6	-1.9
英国	-5.4	-3.8	-3.7	-3.1	-3.7	-3.4	-3.4	-2.9
美国	-2.1	-1.9	-2.1	-2.2	-2.9	-3.5	-3.5	-2.4
越南	0.2	-0.6	1.9	3.8	3.7	1.8	3.2	0.6

注：2021年及以后为预测值。
资料来源：IMF，World Economic Outlook Database，2021年10月。

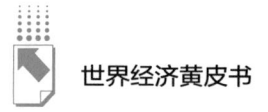

（六）国际贸易形势回顾

表 6-1 货物贸易进出口：部分国家和地区（2017~2020 年）

单位：亿美元

2020年位次	国家和地区	货物出口 2017年	2018年	2019年	2020年	2020年位次	国家和地区	货物进口 2017年	2018年	2019年	2020年
	世界	177466	195591	190190	176189		世界	179879	198393	192895	178280
1	中国	22633	24867	24995	25902	1	美国	24085	26142	25674	24075
2	美国	15463	16640	16432	14316	2	中国	18438	21357	20784	20572
3	德国	14482	15605	14894	13806	3	德国	11629	12844	12340	11704
4	荷兰	6521	7267	7086	6749	4	日本	6721	7485	7210	6355
5	日本	6983	7381	7056	6413	5	英国	6410	6723	6958	6347
6	中国香港	5499	5685	5349	5488	6	荷兰	5746	6455	6357	5960
7	韩国	5737	6049	5422	5125	7	法国	6193	6764	6547	5826
8	意大利	5074	5495	5377	4961	8	中国香港	5889	6266	5778	5698
9	法国	5353	5822	5710	4884	9	韩国	4785	5352	5033	4676
10	比利时	4296	4687	4469	4199	10	意大利	4531	5032	4750	4229
11	墨西哥	4094	4507	4607	4177	11	加拿大	4437	4705	4638	4142
12	英国	4410	4864	4697	4047	12	比利时	4092	4549	4277	3961
13	加拿大	4207	4507	4466	3906	13	墨西哥	4322	4765	4673	3932
14	新加坡	3734	4130	3908	3625	14	印度	4499	5145	4861	3729
15	中国台湾	3172	3359	3306	3472	15	新加坡	3279	3709	3593	3298
16	俄罗斯	3529	4439	4199	3322	16	西班牙	3520	3906	3728	3250
17	瑞士	2996	3107	3139	3193	17	瑞士	2698	2795	2778	2920
18	阿联酋	3135	3879	3894	3193	18	中国台湾	2593	2863	2872	2881
19	西班牙	3195	3468	3340	3070	19	越南	2129	2369	2534	2628
20	越南	2150	2437	2643	2827	20	波兰	2338	2690	2653	2572

世界经济统计资料

续表

2020年位次	国家和地区	货物出口 2017年	2018年	2019年	2020年	2020年位次	国家和地区	货物进口 2017年	2018年	2019年	2020年
	世界	177466	195591	190190	176189		世界	179879	198393	192895	178280
21	印度	2992	3248	3243	2763	21	俄罗斯	2384	2489	2546	2404
22	波兰	2344	2636	2666	2711	22	阿联酋	2737	2615	2679	2257
23	澳大利亚	2311	2571	2710	2506	23	土耳其	2387	2312	2103	2195
24	马来西亚	2181	2475	2382	2341	24	澳大利亚	2288	2354	2216	2111
25	泰国	2366	2530	2463	2315	25	泰国	2215	2482	2363	2070
26	巴西	2177	2393	2254	2099	26	马来西亚	1954	2176	2050	1899
27	捷克	1821	2022	1991	1921	27	奥地利	1758	1937	1848	1722
28	爱尔兰	1374	1648	1696	1798	28	捷克	1634	1847	1790	1706

资料来源：WTO Statistics Database Online，2021年10月。

表6-2　服务贸易进出口：部分国家和地区（2017~2020年）

单位：亿美元

2020年位次	国家和地区	服务出口 2017年	2018年	2019年	2020年	2020年位次	国家和地区	服务进口 2017年	2018年	2019年	2020年
	世界	54579	60122	61502	49138		世界	52287	56879	58513	45964
1	美国	8139	8396	8538	6840	1	美国	5251	5410	5671	4357
2	英国	3654	4107	4014	3388	2	中国	4641	5207	4970	3775
3	德国	3147	3440	3411	3052	3	德国	3447	3712	3694	3071
4	中国	2264	2697	2817	2781	4	爱尔兰	2319	2418	3321	2957
5	爱尔兰	1824	2221	2474	2623	5	法国	2468	2736	2699	2316
6	法国	2732	3023	2936	2450	6	英国	2281	2608	2727	2012
7	印度	1847	2043	2141	2026	7	日本	1910	2014	2044	1827
8	新加坡	1707	2064	2169	1873	8	新加坡	1810	1999	2080	1725

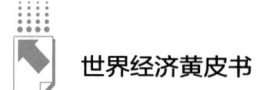

续表

2020年位次	国家和地区	服务出口 2017年	2018年	2019年	2020年	2020年位次	国家和地区	服务进口 2017年	2018年	2019年	2020年
	世界	54579	60122	61502	49138		世界	52287	56879	58513	45964
9	荷兰	2189	2582	2738	1860	9	荷兰	2163	2592	2653	1690
10	日本	1820	1894	2029	1564	10	印度	1540	1749	1783	1529
11	比利时	1152	1217	1193	1135	11	比利时	1149	1249	1225	1152
12	瑞士	1247	1337	1294	1130	12	瑞士	1186	1221	1222	1138
13	卢森堡	1009	1105	1127	1102	13	韩国	1248	1273	1250	1016
14	西班牙	1431	1554	1567	896	14	意大利	1150	1246	1216	916
15	意大利	1113	1226	1205	865	15	加拿大	1109	1196	1200	902
16	韩国	887	980	979	861	16	卢森堡	757	844	893	865
17	加拿大	933	1022	1037	844	17	丹麦	629	729	759	694
18	丹麦	715	811	832	744	18	瑞典	698	717	745	681
19	瑞典	740	731	745	690	19	俄罗斯	874	934	977	634
20	波兰	574	680	699	670	20	西班牙	711	818	853	603
21	奥地利	665	751	757	643	21	阿联酋	706	710	869	582
22	中国香港	1040	1130	1019	637	22	奥地利	555	639	652	558
23	阿联酋	696	709	893	613	23	中国香港	776	815	808	509
24	以色列	440	506	555	525	24	巴西	707	691	677	474
25	澳大利亚	643	685	701	479	25	泰国	464	547	566	466
26	俄罗斯	567	636	618	467	26	波兰	372	429	433	401
27	中国台湾	449	498	515	410	27	沙特阿拉伯	543	551	552	382
28	挪威	405	433	433	354	28	中国台湾	533	562	563	373
29	土耳其	527	578	628	346	29	澳大利亚	673	722	707	372
30	泰国	707	772	808	314	30	挪威	497	521	524	369

资料来源：WTO Statistics Database Online，2021年10月。

世界经济统计资料

表6-3　原油进出口量：部分国家和地区（2013年和2020年）

单位：千桶/天，%

2020年位次	国家和地区	2013年 进口量	占世界比重	2020年 进口量	占世界比重	2020年位次	国家和地区	2013年 出口量	占世界比重	2020年 出口量	占世界比重
	世界	41834	100.0	42900	100.0		世界	52287	56879	58513	45964
	OECD	26049	62.3	22447	52.3		OECD	40851	100.0	41988	100.0
1	中国	5658	13.5	10853	25.3	1	沙特阿拉伯	7571	18.5	6659	15.9
2	美国	7730	18.5	5877	13.7	2	俄罗斯	4689	11.5	4654	11.1
3	印度	3793	9.1	4033	9.4	3	伊拉克	2390	5.9	3428	8.2
4	韩国	2450	5.9	2660	6.2	4	美国	134	0.3	3175	7.6
5	日本	3409	8.1	2472	5.8	5	加拿大	2059	5.0	3038	7.2
6	德国	1829	4.4	1671	3.9	6	阿联酋	2701	6.6	2418	5.8
7	西班牙	1169	2.8	1105	2.6	7	尼日利亚	2193	5.4	1879	4.5
8	意大利	1178	2.8	1014	2.4	8	科威特	2058	5.0	1826	4.3
9	荷兰	951	2.3	998	2.3	9	挪威	1199	2.9	1502	3.6
10	泰国	868	2.1	837	2.0	10	哈萨克斯坦	1277	3.1	1417	3.4
11	新加坡	784	1.9	753	1.8	11	巴西	366	0.9	1401	3.3
12	加拿大	651	1.6	718	1.7	12	安哥拉	1669	4.1	1220	2.9
13	英国	1016	2.4	709	1.7	13	墨西哥	1271	3.1	1199	2.9
14	法国	1110	2.7	666	1.6	14	阿曼	838	2.1	860	2.0
15	土耳其	375	0.9	591	1.4	15	英国	613	1.5	724	1.7
16	比利时	558	1.3	551	1.3	16	哥伦比亚	703	1.7	541	1.3
17	希腊	392	0.9	459	1.1	17	卡塔尔	599	1.5	503	1.2
18	瑞典	339	0.8	375	0.9	18	阿塞拜疆	692	1.7	500	1.2

423

续表

2020年位次	国家和地区	2013年 进口量	占世界比重	2020年 进口量	占世界比重	2020年位次	国家和地区	2013年 出口量	占世界比重	2020年 出口量	占世界比重
	世界	41834	100.0	42900	100.0		世界	52287	56879	58513	45964
	OECD	26049	62.3	22447	52.3		OECD	40851	100.0	41988	100.0
19	南非	406	1.0	372	0.9	19	委内瑞拉	1528	3.7	487	1.2
20	白俄罗斯	454	1.1	321	0.7	20	阿尔及利亚	744	1.8	439	1.0
21	马来西亚	178	0.4	248	0.6	21	伊朗	1215	3.0	404	1.0
22	澳大利亚	451	1.1	238	0.6	22	厄瓜多尔	388	1.0	362	0.9
23	印度尼西亚	402	1.0	233	0.5	23	利比亚	836	2.0	347	0.8
24	埃及	57	0.1	221	0.5	24	刚果	241	0.6	282	0.7
25	巴林	219	0.5	179	0.4	25	马来西亚	209	0.5	280	0.7
26	阿联酋	17	0.0	163	0.4	26	澳大利亚	206	0.5	253	0.6
27	罗马尼亚	109	0.3	154	0.4	27	加蓬	208	0.5	196	0.5
28	智利	188	0.4	147	0.3	28	巴林	0	0.0	151	0.4
29	巴西	364	0.9	134	0.3	29	苏丹	133	0.3	135	0.3
30	保加利亚	113	0.3	97	0.2	30	赤道几内亚	207	0.5	115	0.3
31	菲律宾	152	0.4	89	0.2	31	越南	170	0.4	113	0.3
32	古巴	96	0.2	65	0.2	32	埃及	97	0.2	103	0.2
33	克罗地亚	49	0.1	48	0.1	33	印度尼西亚	229	0.6	93	0.2
34	乌克兰	15	0.0	25	0.1	34	文莱	115	0.3	82	0.2
35	厄瓜多尔	0	0.0	19	0.0	35	特立尼达和多巴哥	38	0.1	56	0.1
36	委内瑞拉	25	0.1	6	0.0	36	中国	32	0.1	33	0.1

注：数据包括转口数据，每个地区只列出主要的而非全部国家和地区。

资料来源：OPEC Annual Statistical Bulletin 2021，Interactive Version，www.opec.org，2021年10月。

(七）国际投资与资本流动回顾

表 7-1 国际投资头寸表：部分国家和地区（2016~2020 年）

单位：亿美元

国家	2016 年	2017 年	2018 年	2019 年	2020 年
美国					
资产	240315	277398	252179	291083	322563
对外直接投资	74032	88939	74174	87022	94051
证券投资	100114	125715	114336	133662	146056
股本证券	71463	91181	78996	94780	105359
债务证券	28650	34533	35340	38882	40697
金融衍生品	22205	15608	14496	17904	25457
其他投资	39907	42639	44683	47350	50726
储备资产	4058	4497	4491	5144	6273
负债	321608	354128	349026	403397	462676
外来直接投资	75105	88353	83935	104860	119779
证券投资	173600	193983	188442	215655	246284
股本证券	65702	79416	75392	92204	116056
债务证券	107897	114567	113049	123451	130228
金融衍生品	21623	15232	14075	17703	25524
其他投资	51280	56561	62574	65179	71089
中国					
资产	65788	71915	74327	78464	87039
对外直接投资	14237	18450	20015	22366	24134
证券投资	3724	4992	5065	6575	8999
股本证券	2207	3044	2786	3853	6043
债务证券	1518	1948	2279	2722	2955
金融衍生品	52	59	62	67	191
其他投资	16797	16055	17505	17226	20149
储备资产	30978	32359	31680	32229	33565
负债	45940	51263	53252	55468	65536
外来直接投资	27551	27257	28271	27964	31793
证券投资	8483	11775	11628	14526	19545

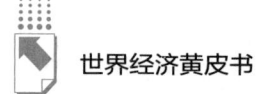

续表

国家	2016年	2017年	2018年	2019年	2020年
股本证券	6168	8405	7506	9497	12543
债务证券	2316	3370	4122	5029	7002
金融衍生品	60	34	60	65	122
其他投资	9844	12197	13294	12913	14076
日本					
资产	84441	89757	91853	99927	110560
对外直接投资	13603	15513	16411	18710	19876
证券投资	37793	41063	40688	45361	50737
股本证券	14059	16760	16318	19049	20784
债务证券	23734	24302	24370	26312	29953
金融衍生品	3720	3001	2900	3143	4313
其他投资	17121	17568	19201	19481	21756
储备资产	12204	12613	12653	13231	13879
负债	55649	60590	61049	67223	76152
外来直接投资	2417	2562	2768	3146	3828
证券投资	27844	33368	31687	36313	41110
股本证券	15542	19472	15907	19238	21196
债务证券	12302	13895	15780	17075	19914
金融衍生品	3893	3009	2770	3052	4087
其他投资	21495	21652	23823	24712	27127
德国					
资产	87304	101537	99025	106507	126293
对外直接投资	19922	23905	24179	25592	28798
证券投资	29768	35665	33401	37553	43649
股本证券	10090	13180	11720	14422	17302
债务证券	19677	22485	21681	23131	26347
金融衍生品	6445	5699	4876	7022	10306
其他投资	29317	34267	34587	34102	40852
储备资产	1853	2001	1982	2238	2688
负债	70336	79511	74788	78665	95011

续表

国家	2016年	2017年	2018年	2019年	2020年
外来直接投资	14176	17160	17528	18135	21162
证券投资	27541	30604	26322	28143	33296
股本证券	7209	8893	6539	7408	7922
债务证券	20332	21711	19783	20735	25374
金融衍生品	6756	5875	5093	7387	10425
其他投资	21862	25873	25846	25000	30128

资料来源：IMF 国际收支统计，2021年10月。

表 7-2-1 FDI 流量：部分国家和地区（2018~2020年）

单位：亿美元

国家（地区）	流入量 2018年	流入量 2019年	流入量 2020年	流出量 2018年	流出量 2019年	流出量 2020年
世界	14367	15302	9989	8707	12204	7399
发达经济体	7076	7490	3122	4306	7805	3472
发展中经济体	6925	7234	6626	4025	4166	3871
澳大利亚	685	392	201	78	93	92
比利时	308	29	84	395	16	102
巴西	598	654	248	-163	190	-258
加拿大	382	478	238	574	789	487
中国	1383	1412	1493	1430	1369	1329
塞浦路斯	-17	262	-36	-73	202	-60
埃及	81	90	59	3	4	3
法国	382	340	179	1056	387	442
德国	621	541	357	862	1393	350
匈牙利	64	39	42	30	28	43
印度	422	506	641	114	131	116
印度尼西亚	206	239	186	81	34	45
爱尔兰	-161	811	334	96	-166	-495
意大利	377	181	-4	328	198	104
日本	93	146	103	1431	2266	1157

续表

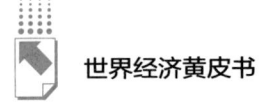

国家（地区）	流入量 2018年	流入量 2019年	流入量 2020年	流出量 2018年	流出量 2019年	流出量 2020年
韩国	122	96	92	382	352	325
马来西亚	76	78	35	51	62	28
墨西哥	337	341	291	84	110	65
荷兰	877	490	-1153	-454	849	-1611
秘鲁	70	81	10	1	9	5
菲律宾	66	87	65	8	34	35
俄罗斯	132	321	97	358	220	63
沙特	42	46	55	193	135	49
新加坡	760	1142	906	220	506	324
瑞士	-683	-791	-472	435	-437	168
英国	653	455	197	414	-61	-334
美国	2234	2614	1563	-1944	936	928
越南	155	161	158	6	5	4

资料来源：联合国贸发会数据库。

表7-2-2　FDI存量：部分国家和地区（2018~2020年）

单位：亿美元

国家（地区）	流入存量 2018年	流入存量 2019年	流入存量 2020年	流出存量 2018年	流出存量 2019年	流出存量 2020年
世界	329439	364702	413542	315075	345711	392470
发达经济体	215115	242857	286802	235693	262234	301354
发展中经济体	106339	113116	118039	75329	78999	86749
澳大利亚	7018	7142	7907	4970	5793	6273
比利时	5559	5661	6359	5933	6564	6777
巴西	5687	6407	6081	2084	2239	2775
加拿大	8522	10371	10999	13662	16525	19644
中国	16283	17695	19188	19823	20994	23518

续表

国家（地区）	流入存量 2018年	流入存量 2019年	流入存量 2020年	流出存量 2018年	流出存量 2019年	流出存量 2020年
塞浦路斯	4284	4451	4809	4369	4428	4923
埃及	1177	1266	1325	78	82	85
法国	8206	8687	9681	14992	15328	17218
德国	9344	9533	10593	16515	17194	19772
匈牙利	958	978	1010	309	337	369
印度	3862	4269	4803	1666	1787	1913
印度尼西亚	2257	2326	2405	728	788	882
爱尔兰	10004	11203	13501	9429	10852	12067
意大利	4283	4457	4858	5527	5584	5962
日本	2048	2225	2430	15672	18181	19821
韩国	2372	2386	2649	4052	4401	5009
马来西亚	1546	1690	1741	1182	1186	1293
墨西哥	5113	6285	5968	1536	2304	1789
荷兰	16851	17498	28906	23806	25653	37976
秘鲁	1064	1153	1160	88	94	96
菲律宾	830	880	1032	519	526	640
俄罗斯	4081	4639	4467	3466	3866	3796
沙特	2316	2362	2419	1051	1230	1288
新加坡	15361	16976	18554	10258	11062	12207
瑞士	13545	13507	15363	14947	15262	16289
英国	19305	20753	22062	17882	19494	20554
美国	103147	127684	108026	84654	101373	81285
越南	1450	1611	1769	107	111	115

资料来源：联合国贸发会数据库。

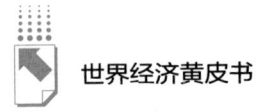

（八）全球大公司排名

表 8-1　2021 年《财富》全球 50 强公司排名

单位：百万美元

2020 年排名	2019 年排名	公司名称	营业收入	利润	总部所在地
1	1	沃尔玛（WALMART）	559151	13510	美国
3	5	国家电网有限公司（STATE GRID）	386618	5580	中国
9	13	亚马逊（AMAZON.COM）	386064	21331	美国
4	4	中国石油天然气集团有限公司（CHINA NATIONAL PETROLEUM）	283958	4575	中国
2	2	中国石油化工集团有限公司（SINOPEC GROUP）	283728	6205	中国
12	11	苹果公司（APPLE）	274515	57411	美国
13	19	CVSHealth 公司（CVS HEALTH）	268706	7179	美国
15	14	联合健康集团（UNITEDHEALTH GROUP）	257141	15403	美国
10	10	丰田汽车公司（TOYOTA MOTOR）	256722	21180	日本
7	9	大众公司（VOLKSWAGEN）	253965	10104	德国
14	12	伯克希尔-哈撒韦公司（BERKSHIRE HATHAWAY）	245510	42521	美国
16	17	麦克森公司（MCKESSON）	238228	-4539	美国
18	21	中国建筑集团有限公司（CHINA STATE CONSTRUCTION ENGINEERING）	234425	3578	中国
6	6	沙特阿美公司（SAUDI ARAMCO）	229766	49287	沙特阿拉伯
19	15	三星电子（SAMSUNG ELECTRONICS）	200734	22116	韩国
21	29	中国平安保险（集团）股份有限公司（PING AN INSURANCE）	191509	20739	中国

续表

2020年排名	2019年排名	公司名称	营业收入	利润	总部所在地
23	27	美源伯根公司（AMERISOURCEBERGEN）	189894	-3409	美国
8	7	英国石油公司（BP）	183500	-20305	英国
5	3	荷兰皇家壳牌石油公司（ROYAL DUTCH SHELL）	183195	-21680	荷兰
24	26	中国工商银行股份有限公司（INDUSTRIAL & COMMERCIAL BANK OF CHINA）	182794	45783	中国
29	37	Alphabet公司（ALPHABET）	182527	40269	美国
26	23	鸿海精密工业股份有限公司（HON HAI PRECISION INDUSTRY）	181945	3457	中国
11	8	埃克森美孚（EXXON MOBIL）	181502	-22440	美国
20	18	戴姆勒股份公司（DAIMLER）	175827	4133	德国
30	31	中国建设银行股份有限公司（CHINA CONSTRUCTION BANK）	172000	39283	中国
22	25	美国电话电报公司（AT&T）	171760	-5176	美国
33	35	开市客（COSTCO WHOLESALE）	166761	4002	美国
32	229	信诺（CIGNA）	160401	8458	美国
35	36	中国农业银行股份有限公司（AGRICULTURAL BANK OF CHINA）	153885	31293	中国
37	38	嘉德诺（CARDINAL HEALTH）	152922	-3696	美国
27	22	托克集团（TRAFIGURA GROUP）	146994	1699	新加坡
45	51	中国人寿保险（集团）公司（CHINA LIFE INSURANCE）	144589	4648	中国
47	60	微软（MICROSOFT）	143015	44281	美国
17	16	嘉能可（GLENCORE）	142338	-1903	瑞士

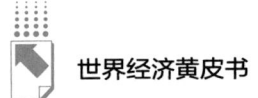

续表

2020年排名	2019年排名	公司名称	营业收入	利润	总部所在地
50	55	中国铁路工程集团有限公司（CHINA RAILWAY ENGINEERING GROUP）	141384	1639	中国
41	40	沃博联（WALGREENS BOOTS ALLIANCE）	139537	456	美国
28	24	EXOR集团（EXOR GROUP）	136186	-34	荷兰
46	45	安联保险集团（ALLIANZ）	136173	7756	德国
43	44	中国银行股份有限公司（BANK OF CHINA）	134046	27952	中国
51	47	克罗格（KROGER）	132498	2585	美国
59	62	家得宝（HOME DEPOT）	132110	12866	美国
54	59	中国铁道建筑集团有限公司（CHINA RAILWAY CONSTRUCTION）	131992	1486	中国
38	41	摩根大通公司（JPMORGAN CHASE）	129503	29131	美国
49	61	华为投资控股有限公司（HUAWEI INVESTMENT & HOLDING）	129184	9362	中国
44	43	威瑞森电信（VERIZON COMMUNICATIONS）	128292	17801	美国
34	46	安盛（AXA）	128011	3605	法国
31	30	福特汽车公司（FORD MOTOR）	127144	-1279	美国
39	34	本田汽车（HONDA MOTOR）	124241	6202	日本
40	32	通用汽车公司（GENERAL MOTORS）	122485	6427	美国
68	79	Anthem公司（ANTHEM）	121867	4572	美国

资料来源：财富中文网，http://www.fortunechina.com。

Abstract

2021 is a year of rapid recovery since the global economy experiencing the deepest recession after the 2nd World War. With the vaccine research, growth of the vaccination number and various prevention and control, the damage to the world economy from the second wave of COVID-19 has been significantly weakened, and the fiscal and monetary policies launched by various countries, especially major economies in response to the pandemic, have also contributed to economic recovery. The unpredictability of the pandemic and side effects of response policies, coupled with the various problems that existed before the pandemic, and the direction and intensity of future policy adjustments of major economies, together constitute the basic factors affecting the world economy trend in 2022.

In this book we believe that the global economic growth rate in 2021 will be around 5.5%, and that it is more likely to grow by 4.5% in 2022.

In the short term, the biggest risk facing the world economy lies in policy risks: if the monetary and fiscal policies of major developed economies to deal with inflation and sustain recovery are adjusted improperly, it will trigger plummet of asset prices, while stifling the fragile recovery and possibly pushing the economy into stagflation. In the medium and long term, the influencing factors include debts that have climbed to the highest level in history, the increasing trend of population aging in major economies, the slow growth of labor productivity, the suspension and the difficulties in reaching a consensus on reform negotiations of the multilateral trading system, the persistence of financial supervision loopholes, the mismatch between decarbonization and smooth energy transition, and the upgrading of economic nationalism, especially resource nationalism.

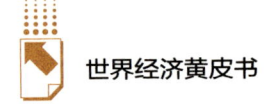

We believe that the world is still on a medium-to-low growth trajectory, and the world economic growth rate will generally remain between 3% and 3.5% in the next 3 to 5 years. Of course, there will be significant differences in growth rates among countries and regions.

Contents

I Overview

Y.1 Analysis and Forecast of the World Economy in 2021-2022

Zhang Yuyan / 001

Abstract: The second wave of the COVID pandemic has lower impact on the world economy as the research for vaccine and the inoculation have made encouraging progress. Moreover, fiscal and monetary policies adopted by various countries to alleviate the pandemic have promoted economic recovery to some extent. The instability of the pandemic, the repercussions of the expansionary policies, unsolved problems existed before the pandemic, and the future policy adjustments of major economies constitute short-term factors affecting the world economy trend in 2022. Medium and long term factors include the record high debt level, aging population, sluggish labor productivity growth, the multilateral trading system reform, lockout at WTO's appellate body and the difficulties to reach consensus on reform negotiations, persisted financial regulatory loopholes, economic nationalism especially resource nationalism. This paper believes that global economic growth rate will be around 5.5% in 2021, and will likely to drop to 4.5% in 2022.

Keywords: World Economic; Economic Growth Rate; Captial Market; Trade

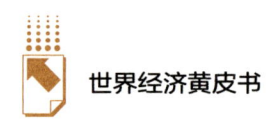

Ⅱ   Country / Region Study

Y.2   The U.S. Economy: Rebounded after the Pandemic

Sun Jie / 025

Abstract: The real GDP growth rebounded as expected in the third quarter of 2020 after the COVID-19 pandemic weigh heavily on economic activity and the ongoing vaccination campaigns offer hope for a return to more normal conditions. Supported by accommodative monetary and fiscal policies, performance of enterprises and financial market presents resilience. However, macroeconomic indicators including unemployment rate did not resume to the pre-pandemic level, and resulted in a low exit of unprecedented fiscal and monetary stimulus. Within a decade-long continuously monetary expansion, not only the monetary policy but also fiscal balance became market focus. Even though the likely transitory result of base-effect and the economic-reopening give a temporary upward pressure come from prices for goods experiencing supply chain bottlenecks, consumer price inflation and the shift of FED policy became a hot topic. The heaven burden of public debt may draw back growth momentum. It is estimated that the US economic growth will be in the range between 5.9%-5.2% in 2021, and slow down gradually to a little higher level of its potential in 2022.

Keywords: The U.S. Economy; Macroeconomic Policy; Rebounded

Y.3   The European Economy: Navigating towards Recovery with Faster Speed

Lu Ting, Dong Yan / 053

Abstract: After experiencing several rounds of COVID-19 outbreaks, the European economy has picked up its pace towards recovery since the spring of 2021.

Activities in both manufacture and service industry were expanding at an exceptional speed and the regional unemployment rate slightly dropped. The economic sentiment indicator rose to its highest level since 2018, while the consumer confidence index posted two consecutive all-time-highs in June and July. What put the EU economies back in motion are the rollout of vaccination and the continued easing of virus containment measures. ECB's stand on monetary policy and the implement of Next Generation EU fueled the recovery as well. Yet, the mounting pressure of inflation has forced ECB to cut back on pandemic emergency purchase program, and may slow down the expansion of monetary supply. The outlook of the European economy will be impacted by the virus variants, disruptions in supply chains and the rising inflation. The pace of recovery in other advanced economies will also generate mixed implications for EU. Under the assumption of no renewed outbreaks of COVID-19, the EU is expected to see its economic output return to the pre-pandemic level by the beginning of 2022 at the earliest.

Keywords: European Economy; Economic Recovery; Next Generation EU

Y.4 Japanese Economy: The Road of Recovery is Tortuous under COVID-19

Zhou Xuezhi / 075

Abstract: The outbreak of COVID-19 in 2020 has had a major impact on the global economy as well as on the Japanese economy. Japan's real economic growth rate is -4.6% in 2020. After more than a year of recovery, Japan's economy has not returned to its pre-epidemic levels. In the first half of 2021, Japan's real GDP was only 96.7% of that of the first half of 2019. Private sector consumption and investment levels remain below the levels in the same period in 2019; public sector consumption and investment are stronger than that of before the epidemic, acting as stabilizers; Japan's imports and exports, especially exports, recovered relatively quickly. The Japanese government has repeatedly announced the "declaration of a state of emergency" in 2020 and the first half of 2021. Anti-epidemic measures, which do not cure the disease, have a great impact on the Japanese economy, especially the non-manufacturing industry. We believe that the development of the epidemic, the new Japanese government's economic policy and anti-epidemic policy, and how the policy departments to deal with possible changes in U.S. monetary and financial policy, are major influence factors on japan's economy.

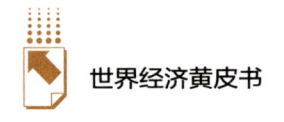

Keywords: COVID-19; Consumption; Investment; International Trade

Y.5　Asia-Pacific Region: Economic Recovery with Twists and Turns

Yang Panpan / 093

Abstract: In 2021, the Asia-Pacific economy rebounded. The economic recovery was with twists and turns as the pandemic resurged. The weighted average economic growth rate of 17 countries in the Asia-Pacific region was expected to be 6.2%, an increase of 7.6 percentage points over the previous year. The Asia-Pacific region's economic performance in 2021 remained better than the global economy. But the main driver was China, with other economies' growth rate being lower than the global level. China's role in supporting economic growth in the Asia-Pacific region became increasingly prominent. Most countries in the region turned into positive growth in 2021. Inflation rose in the Asia-Pacific region, most currencies depreciated against dollar, current account balance fell, and government debt continued rising modestly. The broader use of vaccines would contribute to the recovery in South Korea, Canada and Australia in 2022. But these countries should focus on financial stability issues. As vaccines were not yet widely available, Indonesia's economic recovery would continue to be largely affected by the COVID-19. The negative impact of the pandemic on the Asia-Pacific economy would diminish further in 2022. The Fed's tapering would be the biggest financial uncertainty facing by Asia-Pacific economies in 2022. The role of the

Asia-Pacific region as an engine of global economic growth was expected to strengthen again.

Keywords: Asia Pacific Economic; Economic Recovery; Pandemic; Financial Stability

Y.6　Indian Economy: On the Recovery Track

Feng Weijiang / 111

Abstract: India's real GDP growth rate of -7.3% in FY2020-2021 is a bit better than the -10% or so projected in this report and by most institutions around the world last year. In terms of technical reasons, this is related to the revision of the final real GDP growth rate from 6.8% to 4.0% in the previous fiscal year. It is also related to India's better performance on the net export at the beginning of the pandemic. India's economic growth picked up in the first half of 2021. After a 1.6% year-on-year real GDP growth rate in Q1, India's real GDP growth rate reached 20.1% in Q2, a significant rebound. Inflationary pressures in India rose and then declined, falling back to around the level at the beginning of the year by September. Sensex 30 index was generally on a higher trend, breaking through 62,000 on October 19, up 29.7% relative to the beginning of the year. Unemployment rate was high with the outbreak and fell with the gradual control of the pandemic, but climbed back to over 8% after October due to the shortage of electricity caused by coal shortage. The impact of the pandemic caused the Indian government's spending on health, livelihood protection and economic stimulus to rise sharply while revenue declined due to slowing or stagnant economic activity, resulting in a significant increase in fiscal deficit pressure, while monetary policy remained accommodative. India's domestic economic activity is still on a recovery trajectory, with downside risks mainly related to the global chip shortage, rising commodity prices and input costs, potential global financial market volatility, and uncertainties related to the COVID-19. This report expects India's real GDP growth to be around 9.2% in FY2021-2022 and around 6.9% in FY2022-2023.

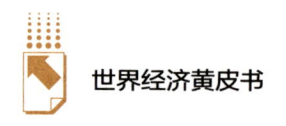

Keywords: COVID-19; Economic Recovery; Accommodative Monetary Policy

Y.7 Russian Economy: Recovery and Inflation

Lin Shen, Wang Yongzhong / 130

Abstract: The social distancing measures triggered by the epidemic of the coronavirus and the sharp decline in international oil and gas prices have caused the Russian economy to drop by 3% in 2020, but its domestic consumption and exports have shown some resilience in response to the shock of the epidemic. Russia's future economic recovery is mixed. High international energy prices and a rapid rebound in domestic demand will promote Russian economic recovery, while low vaccination rates, monetary policy tightening triggered by high inflation rate, conservative fiscal policies, and US economic sanctions will increase economic downside risks. It is estimated that Russia's economic growth rate will be around 4.5% in 2021 and will decline to about 3% in 2022.

Keywords: Economic Recovery; Inflation; Consumption; Oil and Gas; Russian

Y.8 Latin American Economy: The Recovery Faces Numerous Challenges

Xiong Aizong / 156

Abstract: It is expected that Latin America and Caribbean (LAC) may see an economic recovery in 2021, with growth rate projected at 5.9%, but difficult to restore to that prior to the pandemic. The COVID-19 pandemic has resulted in a severe economic recession in the region. However, the regional economy has recovered gradually as a result of restored domestic and foreign demands and the accelerated work resumptions of numerous countries after the pandemic gets "normal". However, the COVID-19 pandemic has led to a noticeable government budget deficits and to a sharp increase in public debts in various countries. Besides, the increasing inflation pressures have made some countries tighten their monetary policies, narrowing down the room to stimulate the economy. In the meantime, the economic recession and tightened financing environment have worsened the external debt repayment capacity of LAC. The debt problems faced by various countries cannot be fully solved although the international community has taken several positive measures. The economic growth of Latin America and Caribbean will slow down in 2022, facing multiple challenges during the recovery.

Keywords: Latin America; Economic Situation; COVID-19 Pandemic; External Debt; Future Prospect

Y.9　West Asia and Africa: Unbalanced Recovery

Sun Jingying / 171

Abstract: In 2021, the epidemic is promptly brought under control in countries with higher levels of economic development in West Asia and Africa since vaccination and the implementation of large-scale stimulus policies drive a gradual economic recovery. Less economically developed countries suffer from difficulties in vaccine access, high inflation, and high unemployment rates. The uneven economic recovery becomes an important feature of the region's economy in 2021. Oil-importing countries in the West Asia North Africa region face multiple challenges such as declining remittances and rising oil prices. Most countries in Sub-Saharan Africa have vaccine supply and distribution difficulties, and slow vaccination progress will delay rapid overall economic recovery. The economy of West Asia North Africa is expected to rebound by 4.0% in 2021 and 3.4% in Sub-Saharan Africa. By 2022, economic growth is expected to be 3.7% in West Asia North Africa and 4.0% in Sub-Saharan Africa. The current state of uneven economic recovery in West Asia and Africa requires more international development cooperation to help the region's seriously epidemic-stricken countries.

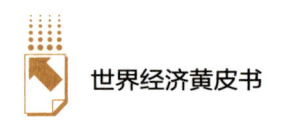

Keywords: West Asia; North Africa; Sub-Saharan Africa; COVID-19 Outbreak; Unbalanced Recovery

Y.10 China's Economy: Strong External Demand, Weak Domestic Demand

Zhang Bin, Xu Qiyuan / 185

Abstract: At present, China's economy is facing the structural problem of strong external demand and relatively weak domestic demand. In the long run, the growth relying on external demand-driven is not desirable. To stabilize employment and economic growth, we should focus more on the strategy of expanding domestic demand. The gap between supply and demand in overseas markets is also expected to narrow. Under the baseline scenario, China's export growth may face downward pressure at the end of 2021 or in the first half of 2022. Meanwhile China's domestic demand is still weak, the economic recovery is inadequate and unbalanced, and the endogenous driving force is relatively insufficient. This is particularly reflected in the weakness of consumption, infrastructure, and real estate investment. Against this background, it is an opportune time to use aggressive monetary policy. We should give full play to monetary policy, while keeping an eye on its impact on asset prices, and align them with sufficient exchange rate flexibility.

Keywords: China's Economy; External Demand; Domestic Demand; Monetary Policy

III Special Reports

Y.11 Review and Outlook of World Trade: Strong Recovery, Downward Growth

Su Qingyi / 201

Abstract: Due to the huge impact of the epidemic, the real growth rate of world goods trade in 2020 was -5.3%, which was the second sharp decline after the international financial crisis and trade collapse in 2010. The nominal growth rate of world goods trade in 2020 was -7.6%, lower than the actual growth rate, mainly due to the decline of energy prices. In 2020, the world's export of business services was US $4.9 trillion, a decrease of 20%. In the first half of 2021, the world trade in goods and services recovered strongly. In the first half of the year, the volume of world trade in goods actually increased by 13.1%, and the situation of world trade in services also performed well. Trade barometer reveals that the world trade in goods and services will continue to recover in the second half of 2021. The real growth rate of goods trade in 2021 is about 10%. It is expected that world trade will continue to recover in 2022, but the growth rate will fall compared with 2021, and the goods trade growth rate will be in the range of 5% and 8%.

Keywords: Trade Situation; Economy Recovery; Medical Products

Y.12 International Financial Market: Retrospect and Prospects

Gao Haihong, Yang Zirong / 219

Abstract: In 2021, international financial market continuously experienced turbulence in the context of rising risks of uncertainties caused by resurgence of Delta variant. Supported by broad vaccine rollout and accommodative monetary policy, global equity market rebound faster than the real economy. The rise of commodities pushed up inflation globally. Housing prices reached record high in many countries. At the same time, global financial stability was threatened by massive debt accumulation, volatility of exchange rates and increasing risk of capital flows. Due to inequitable vaccine allocation and difference in fiscal space across countries, the world economy recovered at uneven paces where the advanced economies took the lead. Therefore, the expectation of policy adjustment and monetary tapering in the US has become the major factor that underscored the development of international financial market. Many emerging and developing economies, however, is facing triple impacts from the resurging COVID-19 affection, slow economy recovery and possible tightening of external financing conditions. Going forward, the world economy will continue suffering the negative impact of the prolong COVID-19 crisis. The situations of international financial market will be highly uncertain and volatile.

Keywords: International Financial Risk; International Securities Market; Equity Market; Foreign Exchange Market

Y.13 Review and Prospect of International Direct Investment Situation

Wang Bijun / 237

Abstract: Under the impact of the COVID-19 epidemic, Foreign Direct Investment (FDI) in 2020 has dropped by 35%, which is more than the degree of global GDP and trade decline. At the same time, restrictive country-specific investment measures are the highest on record, basically from developed economies, the main reason being national security considerations. However, the vague national security reviews for foreign investment has jeopardized the normal order of international investment, and has often become a tool of investment protectionism. With the advancement of the vaccination plan, the world is turning to how to better rebuild the economy. A key priority is to increase the resilience of the supply chain, which involves a two-pillar strategy of production network reorganization and risk management solutions.

Keywords: International Direct Investment; Investment Location; Supply Chain Resilience

Y.14 The Retrospect and Prospect of Global Commodity Market: Rise and Adjustment

Wang Yongzhong, ZhouYimin / 253

Abstract: Affected by accelerated vaccination, economic recovery, insufficient supplies, quantitative easing monetary policy, low investment in previous years, and carbon neutrality campaign, the global commodity prices continued to rise strongly during July 2020 to July 2021, with an overall increase of 57.4%, but slightly adjusted downward in August. From the fourth quarter of 2021 to 2022, it is expected that commodity prices will possibly end the strong rise of the super market and enter a state of volatility at high levels. It is worthy of noting that the stability of the global energy system will obviously deteriorate, and the volatility of energy prices will increase significantly, in the process of advancing the energy low-carbon transition. Energy prices are expected to have some room to rise during the peak period of energy consumption in the winter of 2021, and then tend to stabilize or adjust downward, and the average crude oil price will rise to US$70/barrel. Grain prices will stabilize due to the narrowing of the gap between supply and demand. The trend of prices of industrial metals will be divergent, the prices of carbon-neutral related metals such as copper and lithium will rise in long-term, and that of iron ore will decline due to China's restrictions of steel and iron production capacity.

Keywords: Commodity Market; Demand; Supply; Dollar; Price

IV Hot Topics

Y.15 Carbon Neutrality: Progress, Paths and Prospects

Tian Huifang / 276

Abstract: The rise of COVID-19 and extreme weather risks in recent years has brought unprecedented policy attention to addressing climate change and sustainable development in both developed and developing economies. Many countries have already made commitments for carbon neutrality by mid-century, as required by the Paris Agreement, and have put in place a range of policies and tools to support carbon peak and carbon neutrality. According to the Nationally Determined Contributions (NDCs) submitted to the UNFCCC, most countries have taken emission reduction in key sectors such as energy, power, industry, transport and construction, carbon sinks, innovation and investment as strategic priorities in moving towards carbon neutrality. As more and more countries and enterprises speeding up the decarburization process, the prospect of a "carbon neutral" world is promising. But for developing countries, the challenge of carbon neutrality cannot be ignored, for example, how to realize the significant transformation of the energy structure, how to alleviate the pressure of the industrialization and urbanization brings on emission reduction, how to crack technical and financial problem, how to enhance the resilience of the economy. Governments therefore play an important leading role in this process, and need to integrate more green factors into economic stimulus packages and long-term development strategies at the domestic level, stimulate the emission reduction potential of local government and non-governmental actors, and meantime strengthen international dialogue and cooperation on green and low-carbon products and technologies.

Keywords: Carbon Neutrality; Carbon Peak; Green Growth; Nationally Determined Contribution

Contents

Y.16 China-EU Comprehensive Agreement on Investment (CAI) : Progress, Content and Prospects

Han Bing, Pan Yuanyuan and Gao Lingyun / 296

Abstract: China and Europe are each other's important economic and trade partners with great potential for cooperation. On December 30 last year, Chinese and European leaders jointly announced the completion of the China-EU Comprehensive Agreement on Investment (CAI) negotiations as scheduled after 7 years. The CAI benchmarks high-level international economic and trade rules, covering topics closely related to business operations. Some of the key topics are market access, State-owned enterprises, subsidy transparency, technology transfer, state-state dispute settlement mechanism. If the CAI takes effect, it will help further promote China-EU investment cooperation and strengthen the cornerstone of the China-EU comprehensive strategic partnership. However, the CAI is currently unilaterally suspended by the European Parliament. We hope that the EU will completely abandon its unreasonable demand to link the removal of Chinese sanctions to the approval of the CAI, and first lift the unreasonable human rights sanctions against China, and join hands with China to promote China-EU cooperation to a broader future.

Keywords: China-EU Comprehensive Investment Agreement; Market Access; Dispute Settlement Mechanism

Y.17 Analysis and Forecasts for Global Inflation: Short-term Volatility Intensifies and Long-term Average Increases

Cui Xiaomin, Xiao Lisheng and Luan Xi / 313

Abstract: In 2021, global inflationary pressures rise obviously, but with divergent movements among countries. With the collective support of vaccination and stimulus policies, the economic recovery of developed countries accelerates amid a rapid rise in inflation rates. In particular, the inflation dynamics in U.S. are ahead of those of other advanced economies. The inflation rates of some emerging economies soar, like Argentina and Turkey, and they are faced with a high risk of stagnation. The mismatch between supply and demand caused by the epidemic and policies is the main reason for the rapid rise in recent inflation pressures. The central banks of major economies insist on the argument of "temporary inflation" and remain "cautiously optimistic" about the inflation outlook, but they also admit that the duration of high inflation may be longer than expected. As with the improving of the epidemic situation and the easing of supply chain bottlenecks, we expect that inflation rates in U.S. and Europe will fall down significantly in 2022 or 2023. However, the reconstruction of global economy, industrial transformation and upgrading, and the adjustment of global energy structure in the context of "carbon neutrality" will intensify the tension between the supply and demand of related commodities, and thus lead to higher average inflation rates in the medium- and long- term compared with the average values pre-COVID-19. Among them, there still are possibilities for a further increase in the prices of commodities related to semiconductors and new energy, such as non-ferrous metals and clean energy.

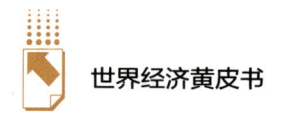

Keywords: Global Inflation; Short-term Factors; Long-term Factors

Y.18　Biden's Economic Policy: Content, Progress and Implications for China

Luan Xi, Xiao Lisheng / 334

Abstract: According to Biden's policy ideas during his election campaign and after he took office, Biden's economic policies mainly included five areas: relief for low- and middle-income groups during the COVID-19 pandemic, investment in infrastructure development, investment in climate change and clean energy, reshaping of the manufacturing industry chain and investment in human capital. And his main policy measures were fiscal spending and tax increases. The Biden administration's massive fiscal spending plan is difficult to implement in practice and has limited practical effect. If the infrastructure plan can finally be implemented, the emerging market can benefit from the demand recovery driven by the US fiscal stimulus, but we still need to pay attention to the risk of trade review of the infrastructure industry chain,the risk of rising commodity prices and the risk of Fed tightening.

Keywords: Biden's Economic Policy; U.S. Fiscal Policy; Infrastructure Development Plan

Y.19 Global Debt, Risks and Policy Response in the Post-pandemic Era
Xiong Wanting / 347

Abstract: Hit by the COVID-19 pandemic, the world has witnessed large debt expansion and historically high leverage ratios. Compared to the 2008 global financial crisis, this episode of debt accumulation did not only catch the world by surprise but also came in overwhelmingly large scale. From the perspective of debt accumulation scale during 2019-2020, the public sector has raised more debt than the private sector, and the developed economies more than developing economies. While countercyclical policies are the main driver for public debt accumulation, differences of monetary and fiscal stimulus between developed and developing economies have resulted in much larger debt growth rate of the former than the latter. Three risks are of key concern in the post pandemic era. The first risk to watch out for is the sovereign debt distress in certain emerging and developing economies. Currently, nearly 50% low-income countries have already been in debt distress. The number of distressed countries may increase as a result of the uneven distribution of vaccine, unbalanced recovery and the exit of monetary expansion of the United States. The second risk is the increase of firm bankruptcy rate as the governments gradually exit countercyclical policies. All economies face the challenge of choosing the appropriate timing of unwinding pandemic related policy stimulus. The third risk lies in the financial sector that links with bankrupted agents. Developed economies should be concern of the vulnerabilities in their non-bank financial sector, while developing economies face high risk of capital outflow and currency depreciation as the world continues to follow the unbalanced recovery trajectory.

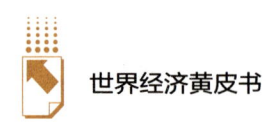

Keywords: Global debt; Risk Analysis; Policy Response

Y.20 Global Economic Outlook Under the Normalization of Epidemic Prevention and Control

Xiong Wanting, Xu Qiyuan and Luan Xi / 363

Abstract: In the post-epidemic era, the global economy has been suffering from continuous negative supply shocks. On the one hand, combined with the impact of loose monetary policy, the world faces a certain degree of stagflation risk. On the other hand, under the impact of the pandemic, countries have implemented loose fiscal policies, which has resulted in a high stock of global sovereign debt both in absolute and relative terms. In this context, stagflation risk and debt risk coexist. This will be an important challenge for the global economy in the post-COVID-19 era. This paper believes that in the benchmark case, the overall risk of stagflation and debt crisis pressure are expected to ease. But in extreme cases, stagflation pressures could also trigger a regional or even broader debt crisis. In this regard, China should stick to its own macroeconomic policy framework and actively strengthen international cooperation in the fields of health and finance.

Keywords: Global Economy; Stagflation; Debt Crisis

Contents

Y.21 Economic Issues Focused By Global Think Tanks

Wu Liyuan, Chang Shuyu / 380

Abstract: From 2020 to 2021, under the stimulation of extremely loose fiscal and monetary policies, the world economy gradually recovered, coupled with the mitigation of the impact of the epidemic, inflation rose rapidly. The leaders' climate summit held this year has brought the issue of climate change to a great deal of attention. This paper summarizes three hot issues discussed by global think tanks from October 2020 to September 2021. First, with the relief of the epidemic and the gradual recovery of the economy, global inflation is rising rapidly, and US inflation has exceeded the Fed's target level for several month. Think tanks mainly study the relationship between inflation expectations, the epidemic, climate change and inflation, and discusses whether this round of inflation needs to be worried. Second, macroeconomic policies in the context of the epidemic. Think-tank studies are mainly concerned with monetary policy, fiscal policy and whether these stimulus policies will lead to financial risks. Third, climate change. Think-tank articles mainly focuses on the impact of climate change on economy and related policy issues.

Keywords: Rising Inflation; Monetary Policy; Fiscal Policy; Climate Change

V Statistics of the World Economy

Y.22 Statistics of the World Economy

Xiong Wanting / 398

社会科学文献出版社

皮 书

智库成果出版与传播平台

◆ 皮书定义 ◆

皮书是对中国与世界发展状况和热点问题进行年度监测，以专业的角度、专家的视野和实证研究方法，针对某一领域或区域现状与发展态势展开分析和预测，具备前沿性、原创性、实证性、连续性、时效性等特点的公开出版物，由一系列权威研究报告组成。

◆ 皮书作者 ◆

皮书系列报告作者以国内外一流研究机构、知名高校等重点智库的研究人员为主，多为相关领域一流专家学者，他们的观点代表了当下学界对中国与世界的现实和未来最高水平的解读与分析。截至2021年底，皮书研创机构逾千家，报告作者累计超过10万人。

◆ 皮书荣誉 ◆

皮书作为中国社会科学院基础理论研究与应用对策研究融合发展的代表性成果，不仅是哲学社会科学工作者服务中国特色社会主义现代化建设的重要成果，更是助力中国特色新型智库建设、构建中国特色哲学社会科学"三大体系"的重要平台。皮书系列先后被列入"十二五""十三五"国家重点出版规划项目；2013~2022年，重点皮书列入中国社会科学院国家哲学社会科学创新工程项目。

皮书网

（网址：www.pishu.cn）

发布皮书研创资讯，传播皮书精彩内容
引领皮书出版潮流，打造皮书服务平台

栏目设置

◆ 关于皮书
何谓皮书、皮书分类、皮书大事记、
皮书荣誉、皮书出版第一人、皮书编辑部

◆ 最新资讯
通知公告、新闻动态、媒体聚焦、
网站专题、视频直播、下载专区

◆ 皮书研创
皮书规范、皮书选题、皮书出版、
皮书研究、研创团队

◆ 皮书评奖评价
指标体系、皮书评价、皮书评奖

◆ 皮书研究院理事会
理事会章程、理事单位、个人理事、高级
研究员、理事会秘书处、入会指南

所获荣誉

◆ 2008年、2011年、2014年，皮书网均
在全国新闻出版业网站荣誉评选中获得
"最具商业价值网站"称号；

◆ 2012年，获得"出版业网站百强"称号。

网库合一

2014年，皮书网与皮书数据库端口合一，实现资源共享，搭建智库成果融合创新平台。

皮书网　"皮书说"微信公众号　皮书微博

权威报告·连续出版·独家资源

皮书数据库
ANNUAL REPORT(YEARBOOK) DATABASE

分析解读当下中国发展变迁的高端智库平台

所获荣誉

- 2020年，入选全国新闻出版深度融合发展创新案例
- 2019年，入选国家新闻出版署数字出版精品遴选推荐计划
- 2016年，入选"十三五"国家重点电子出版物出版规划骨干工程
- 2013年，荣获"中国出版政府奖·网络出版物奖"提名奖
- 连续多年荣获中国数字出版博览会"数字出版·优秀品牌"奖

皮书数据库　　"社科数托邦"微信公众号

成为会员

登录网址www.pishu.com.cn访问皮书数据库网站或下载皮书数据库APP，通过手机号码验证或邮箱验证即可成为皮书数据库会员。

会员福利

- 已注册用户购书后可免费获赠100元皮书数据库充值卡。刮开充值卡涂层获取充值密码，登录并进入"会员中心"—"在线充值"—"充值卡充值"，充值成功即可购买和查看数据库内容。
- 会员福利最终解释权归社会科学文献出版社所有。

卡号：968618427892
密码：

数据库服务热线：400-008-6695
数据库服务QQ：2475522410
数据库服务邮箱：database@ssap.cn
图书销售热线：010-59367070/7028
图书服务QQ：1265056568
图书服务邮箱：duzhe@ssap.cn

S 基本子库
SUB DATABASE

中国社会发展数据库（下设 12 个专题子库）

紧扣人口、政治、外交、法律、教育、医疗卫生、资源环境等 12 个社会发展领域的前沿和热点，全面整合专业著作、智库报告、学术资讯、调研数据等类型资源，帮助用户追踪中国社会发展动态、研究社会发展战略与政策、了解社会热点问题、分析社会发展趋势。

中国经济发展数据库（下设 12 专题子库）

内容涵盖宏观经济、产业经济、工业经济、农业经济、财政金融、房地产经济、城市经济、商业贸易等 12 个重点经济领域，为把握经济运行态势、洞察经济发展规律、研判经济发展趋势、进行经济调控决策提供参考和依据。

中国行业发展数据库（下设 17 个专题子库）

以中国国民经济行业分类为依据，覆盖金融业、旅游业、交通运输业、能源矿产业、制造业等 100 多个行业，跟踪分析国民经济相关行业市场运行状况和政策导向，汇集行业发展前沿资讯，为投资、从业及各种经济决策提供理论支撑和实践指导。

中国区域发展数据库（下设 4 个专题子库）

对中国特定区域内的经济、社会、文化等领域现状与发展情况进行深度分析和预测，涉及省级行政区、城市群、城市、农村等不同维度，研究层级至县及县以下行政区，为学者研究地方经济社会宏观态势、经验模式、发展案例提供支撑，为地方政府决策提供参考。

中国文化传媒数据库（下设 18 个专题子库）

内容覆盖文化产业、新闻传播、电影娱乐、文学艺术、群众文化、图书情报等 18 个重点研究领域，聚焦文化传媒领域发展前沿、热点话题、行业实践，服务用户的教学科研、文化投资、企业规划等需要。

世界经济与国际关系数据库（下设 6 个专题子库）

整合世界经济、国际政治、世界文化与科技、全球性问题、国际组织与国际法、区域研究 6 大领域研究成果，对世界经济形势、国际形势进行连续性深度分析，对年度热点问题进行专题解读，为研判全球发展趋势提供事实和数据支持。

法律声明

"皮书系列"(含蓝皮书、绿皮书、黄皮书)之品牌由社会科学文献出版社最早使用并持续至今,现已被中国图书行业所熟知。"皮书系列"的相关商标已在国家商标管理部门商标局注册,包括但不限于LOGO( )、皮书、Pishu、经济蓝皮书、社会蓝皮书等。"皮书系列"图书的注册商标专用权及封面设计、版式设计的著作权均为社会科学文献出版社所有。未经社会科学文献出版社书面授权许可,任何使用与"皮书系列"图书注册商标、封面设计、版式设计相同或者近似的文字、图形或其组合的行为均系侵权行为。

经作者授权,本书的专有出版权及信息网络传播权等为社会科学文献出版社享有。未经社会科学文献出版社书面授权许可,任何就本书内容的复制、发行或以数字形式进行网络传播的行为均系侵权行为。

社会科学文献出版社将通过法律途径追究上述侵权行为的法律责任,维护自身合法权益。

欢迎社会各界人士对侵犯社会科学文献出版社上述权利的侵权行为进行举报。电话:010-59367121,电子邮箱:fawubu@ssap.cn。

社会科学文献出版社